电商训练营

E-commerce Training Camp

蔡雪梅 主编

网店美工

人民邮电出版社
北京

图书在版编目（CIP）数据

电商训练营．网店美工 / 蔡雪梅编著．-- 北京 ：人民邮电出版社，2019.2（2022.9重印）
ISBN 978-7-115-49324-8

Ⅰ．①电… Ⅱ．①蔡… Ⅲ．①网店－设计 Ⅳ．①F713.365.2

中国版本图书馆CIP数据核字(2018)第208134号

内 容 提 要

本书从零基础出发，通过理论结合实例的形式，全面、系统地介绍了网店美工的必备知识、技能和工作内容，旨在为网店美工，尤其是淘宝美工的初学者，提供实用的图片处理及店铺装修指导，帮助其快速适应岗位需求，轻松搞定各种技术活。

本书共有 10 章，第 1 章至第 9 章介绍网店美工的必备知识与操作技巧，包括拍摄并处理商品图片、设计店铺装修元素、制作宣传推广图、制作店铺首页、拍摄与制作视频、制作商品详情页、装修店铺页面、设计手机端淘宝店页面等。第 10 章通过一个售卖旅行箱的店铺页面设计的综合案例，对前面所学的知识进行巩固和实践。

本书可作为各类电子商务培训机构和高等院校电子商务专业的培训教材，也可作为电商从业人员全面了解网店美工工作的参考书。

◆ 主　　编　蔡雪梅
责任编辑　牟桂玲
责任印制　马振武

◆ 人民邮电出版社出版发行　　北京市丰台区成寿寺路 11 号
邮编　100164　　电子邮件　315@ptpress.com.cn
网址　http://www.ptpress.com.cn
北京天宇星印刷厂印刷

◆ 开本：700×1000　1/16
印张：17.25　　　　2019 年 2 月第 1 版
字数：367 千字　　　2022 年 9 月北京第 6 次印刷

定价：69.80 元

读者服务热线：(010)81055410　印装质量热线：(010)81055316
反盗版热线：(010)81055315
广告经营许可证：京东市监广登字 20170147 号

PREFACE 前·言

行业背景

电子商务作为现代服务业中的重要产业，在生活中处处可见，小到上网购物，大到跨国公司的网上商务洽谈等。随着电子商务产业的蓬勃发展，越来越多的人开始加入电子商务市场创业，电子商务培训市场也应运而生。它帮助没有基础和经验的人了解电商行业，并且针对电商行业的不同岗位进行技能培训，使被培训者能够快速适应岗位需求，顺利成为电商大军中的一员。为了更好地帮助各类院校或培训班快速培养优秀的电商技能型人才，也为了帮助学生更好地学习和实践，我们走访了很多皇冠级卖家，在调研了各类目店铺的经营情况后，以店铺的实际岗位需求为导向，以“学用结合”为原则，编写了本书，主要面向网店美工岗位。

本书内容

本书围绕网店美工的工作职责，以理论结合实例的形式，全面、系统地介绍网店美工的必备知识、技能和工作内容。全书共10章，各章的具体内容如下。

第1章~第2章：主要介绍网店美工岗位的工作职责，网店美工必须掌握的设计要点、文案、装修等知识，以及图片的拍摄和处理方法。

第3章~第7章：主要介绍店铺Logo、店标、优惠券、快速导航条、主图、直通车推广图、智钻图、推广视频以及店铺首页和详情页的制作方法。

第8章：主要介绍利用Photoshop和Dreamweaver辅助装修店铺页面的方法。

第9章：主要介绍手机淘宝店铺的设计与装修方法。

第10章：通过制作旅行箱首页和详情页的综合案例，巩固淘宝店铺首页和详情页的制作方法。

本书特点

1.内容系统，注重应用

本书从网店美工岗位职责开始讲解，按照网店美工工作阶段逐步深入，详细介绍美工如何处理图片，如何制作装修元素、主图、首页、详情页等。最后通过一个旅行箱首页和详情页制作的综合实例，对前面所学的知识进行巩固和实践。

2.案例丰富，贴合实际

本书提供了54个典型实战案例，涵盖了店铺装修的方方面面，具有很强的参考价值。读者可以将案例的设计思想、实现方法直接应用到店铺的装修设计中，也可以活学活用，举一反三。

3.图解操作，易学易懂

本书涉及的操作部分，均以详细、直观的图解方式进行讲解，零基础的读者也可以轻松上手，举一反三。

4.经验分享，贴心提点

书中特设“高手支招”和“提个醒”小栏目，其内容为资深设计师在大量实践中总结和提炼的宝贵经验和实战技巧，以帮助读者更好地理解和掌握重点内容，避开网店设计与装修的误区。

5.视频教程，全程辅导

本书通过二维码的方式提供书中所有操作的高清视频演示，视频内容清晰、直观，并配有语音讲解，读者一看即懂，一学即会。

6.实用资源，免费获取

为了便于读者学习和提升自己的职业能力，本书提供了大量的实用资源，包括同步操作教学视频、PPT课件、实例素材、效果文件、课程教案等内容，读者可根据需要选学这些内容，丰富自己的知识，使技能更进一步。关注微信公众号“职场研究社”，可免费获取这些赠送资源以及更多拓展学习资源。

本书由蔡雪梅主编，参与资料收集、视频录制及书稿校对、排版等工作的人员还有肖庆、李秋菊、黄晓宇、赵莉、蔡长兵、牟春花、李凤、熊春、李星、罗勤、蔡飓、曾勤、廖宵、何晓琴、罗勤、李婷婷、蒲加爽等。由于作者水平有限，书中难免存在不足之处，欢迎广大读者批评指正，我们的联系邮箱是muguiling@ptpress.com.cn。

编　者

CONTENTS

目 录

第3章 设计店铺装修元素 069

第4章 制作宣传推广图 089

第1章 网店美工初养成

本章导读

随着网络营销的发展壮大，网店美工人员的市场需求日益增多。作为一位网店美工人员，要想在激烈的市场竞争中争得一席之地，对网店美工知识的掌握与应用就变得尤为重要。因此，在学习设计操作前应了解美工的基础知识，包括如何胜任网店美工职位、美工设计要点、美工文案知识、店铺装修知识、涉及的设计软件等。本章将对这些基础知识进行详细介绍。

知识技能

※ 了解网店美工必须掌握的设计要点
※ 了解网店美工必须掌握的文案知识
※ 熟悉网店美工必须掌握的装修知识
※ 熟悉网店美工必须掌握的软件

1.1 如何胜任网店美工岗位

很多人对网店美工的认知仅仅停留在图片处理、页面美化和店铺装修上，其实并不尽然，网店美工是集平面、色彩、基调、创意等为一体的技术型人才，是一个产品级的平面设计师。网店美工通过有针对性地对某一个产品图片或主题海报进行技术处理，使客户看后产生购买的欲望，从而达到提高点击率和店铺销量的效果。下面介绍胜任网店美工岗位的基本技能要求，让新手美工对本行业有个初步的了解。

1.1.1 网店美工要做什么

网店美工与常见的美术工作者不同，其主要负责网店的店面装修，以及产品图片的创意处理。与普通的美工相比，网店美工对平面设计与软件应用的要求更高，其具体的工作范畴如下。

- **凸显店铺特色** 目前网店中同类型的店铺繁多，若想在众多的店铺中脱颖而出，特色就变得十分重要。只有展示出自己店铺的特色才能够吸引更多的顾客驻足，从而提高点击率，增加交易量。所以美工在装修店铺时，设计出属于自己店铺的特色是成功的第一步。
- **美化商品** 使用相机拍摄的宝贝图片是不能够直接上架销售的。为了更好地展现商品的效果，对商品图片进行美化和修饰必不可少。但是需要谨记的是，图片不可过度美化，保持图片本真、让顾客乐意接受才是最重要的。
- **装修与设计店铺** 美工工作不单单是将图片处理后添加到淘宝自带的装修模块中，一个好的美工应能在固有模式中融入创造性思考，发现设计的新视角，形成独一无二的装修风格，给受众中留下深刻的印象。
- **设计活动页面** 在网店平台中，会不定期举行各种促销活动，为了达到“与众不同”，从竞争激烈的店铺页面中脱颖而出并得到顾客青睐，活动页面的设计十分重要。这时，优秀的网店美工更需要透彻理解活动的目的，通过店铺活动页面的设计将活动意图传达给顾客，让顾客了解活动的内容、促销的力度，促使顾客产生购买的欲望，从而促进销量的提升。美工在设计活动页面时，要注意契合活动主题，页面美观，突出活动亮点。
- **根据推广方式设计活动海报** 推广就是将自己的产品、服务、技术等内容通过各种媒体让更多的用户了解、接受，从而达到宣传与普及的目的。对网店美工来说，推广主要是通过图片将网店的产品、品牌、服务等传达给顾客，加深店铺在顾客心中的印象，获得认同感。而网店推广方式因为推广活动、推广手段的不同，活动海报的规格大小不一，文件格式有时也有很多限制，这就为网店美工人员提出了更多的要求。活动海报的设计不仅需要在现有的标准下有效地向顾客传达设计的意图，还要体现产品的价值。同时宣传文案的编写也需要言之有据，让顾客能够快速理解，并对其产生深刻的印象。

1.1.2 网店美工需要哪些技能

要成为一名合格的网店美工，首先需要有扎实的美术功底和良好的创造力，能够对美好的事物有一定的鉴赏能力；具有基本的图像处理与设计能力，能够熟练使用Photoshop、Dreamweaver、Flash等设计软件。

其次，由于网店注重“产品”和

“用户体验”，因此要求美工人员能够通过图片准确地向客户表达出产品的特点并挖掘潜在的客户需求。通过图片、文字、色彩的搭配，表现产品的独特性，让客户感觉产品的与众不同；从运营、推广、数据层面思考提升图片的点击率和转化率的方法和路径，并能通过技术层面来实现，是一个合格的网店美工应具备的基本技能。

1.1.3 网店美工的注意事项

网店美工除了掌握基本的软件操作外，还需要掌握产品的信息、注意事项、卖点、劣势和优势等问题。做到卖点突出，扬长避短，是成为一个合格网店美工的考核标准。网店美工需注意的问题如下。

- **思路清晰** 在装修店铺和处理图片前，需要有一个明确的设计思路，即确定一个“大框架”，在该框架中标明店铺主要售卖什么产品，产品有什么特点，可以选择哪些元素进行装修，让其不但美观、吸引眼球，还能让产品真实地展现在买家眼前。
- **把握装修契机** 在装修网店的过程中，还要借助一定的活动契机，如双11促销、元旦促销等。网店美工应借助活动的东风对店铺进行适时、适宜的装修，营造活动氛围，精确把握每一个入店客户，从而促进产品的销售。
- **风格与形式相统一** 店铺装修不但要进行合理的色彩搭配，还要统一店铺和详情页的风格，因此在选择分类栏、店铺公告和音乐等项目时，统一风格变得尤为重要。
- **做好文案、图片、视频的前期准备** 在淘宝网中，不是申请了某个活动后才开始活动的准备，活动准备往往需要提前1~2个月进行。因此，在活动前期，就应准备好活动的文案、图片、视频等素材，在活动来临之前完成素材的整理工作。
- **突出主次** 在网店装修过程中，网店美工切忌不要为了追求漂亮、美观的效果，而对网店进行过度的美化或添加过多的装饰元素，这样会使商品图片不突出，掩盖商品的卖点，展现的效果适得其反。

1.2 网店美工必须掌握的设计要点

了解了岗位需求和岗位技能后，网店美工还需要对设计要点进行掌握，这样构图才能够更加合理，设计的效果才能够更加出彩。网店美工必须掌握的设计要点有点、线、面三大基本设计元素，颜色的搭配和视觉构图等3个方面，下面分别进行介绍。

1.2.1 点、线、面三大基本设计元素

点、线、面是图像中最基本的三大元素，并且点、线、面具有不同的情感特征，三者结合使用，可构成丰富的视觉效果。

1. 点

点是可见的最小的形式单元，具有凝聚视觉的作用，可以使画面布局显得合理、灵动且富有冲击力。点的表现形式丰富多样，既包含圆点、方点、三角点等规则的点，又包含锯齿点、雨点、

泥点、墨点等不规则的点。

点没有一定的大小和形状，画面中越小的形体越容易给人点的感觉，如漫天的雪花、夜空中的星星、大海中的帆船和草原上的马等。点既可以单独存在于页面之中，也可组合成线或者面。

点的大小、形态、位置不同，所产生的视觉效果、心理作用也不同。下图所示为一款“年中盛宴”的海报，它以小矩形、三角形、小网格为点，排列成不同的形状，装饰画面并突出人物和箱子主体，很好地表现了画面中的主体内容，让买家一眼便知本次活动的主题，是一个较为成功的案例。

2. 线

线在视觉形态中可以表现长度、宽度、位置、方向性和性格，具有刚柔共济、优美和简洁的特点，经常用于渲染画面，引导、串联或分割画面元素。线分为水平线、垂直线、斜线、曲线。不同线的形态所表达的情感是不同的。直线单纯、大气、明确、庄严；曲线柔和流畅、优雅灵动；斜线具有很强的视觉冲击，可以展现活力四射。下图以照射的太阳光为线，通过不同颜色的搭配，使画面更具有视觉冲击，从而凸显钻石的闪烁。

3. 面

点的放大即为面，线的分割产生各种比例的空间也可称为面。面有长度、宽度、方向、位置、摆放角度等特性。在版面中，面具有组合信息、分割画面、平衡和丰富空间层次，烘托与深化主题的作用。面在设计中的表现形式一般分为两种，即几何形、自由形。

● **几何形** 几何形是指有规律的易于被人们所识别、理解和记忆的图形，包括圆形、矩形、三角形、棱形、多边形等，以及线条组成的不规则几何元素。不同的几何形具有不同的感情，如矩形给人稳重、厚实与规矩的感觉；圆形给人充实、柔和、圆满的感觉；正三角形给人坚实、稳定的感觉；不规则几何形状给人时尚活力的感觉。若背景采用不规则几何形状切割画面，与产品配合，可以为画面营造前后层次感，避免画面背景过于单调，下图为矩形面的效果。

● **自由形** 自由形来源于自然或灵感，比较洒脱、随意，可以营造淳朴、生动的视觉效果。自由形可以是表达作者个人情感的各种手绘形，也可以是曲线弯曲形成的各种

有机形，还可以是自然力形成的各种偶然形，下图为使用不同的形状形成面，并通过涂鸦的显示，让画面变得鲜活。

1.2.2 怎么搭配色彩更出色

淘宝店铺的色彩与风格是买家进入店铺中首先感受到的东西，因此色彩是做好店铺装修的基础。很多卖家在装修店铺时，喜欢将一些酷炫的色块随意地堆砌到店铺里，让整个页面的色彩杂乱无比，给买家造成视觉疲劳。而好的色彩搭配不但能够让页面更具亲和力和感染力，还能吸引买家持续浏览，增加店铺停留时间。下面对色彩的属性、搭配方法进行介绍。

1. 色彩的属性与对比

色彩由色相、明度以及纯度3种属性构成。色相，即各类色彩的视觉感受；明度是眼睛对光源和物体表面的明暗程度的感觉，取决于光线的强弱；纯度也称饱和度，是指色彩鲜艳度与浑浊度的感受。在搭配色彩时，经常需要用到一些色彩的对比。

● **明度对比** 利用色彩的明暗程度进行对比。恰当的明度对比可以产生光感、明快感、清晰感。通常情况下，明暗对比较强时，可以使页面清晰、锐利，不容易出现误差，而当明度对比较弱时，配色效果往往不佳，页面会显得柔和单薄、形象不够明朗。下图为红色的不同明度对比效果。

● **纯度对比** 利用纯度的强弱形成对比。纯度较弱的对比画面视觉效果也就较弱，适合长时间查看；纯度适中的对比画面效果越和谐、丰富，可以凸显画面的主次；纯度越强的对比画面越鲜艳明朗、富有生机。下图为红色的不同纯度对比。

● **色相对比** 利用色相之间的差别形成对比。进行色相对比时需要考虑其他色相与主色相之间的关系，如原色对比、间色对比、补色对比、邻近色对比，以及最后需要表现的效果。下图为衡量色差需要借助的色相环。

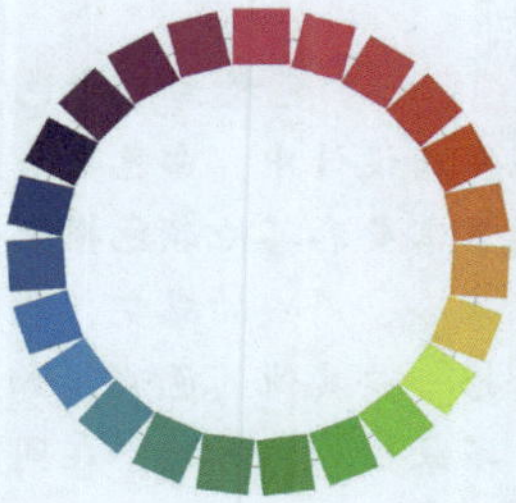

● **冷暖色对比** 从颜色给人带来的感官刺激考量，黄、橙、红等颜色给人带来温暖、热情、奔放的感觉，属于暖色调；蓝、绿、紫给人带来凉爽、寒冷、低调的感觉，属于冷色调，下图所示为冷色调的海报。

● **色彩面积对比** 各种色彩在画面中所占面积的大小不同，所呈现出来的对比效果

也就不同。下图在页面中使用了大面积的黑白色，若在其中加入适当的红色和蓝色，可起到协调和平衡视觉的作用。

2. 色彩的搭配

色彩的搭配是一门技术，灵活运用搭配技巧能让网店的装修风格更具有感染力和亲和力。在选择页面色彩时，需要选择与店铺类目相符合的颜色，因为只有颜色协调才能营造出整体感。下面对不同色系应用的领域和搭配方法进行具体介绍。

● **白色系** 白色称为全光色，是光明的象征色。在网店设计中，白色具有高级和科技的感觉，通常需要和其他颜色搭配使用。纯白色会带给人寒冷、严峻的感觉，所以在使用白色时，都会掺一些其他的色彩，如象牙白、米白、乳白、苹果白等。另外，在同时运用几种色彩的页面中，白色和黑色可以说是最显眼的颜色。在网店设计中，当白色与暖色（红色、黄色、橘红色）搭配时可以增加华丽的感觉；与冷色（蓝色、紫色）搭配可以传达清爽、轻快的感觉。正是由于这种特点，白色常用于传达明亮、洁净感觉的产品。

● **黑色系** 在网店设计中，黑色具有高贵、稳重、科技的感觉，许多科技产品的用色，如电视、摄影机、音箱大多采用黑色。黑色还具有庄严的感觉，也常用于在一些特殊场合的空间设计，生活用品和服饰用品设计大多利用黑色来塑造高贵的形象，也是一种永远流行的主要颜色，黑色的色彩搭配适应性非常广，无论什么颜色与黑色搭配都能取得鲜明、华丽、赏心悦目的效果。

● **绿色系** 绿色本身具有一定的与健康相关的感觉，所以也经常用于与健康相关的网店。绿色还经常用于某些公司的公关站点或教育站点。当搭配使用绿色和白色时，可以得到自然的感觉，当搭配使用绿色和红色时，可以得到鲜明且丰富的感觉。同时，一些色彩专家和医疗专家们提出绿色可以适当缓解眼部疲劳，为耐看色之一。

● **蓝色系** 高纯度的蓝色会营造出一种整洁轻快的感觉，低纯度的蓝色会给人一种都市化的现代派感觉。蓝色和绿色、白色的搭配在我们的现实生活中也是随处可见的，它的应用范围几乎覆盖了整个地球。主颜色选择明亮的蓝色，配以白色的背景和灰色的辅助色，可以使网店干净而简洁，给人庄重、充实的感觉。蓝色、清绿色、白色的搭配可以使页面看起来非常干净清澈。下图所示为将蓝色系用于家具网店的效果。

● **红色系** 红色是强有力、喜庆的色彩，具有刺激效果，容易使人产生冲动，是一种雄壮的精神体现，给人愤怒、热情、活力的感觉。在网店装修中，红色常用于突出色彩，因为鲜明的红色极容易吸引人们的目光。高亮度的红色通过与灰色、黑色等无彩色搭配使用，可以得到现代且激进的感觉。低亮度的红色通过冷静沉着的感觉营造出古典的氛围。在商品的促销设计中，往往用红色起到醒目作用，以促进产品的销售。

1.2.3 视觉构图

在进行店铺装修设计时，需要根据商品与主题要求，将要表现的信息合理地组织起来，构成一个协调完整的画面。良好的视觉构图能够让店铺更加出彩，为了提高构图水平，下面对常见的构图方法进行介绍。

● **中心构图** 中心构图指在画面中心位置安排主元素，如商品或促销文案。这种构图方式给人稳定、端庄的感觉，适合对称式的构图，可以产生中心透视感，在使用该构图方式时，为了避免画面呆板，通常会使用小面积的形状、线条或装饰元素进行灵活搭配，增强画面的灵动感。

● **九宫格构图** 九宫格构图是指用网格将画面平均分成9个格子，在4个交叉点，选择一个点或者两个点作为画面的主物体的位置，同时其他点还应适当考虑平衡与对比等因素。该构图方式富有变化与动感，是常用的构图方式之一。

● **对角线构图** 是指画面主题居于画面的斜对角位置，能够更好地呈现主题的动势，表现出立体效果。

● **三角形构图** 三角形构图指画面中以3个视觉中心为元素的主要位置，形成一个稳定的三角形。三角形构图具有安定、均衡但不失灵活的特点。

● **黄金分割构图** 黄金分割构图是指将画面一分为二，其中较大部分与较小部分之比等于整体与较大部分之比，其比值为1∶0.618或1.618∶1。0.618是公认的最具美学价值的比例，具有艺术性与和谐性。

1.3 网店美工必须掌握的文案知识

网店与实体店一样会不定期地举行促销活动，如聚划算、淘抢购、新品上线、满减等，这些活动不仅需要大量的图片来进行展示，还需要添加必要的说明文字和宣传文字，以便更好地突出产品的特点，让客户一目了然。在一些规模较大的网店中，文案策划是一个单独的职位，而在很多中小卖家的店铺，网店美工也需要兼职文案的工作。下面对文案在网店美工中的重要性以及文案的策划与编写分别进行介绍。

1.3.1 文案在美工中的重要性

文案在商品的表现力上起着重要的作用。美工在策划文案时，需突出商品的卖点，并能有效地抓住买家的购买心理，强化品牌的影响力。

● **突出卖点** 网店中的交易主要取决于商品图片与商品的文字说明。没有文字说明的图片无法完整地表达商品的特点与卖点，而没有图片的文字则无法吸引买家，因此图片和文字缺一不可。

● **精确抓住买家的购买心理** 好的文案能够有效吸引浏览者，并能精确抓住买家的购买心理，激起其购买欲望，从而促进产品的销售。好的文案相当于一名优秀的导购，不仅能很好地介绍商品，还能减少买家的购买顾虑。

● **强化品牌的影响力** 品牌和文案是相辅相成的，通过文案可以让更多的客户了解并熟悉品牌，提高品牌的知名度，帮助店铺拓展市场。当品牌积累了一定的效应后，文案也有了品牌风格，它将吸引更多的新顾客，并有机会将新客户发展为老客户。美工就需要结合图片与文案进行设计，达到让新客户认可，提升品牌知名度的效果。

1.3.2 文案的策划与编写

在大型的淘宝店铺中，文案和美工是分开的。当需要文案时，美工只需要跟文案策划者进行沟通即可。而在一些小的淘宝店铺，为了减少成本的投入，往往会将文案的策划与编写都交由美工独力完成，此时了解一些文案的策划与编写方法则变得尤为重要。

1. 如何进行文案的策划

淘宝网店中所涉及的文案主要包括主图文案、详情页文案与品牌故事，不同的文案有不同的写作要求，如主图文案要一目了然、简明扼要，刺激买家产生点击的念头；详情页文案则要求层层递进，逐步攻破买家的心理防线，能让买家越深入了解越喜欢商品；品牌故事则要求以情动人或定位高端，尽量获得买家的信任。因此，文案不是简单的文字输入，而是以买家需求或促销目的为前提，需要进行仔细的策划。一般来说，可从文案的受众群体、目的、主题和视觉表现来进行策划。

- **文案的受众群体** 编写文案前需掌握商品所针对的目标群体，使目标群体与商品相结合，分析买卖旺季、相关行业行情、商品行情等，从这些数据中掌握文案的受众群体。
- **文案的目的** 文案不仅要清楚地表达商品的特点，还要达到促进销售，吸引买家的目的。除此之外，还能提高品牌的知名度，加深买家对品牌的印象。因此，要先明确文案写作的目的，根据需要确定文案的写作方向。
- **文案的主题** 文案的主题主要有两个方面，一方面是商品的特点，该特点需要使用简单的词汇表达出主题的信息，以满足消费者的需求；另一方面要和利益挂钩，通过折扣、满减等促销信息，吸引消费者。
- **文案的视觉表现** 有了文案写作方向和主题后，还需考虑怎样与图片进行融合，此时就需要通过视觉来体现，常用的方法是通过字体、颜色和粗细来进行表现。

2. 文案写作前的必要准备

文案写作前需要进行详细的市场调研，该调研不单单只是对某一款商品进行市场销量预估，还需掌握店铺所在行业的行情。文案写作的前期准备可从以下3个方面着手进行。

- **从商品基本信息中找卖点** 了解商品的基本信息，是撰文案的前提。商品的基本信息包括购买人群、材质、尺寸、规格、做工、特点等，从基本信息中找关键词，从关键词中提炼卖点。
- **了解同行信息** 俗话说“知己知彼百战百胜”，不仅要了解自家商品的特点，还要对同行的商品信息进行分析和对比，取其精华，然后结合自己商品的特色扬长避短。
- **资料的准备** 根据节日或活动主题对商品信息、商品卖点进行优化，拍摄需要的商品照片并对图片进行适当的处理，以保证后期能够快速进行图片的制作。

3. 如何写出吸引人的文案

要想写出一篇优秀的商品文案，除了要有基本的文字编写功力外，还要掌握一些文案写作的要点。

- **彰显定位，增强消费信心** 编辑文案时，不是说质量好、品牌好，买家就一定能买账，还需要添加一些证明文字，如“月销5000件”，这样不但说明了产品销量好，还体现了产品的品质，无形中增强了买家的消费信心。

- **巧妙对比，凸显专业** 在同类型产品中，若要体现其产品的专业性，可使用对比的方式：一是和同行对比，从细节处告诉买家我更优质；二是用专业知识对比，如对卖纯棉外套的卖家而言，可讲解如何判别纯棉与非纯棉来凸显专业。该方法也可用于详情页中。

● **低价商品，强调品质** 假如你的宝贝大多是低价商品，而卖家最怕的就是假货、质量问题。这时除了使用图片进行表现外，文案要重点突出商品品质。该方法在主图、详情页中也适用。

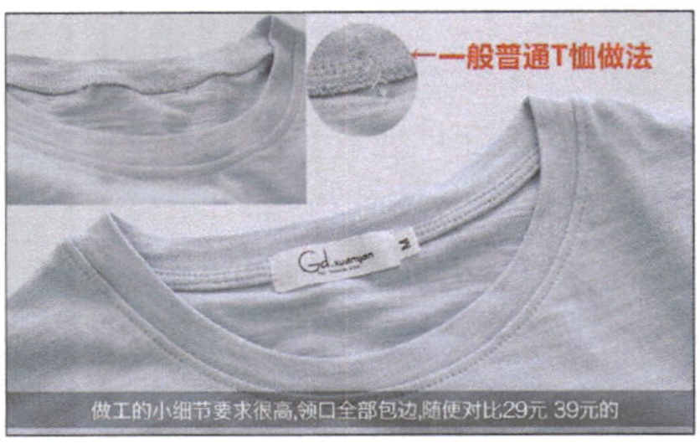

● **高价商品，强调价值** 如果针对同类型商品，商品价格更高，此时应强调商品的价值，从各方面体现出价格高的原因，如商品本身的材质、做工、来源、卖点等；其次，还可为商品塑造故事或品牌文化，为其赋予能够感动消费者的文化价值，增加消费者的认同感。

● **有的放矢，减少买家困惑** 在进行商品描述时，应尽量做到图文结合，从细节中体现商品的质量。切记，商品描述信息一定要清晰、表达要连贯，不要出现逻辑问题。

1.4 网店美工必须掌握的装修知识

俗话说“磨刀不误砍柴工”，先做好准备工作，可让后期的工作变得轻松。对网店美工工作有了基本认识后，接下来了解网店装修的基础知识。

1.4.1 网店装修的相关准备工作

在对网店进行装修前，需要获取图片素材，这些素材包括商品的照片和修饰画面的素材。准备好素材后，才能通过Photoshop进行素材的组合与编辑，最终制作出吸引眼球的网店页面。

1. 图片收集

在店铺的设计过程中，通常会使用多张素材，这些素材有的用于网页背景的制作，有的用于模块背景的制作，有的为商品图片，有的为模特图片，只有将不同类型的素材图片合理组合在一起，才能形成美观的视觉效果。

2. 拍摄照片

在网店装修前，要拍摄大量的商品图片。由于网购的特殊性，购买者不能接触到商品的实物，商品的所有信息都要以照片的形式进行传达。而商品的某些物理特性无法被购买者所感受到，如质量、重量等，这就对照片提出了更高的要求，只有从不同的角度拍摄宝贝，展示宝贝更多的细节，才能最终打动消费者。

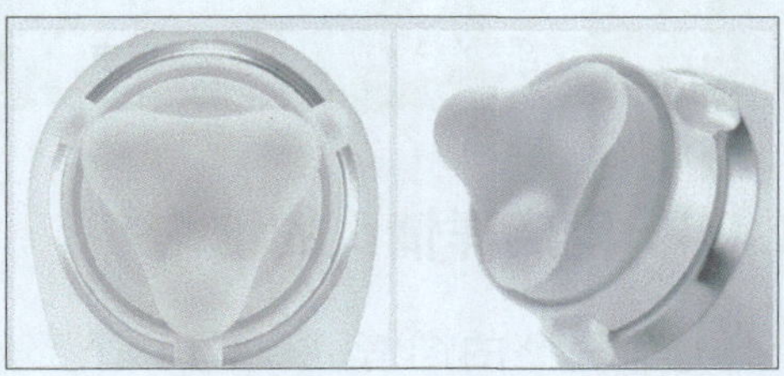

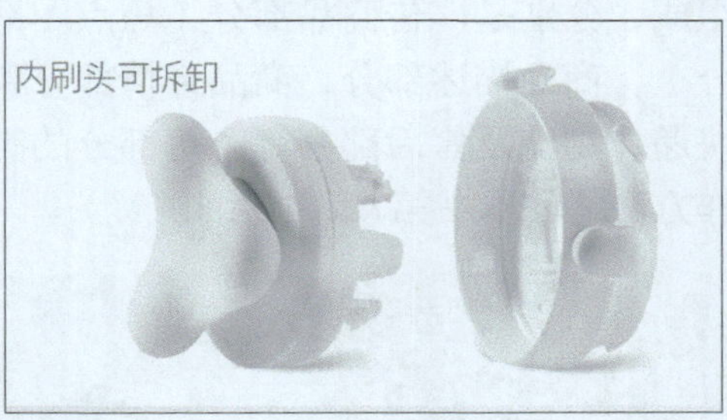

除了要准备宝贝细节图外，有时为了展示实物的特性，让买家直观地感受到宝贝穿戴的效果，还会拍摄模特使用或者穿戴宝贝的照片，以此增加说服力，促进购买。

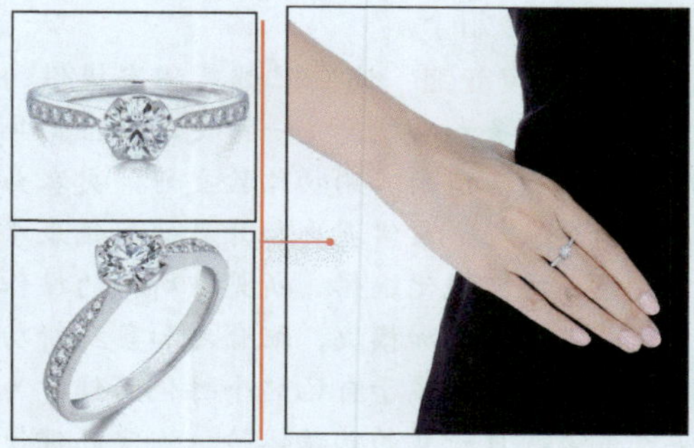

3. 获得网络图片存储空间

图片存储空间即用来存储图片的网络空间，而网络空间多是由专业的IT公司提供的网络服务器。在淘宝网中也有一款免费储存图片的空间，即“图片空间”，用户只需进入“卖家中心”页面，并在左侧列表中单击“图片空间”超链接，即可进入“图片空间”页面，在其中不仅可以查看图片信息，还可以进行上传图片、删除图片、新建文件夹等操作。

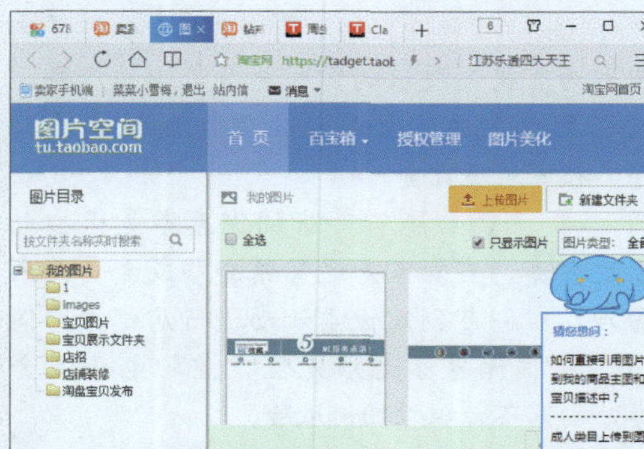

1.4.2 网店装修的相关术语

除了使用免费的淘宝流量外，还可以购买一些活动板块或营销工具，促进商品的销售。但是一个新手美工在做活动页面设计前，需要先了解这些活动板块或营销工具的相关术语。网店装修中常用的术语如下。

● **淘宝旺铺**　淘宝旺铺是淘宝提供的一项增值服务和功能，是一种更加个性豪华的店铺界面，使顾客购物体验更好，更容易产生购买欲望。它实现更加开放的店铺装修方式，支持可视化编辑、所见即所得的操作方式，可自由添加模块，配合增加各种新功能，定制出完全属于自己的个性化店铺，为买家带来耳目一新的购物体验。淘宝旺铺使店铺能够更专业，更个性，并提供了更强大的功能，对塑造店铺形象，打造店铺品牌，推广促销店铺商品，起到至关重要的作用。

● **直通车**　直通车是由阿里巴巴集团下的雅虎中国和淘宝网进行资源整合，推出的一种全新的搜索竞价模式。它的竞价结果不只可以在雅虎搜索引擎上显示，还可以在淘宝网上充分展示。直通车根据买家搜索关键词展现与之匹配的推广宝贝，卖家可以针对每个关键词自由定价，并且可以看到在雅虎和淘宝网上的排名位置，并按实际被点击次数付费（每个关键词最低出价0.05元，最高出价是100元，每次加价最低为0.01元）。

● **钻石展位**　钻石展位又称智钻，是淘宝网为有更高要求的卖家量身定制的产品。选取最优质的宝贝展示位置，通过竞价排序，按照展现计费。

● **店铺优惠券**　店铺优惠券是虚拟电子现金券，当卖家开通营销套餐或会员关系管理后，即可创建优惠活动进行店铺推广促销。店铺优惠券无须充值，虚拟电子现金券，卖家不必担心任何风险。

1.4.3　网店首页的结构

一个完整的淘宝旺铺，首页页面一般包括的元素有店招、导航、轮播海报、优惠券、宝贝分类、宝贝展示、页尾等（每个板块的制作方法将在本书第5章中详细讲解）。

1.4.4　网店详情页的结构

一个完整的详情页一般由4个部分组成，分别是广告商品部分（焦点图部分），商品描述部分，商品详情部分和快递、物流及售后部分等（每部分的制作方法将在本书第7章中详细讲解）。

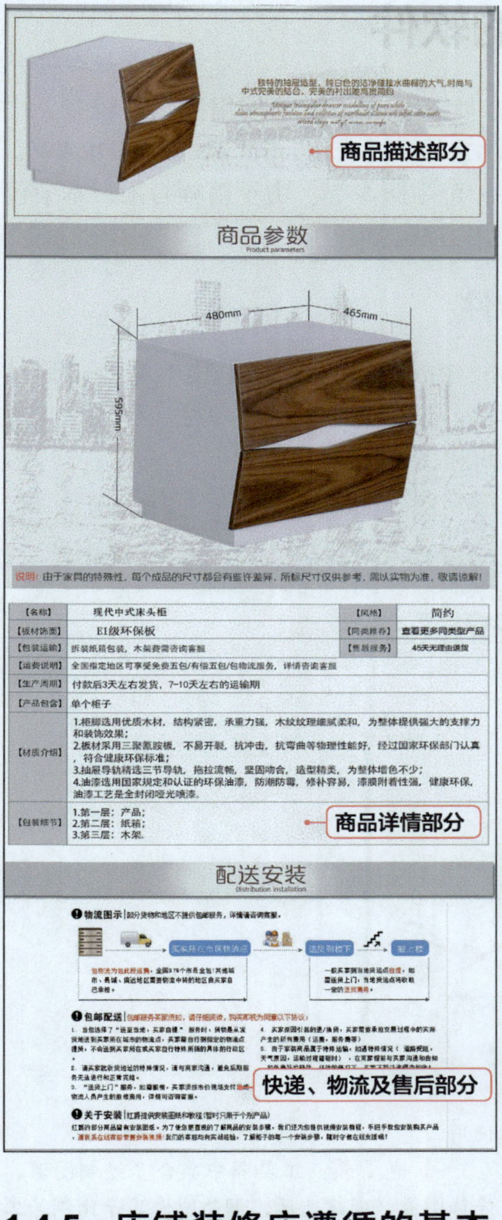

1.4.5 店铺装修应遵循的基本原则

网店装修是网店美工工作内容的一个重点，它不只是将商品摆放到网页中，而是将商品的卖点、特征，以及商品的使用方法或穿戴效果都体现出来。在网店中如何通过图片让买家感受到实体店般的体验效果是网店装修的关键。而店铺装修应遵循的基本原则如下。

● **突出行业属性** 每个行业都有特定的属性，每一种属性都有特定的表现方式。虽然没有明确的行业规定，但这些特定属性却时时左右着我们对事物的判断与取舍。店铺装修前，一定要明白自己商品的属性以及它的行业特征，在此基础上为装修选择相应的色彩和插图，如五金产品可以用红色和灰色，但不适合用粉红色。

● **色彩搭配协调** 店铺主色调与商品的属性密不可分，一旦确定主色调，其他颜色的应用都必须跟主色调高度协调。应保证同一个页面的主色调不超过3种，辅助色与主色调相协调。切忌把店铺装修得绚丽多彩，满屏都是闪烁的动画，虽然表面看起来十分酷炫，其实会晃得客户晕头转向，令客户反感。

● **简洁时尚** 在店铺装修过程中，简洁时尚是永恒的经典。判断一个网店的好坏，不单单只看商品本质的好坏、销量的多少，还要看网店装修的视觉效果。简洁时尚的装修，清晰、合理的商品布局，会让客户有继续看下去的兴趣。

● **商品分类明确** 明确的分类布局能让顾客快速查找到需要的商品。在店铺装修中，应将商品按照种类的不同或价位的不同，分成不同的类别，如“10元区”“99元区”“活动促销区”“积分兑换区”等，让顾客一看分类列表就知道目标所在。

1.5 网店美工必须掌握的软件

在处理或制作淘宝店铺需要的图像时，淘宝美工可选择使用的软件较多，比较常用的是Photoshop和Dreamweaver，除此之外，还有Illustrator、CorelDRAW、Painter、3D Max、美图秀秀、光影魔术手和可牛影像等。由于篇幅有限，本节仅介绍Photoshop和Dreamweaver两款软件的使用方法。

1.5.1 认识Photoshop图像处理软件

选择【开始】/【所有程序】/【Adobe Photoshop CS6】菜单命令，启动Photoshop CS6，将打开下图所示的工作界面。该界面主要由菜单栏、标题栏、工具箱、工具属性栏、面板组、图像窗口、状态栏组成。

下面对Photoshop CS6工作界面的各组成部分进行详细的讲解。

● **菜单栏** 菜单栏用于将Photoshop所有的操作进行分类，包括文件、编辑、图像、图层、文字、选择、滤镜、3D、视图、窗口、帮助共11个菜单，每个菜单项下内置了多个相关的菜单命令。

● **标题栏** 标题栏用于显示当前打开文件的名称，当打开多个图像文件时，将以选项卡的方式排列显示，以便切换查看和使用。

● **工具箱** 工具箱中集合了绘制图像、修饰图像、创建选区、调整图像显示比例等工具按钮。若工具按钮右下角有黑色小三角形，表示该工具位于一个工具组中，单击黑色小三角形，或在该工具按钮上按住鼠标左键不放或单击鼠标右键，将显示隐藏的工具。

● **工具属性栏** 当用户选择工具箱中的某个工具时，工具属性栏将变成对应的工具属性栏进行设置。

● **面板组** Photoshop CS6中的面板组默认显示在工作界面的右侧，是工作界面中非常重要的一个组成部分，用于选择颜色、编辑图层、新建通道、编辑路径、撤销编辑等操作。选择[窗口]菜单命令，在打开的子菜单中选择相应的菜单命令，可显示或隐藏对应的面板。

● **图像窗口** 图像窗口是对图像进行浏览和编辑操作的主要场所，所有的图像处理操作都是在图像窗口中进行的。

● **状态栏** 状态栏位于图像窗口的底部，最左端显示当前图像窗口的显示比例，在其中输入数值并按“Enter”键可改变图像的显示比例，中间将显示当前图像文件的大小。

1.5.2 认识Dreamweaver页面布局软件

Dreamweaver是一款所见即所得网页编辑器，使用它可以快速、轻松地完成网页设计、开发、网站维护和Web应用程序的全部开发过程。在淘宝网店中，美工可使用Dreamweaver进行代码的编辑与切片的转换。只需选择【开始】/【所有程序】/【Adobe Dreamweaver CS6】菜单命令，即可启动Dreamweaver CS6，打开如下图所示的工作界面。该界面主要由菜单栏、文档窗口、面板组、“属性”面板组成。

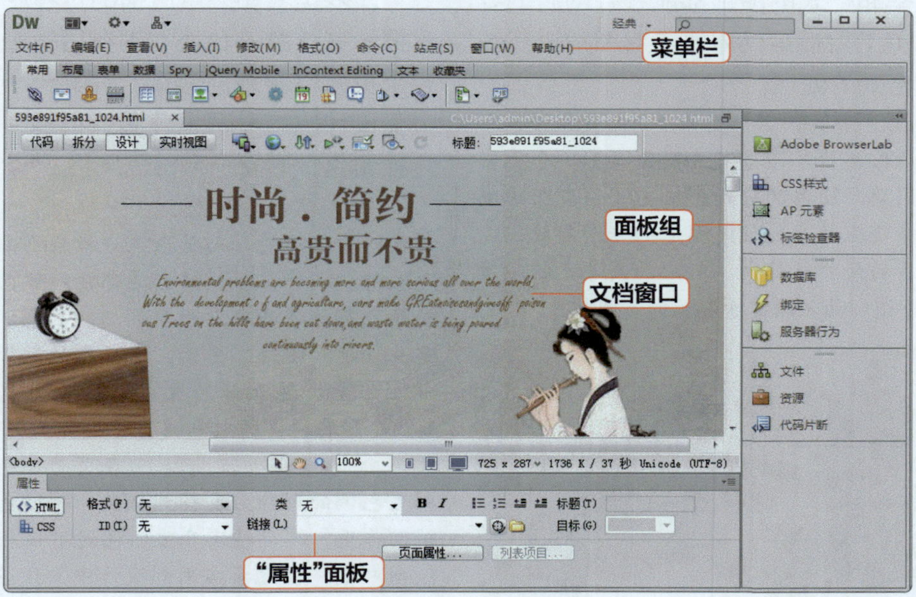

下面对Dreamweaver CS6工作界面的各组成部分进行详的讲解。

● **菜单栏** 菜单栏中集合了几乎所有的Dreamweaver 操作命令，通过各项命令，可以完成窗口设计及网页制作的各项操作，包括文件、编辑、查看、插入、修改、格式、命令、站点、窗口和帮助共10个菜单。

● **文档窗口** 文档窗口主要用于显示当前所创建和编辑的HTML文档内容，另外文档窗口由标题栏、视图栏、编辑区和状态栏组合而成。

● **面板组** 面板组是显示在操作窗口右

侧的浮动面板集合，包含了网页文档编辑的常用工具。在Dreamweaver中面板组主要包括插入、属性、CSS设计器、文件、资源和行为等浮动面板。

- **“属性”面板** “属性”面板主要是显示文档窗口中所选元素的属性，并允许用户在该面板中对元素属性进行修改。在网页中选择的元素不同，其“属性”面板中的各个参数也不相同。

1.6 疑难破解

1. 淘宝美工除了掌握必需的技能外，还需要掌握哪些图像知识？

页面装修、商品上架等都会用到很多图片，这些图片可以通过网络收集，也可以自己制作或拍摄，但并不是所有分辨率和格式的图片都能符合网店的要求，美工需根据具体要求对图片进行像素或格式的处理。

- **图像分辨率** 图像分辨率是指图像中存在的信息量，即每英寸图像有多少个像素点。因此，图像的分辨率决定了位图图像细节的精确程度，往往是图像的分辨率越高，成像后的尺寸就越大，对应的图像也就越清晰。下图即为不同像素显示的不同效果。

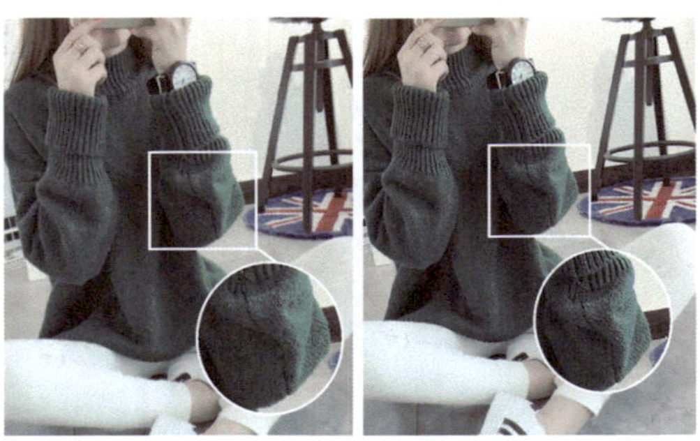

- **文件格式** 网店美工工作过程中需要使用的图片种类并不单一，并且店铺装修时不同的模块有不同的规格要求，因此区分不同的图像格式和适用范围也成为网店美工掌握的重点。装修中常用的图片格式包括PSD、JPEG、PNG和GIF。在装修网店时，图片一般以JPEG、PNG或GIF格式保存，PSD格式是Photoshop的源文件格式，仅用于对图像效果进行调整，不能直接在网店中使用。

2. 如何定位网店的装修风格？

许多卖家在装修店铺的过程中，喜欢把一些炫酷的色块堆砌在店铺中，令整个页面色彩杂乱无章。其实一个好的页面设计应有一个主色调，再辅助搭配几种颜色，形成一个特色风格。

- **先确定自己的品牌主色调** 主色调不是随意选择的，而是系统分析自己品牌受众人群心理特征后，找到这部分群体易于接受的色彩并将其确定为主色调。主色调定后需一直延续使用。当然，在后期的运营过程中，若是发现开始的主色调定位不是很正确，可进行适当的主色调调整。
- **合理搭配辅助色** 在页面配色上要将主色调的影响力发挥到极致，辅助色只起辅助作用，不要喧宾夺主。同时可以将品牌Logo中的一些元素应用到设计中，让买家看到对应的元素即可想起店铺。

3. 有哪些常见的配色方案？

色彩能给人一种直观的展现效果，好的色彩搭配对吸引顾客有很大的帮助。网店装修设计中常见的配色方案有如下3种。

- **对比色调搭配方案** 把色相完全相反

的色彩搭配在同一个空间里，如红与绿、黄与紫、橙与蓝等。这种色彩的搭配，可以产生强烈的视觉效果，给人亮丽、鲜艳、喜庆的感觉。当然使用对比色调时要把握“大调和，小对比”原则，即总体的色调应该是统一和谐的，局部的地方可以有一些小的强烈对比。

- **暖色调搭配方案** 红色、橙色、黄色、赭色等色彩的搭配。这种色调的运用，可使主页呈现温馨、和煦、热情的氛围。

- **冷色调搭配方案** 青色、绿色、紫色等色彩的搭配。这种色调的运用，可使主页呈现宁静、清凉、高雅的氛围。

4. 在网店装修设计中，字体的使用有哪些技巧呢？

在网店装修设计中，文字除了传达营销信息外，还是一种重要的视觉元素。字体的布局对画面空间、结构、韵律都有影响。

- **字体的选用与变化** 在排版淘宝广告文案时，选择2~3种匹配度高的字体是最佳的视觉效果。否则，字体过多会产生零乱而缺乏整体的感觉，容易分散买家注意力，使买家产生视觉疲劳。在选择字体的过程中，可考虑加粗、变细、拉长、压扁或调整行间距来变化字体大小，以产生丰富多彩的视觉效果。

- **文字的统一** 在进行文字编排时，需要把握文字的统一性，即文字的字体、粗细、大小与颜色在搭配组合上让买家有一种关联的感觉，这样文字组合才不会显得松散杂乱。

- **文字的层次布局** 在淘宝视觉营销设计中，文案的显示并非是简单的堆砌，而是有层次的，通常是按重要程度设置文本的显示级别，引导买家浏览文案的顺序，首先映入买家眼帘的是该作品强调的重点。在进行文字的编排时，可利用字体的型号、粗细、大小与颜色的对比来设计文本的显示级别。

5. 有哪些优秀的网店店面装修可以借鉴？

快速提高设计能力的一个捷径就是学习、借鉴他人的设计作品。新手美工可以从色彩、图像、文案、排版布局等方面借鉴一些优秀的网店装修设计方案。

- **三只松鼠旗舰店** 进入该店铺就会看到可爱的三只松鼠。因为是零食店，所以颜色采用对比色调，让买家进入店铺就能融入零食购物的狂热中。

- **韩都衣舍旗舰店** 韩都衣舍是主打韩风的服装品牌，进入该店的页面，立即会感受到一种时尚感。该店铺已经不是用普通的模特进行衣服展现，而是通过一些大牌的明星，吸引顾客进行购买。韩都衣舍具有“款式多，更新快，性价比高”的特点，在装修中简单的搭配可让该特点得以体现。

1.7 边学边练

1．赏析TPIWR天猫旗舰店颜色搭配和字体搭配

下图所示为TPIWR天猫旗舰店首屏效果，请对该页面中的设计元素、页面的颜色搭配与字体搭配进行评析。

2．赏析歌莉娅官方店首页的布局

下图所示为歌莉娅官方店首页，请对该网页中的颜色、风格、搭配、构图方式、网页元素等布局方式进行评析。

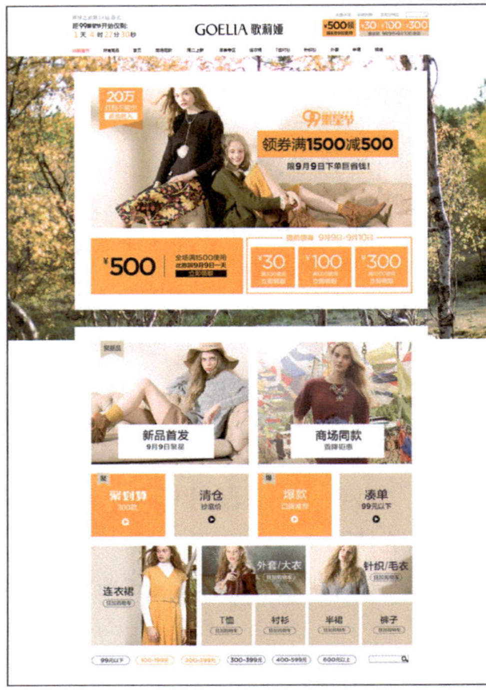

第2章

拍摄并处理商品图片

本章导读

开网店的朋友都知道，图片是网店的灵魂。要想将网店做好，不但需要过硬的拍摄技术，还需要对图片进行后期处理，因为好的图片可以提高交易的成功率。Photoshop CS6是一款专业的图像处理软件，本章将先讲解拍摄商品图片的方法，再讲解利用Photoshop对商品图片进行裁剪、修饰与调整处理的方法，帮助读者全面提高图片处理技能。

知识技能

※ 掌握拍摄商品图片的方法
※ 掌握商品图片大小的调整方法
※ 掌握修饰商品图片的方法
※ 掌握调整商品图片的色彩与质感的方法
※ 掌握抠取商品图片替换背景的方法
※ 掌握文字与形状工具的使用方法

视频讲解

（视频讲解：87 分钟）

2.1 拍摄商品图片

在商品拍摄过程中，因为商品材质不同，需要的光源和穿透度也不相同，其对应的拍摄环境也不相同，因此，对应的拍摄方式也不尽相同。在商品拍摄中，常见的材质有3类：吸光类、反光类和透明类，下面分别进行介绍。

2.1.1 构建拍摄环境

为了使商品拍摄达到更好的效果，需要针对不同商品的类型和大小来搭建拍摄环境。常用的构建拍摄环境的方法有如下3种。

● **小件商品的拍摄环境** 小件商品适合在单纯的环境里进行拍摄。下图所示的微型摄影棚能有效解决小件商品的拍摄环境问题，使用微型摄影棚既可避免布景麻烦，又能拍摄出漂亮的、主体突出的商品照片。在没有准备摄影棚的情况下，尽量使用白色或纯色的背景来替代，如白纸或颜色单纯、清洁的桌面等。

● **大件商品的室内拍摄环境** 大件商品进行室内拍摄时，尽量选择整洁且单色的背景，拍摄的照片中最好不要出现其他不相关的物体。下图所示为室内拍摄大件商品的环境布置，室内拍摄对拍摄场地的面积、背景布置、灯光环境等都有要求，需要准备辅助器材，如柔光箱、三脚架、同步闪光灯、引闪器和反光板等。

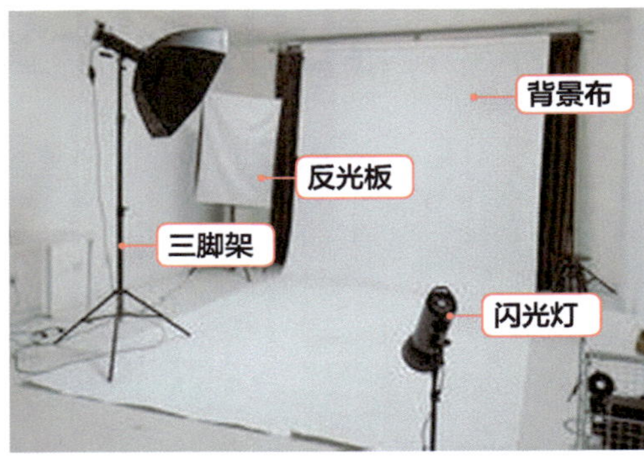

● **大件商品的外景拍摄** 大件商品的外景拍摄主要选择风景优美的环境来作为背景，并通过自然光加反光板补光的方式进行拍摄，拍摄的照片风格感更加明显，能形成个性特色并营造出商业化的购物氛围。

2.1.2 吸光类商品图片的拍摄

吸光物体是比较常见的物体，具备表面粗糙的特点，如食品、橡胶、木制品、纺织品和纤维制品，以及大部分亚光塑料等都属于吸光物体。

吸光类物体在不同明暗程度光线下投射的效果不同，其中最亮的高光部分显示了对应的光源颜色；明亮的部分显示了物体本身的颜色和光源对物体的影响；亮部和暗部的交界部分，则显示了物体的表面纹理和质感；而暗部则基本不对物体进行显示。该类物体的表面粗糙，因此在光线投射时，不会形成完整的明暗层次。拍摄时掌握吸光体的特点和布光方式则变得尤为重要。

吸光类物体的布光主要以侧光、顺光、侧顺光为主，灯光的照射角度不宜太高，这样才能拍摄出具有视觉层次和色彩表现的照片。

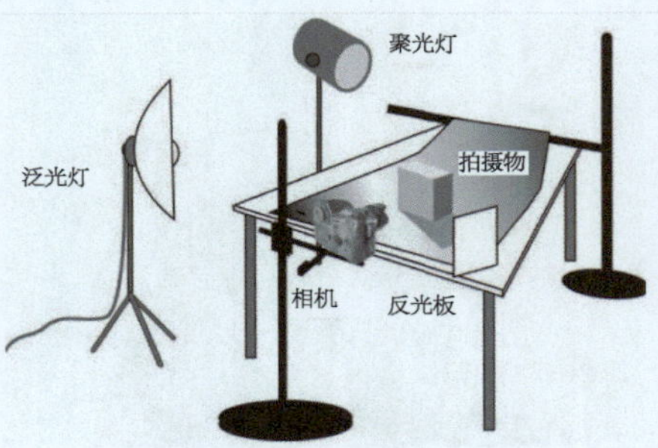

提个醒

拍摄吸光类商品时，可以使用硬的直射光进行照明，如拍摄皮制品，可以使用更硬的直射光直接进行照明，这样表面凸凹的材质会产生细小的投影，能够对凹凸的材质有质感的表现。若光线的顺光过柔过散，则会弱化被摄物的质感。

2.1.3 反光类商品图片的拍摄

反光类商品常指不锈钢制品、银器、电镀制品、陶瓷品等，该类制品因为表面光滑，具有强烈的光线反射能力，拍摄时不会出现柔和的明暗过渡现象。

因为反光物体没有明暗过渡，因此拍摄的商品图缺少丰富的明暗层次，此时反光板的放置非常重要。在拍摄时，可以将一些灰色或深黑色的反光板或吸光板放于拍摄物的旁边，让物体反射

出这些光板的色块，以增加物体的厚实感，从而改善表现的效果。在拍摄该类物体时，灯光也很重要，主要采用较柔和的散射光进行照明，这样不但能使色彩更加丰富，还能使质感最大化显示。

拍摄反光类商品需要具有一定的技巧，可将大面积的柔光箱和扩散板放于拍摄物的两侧，并尽量靠近拍摄体，这样可形成均衡柔和的大面积布光，并将这些布光全部罩在拍摄物的反射内，使其显示出明亮光洁的质感。

提个醒

反光类商品对光线的反射能力较强，拍摄时容易出现“黑白分明”的反差效果，为了不让其立体面出现多个不统一的光斑或是黑斑，可采用大面积照射光，并使用反光板照明，使光源面积加大。

2.1.4 透明类商品图片的拍摄

透明类商品常指玻璃制品、水晶制品和部分塑料制品等，这类商品具有透明的特点，可以让光线穿透其内部，因此通透性和对光线的反射能力较强。拍摄透明类商品要表现其玲珑剔透的感觉，因此在选择光线时，常选择侧光、侧逆光和底部光等照明方式，利用透明体的厚度不同，而产生不同的光亮差别，从而产生不同的质感。

若在黑背景下拍摄透明类商品，布光应该与被拍摄物相分离，此时可在两侧使用柔光箱或是闪光灯添加光源，把主体和背景分开，再在前方添加灯箱，将物体的上半部分轮廓体现出来，从而表现玻璃制品的透明度，使其精致剔透。如果拍摄物盛有带色液体或透明物，为了使色彩不流失原有的纯度，可在背面贴上与外观相符的白纸，从而对原有色进行衬托。

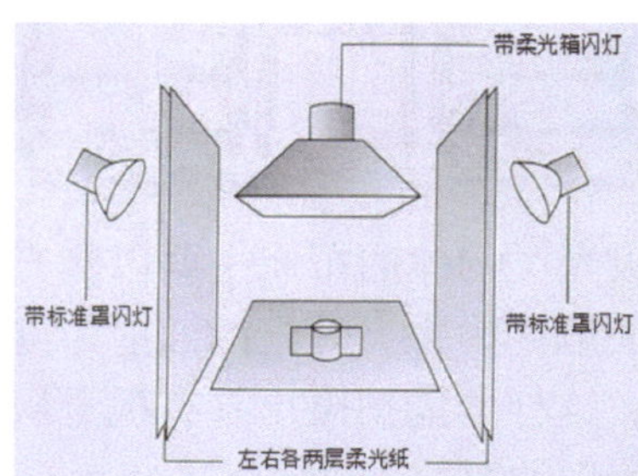

2.1.5 商品拍摄的基本构图

面对琳琅满目的商品，除了掌握商品的拍摄方法外，还需考虑如何对商品进行构图，使拍摄的商品形成一个理想的画面，让拍摄的商品效果更加美观。常见的构图包括横线构图、竖线构图、斜线构图、黄金分割法构图、对称构图和其他构图，下面分别对其进行介绍。

1. 横线构图

横线构图能使画面产生宁静、宽广、稳定、可靠的感觉。但是单一的横线容易割裂画面。在实际的商品拍摄过程中，切记从中间穿过，一般情况下，可上移或下移躲开中间位置，在构图中除了单一的横线外，还可多条横线组合使用，当多条横线充满画面时，可以在部分线的某一段上安排商品主体位置，使某些横线产生断线的变异。

2. 竖线构图

竖式构图是商品呈竖向放置和竖向排列的竖幅构图方式，竖线构图能使画面产生坚强、庄严、有力，也能表现出商品的高挑、秀朗。常用于长条的或者竖立的商品。在表现方法中，竖线构图要比横线构图富有变化，单一线时也存在差异。但是竖线构图中也可采用多线的竖线构图，如对称排列透视、多排透视等，使用这些构图方式都可能产生意想不到的效果，从而达到美化商品的效果。

3. 斜线构图

斜线构图是商品斜向摆放的构图方式，其特点是富有动感，个性突出，对于表现造型、色彩或者理念等较为突出的商品，常用来表现商品的运动、流动、倾斜、动荡、失衡、一泻千里等场景，在商品构图中斜线构图方式也较为常用。

4. 黄金分割法构图

黄金分割法是突出主题的构图方法，又叫九宫格构图法，或是三分法构图。九宫格构图法就是把画面分成九块，在中心的4个角上，用任意一点的位置，来安排主体，该点都属于最佳位置。黄金分割法的构图方法，画面的长宽比例通常为1∶0.7，通过这种比例设计的商品造型十分美观。

5. 其他构图

在商品构图中，除了通过不同的构图方式来体现商品的美观外，还可根据商品的不同角度、商品的层次感，以及添加的素材来进行构图，这样不但能使商品的应用场景、细节展现更加丰富，还能使拍摄的效果更加完美。

2.1.6 商品的清洁与摆放

保证拍摄商品的干净与整洁是拍摄的前提，拍摄前需要先擦拭商品，保证商品表面没有污迹或指纹，其次，虽然商品的外部形态无法改变，但拍摄时可以充分发挥想象，通过二次设计和美化商品的外部曲线，使其具有一种独特的设计感与美感，也可以从不同角度拍摄商品，特别是对于不同的商品来说，有些商品的正面好看，有些商品的侧面好看，因此，要从最能体现商品美感和特色的角度进行拍摄，选择最能打动客户的角度来展现商品。一般来说，除了正面、侧面等角度外，还需拍摄侧视，如侧视20°~30°、45°各个角度的图片，每个角度都拍2~3张图片，从而全面展现产品的特点。下图所示为不同角度的拍摄效果。

提个醒

摆放多件商品时，不仅要考虑造型的美感，还要符合构图的合理性。因为画面上内容太多显得杂乱。此时，可采用有序列和疏密相间的进行摆放，既能使画面显得饱满丰富，又不失节奏感与韵律感。

2.1.7 实战——拍摄香水照片

消费者在购买香水时，不能闻到香水的味道，只能通过图片表现的氛围来进行选择，因此，在拍摄香水照片时，可通过小道具来营造一种氛围，以增添一种清新的感觉。本实战将拍摄香水的产品图，拍摄香水重点表现的是香水透光性的特点，可使用鲜花和花瓣作为道具进行点缀，其具体操作如下。

01 先拍摄香水的外包装。将产品放在静物台上，使用摄影灯从香水的左上方进行打光，在香水的右侧放反光板，然后从正前方拍摄香水包装的正面和背面。

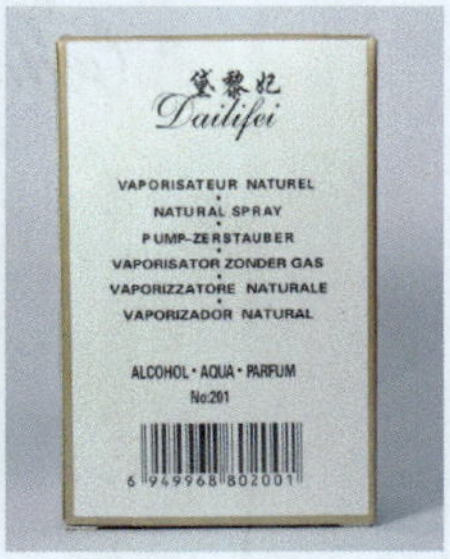

02 在静物台上的同一位置，摆放另一瓶香水，拍摄另一瓶香水的外包装。

03 取出香水瓶，将外包装盒摆放在香水瓶的后面，并使外包装盒有一点儿倾斜的角度，然后从正前方进行拍摄。

04 摆放鲜花等道具进行拍摄，营造一种清新芬芳的氛围。

提个醒

在拍摄香水时，不仅可以使用鲜花作为道具，还可以使用小盆栽、杂志、项链等作为道具，可根据香水的不同风格进行选择。

05 将香水瓶侧放在静物台上，从香水的正前方45°的位置进行拍摄，展示香水的侧面和厚度。

06 拍摄另一瓶香水，将香水瓶与包装盒和道具一起进行拍摄，展示香水的整体造型。

07 将鲜花放在香水瓶的后面，以体现香水透光性的特点。

08 将香水瓶平放在静物台上，从香水的上方进行拍摄，展示香水瓶的侧面效果。

09 取下香水瓶盖，靠近香水瓶放置在香水瓶的正前方拍摄，以展示香水瓶口的结构，配合花瓣的点缀，使画面不单一。

2.2 调整商品图片的大小

淘宝网中不同模块有不同的尺寸，拍摄好的商品图片或经过Photoshop处理后的图片可能因为太大而无法添加到对应模块中，或添加后无法在模块中进行展示，此时，就需要对图片大小进行调整，让图片更符合要求。下面先了解网店图片的常见尺寸，再学习调整图片大小的方法。

2.2.1 网店图片的常见尺寸

网店不同模块的尺寸要求有所不同，以淘宝网为例，淘宝店铺装修中需要用到店标、店招、宝贝分类、促销区公告和宝贝描述等模块，这些模块一般都有一定的尺寸限制或者大小限制，清楚这些限制，是制作这些模块的前提，如下表所示即为淘宝网中常见的图片尺寸及具体要求。

淘宝网中常见的图片尺寸及具体要求

图片名称	尺寸要求（像素）	文件大小	支持图片格式
旺旺名片 / 头像	120×120	≤ 100KB	GIF、JPG
店标	建议：80×80~100×100	≤ 80KB	GIF、JPG、PNG
宝贝主图	建议：800×800，700×700	≤ 500KB	JPG、GIF、PNG
直通车推广图	800×800 或 320×320	≤ 500KB	JPG、GIF、PNG
钻石展位图	640×200、520×280、170×200、375×130、168×175	≤ 80KB	JPG、GIF、PNG
宝贝描述图片	建议 500×500	≤ 100KB	PNG、GIF
公告栏图片	宽度≤ 340，高度建议不超过 450	≤ 500KB	JPG、GIF
店招图片	默认：950（天猫 990）×120 全屏：1920×150	≤ 100KB	GIF、JPG、PNG
轮播图片	默认：950×450~950×650	＜ 50KB	GIF、JPG、PNG
全屏海报	建议：1920×400~1920×600	＜ 50KB	GIF、JPG、PNG
分类图片	宽度 <160，高度不超过 90	＜ 50KB	GIF、JPG、PNG
导航背景	950×150	不限	GIF、JPG、PNG
页头背景	不限	＜ 200KB	GIF、JPG、PNG
页面背景	不限	＜ 1MB	GIF、JPG、PNG

高手支招

淘宝的图片尺寸和京东商城的图片尺寸有所区别，其中淘宝首页中的整体框架宽度为 1920 像素，默认宽度为 950 像素（天猫为 990 像素），页面主体宽度应该尽量控制在 950 像素（天猫为 990 像素），最宽不超过 1200 像素；详情页淘宝宽度为 750 像素（天猫宽度为 790 像素）。而京东商城的首页整体框架宽度为 1920 像素，店招框架高度为 110 像素（默认导航 40 像素），宽度为 990 像素，详情页宽度为 790 像素或者 990 像素。美工在制作首页和详情页时，应根据所在平台要求设置图片大小。

2.2.2 按尺寸裁剪图片

在制作商品图时，常常会要求该商品图是某固定尺寸，此时需将商品图按固定大小进行裁剪。本例将对“手表.jpg”图像文件进行裁剪，使其主体更加明确，其具体操作如下。

扫一扫

按尺寸裁剪图片

01 打开“手表.jpg”素材文件（配套资源:\素材文件\第2章\手表.jpg），选择“裁剪工具”，在工具属性栏中单击“不受约束”按钮，在打开的下拉列表中选择“大小和分辨率”选项。

02 打开“裁剪图像大小和分辨率”对话框，设置“宽度”和“高度”均为“600像素”，再设置“分辨率”为“72像素/厘米”，单击“确定”按钮。

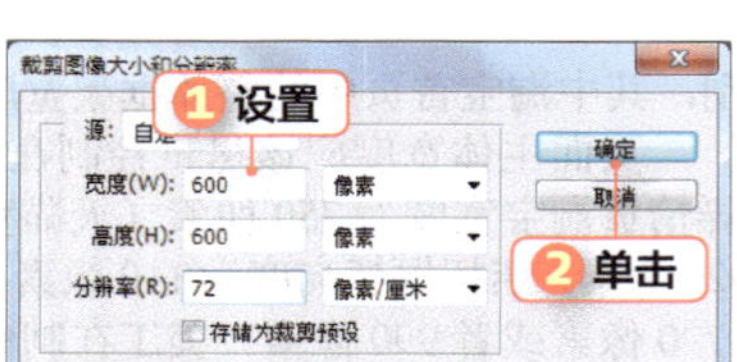

03 返回图像编辑区，即可发现图像中已经出现裁剪框，按住鼠标左键不放进行拖动鼠标指针，调整裁剪框在图像中的位置，确定裁剪区域后释放鼠标左键，按“Enter”键完成裁剪操作（配套资源:\效果文件\第2章\手表.jpg）。

2.2.3 裁剪倾斜图片

为了更加方便地拍摄商品图片，拍摄时可能会将相机倾斜拍摄，因此拍摄出的图片可能会出现倾斜的问题。此时可对倾斜的图片进行透视裁剪，修正倾斜部分。

下面将使用透视裁剪工具对“戒指.jpg”商品图片进行修正，使其更加美观，其具体操作步骤如下。

扫一扫

裁剪倾斜图片

01 打开“戒指.jpg”素材文件（配套资源:\素材文件\第2章\戒指.jpg），可看到戒指向右侧倾斜，在工具箱中选择“透视裁剪工具”，在图像编辑区中按住鼠标左键不放并拖动鼠标指针，创建矩形裁剪框。

02 将鼠标指针移动到裁剪框左上角的

控制点上，按住“Shift”键按住鼠标左键不放并向右上角拖动。然后拖动右上角的控制点向右上方拖动，让顶部的两个裁剪框与戒指的边缘保持平行。使用相同方法调整左、右下角的控制点使其与上方的两个控制点平行。

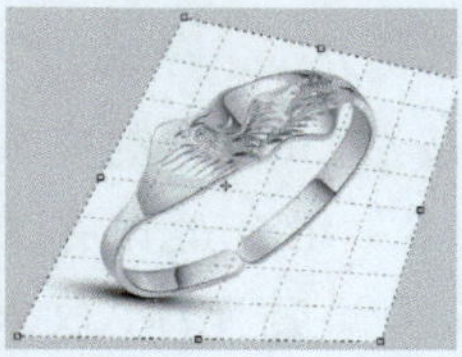

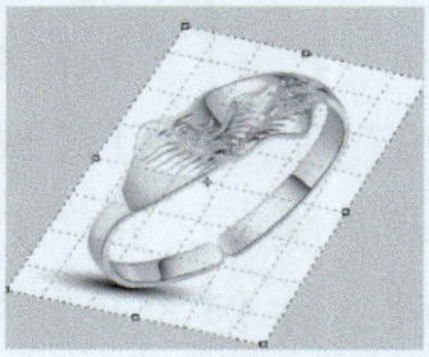

03 在工具属性栏中单击✔按钮或按“Enter”键，即可完成裁剪操作，此时可看见倾斜的戒指已经纠正，而且对多余部分进行了裁剪（配套资源:\效果文件\第2章\戒指.psd）。

高手支招

对于首饰类等圆形的商品，处理图片时不能过于将商品放的周正，需要有一定的倾斜度，那样才会显得更加好看，从而吸引买家购买。

2.2.4 实战——旋转、裁剪并设置商品主图的尺寸

首先打开素材文件。由于素材图片中的商品出现倾斜现象，需先使用裁剪工具进行旋转，然后将其裁剪为正方形，最后将其设置为商品主图的尺寸，使其符合网店主图的规格，其具体操作如下。

扫一扫

旋转、裁剪并设置商品主图的尺寸

01 打开素材文件“香水.jpg”（配套资源:\素材文件\第2章\香水.jpg）。从图中可以看到拍摄的商品图片存在倾斜现象。

02 选择“裁剪工具”，将鼠标指针放在右上角定界框的外侧，当指针变为旋转箭头时，按住鼠标左键旋转图像，当旋转到适当位置后，释放鼠标左键。

03 确定正确的角度后按“Enter”键完成矫正操作。

04 在“裁剪工具”的工具栏中单击 不受约束 按钮，在打开的下拉列表中选择“大小和分辨率”选项。

05 打开“裁剪图像大小和分辨率”对话框，设置“宽度”和“高度”均为“800像素”，再设置“分辨率”为“72像素/厘米”，单击 确定 按钮。

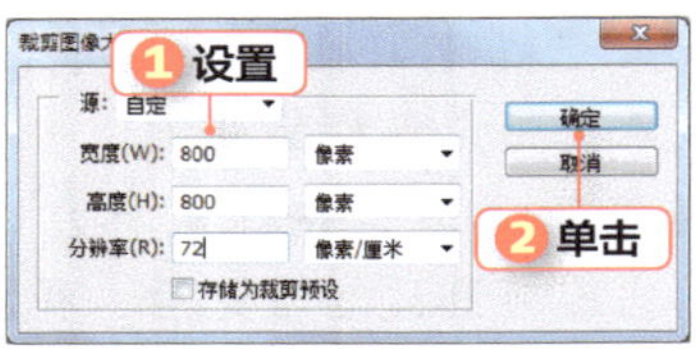

06 返回图像编辑区，即可发现图像中已经出现裁剪框，按住鼠标左键不放并拖动，调整裁剪框在图像中的位置。

07 确定裁剪区域后按“Enter”键完成裁剪操作，按“Ctrl+S”组合键保存文件，本例的制作完成（配套资源:\效果文件\第2章\香水.jpg）。

2.3 修饰商品图片

通常，没有处理的图片可能存在杂点、划痕、破损、瑕疵等现象，这样的图片不但不会引起买家的兴趣，还会令买家厌烦。前面讲解的裁剪方法只能让商品图片有一个基本的形状，若是商品图片中存在一定的瑕疵，如污点、褶皱等，还需要对商品图片进行修饰，以吸引买家的眼球。修饰商品图片可通过污点修复画笔工具组、图章工具组、模糊工具组、减淡工具组来完成。

2.3.1 使用污点修复画笔工具组修复图片

如果发现照片中存在瑕疵，如红眼、斑点和褶皱等，可使用污点修复画笔工具组对图片进行修复，使其效果变得更为美观。污点修复画笔工具组主要包括5种工具，分别是污点修复画笔工具、修复画笔工具、修补工具、内容感知移动工具、红眼工具，下面分别进行介绍。

1. 污点修复画笔工具

“污点修复画笔工具” 可以快速修复图像中的斑点或瑕疵等。下面打开“瓷盘.jpg”图像文件，使用污点修复画笔工具将白色瓷盘中的污点去除，其具体操作如下。

扫一扫

污点修复画笔工具

01 打开“瓷盘.jpg”素材文件（配套资源:\素材文件\第2章\瓷盘.jpg）。

02 在工具箱中选择“污点修复画笔工具” ，在工具属性栏中设置画笔大小为“10”，在图像中选择一个斑点单击并向下拖动，即可将斑点进行处理。

03 使用相同的方法，继续在需要处理的污点上进行涂抹即可修复污点，保存图像，查看完成后的效果（配套资源:\效果文件\第2章\瓷盘.jpg）。

2. 修复画笔工具

使用修复画笔工具可以用图像或图案中的样本像素来绘画，它与污点修复画笔工具的不同之处在于其可以从被修饰区域的周围取样，并将样本的纹理、光照、透明度、阴影等与所修复的像素匹配，从而去除照片中的污点和划痕。

下面打开“街拍商品图.jpg”商品图片，使用修复画笔工具去除街道中的网球，使人物穿戴效果更加鲜明，其具体操作如下。

扫一扫

修复画笔工具

01 打开“街拍商品图.jpg”素材文件（配套资源:\素材文件\第2章\街拍商品图.jpg）。

02 在工具箱中选择“修复画笔工具” ，在工具属性栏中设置画笔大小为“30”，并单击选中“取样”单选项。在需要修

复的图像附近按住“Alt”键，单击鼠标左键，获取图像修复的源像素，这里获取网球右侧的地板。

03 选择一个网球按住鼠标左键不放，并在网球上拖动鼠标指针进行修复，此时系统将自动根据获取的图像像素对涂抹的区域进行修复。

04 使用相同的方法，对其他网球进行修复，此时可发现地板上已没有网球的身影，保存图像查看完成后的效果（配套资源:\效果文件\第2章\街拍商品图.jpg）。

提个醒

在修复的过程中，可重新多次进行取样，以便使修复的内容与原图像的融合效果更好。在取样过程中，最好将图像像素放大，以便查看最接近于修复区域的像素，使图像修复后的效果更加逼真。

3. 修补工具

修补工具是使用最频繁的修复工具之一。下面将打开“酒水.jpg”使用修补工具去除上面多余的树叶，其具体操作如下。

扫一扫

修补工具

01 打开“酒水.jpg”素材文件（配套资源:\素材文件\第2章\酒水.jpg）。

02 在工具箱中选择“修补工具”，在工具属性栏中设置“修补”为“内容识别”，在图像编辑区中选择一处树叶，按住鼠标左键不放，拖动鼠标指针框选树叶区域，此时框选处变为选区。

03 将鼠标指针移至选区内，按住鼠标

左键并向上拖动，释放鼠标左键即可看见瑕疵已修复。

04 使用相同的方法，修复其他区域的树叶并查看修复完成后的效果（配套资源:\效果文件\第2章\酒水.jpg）。

4. 内容感知移动工具

内容感知移动工具与修补工具类似，它可以复制图像中的其他区域，对所选选区中的图像进行重构，适用于对不够完整的图片进行补充。

下面打开“酒瓶.jpg”图像文件，使用内容感知移动工具将右侧酒瓶复制到左侧的空白区域，其具体操作如下。

扫一扫

内容感知移动工具

01 打开素材文件“酒瓶.jpg”（配套资源:\素材文件\第2章\酒瓶.jpg）。

02 在工具箱中选择“内容感知移动工具”，在工具属性栏中设置“模式”和“适应”分别为“扩展”和“中”，在需要复制的酒瓶处单击确定一点，按住鼠标左键不放，拖动鼠标指针框选需要复制的区域。

03 将鼠标指针移至选区内，按住鼠标左键不放，并拖动图像，释放鼠标左键即可看见框选的区域已经移动并复制到对应的位置。

04 按“Ctrl+D”组合键取消框选，保存图像查看完成后的效果（配套资源:\效果文件\第2章\酒瓶.jpg）。

5. 红眼工具

利用红眼工具可以快速去掉照片中人物眼睛由于闪光灯引发的红色、白色、绿色反光斑点。其使用方法为：在工具箱中选择“红眼工具”，在工具属性栏中设置“瞳孔大小”和“变暗量”均为50%，再将鼠标指针移动到人物右眼中的红斑处单击，即可去掉该处的红眼。

2.3.2 使用图章工具组修饰图片

在修饰图片的过程中，使用污点修复画笔工具组只能进行一些简单的修饰处理。当修饰的问题过多，而且较复杂时，可使用图章工具组快速完成修复处理。图章工具组由仿制图章工具和图案图章工具组成。利用图章工具组，对图像或选区进行颜色或图案填充，可以得到图像的副本或替换图像。

1. 仿制图章工具

利用仿制图章工具可以将图像窗口中的局部图像或全部图像复制到其他的图像中。下面打开“餐盘.jpg”图像文件，使用仿制图章工具对餐盘中的黑色小点进行涂抹，去除其中的斑点，其具体操作如下。

扫一扫

仿制图章工具

01 打开“餐盘.jpg”素材文件（配套资源:\素材文件\第2章\餐盘.jpg），按“Ctrl+J”组合键复制图层。

02 在工具箱中选择“仿制图章工具”，在工具属性栏中设置画笔大小为“30”，再设置“不透明度”为“80%”，在图像中的白色瓷盘区域，按住“Alt”键单击进行取样。

03 在污渍处进行涂抹，将污渍盖住，若颜色有变化可在不同区进行取样再进行覆盖。

04 使用相同的方法，对鸡蛋和素菜上的黑色斑点进行处理，完成后保存图像并查看完成后的效果（配套资源:\效果文件\第2章\餐盘.psd）。

2. 图案图章工具

使用图案图章工具可以将Photoshop CS6自带的图案或自定义的图案填充到图像中，其使用方法与使用画笔工具绘制图案一样。

下面打开“冰箱.jpg”图像文件，对绘制的冰箱添加图案，使其更具有质感，其具体操作如下。

扩展案例

图案图章工具

01 打开“冰箱.jpg”素材文件（配套资源:\素材文件\第2章\冰箱.jpg），按“Ctrl+J”组合键，复制图层，在工具箱中选择“快速选择工具”，使用鼠标指针在图像上拖动，选择银色冰箱区域。

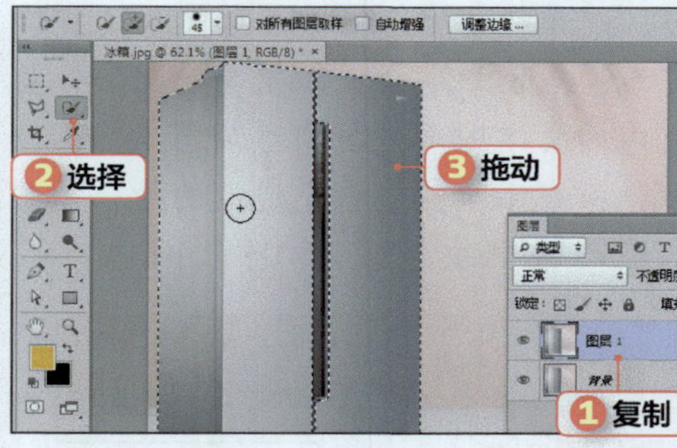

02 在工具箱中选择“图案图章工具”，在工具属性栏中设置“模式”为“叠加”，单击右侧的下拉按钮，在打开的下拉列表中单击按钮，在打开的下拉列表中选择“图案”选项，在打开的提示框中单击确定按钮。

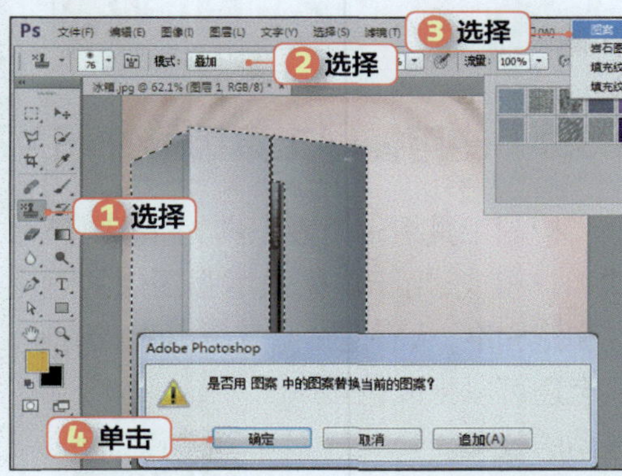

03 在“图案”下拉列表中选择“编织”选项，使用鼠标指针在选区中进行涂抹添加图案。按“Ctrl+D”组合键取消选区。

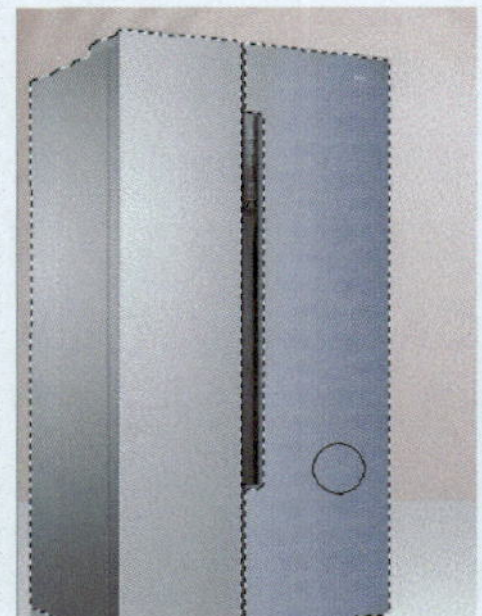

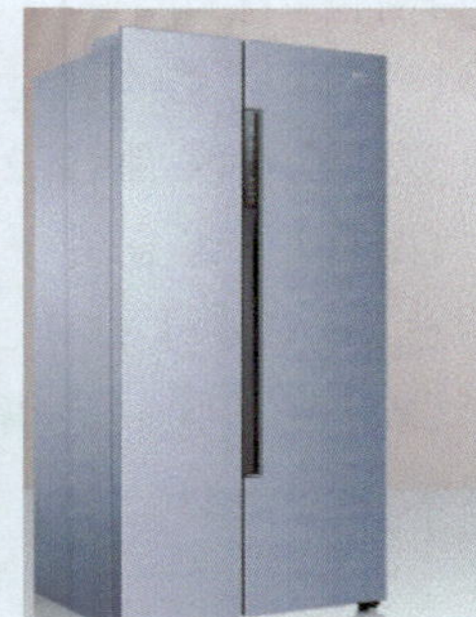

04 打开“文字.psd”素材文件（配套资源:\素材文件\第2章\文字.psd），将其中的文字图层拖动到添加图案的图像中，保存图像并查看完成后的效果（配套资源:\效果文件\第2章\冰箱.psd）。

2.3.3 使用模糊工具组修饰图片

模糊工具组由模糊工具、锐化工具、涂抹工具组成，用于降低或增强图像的对比度和饱和度，从而使图像变得模糊或清晰，甚至还可以生成色彩流动的效果。

扩展案例

使用模糊工具组修饰图片

下面使用模糊工具组中的工具处理“毛巾.jpg”商品图片，使其主次分明，其具体操作如下。

01 打开“毛巾.jpg”素材文件（配套资源:\素材文件\第2章\毛巾.jpg），按“Ctrl+J”组合键复制图层，在工具箱中选择“磁性套索工具”，使用鼠标指针在图像白色背景上拖动，为背景区域创建选区。

02 在工具箱中选择“模糊工具”，在工具属性栏中设置画笔大小为“100”，在设置“强度”为“80%”，在选区中进行涂抹，模糊背景。

03 按“Shift+Ctrl+I”组合键反选选区，选择“锐化工具”，在工具属性栏中设置画笔大小为“100”，“强度”为“50%”，在选区中进行涂抹，锐化选区物体。

04 按“Ctrl+D”组合键取消选区，选择“涂抹工具”，在工具属性栏中设置画笔大小为“25”，“强度”为“30%”，在毛巾上进行涂抹，使毛巾更具有质感。

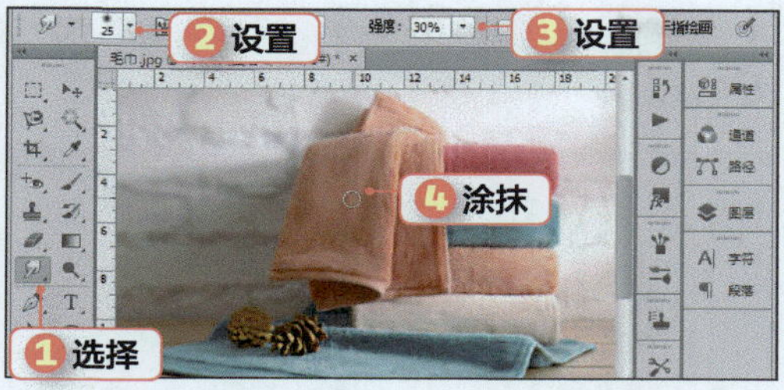

05 选择【滤镜】/【锐化】/【USM锐化】菜单命令，打开“USM锐化”对话框，设置“数量”“半径”“阈值”分别为“40%”“6.0像素”“3色阶”，单击 确定 按钮。

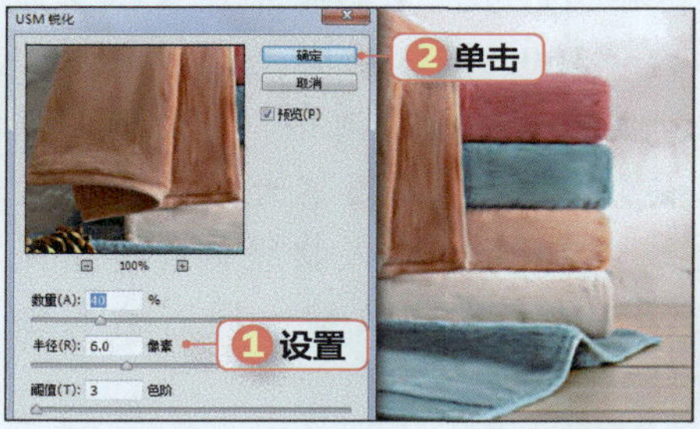

06 返回图像编辑区可发现颜色和纹理更加美观，保存图像并查看完成后的效果（配套资源:\效果文件\第2章\毛巾.psd）。

2.3.4 使用减淡工具组修饰图片

减淡工具组由减淡工具、加深工具、海绵工具组成，主要用于调整图像的亮度或饱和度。下面处理“水龙头.jpg”商品图片，使其中的水果更加艳丽，画面更加美观，其具体操作如下。

扩展案例

使用减淡工具组修饰图片

01 打开“水龙头.jpg”素材文件（配套资源:\素材文件\第2章\水龙头.jpg）。

02 选择“减淡工具”，在工具属性栏中设置画笔大小为“100”，“曝光度”为“100%”，在水果和水管间进行涂抹，增强亮度。

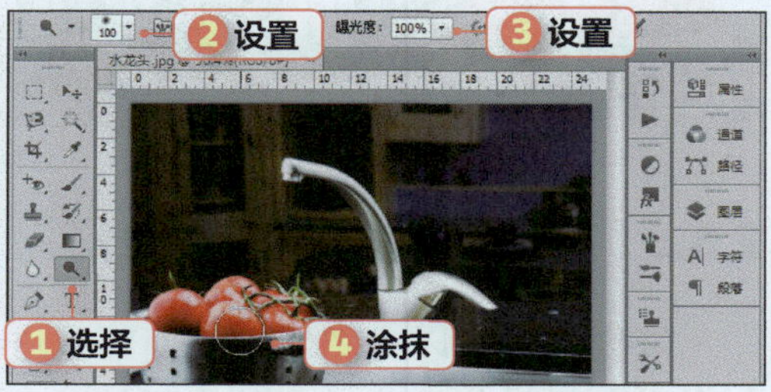

03 选择“加深工具”，在工具属性栏中设置画笔大小为“80”，“曝光度”为“50%”，在背景区域进行涂抹，加深背景区域。

04 选择“海绵工具”，在工具属性栏

栏的“模式”下拉列表中选择“饱和”选项，设置“流量”为“50%”，在图像编辑区的水果上进行涂抹，加深水果颜色的饱和度。

05 返回图像编辑区可发现颜色更加美观，保存图像并查看完成后的效果（配套资源:\效果文件\第2章\水龙头.jpg）。

2.3.5 使用液化工具修饰身形

液化滤镜可以对图像的任何部分进行各种各样类似液化效果的变形处理，如收缩、膨胀、旋转等，多用于人物修身。下面将使用液化滤镜对人物进行处理，使人物更加婀娜多姿，其具体操作步骤如下。

扫一扫

使用液化工具修饰身形

01 打开“美女1.jpg”素材文件（配套资源:\素材文件\第2章\美女1.jpg），按“Ctrl+J”组合键复制背景图层，选择【滤镜】/【液化】命令，打开“液化”对话框。

02 在“液化”对话框中设置图像的显示为“300%”，观察发现，人物的腹部有赘肉，因此在对话框中选择“褶皱工具”，在“画笔大小”数值框中输入“500”，在人物腹部处单击鼠标左键，使其向内收缩，同时达到细腰效果。

03 调整图像的显示比例，放大脸部在预览框中的显示，选择“向前变形工具”；调整画笔的大小，在人物脸上拖曳鼠标指针，缩小脸型。调整脸型时，要根据实际情况拖曳鼠标指针，如果要让脸型变尖，则向内拖曳鼠标；如果要让脸变圆，则向外拖曳鼠标指针。

04 选择“向前变形工具”，调整画笔的大小，在人物手臂上向手臂内侧拖曳鼠标指针瘦胳膊。拖曳时，可将鼠标指针置于胳膊曲线外调整胳膊粗细。

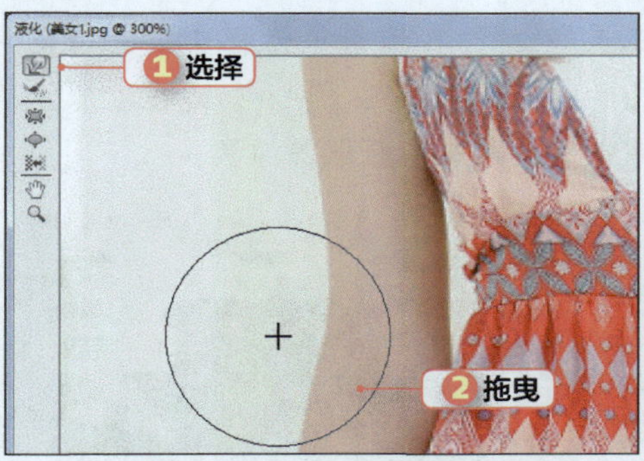

05 在“液化”对话框中单击 确定 按钮，返回图像编辑窗口，即可看到液化后的效果。

2.3.6 实战——处理淘宝模特脸部瑕疵

模特是商品图片不可或缺的一部分，淘宝模特展现的商品效果越好，其对应的商品越容易被用户接受。下面打开“服装模特.jpg”商品图片，处理模特的脸部瑕疵，让模特展现出的效果更加完美，其具体操作如下。

扫一扫

处理淘宝模特脸部瑕疵

01 打开“服装模特.jpg”素材文件（配套资源:\素材文件\第2章\服装模特.jpg），按“Ctrl+J”组合键复制图层。

02 选择复制的图层，并按住“Alt”键滑动鼠标中间的滚轮，放大人物的脸部，此时可发现人物脸部皮肤粗糙，并且有斑点。在工具箱中选择“污点修复画笔工具”，在工具属性栏中设置画笔大小为“20”，并将鼠标指针移动到额头处。

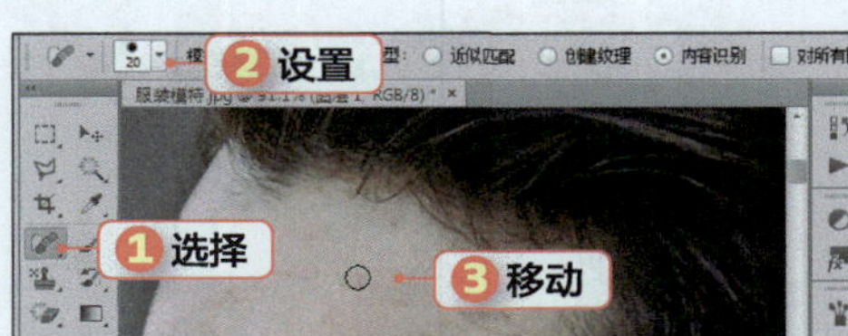

03 选择一个斑点按住鼠标左键不放，并向下拖动，即可将斑点进行处理。使用相同的方法，处理额头的其他斑点并查看完成后的效果。

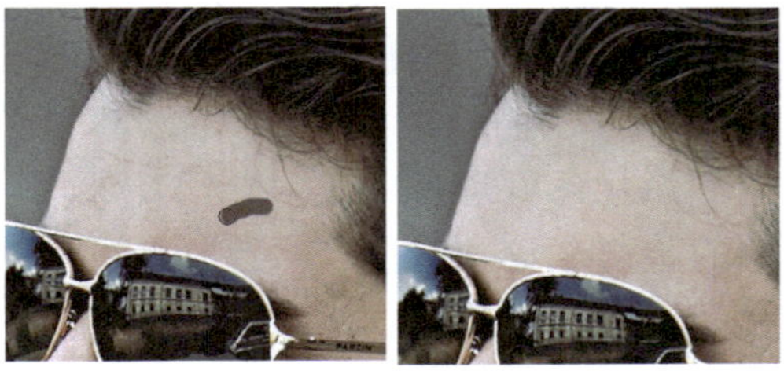

04 转动鼠标滚轮向下移动，可发现脸部皮肤更加粗糙，这里继续使用污点修复画笔工具进行涂抹，使其整个脸部显得光滑。

05 在工具箱中选择“修复画笔工具”，在工具属性栏中设置画笔大小为“10”。在鼻子上比较平滑处，按住“Alt”键并单击鼠标左键，获取图像修复的源像素，按住鼠标左键不放并在斑点和不平滑处拖动，修复斑点，注意这里要根据斑点的位置不断获取其周围的源像素，这样处理后的效果才会更好。

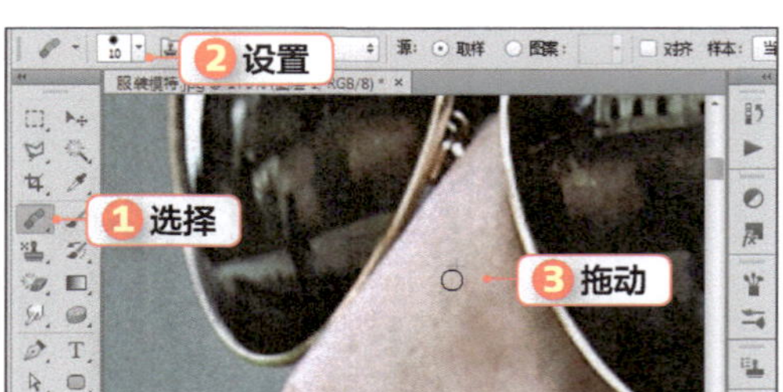

06 使用相同的方法，继续对人物的脸部进一步进行修复，并查看完成后的整体效果。

07 转动鼠标中间的滚轮将图像调整到人物的衣服处，在工具箱中选择“仿制图章工具”，在工具属性栏中设置画笔大小为“30”，按住“Alt”键在衣服上确定一点并单击，获取源像素。

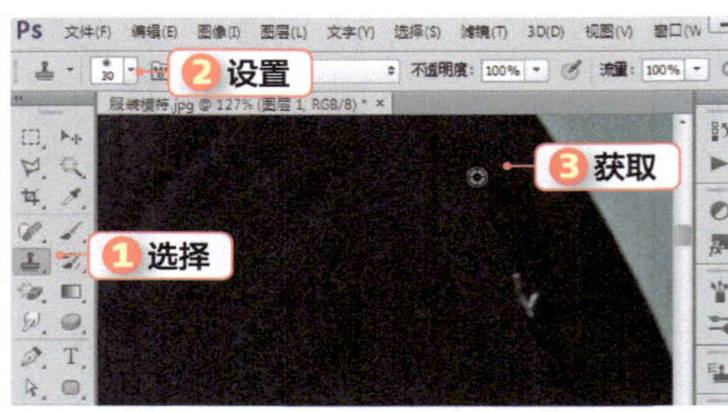

08 拖动鼠标指针对白色区域进行涂抹，即可去除白色的部分。使用相同的方法对衣服上的其他白色部分进行涂抹，去除衣服上的白色污点。

09 在工具箱中选择“锐化工具”，在

工具属性栏中设置画笔大小为“300”，“强度”为“50%”，对人物的衣服进行涂抹，加深轮廓，从而体现其质感。

10 按“Ctrl+M”组合键，打开“曲线”对话框，设置“输出”和“输入”分别为“170”和“110”，单击 确定 按钮。

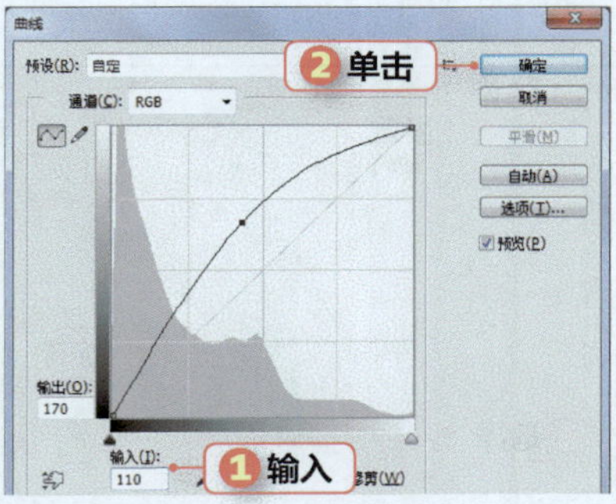

11 返回图像编辑区，可发现人物更加帅气，按“Ctrl+S”组合键保存图像，并查看完成后的效果（配套资源:\效果文件\第2章\服装模特.psd）。

2.3.7 实战——处理金属质感的首饰

在拍摄金属质感的首饰时，拍摄的图片会存在很大的阴影，而且纹理不够清晰，这样不但影响美观，还会让买家看不清细节。

本例将使用锐化工具、画笔工具、涂抹工具、加深与减淡工具处理镯子图像，清除镯子表面的杂质，将花纹刻画得更清晰，充分体现镯子的金属质感，其具体操作如下。

扫一扫

处理金属质感的首饰

01 打开“手镯.jpg”素材文件（配套资源:\素材文件\第2章\手镯.jpg），按“Ctrl+J”组合键复制图层备份。

02 在工具箱中选择“钢笔工具”，在图像中的手镯处捕捉一点绘制镯子形状，完成绘制后按“Ctrl+Shift+Enter”组合键转换为选区。

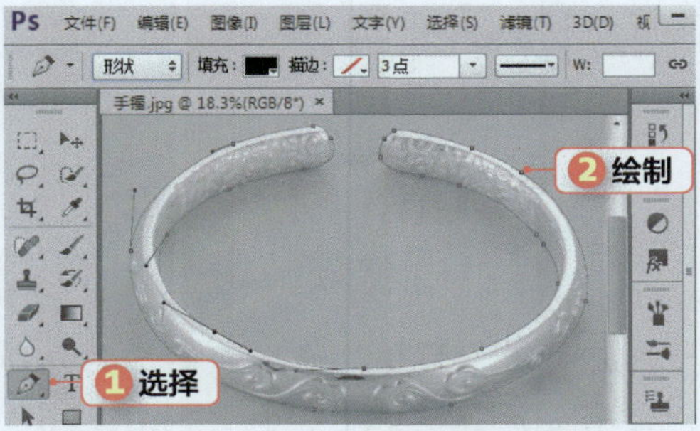

03 按“Ctrl+J”组合键复制抠取的镯

子，再按“Ctrl+Shift+U”组合键进行去色处理，在“图层”面板中单击按钮，新建图层并填充为白色，完成后将其移动到抠取图层的下方。

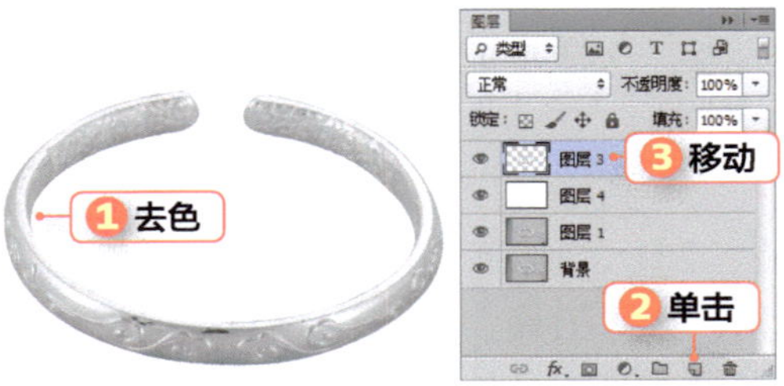

04 选择【滤镜】/【锐化】/【USM锐化】菜单命令，打开“USM锐化”对话框，设置锐化“数量”与锐化“半径”分别为“120%”和“2.0像素”，单击 确定 按钮。

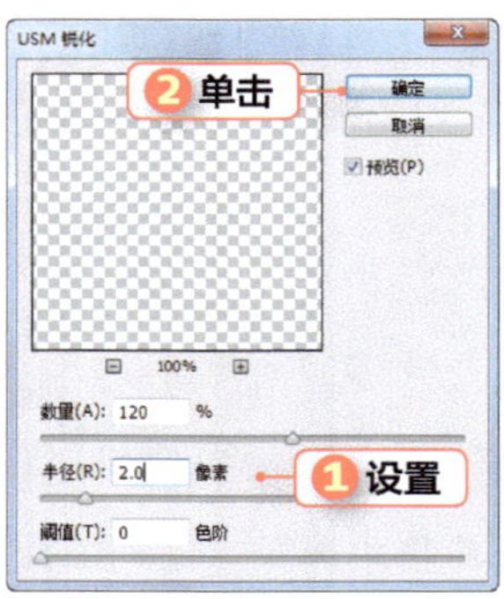

05 继续使用USM锐化进行操作，并查看锐化后的效果。

06 放大镯子图片，使用钢笔工具分别创建需要涂抹的选区，按“Shift+F6”组合键，打开“羽化选区”对话框，设置“羽化半径”为“3”，单击 确定 按钮。

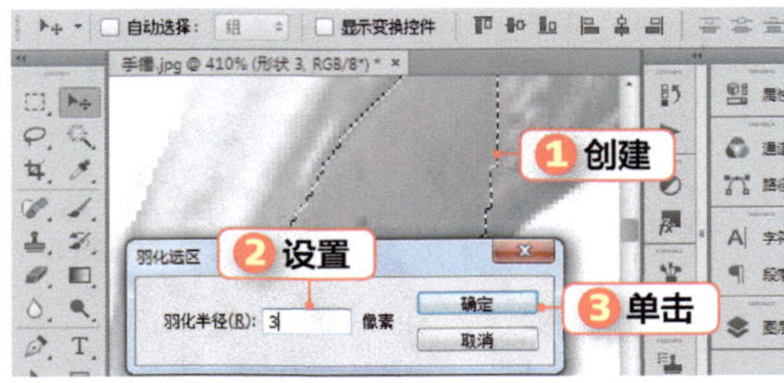

07 在工具箱中选择“涂抹工具”，在工具属性栏中设置笔刷大小为“25”，“强度”为“100%”，涂抹选区，使选区的颜色更加平滑。

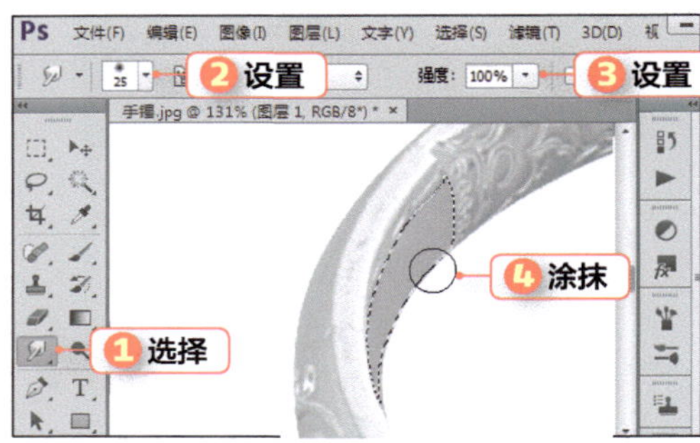

08 在工具箱中选择“减淡工具”，在工具属性栏中设置画笔大小为“25”，“范围”为“高光”，“曝光度”为“100%”，涂抹需要提亮的部分，使手镯更有质感。

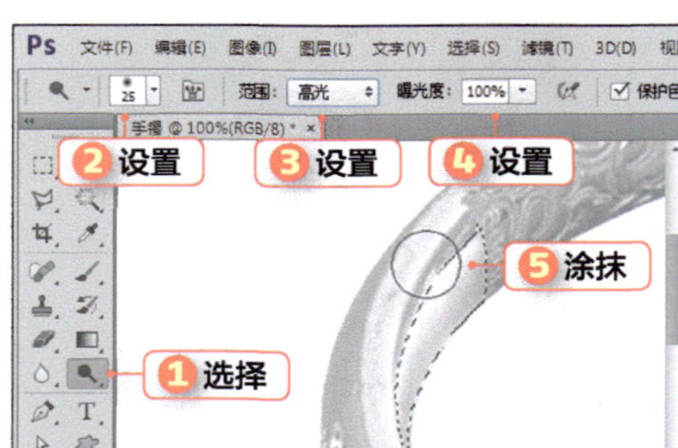

09 选择“加深工具”，在工具

属性栏中设置画笔大小、“范围”和“曝光度”分别为“40”“中间调”和“50%”，涂抹需要变暗的部分，使其更加具有明暗对比度。

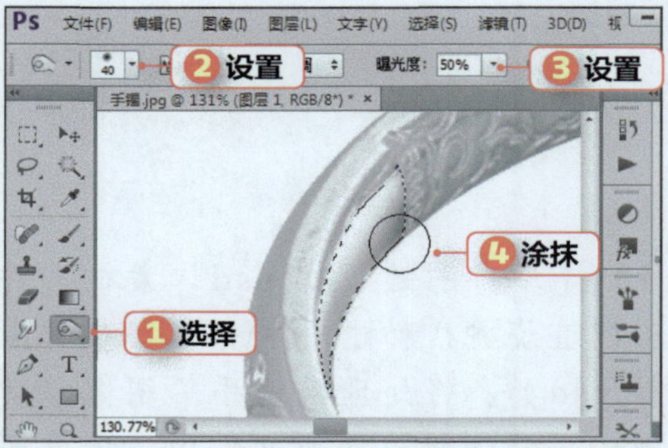

10 使用相同的方法，结合选区的创建、加深工具、减淡工具、涂抹工具、画笔工具涂抹镯子上的花纹，使花纹明暗对比明显。然后为花纹创建选区，并扣取花纹图像到新建的图层。

11 选择镯子图层，创建选区，结合加深工具、减淡工具、涂抹工具涂抹镯子，使其更具有质感。

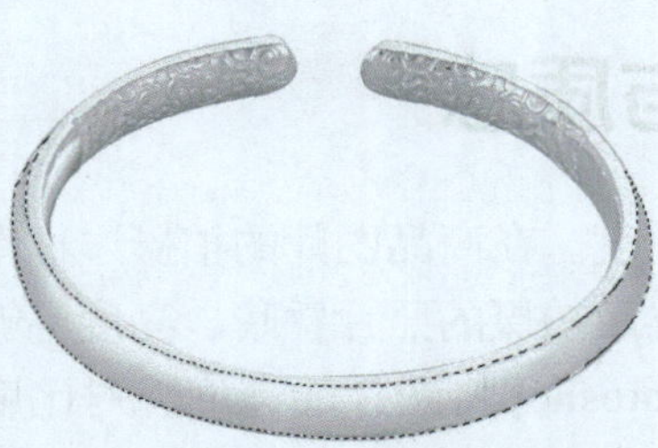

12 新建图层，使用钢笔工具绘制阴影图形，填充为黑色。

13 在工具箱中选择“模糊工具”，在工具属性栏中设置画笔大小为“25”，对绘制的阴影部分进行涂抹，使其过渡更加美观。

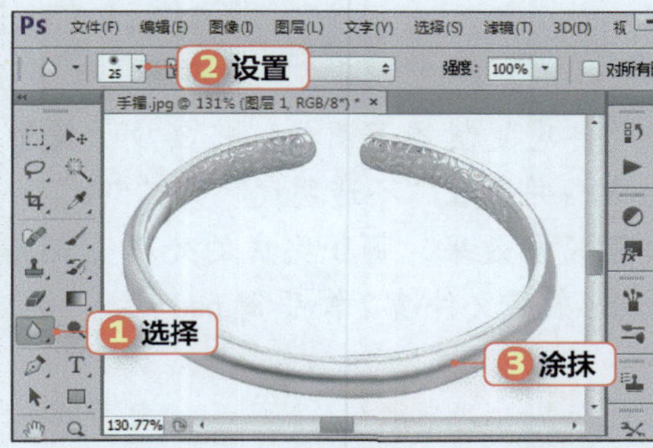

14 将花纹图层移到最顶层，按“Ctrl+Shift+E”组合键合并花纹图层与镯子图层。使用相同的方法继续处理镯子的其他部分，进行减淡、加深处理，使镯子更加具有质感。

15 复制并向下移动镯子图层，选择【滤镜】/【模糊】/【高斯模糊】菜单命令，打开“高斯模糊”对话框，设置模糊“半径”为“20”，单击 确定 按钮。

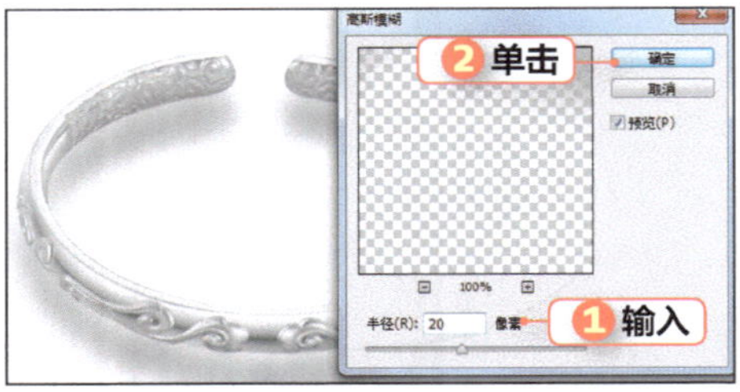

16 在“图层”面板中调整图层的“不透明度”为“70%”，制作投影效果。

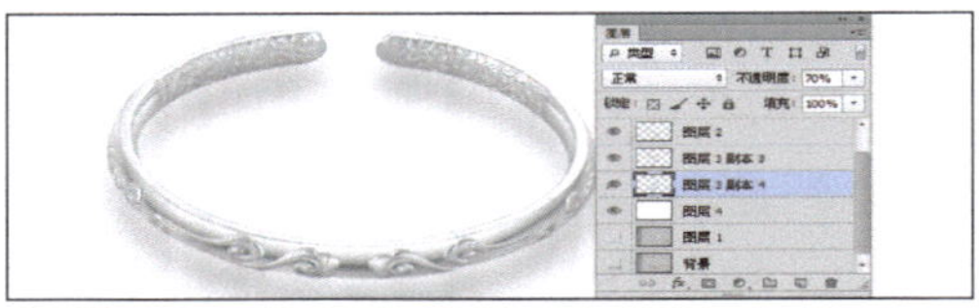

17 再次复制镯子图层，将其放于投影上方，并设置“不透明度”为“5%”，加强投影效果，镯子完成的处理（配套资源:\效果文件\第2章\手镯.psd）。

提个醒

使用“投影”图层样式可完成投影的快速制作。使用“高斯模糊”命令，不仅可以制作阴影、投影，还可以用于高光制作、人像磨皮。

18 打开“手镯素材.psd”素材文件（配套资源:\素材文件\第2章\手镯素材.psd）。将处理后的手镯图像移动到“手镯素材”图像文件中，调整图像位置，保存图像并查看完成后的效果（配套资源:\效果文件\第2章\手镯海报.psd）。

2.4 调整商品图片的色彩与质感

修饰商品图片能使图片更具有美观度和辨识度。在商品图片的拍摄过程中，经常由于天气、灯光、拍摄角度、背景等原因，导致拍摄的照片昏暗、亮度不够，或者色彩不够亮丽、画面模糊。此时需要使用Photoshop将图片的亮度、对比度、色彩颜色等进行相应的调整，使商品图片更加清晰亮丽、鲜艳夺目。

2.4.1 调整图片的亮度/对比度

使用“亮度/对比度”命令可以对商品图片的亮度或对比度进行调整，即将灰暗的图像变亮并增加图像的明暗对比度，反之亦可。

下面打开“羽毛球拍.jpg”图像文件，使用[亮度/对比度]菜单命令调整其亮度和对比度，使效果更加美观，其具体操作如下。

扫一扫

调整图片的亮度/对比度

01 打开“羽毛球拍.jpg”素材文件（配套资源:\素材文件\第2章\羽毛球拍.jpg）。

02 选择【图像】/【调整】/【亮度/对比度】菜单命令，在打开的“亮度/对比度”对话框中拖动“亮度”或“对比度”栏中的滑块，调整亮度和对比度，这里设置“亮度”和“对比度”分别为“73”和“60”，完成后单击 确定 按钮。

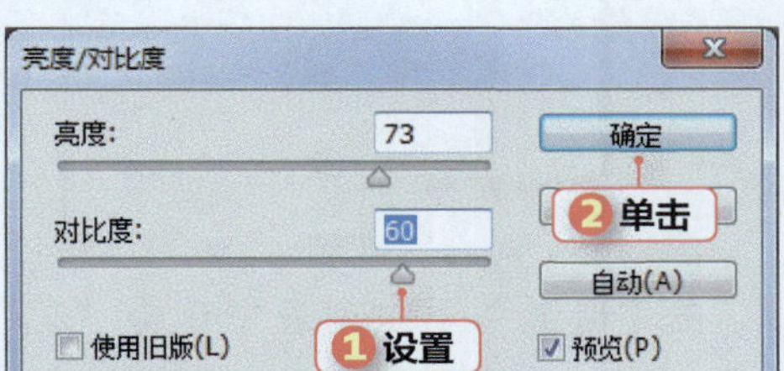

03 返回图像编辑区，即可发现图像已经变亮，保存图像并查看完成后的效果（配套资源:\效果文件\第2章\羽毛球拍.jpg）。

2.4.2 调整图片的色阶

拍摄的宝贝图片也可能出现过暗或曝光过度的现象，此时可通过“色阶”功能调整图像的明暗程度，使其恢复美观的效果，但调整时要注意不要太过偏离商品的原始色彩，否则买家收到商品后，会认为色差太大给予差评，造成店铺信誉的损失。

下面打开“小包.jpg”图像文件，使用[色阶]菜单命令调整小包的明暗度，使效果更加美观，其具体操作如下。

扫一扫

调整图片的色阶

01 打开“小包.jpg”素材文件（配套资源:\素材文件\第2章\小包.jpg）。选择【图像】/【调整】/【色阶】菜单命令，打开“色阶”对话框，在“输入色阶”栏的文本框中设置暗调、中间调和高光分别为“14”“1.23”“196”，单击 确定 按钮。

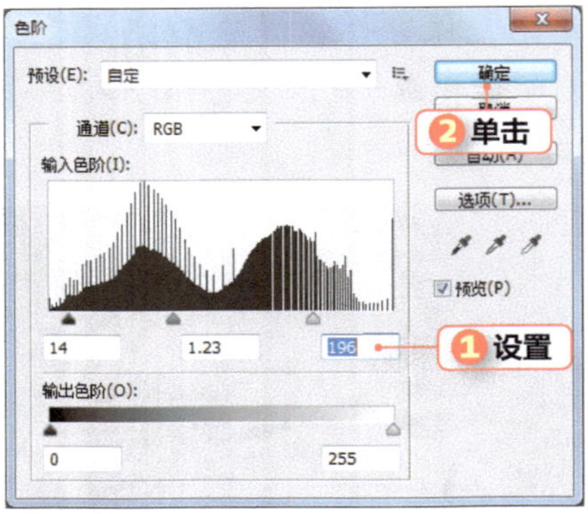

高手支招

“色阶”对话框中的“输入色阶”栏中的3个文本框，可依次调整黑、灰、白的颜色，也可在该对话框中单击 按钮，返回图像窗口获取黑色；单击 按钮，获取图片中的灰色；单击 按钮，获取图片中的白色。“输出色阶”色条可直接调整黑、灰、白的比例，使图片处理更加方便。

02 返回图像编辑区，即可发现小包的明暗度有了明显的变化，保存图像并查看完成后的效果（配套资源:\效果文件\第2章\小包.jpg）。

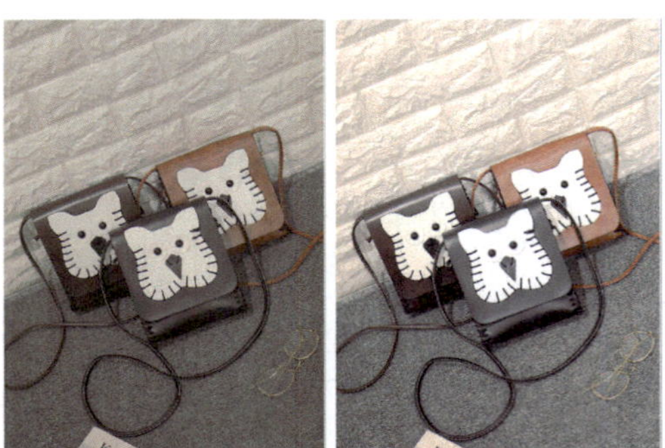

2.4.3 调整图片的曲线

【曲线】菜单命令可对图片的色彩、亮度和对比度等进行调整，使图片颜色更具质感，是调整网店商品图片色彩时最常用的一种方法。

下面对“洁具.jpg”图片进行调整，纠正水槽的颜色，使其恢复不锈钢的本色，其具体操作如下。

扫一扫

调整图片的曲线

01 打开“洁具.jpg”素材文件（配套资源:\素材文件\第2章\洁具.jpg）。

02 选择【图像】/【调整】/【曲线】菜单命令，打开“曲线”对话框，在“通道”下拉列表中选择“红”选项。将鼠标指针移动到曲线编辑框中的斜线上。单击鼠标左键创建一个控制点并拖动调整。

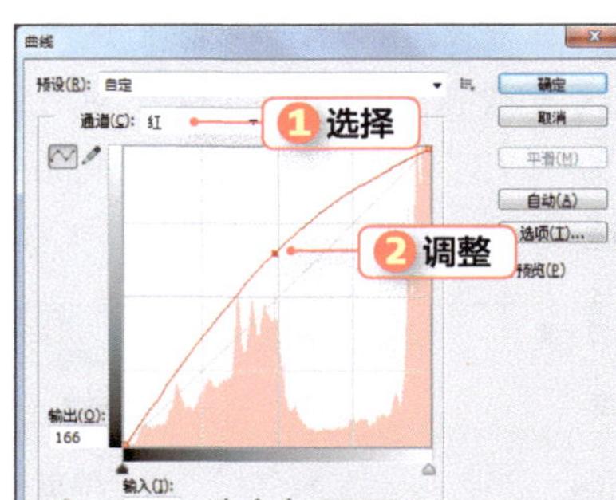

03 在“通道”下拉列表中选择“蓝”选项，在“输出”和“输入”文本框中分别输入“130”和“150”。

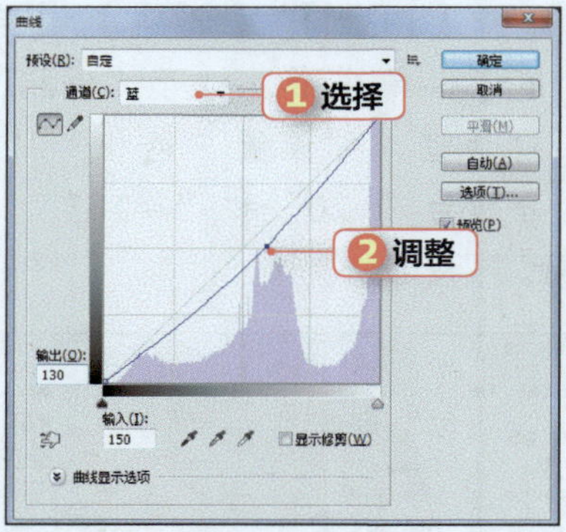

04 使用相同的方法在“通道”下拉列表中选择“绿”选项，调整绿色的曲线。再创建一个RGB通道的控制点，调整曲线，增加亮度，然后单击 确定 按钮。

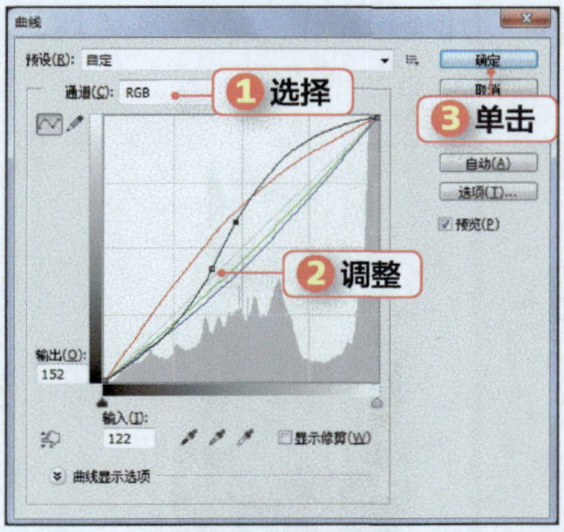

05 返回图像显示窗口，查看调整图片曲线后的最终效果（配套资源:\效果文件\第2章\洁具.jpg）。

2.4.4 实战——调整旅行包图片

图片作为买家购物的依据，要求图片真实、清晰、完整地展示产品，而在商品拍摄中并不一定所有图片都能符合要求，还需要进行后期处理，让其更具有质感和清晰度。

本例将处理户外旅行包商品图片，在处理时先对旅行包的亮度、对比度和色彩进行调整，使其显示效果更佳。然后为其添加背景，达到吸引消费者点击的目的，其具体操作如下。

扫一扫

调整旅行包图片

01 打开“旅行包.jpg”素材文件（配套资源:\素材文件\第2章\旅行包.jpg）。

02 选择【图像】/【调整】/【亮度/对比度】菜单命令，打开“亮度/对比度”对话框，在其中设置“亮度”和“对比度”分别为“60”和“30”，单击 确定 按钮。

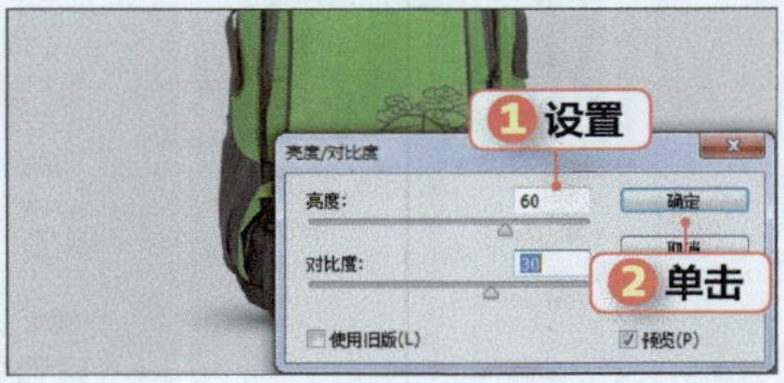

03 选择【图像】/【调整】/【色阶】菜单命令，打开“色阶”对话框，在其中设置色阶值分别为“0”“1.00”“190”，单击确定按钮。

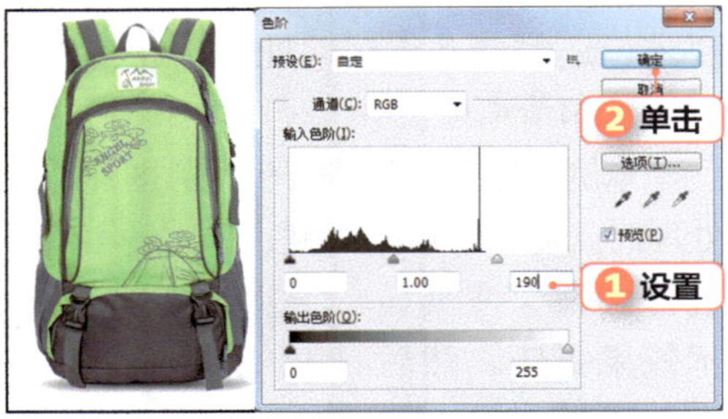

04 选择【图像】/【调整】/【曲线】菜单命令，打开“曲线”对话框，创建2个不同的点，分别拖动点对图像进行调整，完成后单击确定按钮。

05 选择【图像】/【调整】/【曝光度】菜单命令，打开“曝光度”对话框，设置“曝光度”“位移”和“灰度系数校正”为“+0.21”“+0.0040”“0.72”，单击确定按钮。

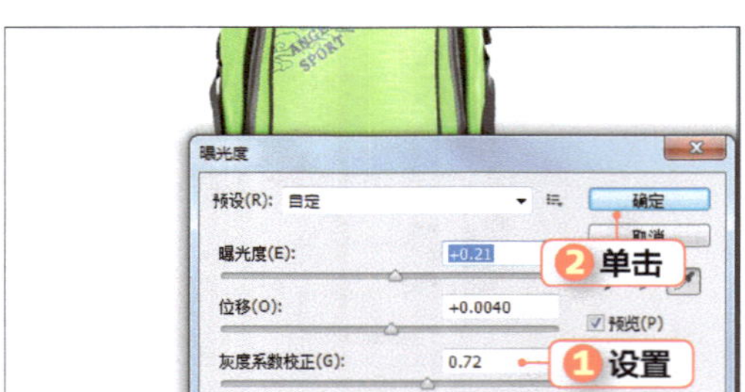

06 选择【图像】/【调整】/【色相/饱和度】菜单命令，打开“色相/饱和度”对话框，并设置“色相”“饱和度”分别为“+20”和“−10”，单击确定按钮。

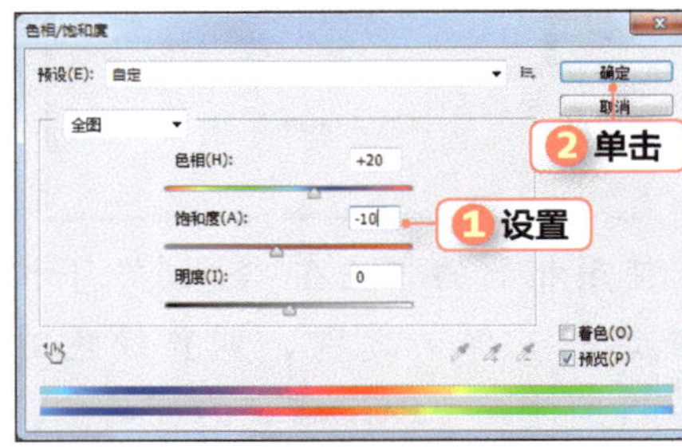

07 在工具箱中选择“魔棒工具”，在空白处单击，对空白区域创建选区，再按“Ctrl+Shift+I”组合键反选选区，即可选择旅行包图像。

08 打开“旅行包背景.psd”素材文件（配套资源:\素材文件\第2章\旅行包背景.psd），将旅行包拖动到背景中，调整图像位置，保存图像并查看完成后的效果（配套资源:\效果文件\第2章\旅行包.psd）。

提个醒

为了让画面更加美观，可将旅行包图像对应的图层拖动到背景图层的上方，这样显示的效果更加完美。

高手支招

在制作旅行包这种经济型的日常用品效果图时，要体现出商品的特征，让其从文字中体现优势，促进销售。本例中主要通过容量大、销量高、价格优惠 3 个点进行表述，该表述既表现了用处，又体现了产品的性能。

2.5 抠取商品图片替换背景

一张好的商品图片不但要主体物突出且美观，还需要一个好的背景进行场景衬托。好的背景不仅可以提高商品图片的观赏性，而且能为商品的展示营造良好的氛围，突出商品的质感和美观度。在Photoshop中，可以通过抠取商品图片的方法为其替换背景。

2.5.1 快速抠取单色背景的商品图片

商品或背景的颜色较为简单，商品与背景的边界分明，可使用“魔棒工具”和“快速选择工具”抠取商品图片。

1. 魔棒工具

使用魔棒工具能够快速抠取背景色单纯、物体边界清晰的图像，如纯色和相近色的背景。

下面打开“男包.jpg”图像文件，使用魔棒工具抠取男包，并将其应用到背景中，其具体操作如下。

扫一扫

魔棒工具

01 打开“男包.jpg”素材文件（配套资源:\素材文件\第2章\男包.jpg），按“Ctrl+J”组合键复制图层。

02 在工具箱中选择“魔棒工具”，在其工具属性栏中单击按钮，设置“容差”为“20”，再在白色空白区域单击，创建选区。

提个醒

若一次不能完全对物体创建选区，需要多次单击没有创建选区的区域，在使用魔棒工具抠图时，不单单需要抠取图像外部，还需要抠取细节。

03 使用相同的方法抠取细节部分，完成后按“Ctrl+Shift+I”组合键反选选区。

04 打开“男包背景.jpg”素材文件（配套资源:\素材文件\第2章\男包背景.jpg），将抠取后的商品图片拖动到背景中，调整位置，保存图像并查看完成后的效果（配套资源:\效果文件\第2章\男包.psd）。

2. 快速选择工具

快速选择工具属于抠图工具中比较容易掌握的一种工具。该工具同魔棒工具一样，简单易用，但二者也有明显的区别。快速选择工具常用于选择色差相对较大的图片，但其比魔棒工具对颜色的要求低。

下面在“女包.jpg”图像文件中，使用快速选择工具抠取女包，并将其应用到背景中，其具体操作如下。

扫一扫

快速选择工具

01 打开“女包.jpg”素材文件（配套资源:\素材文件\第2章\女包.jpg），在工具箱中选择“快速选择工具”，在其工具属性栏中单击按钮，设置画笔大小为“10，再在白色空白区域拖动，创建选区。

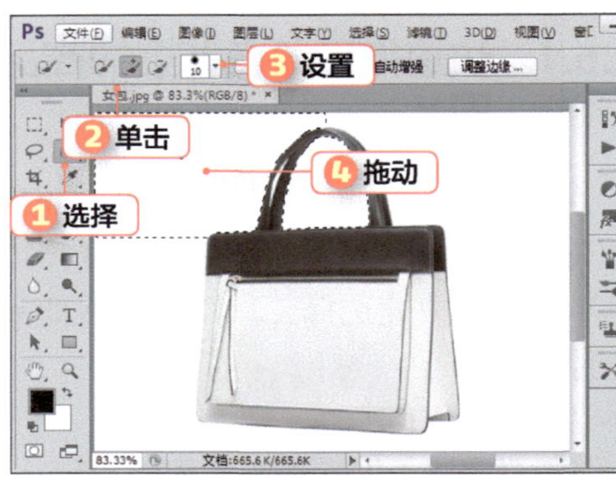

02 使用相同的方法抠取细节部分，完成后按“Ctrl+Shift+I”组合键反选选区。

03 打开“女包背景.jpg”素材文件（配套资源:\素材文件\第2章\女包背景.jpg），将抠取后的商品图片拖动到背景中，调整位置，保存图像并查看完成后的效果（配套资源:\效果文件\第2章\女包.psd）。

2.5.2 抠取轮廓清晰的商品图片

若需要抠取的商品图片不规则，但轮廓清晰，可使用“磁性套索工具”来进行抠取。

下面在“手机壳.jpg”图像文件中，使用磁性套索工具抠取手机壳，并将其应用到背景图层中，其具体操作如下。

扫一扫

抠取轮廓清晰的商品图片

01 打开“手机壳.jpg”素材文件（配套资源:\素材文件\第2章\手机壳.jpg）。

02 选择“磁性套索工具”，设置“羽化”为“5像素”，将鼠标指针移动到商品边缘即可自动依附，沿着商品边缘移动鼠标指标即可抠取出商品。

03 打开“手机壳背景.jpg”素材文件（配套资源:\素材文件\第2章\手机壳背景.jpg），将抠取后的商品图片拖动到背景中，调整位置，保存图像并查看完成后的效果（配套资源:\效果文件\第2章\手机壳.psd）。

提个醒

“套索工具”可根据用户的需要自行绘制选区。其使用方法为：选择“套索工具”，在工具属性栏中设置羽化值，然后拖动鼠标指针创建选区。

2.5.3 抠取精细的商品图片

当遇到商品的轮廓比较复杂，背景也比较复杂，或背景与商品的分界不明显时，上述的抠图方法都很难得到精确的抠图效果，此时可使用路径来进行抠图。

下面在“杯子.jpg”商品图片中，使用钢笔工具抠图，并将杂色背景换为黑色背景，其具体操作如下。

扫一扫

抠取精细的商品图片

01 打开“杯子.jpg”素材文件（配套资源:\素材文件\第2章\杯子.jpg）。

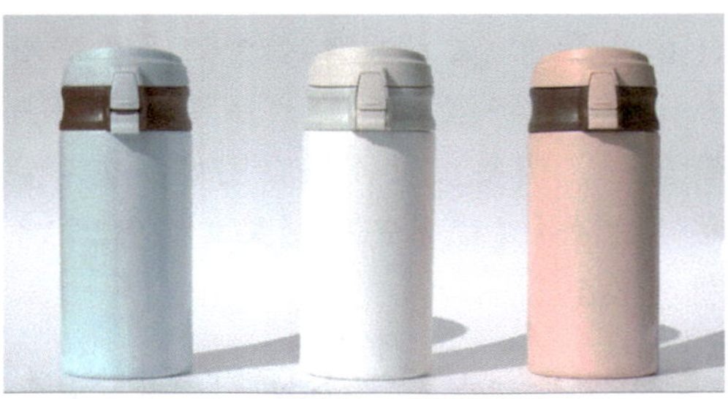

02 选择“钢笔工具”，在工具属性栏中设置工具模式为“路径”，按住“Alt”键并向上转动鼠标滚轮放大图片到合适大小，在粉红色杯子的左端单击鼠标左键确定路径起点。

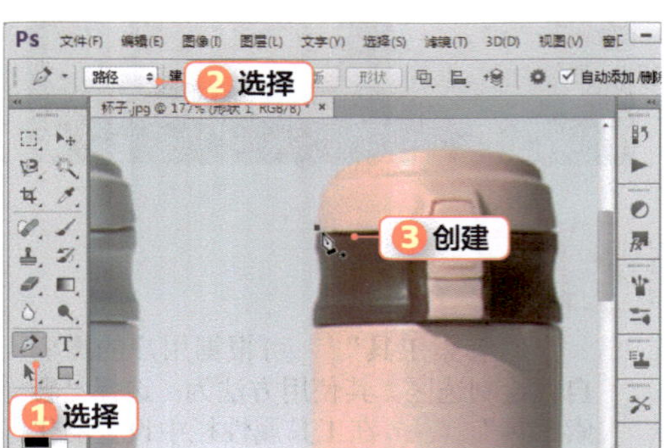

03 沿着陶瓷罐的边缘再次单击鼠标左键，确定另一个锚点，并按住鼠标左键不放进行拖动，创建平滑点并使线条平滑。

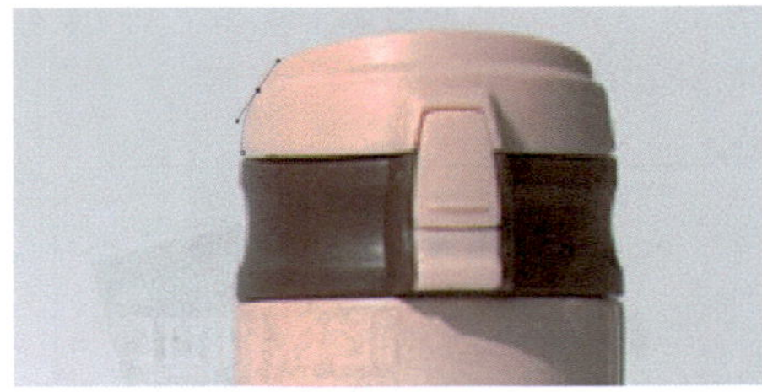

04 向上移动鼠标指针，单击并拖动鼠标指针，创建第2个平滑点。

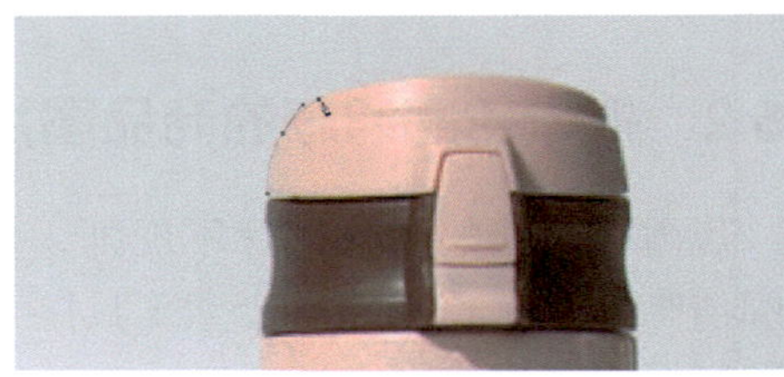

05 使用相同的方法，绘制杯子的其他路径，当路径不够圆润时，可在工具箱中选择“添加锚点工具”和“删除锚点工具”，对锚点进行调整，使其与杯体贴合。

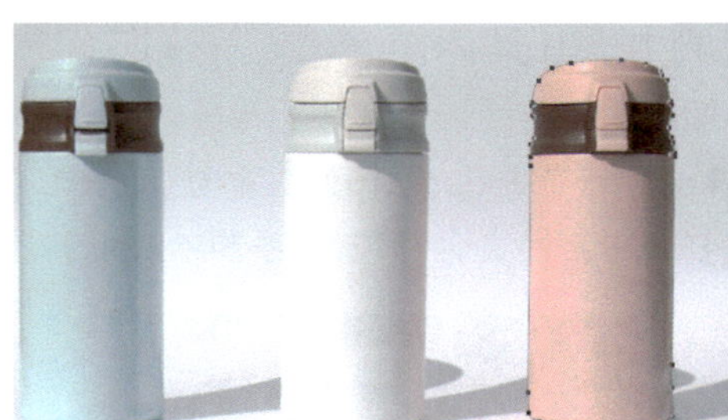

06 在创建的路径上单击鼠标右键，在弹出的快捷菜单中选择“建立选区”命令，打开“建立选区”对话框，设置“羽化半径”为“3像素”，单击 确定 按钮。

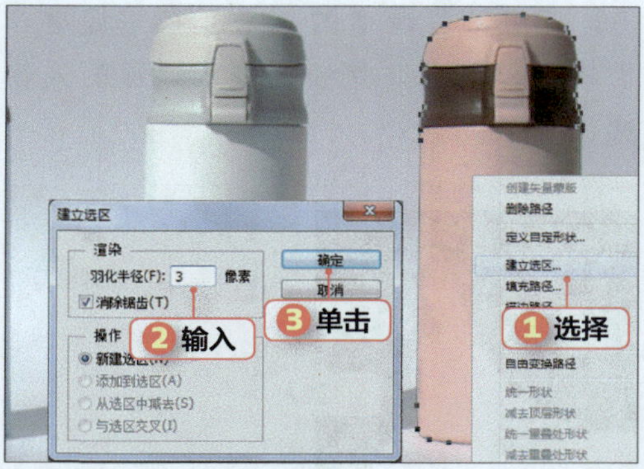

07 打开“杯子背景.psd”素材文件（配套资源:\素材文件\第2章\杯子背景.psd），将抠取后的商品图片拖动到背景中，调整位置，保存图像并查看完成后的效果（配套资源:\效果文件\第2章\杯子.psd）。

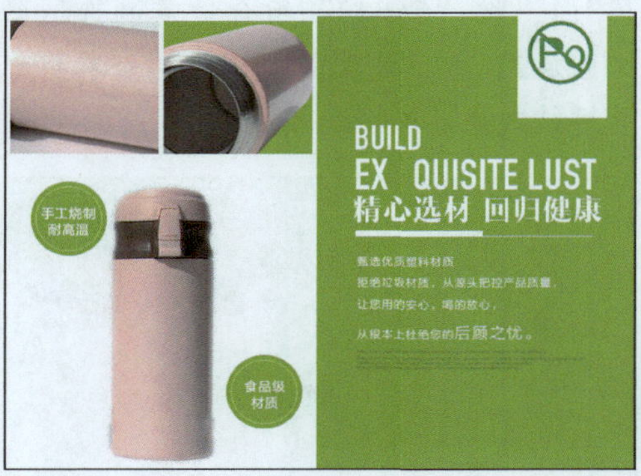

2.5.4 抠取半透明的商品图片

一些特殊的商品，如水杯、酒杯、婚纱、冰块、矿泉水等，使用一般的抠图工具得不到想要的透明效果，此时需结合钢笔工具、图层蒙版和通道等进行抠图。

扫一扫

抠取半透明的商品图片

下面以抠取婚纱为例讲解半透明商品图片的抠图方法，读者可借鉴该方法进行其他半透明商品的抠图。其具体操作如下。

01 打开“婚纱.jpg”素材文件（配套资源:\素材文件\第2章\婚纱.jpg），按“Ctrl+J”组合键复制背景图层，得到“图层1”。

02 在工具箱中选择“钢笔工具”，沿着人物轮廓绘制路径，注意绘制的路径应不包括半透明的婚纱部分。打开“路径”面板，将路径保存为“路径1”。

03 按“Ctrl+Enter”组合键将绘制的路径转换为选区。切换到“通道”面板，单击按钮创建出“Alpha 1”通道。

04 复制“蓝”通道，得到“蓝 副本”通道，为背景创建选区，填充为黑色，取消选区。

05 选择【图像】/【计算】菜单命令，打开“计算”对话框，设置源2通道为“Alpha 1”，设置混合模式为“相加”，单击 确定 按钮。

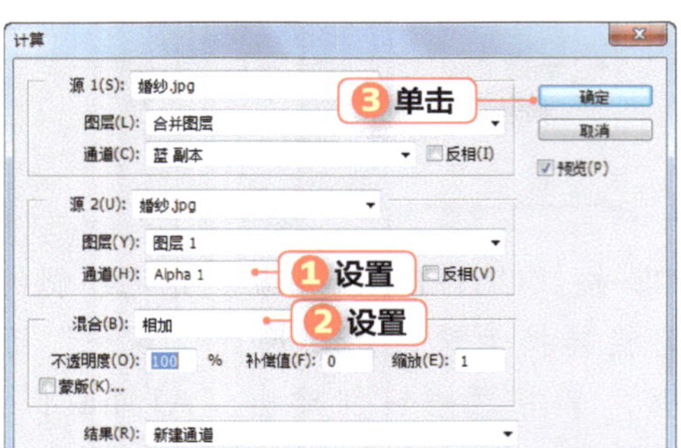

06 查看计算通道的效果，在“通道”面板底部单击 按钮，载入通道的人物选区。

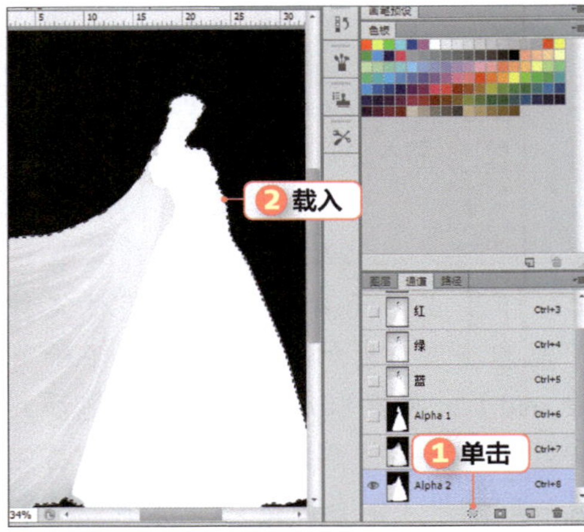

07 切换到“图层”面板中，选择“图层”1，按“Ctrl+J”组合键复制选区到“图层2”上，隐藏其他图层，查看抠取的婚纱效果。

08 打开“婚纱背景.psd”素材文件（配套资源:\素材文件\第2章\婚纱背景.psd），将人物拖放到“婚纱背景.psd”图像中，调整大小与位置，保存文件查看完成后的效果（配套资源:\效果文件\第2章\婚纱.psd）。

2.5.5 抠取人物毛发

在商品图片的处理过程中，并不一定拍摄的场景就是商品图片的最终场景，通常需要将商品抠取出来，并应用到其他场景中。

下面以抠取美女头像为例，讲解利用图层样式混合选项抠出发丝，并将其应用到其他背景中的方法。其具体操作如下。

扫一扫

抠取人物毛发

01 打开“美女.jpg”素材文件（配套资源:\素材文件\第2章\美女.jpg），按“Ctrl+J”组合键复制背景图层，得到“图层1”，隐藏背景图层。

02 选择【图层】/【图层样式】/【混合选项】菜单命令，打开“图层样式”对话框。

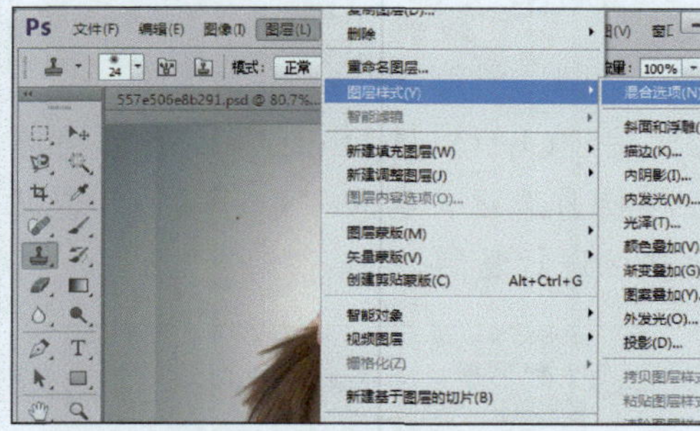

03 在右侧面板的“混合颜色带”下拉列表中选择“灰色”选项，在“本图层”栏中按住“Alt”键向左拖动最右侧的滑块，拖动的过程中可发现，图层1的背景在慢慢消失，继续拖动，直到发丝完全脱离背景色，这里拖动到“168”的位置处，单击 确定 按钮。

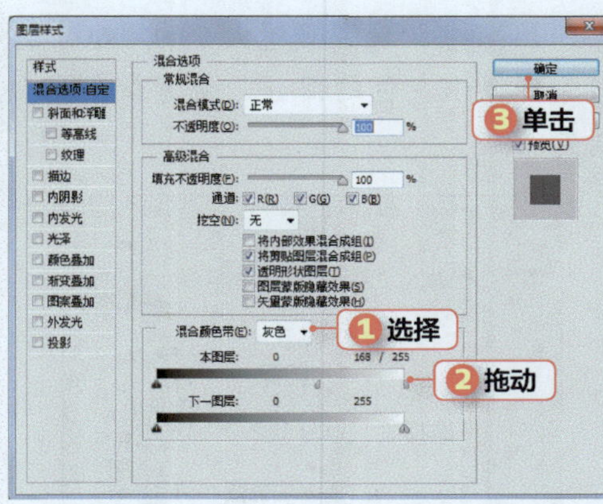

04 返回图像编辑区，可发现头发已经成功抠取出来，但是人物皮肤消失了一部分。显示“背景”图层，在工具箱中选择“钢笔工具”，抠取人物的身体部分，这里因为头发已经抠取出来，所以当需要抠取头发时，可大致勾画下即可。

05 按“Ctrl+Shift+Enter”组合键将路径转换为选区，再按“Ctrl+J”组合键对选区进行复制。

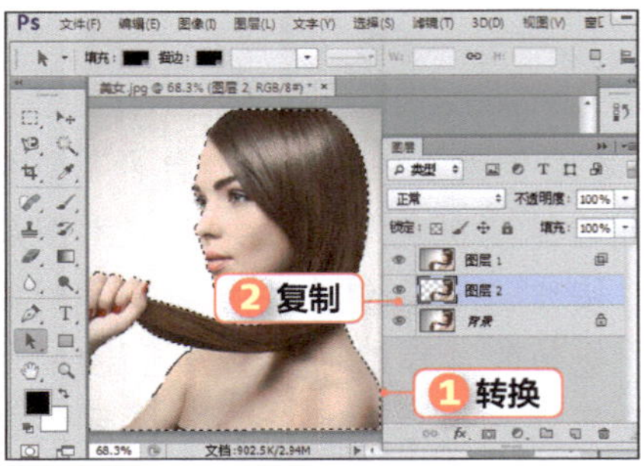

06 选择“图层1”并隐藏“图层2”和“背景”图层，在工具箱中选择“橡皮擦工具”，设置画笔大小为“60”，擦除图像中灰色的部分，使背景色完全消失。

07 选择“图层1”和“图层2”按“Ctrl+E”组合键合并图层，按住“Ctrl”键并单击图层缩略图，载入图像选区，按“Ctrl+Shift+I”组合键反选选区。按“Shift+F6”组合键打开“羽化选区”对话框，设置“羽化”为“3”，单击 确定 按钮，按“Delete”键，使图像边缘平滑。

08 打开“洗发水背景.psd”素材文件（配套资源:\素材文件\第2章\洗发水背景.psd），将人物拖动到“洗发水背景.psd”图像中，调整大小与位置，并设置“不透明度”为“80%”，保存文件查看完成后的效果（配套资源:\效果文件\第2章\洗发水.psd）。

2.5.6 实战——替换玻璃杯背景

玻璃的特点是透明度较高，反射度较强，而自身的色彩则相对较弱，抠取玻璃商品时需要保留玻璃的反光和玻璃自身的阴影效果，因此较为复杂。

本例为酒杯添加梦幻迷离的背景色调，营造浪漫的氛围，其具体操作

扫一扫

替换玻璃杯背景

如下。

01 打开“酒杯.jpg”素材文件（配套资源:\素材文件\第2章\酒杯.jpg），按“Ctrl+J”组合键复制图层。

02 选择复制的图层，按“Ctrl+A”组合键全选，按“Ctrl+C”组合键复制图层，然后单击按钮，添加图层蒙版，按住“Alt”键单击白色的图层蒙版，进入蒙版编辑状态，然后按“Ctrl+V”组合键将刚刚复制的图像粘贴到图层蒙版中。

提个醒

该骤操作容易出错，需要注意：首先复制图层1中的全部内容，然后进入创建的图层蒙版，在图层蒙版中粘贴复制的图像。

03 选择“钢笔工具”，沿酒杯的轮廓绘制路径，绘制完成后，按“Ctrl+Shift+Enter”组合键将路径转换为选区，按“Ctrl+shift+I”组合键反选，按“Ctrl+Delete”组合键将选区填充为黑色，切换到“图层”面板隐藏其他图层。

04 进入“通道”面板，查看每个通道下图片的明暗对比，然后选择对比度大的通道，这里选择红通道，复制红通道得到红副本通道。

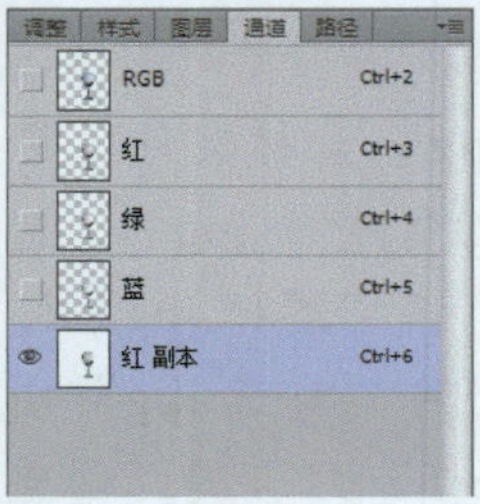

提个醒

进行第1~3步操作后，可得到酒杯的高光部分，但没有阴影部分，因此进入“通道”面板，观察红、绿、蓝3个通道。红通道的对比度较强，暗部也较明显，因此选择通道制作玻璃瓶的暗部。

05 隐藏其他通道，按“Ctrl+I”组合键将红副本通道进行反相处理。按“Ctrl+L”组合键打开“色阶”对话框，用黑色吸管吸取瓶子上的灰色部分，使暗部变得更加清晰。

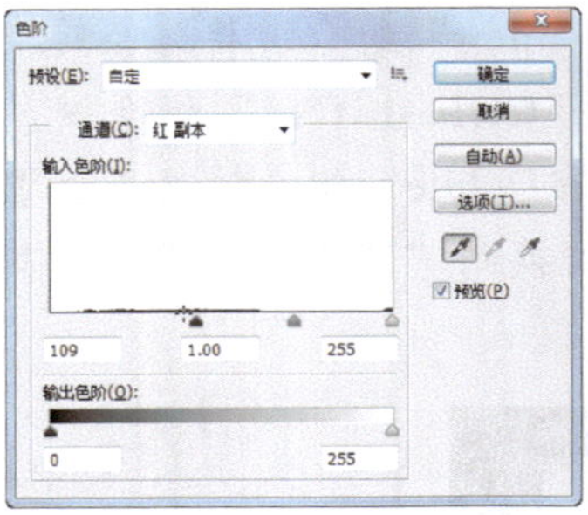

06 按住“Ctrl”键单击红副本通道将通道载入选区，切换到“图层”面板，选择图层1，然后按“Ctrl+J”组合键把酒杯的暗部复制并粘贴到新建的图层中，隐藏其他图层，查看调整后的效果。

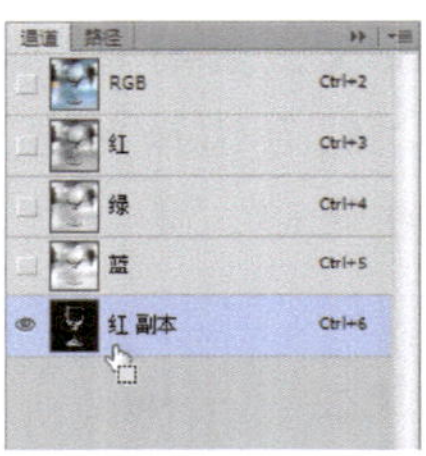

07 打开“背景.jpg”素材文件（配套资源:\素材文件\第2章\背景.jpg），选择“移动工具”，将“酒杯.jpg”图像文件中的选区拖动到“背景.jpg”图像文件中，按“Ctrl+T”组合键，调整酒杯的大小，使其大小适合背景图像，并将其移动到合适的位置，按“Enter”键确认。

08 按“Ctrl+J”组合键复制蒙版所在的图层，然后在“图层”面板的“设置图层的混合模式”下拉列表框中选择“明度”选项，设置“不透明度”为“35%”，使酒杯的效果与背景更加融合。

09 在酒杯下方新建图层，单击前景色色块，将前景色的颜色设置为“#274152”，选择“画笔工具”，设置画笔大小为“45”，设置“不透明度”为“45%”，在酒杯底部周围涂抹，制作投影。

10 按“Ctrl+shift+Alt+E”组合键盖印背景外的所有图层，保存文件完成操作（配套资源:\效果文件\第2章\酒杯.psd）。

2.6 使用文字和形状描述商品图片

为商品图片添加合适的文字和形状，可以使图片内容更加丰富，所传达的信息更加明确。进而提升店铺的流量和转化率。

2.6.1 文字的选择方法

文字是设计中不可缺少的部分，与色彩相辅相成。字体是文字的风格样式，不同的字体给人的感觉也不同。文字的字体要同店铺页面的风格相匹配，使整体的页面效果协调、美观。

● **宋体** 宋体是店铺页面中使用最广泛的字体之一。宋体笔画比较纤细，看上去较优雅，能够很好地体现文艺气息。并且宋体的字形方正，笔画横平竖直，末尾有装饰部分，结构严谨，整齐均匀，在具有秀气端庄特点的同时还具有极强的笔画韵律性，买家在观看时会有一种舒适醒目的感觉。

● **黑体** 黑体又称方体或等线体，没有衬线装饰，字形端庄，笔画横平竖直，笔迹全部一样粗细。黑体商业气息浓厚，其“粗”的特点能够满足客户“大”的要求，常用于商品详情页等大面积使用文字的部分。

● **书法体** 书法体指书法风格的字体。书法体包括隶书体、行书体、草书体、篆书体和楷书体5种。书法体具有文人墨客的气息，自由多变，具有淡淡的墨香，并且顿挫有力，常用于书籍类等具有古典气息的店铺中。

● **美术体** 美术体是指一些特殊的印刷用字体，一般是为了美化版面而采用。美术体的笔画和结构一般都进行了一些形象化，常用于海报制作或模板设计的标题部分。若应用适当会有提升艺术品位的效果。常用的美术体包括娃娃体、新蒂小丸子体、金梅体、汉鼎、文鼎等。

2.6.2 添加商品说明性文字

文字作为商品图片的重要组成部分，不但能传递产品信息，还能起到促进消费的目的。在Photoshop CS6中，可使用文字工具直接在图像中添加文字。

下面为“樱桃.jpg”图像文件输入说明性文字，让其卖点体现得更加直观，其具体操作如下。

扫一扫

添加商品说明性文字

01 打开“樱桃.jpg”素材文件（配套资源:\素材文件\第2章\樱桃.jpg）。

02 在工具箱中选择“横排文字工具”T，在工具属性栏中设置字体为“Broadway”，字号为“50点”，字形为“浑厚”，颜色为“#e60012”，在图像编辑区的左侧输入“fresh”。

03 再次选择“横排文字工具”T，选择【窗口】/【字符】菜单命令，打开“字符”面板，设置字体为“Broadway”，字号为“30点”，行距为“24点”，字距为“-25”，颜色为“#e60012”，在文字的下方输入“super”。

04 使用相同的方法输入“汶川大樱桃 来了 全程顺丰冷链（航空/陆运）”，设置字体为“方正兰亭特黑简体”。在“来了”文字的右侧按“Enter”键分段，设置上方文字的字号为“35点”，下方文字的字号为“23点”，选择整段文字，选择【窗口】/【段落】菜单命令，打开“段落”面板，设置左缩进为“2点”，设置段前添加空格为“5点”。

05 选择【图层】/【图层样式】/【投影】菜单命令，打开“图层样式”对话框，设置“不透明度”为“40%”，其他保持默认设置，单击 确定 按钮。

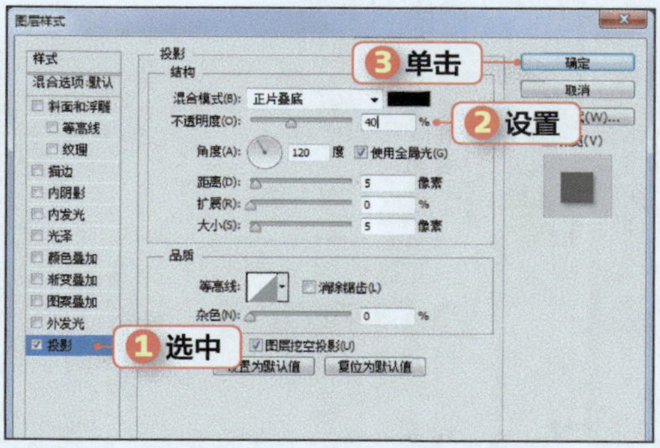

06 此时可发现对应的文本已经添加了阴影，使用前面相同的方法输入左双引号和右双引号，分别调整其大小使其与文字对齐。

07 使用相同的方法，再在下方输入下图所示的文字，并设置字体为“微软雅黑”，字号分别为“13”和“11”，颜色分别为“黑色”和“白色”。

08 选择“矩形工具”，设置矩形的大小为“250×30像素”，在白色文字上绘制矩形。

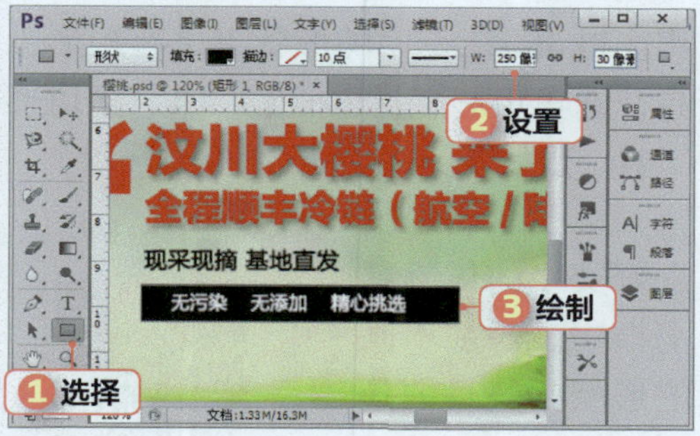

09 选择“椭圆工具”，在工具属性栏中设置填充颜色为“#2e7a11”，在白色文字的左侧绘制直径为“8像素”的圆。

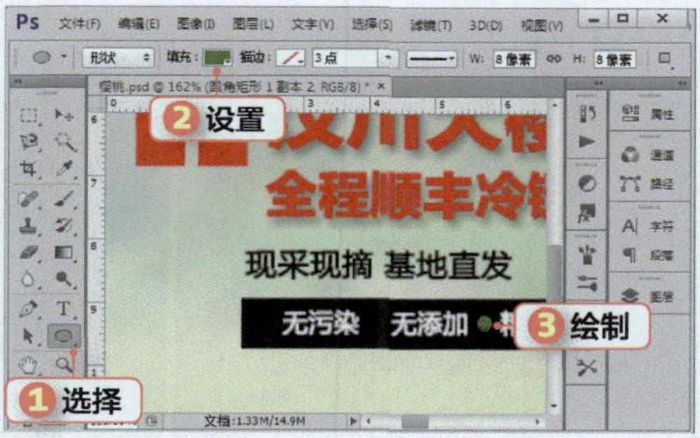

10 使用相同的方法，在其他白色文字的左侧绘制相同大小的圆，完成后保存图像，查看完成后的效果（配套资源:\效果文件\第2章\樱桃.psd）。

2.6.3 添加形状丰富商品图片

形状不仅可以丰富图片的内容，还可以对图片中的重点部分进行装饰、强调。Photoshop 中的形状工具有矩形工具、圆角矩形工具、椭圆工具、多边形工具、直线工具和自定形状工具6种。

下面在已经输入好文字的休闲鞋海报中，添加不同的形状，其目的是强调促销优惠信息，吸引消费者点击其具体操作如下。

扫一扫

添加形状丰富商品图片

01 打开“休闲鞋海报.psd”素材文件（配套资源:\素材文件\第2章\休闲鞋海报.psd）。

02 选择“直线工具”，在工具属性栏中设置填充颜色为“#2e7a11”，在文字的下方绘制一条宽“660像素”，高为“3像素”的直线。

03 选择“矩形工具”，在工具属性栏中设置填充颜色为“#80b825”，矩形的大小为“270像素×40像素”，在“随性创造独特风格”文字上绘制矩形，并将文字颜色修改为白色。

04 选择“多边形工具”，在工具属性栏中设置宽和高为“180像素”，颜色为“#e0ff4a”，单击按钮，在打开的下拉列表中设置“半径”为“90像素”，单击选中“星形”复选框，设置“缩进边依据”为“20%”，最后设置边数为“18”，在“两件包邮”文字上绘制多边形，并将文字颜色修改为白色。

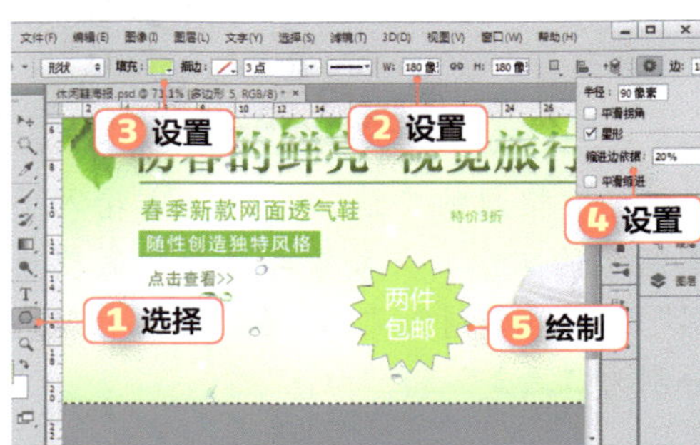

05 选择【图层】/【图层样式】/【渐变叠加】菜单命令，打开“图层样式”对话框，单击“渐变”栏右侧的下拉列表框，打开“渐变编辑器”对话框，在其中设置渐变颜色为“#579d00到透明”的渐变，完成后单击 确定 按

钮，返回“图层样式”对话框，再次单击确定按钮，完成渐变的添加。

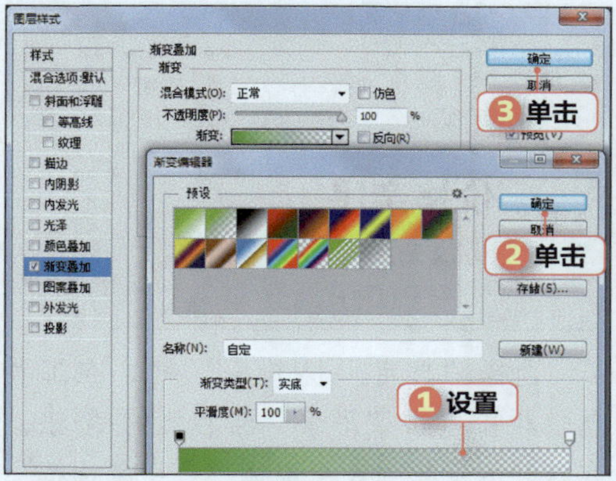

06 选择“自定形状工具”，在工具属性栏中设置填充颜色为“#ff0000”，单击“形状”栏右侧的按钮，在打开的下拉列表中选择“横幅4”选项，再在“特价3折”文本上绘制选择的形状，完成后将文字颜色修改为白色。

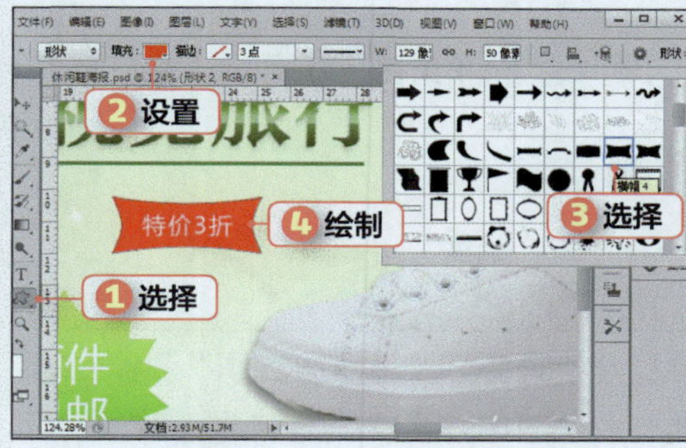

07 此时可发现休闲鞋海报中对应的文字显示的更加鲜明，保存图像查看完成后的效果（配套资源:\效果文件\第2章\休闲鞋海报.psd）。

2.6.4 实战——美化不锈钢炒锅商品图片

不锈钢炒锅是一种常见的日常生活用品，在制作该商品图片时，需要在图片中将炒锅的性能、材质及优势体现出来，最后还需要对促销信息进行批注。

扫一扫

美化不锈钢炒锅商品图片

本例将在不锈钢炒锅的素材基础上，运用本节所学的操作技巧，为炒锅添加文字和形状，使商品信息展现得更加直观，其具体操作如下。

01 打开“不锈钢炒锅.psd”素材文件（配套资源:\素材文件\第2章\不锈钢炒锅.psd），在工具箱中选择“横排文字工具”，在工具属性栏中设置字体为“黑体”，字号为“70点”，在下方的图像编辑区中输入“价格亲民优惠不止50%”，其中“史上最低”颜色为

“#000000”，“优惠不止50%”颜色为“#de0000”。

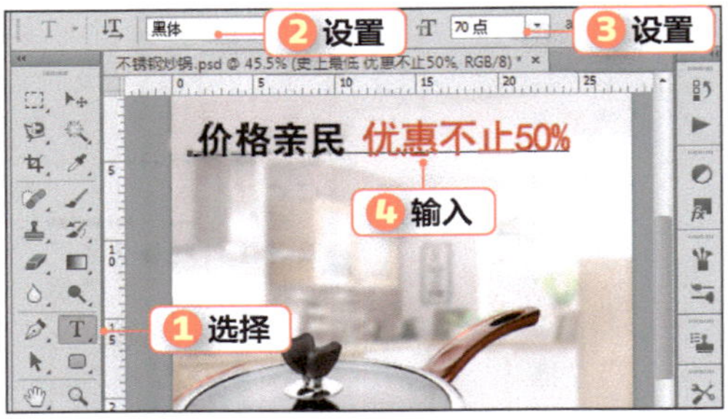

02 继续选择“横排文字工具”在工具属性栏中设置字号为“50点”，在文字下方输入“健康无烟 不粘炒锅”并设置文字颜色为“#000000”。

03 选择“直线工具”，在工具属性栏中设置填充颜色为“#000000”，在“价格亲民”文字的下方绘制一条宽“270像素”，高为“3像素”的直线。

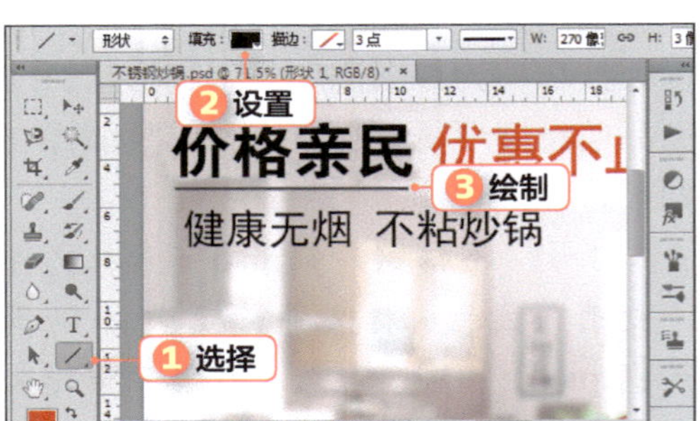

04 选择“横排文字工具”，在文字的下方输入下图所示的文字。打开“字符”面板，设置字体为“黑体”，字号为“30点”，行距为“40点”，字距为“-20”。

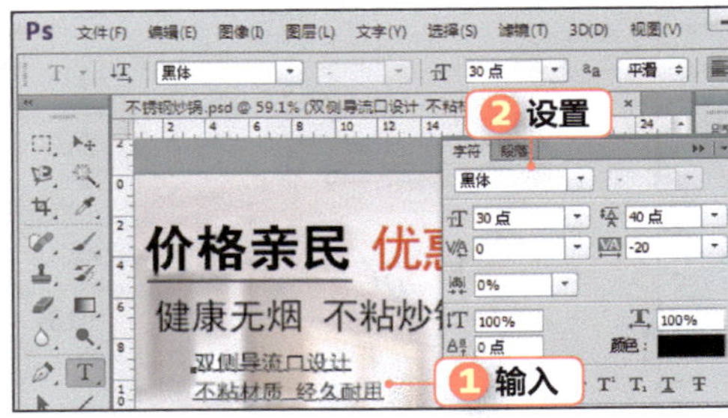

05 选择“自定形状工具”，在工具属性栏中单击“形状”栏右侧的按钮，在打开的下拉列表中选择“选中复选框”选项，再在文本右侧绘制3个与文字对齐的复选框，并查看绘制后的效果。

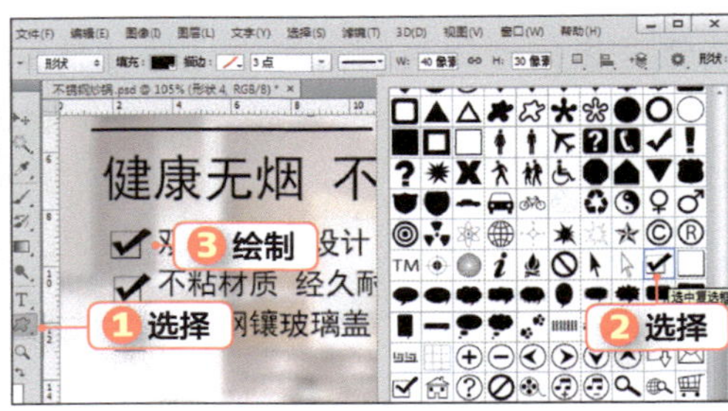

06 使用前面相同的方法，选择“直线工具”，在不锈钢炒锅的上方绘制粗细为“3像素”的直线，并在中间位置输入文字“直径30cm”，设置文字颜色为“#de0000”，字号为“24点”。

07 选择“椭圆工具”，在工具属性栏中设置填充颜色为“#de0000”，按住“Shift”键不放，绘制直径为“214像素”的圆，并在图中输入下图所示的文字，分别调整字体大小。

08 选择“钢笔工具”，在右侧的中间位置绘制下图所示的形状，按“Ctrl+Enter”组合键创建选区，新建图层，按“Alt+Delete”组合键，填充前景色。

09 按“Ctrl+D”组合键取消选区。使用相同的方法，在形状上输入“狂欢返场”文字，设置字体为“微软雅黑”，字号为“50点”，字体颜色为“#fff503”。

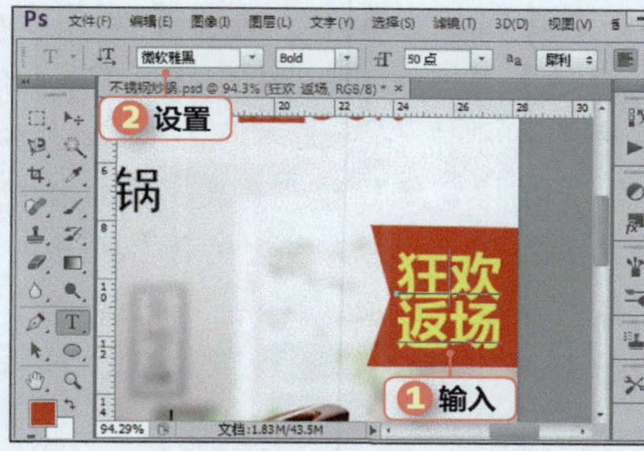

10 保存图像查看完成后的效果（配套资源:\效果文件\第2章\不锈钢炒锅.psd）。

2.6.5 实战——为商品图片添加文字水印

当处理完商品图片后，若直接上传到详情页中，图片可能会被他人盗用。为了避免这种情况出现，可在处理后的商品图片中，在不影响效果表现的位置添加水印。

本例将先制作水印，然后将其应用到“韩式餐具”商品图片中，其具体操作如下。

01 启动Photoshop，选择【文件】/【新建】菜单命令，打开“新建”对话框，在“名称”文本框中输入“水印”，在“宽度”和“高度”文本框中输入“300”，在其右侧的下拉列表中选择“像素”选项，再在“背景内容”下拉列表中选择“透明”选项，单击 确定 按钮。

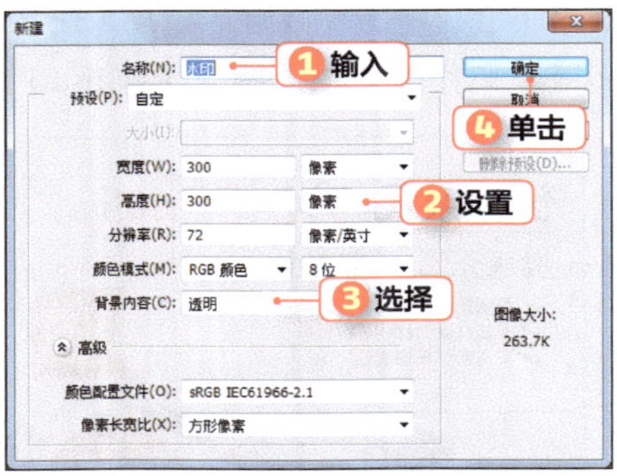

02 选择“横排文字工具” T 在工具属性栏中设置字体和字号分别为“方正兰亭中黑简体”和“40点”，在下方空白区域输入“KOREAN餐具”文字。

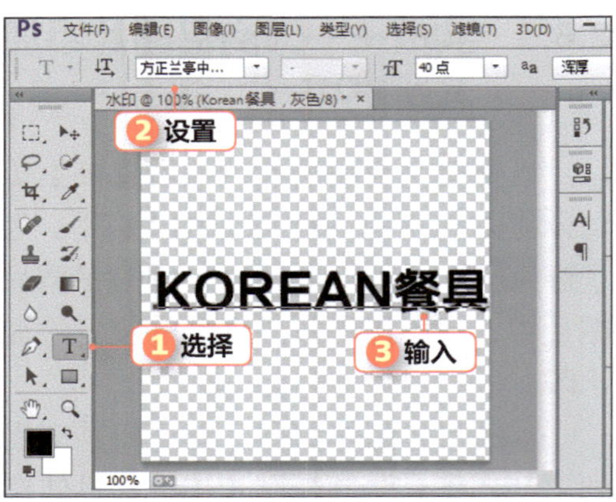

03 选择文字图层，按【Ctrl+T】组合键将文字倾斜，再在“图层”面板中单击 fx 按钮，在打开的下拉列表中选择“描边”选项。

04 打开“图层样式”对话框，在右侧面板的颜色栏中设置“颜色”为“#acacac”，单击 确定 按钮。

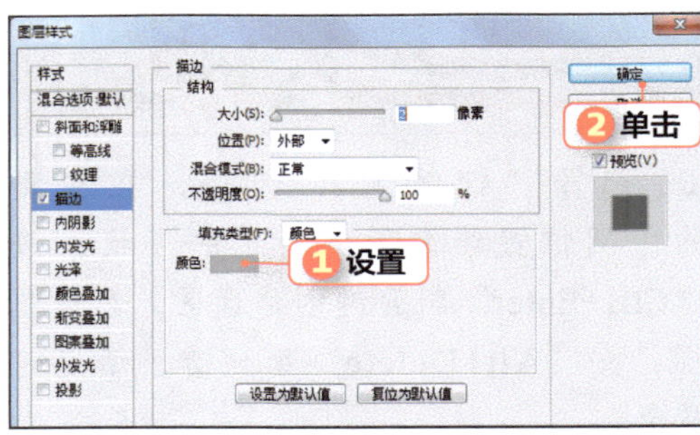

05 在“图层”面板中分别设置“不透明度”和“填充”为“60%”和“0%”，选择【编辑】/【定义图案】菜单命令，打开“图案名称”对话框，在“名称”文本框中输入“水印”，单击 确定 按钮。

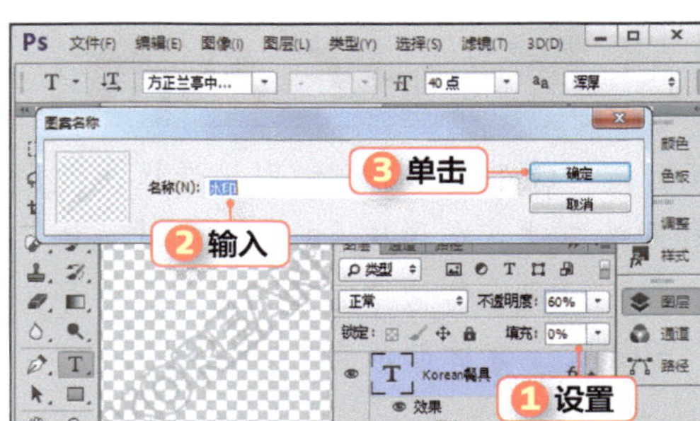

06 打开“韩式餐具.jpg”素材文件（配套资源:\素材文件\第2章\韩式餐具.jpg），新建图层，选择【编辑】/

【填充】菜单命令，打开“填充”对话框，在“使用”下拉列表中选择“图案”选项，在“自定图案”下拉列表中选择“水印”图案，单击 确定 按钮。

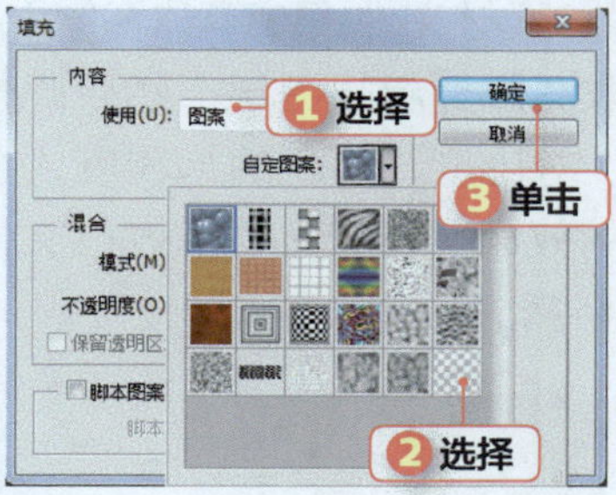

07 保存图像查看完成后的效果（配套资源:\效果文件\第2章\韩式餐具.psd）。

2.7 疑难破解

1. 网店商品照片的拍摄有什么要求?

商品的拍摄效果是影响图片质量的重要因素，网店中商品图片的效果直接影响商品给消费者的第一印象。大部分商品为静物室内拍摄，而网店中的商品图片需要展现商品的质感和工艺等细节信息，所以需要还原商品的“形、色、质”等特点。

- **形** 形即商品外形特征，其要点在于角度的选择和构图的处理，拍摄时应同时附有参照物，便于买家理解商品的实际尺寸。千万注意不要失真，拍摄时尽量和被照物体保持水平，这样拍出的照片和产品的外形才会相差不大。
- **色** 色即商品的色彩还原，这里要求色彩还原一定要真实，而且和背景尽可能要有大的反差，除近白色物体外，白色背景基本适合所有物体的拍摄。特别是服装类商品，拍摄后要及时核对样片，防止出现色差引起售后纠纷。
- **质** 质即商品的质量、质地、质感。这是对拍摄的深层次要求，也是展现商品价值的绝好手段。作为体现质的影纹必须要细腻清晰，工艺品类的商品则更应是纤毫毕现，因此若要体现质感，则要求相机的微距功能、布光、三脚架的配合使用。

2. 拍摄过程中常见的布光方式有哪些?

当场景搭建好之后，还需要对场景进行布光处理。常见的布光方式有5种，分别是正面两侧布光、两侧45°布光、单侧45°的不均衡布光、前后交叉布光和后方布光。

3. 怎样判断商品图片需要调色?

商品图片要求真实，若拍摄的商品图片与实物颜色存在差异，则需要对该商品图片进行调色。但并不是还原度越高越好，需要根据表现的内容进行适当的颜色调整。

4. 怎样保证处理商品图片后照片不失真?

如果图片处理不细心，很容易导致

商品图片失真，因此，在图片后期处理时要注意把控细节。虽然说处理后的图片肯定会与实物图片有所差别，但是这种差别应该控制在消费者接受的范围内。例如，若因为商品图像的像素过低，放大后导致的失真，可通过调整图片分辨率使图像清晰。

5. 淘宝对商品图片有什么要求？

除了满足淘宝平台对图片的尺寸和大小要求外，还要保证图片的主体清晰干净，大小适中，背景色与主体商品的颜色搭配和谐，适合店铺的整体风格。

6. 怎样让图片表达的信息更加完整？

可以为图片添加一些文字，如宣传语、价格等。文字不仅能诠释商品，还能从文学的美感上为商品加分。

7. 什么样的文案能快速引起顾客的共鸣？

文案是引起顾客情感共鸣的主要因素。立足于顾客应用场景，针对顾客需求痛点给出解决方案，触动顾客的情感，这样的文案易引发顾客的共鸣。例如，汶川大樱桃，甜过初恋，全程顺丰冷链（航空陆运）。

2.8 边学边练

1. 美化沐浴露效果

打开“沐浴露.jpg”素材文件（配套资源:\素材文件\第2章\沐浴露.jpg），先抠取图像到新的图层，然后调整图片亮度、对比度、颜色的饱和度，查看制作后的效果（配套资源:\效果文件\第2章\沐浴露.jpg）。

2. 调整护肤品图像效果

调整下图所示的曝光不足或过度的照片（配套资源:\素材文件\第2章\课后习题\活动图.jpg），添加背景素材图片“活动图.jpg”，输入对应的文字，绘制长方形和圆形并调整文字的大小（配套资源:\效果文件\第2章\活动图.psd）。

第3章

设计店铺装修元素

本章导读

店面的装修设计直接影响买家对店铺的第一印象，甚至决定了店铺生意的好坏。Logo作为最具标识性的元素之一，可以反复强调在买家的大脑里形成品牌烙印，精美的店标可以在第一时间吸引买家进入店铺，专业、规范、合理的导航还可以为商品加分，增加买家对商品的信任度，延长买家在店铺停留的时间，增加购买商品的概率。

知识技能

※ 掌握设计店铺Logo的方法
※ 掌握设计店铺店标的方法
※ 掌握设计店铺优惠券的方法
※ 掌握设计快速导航条的方法

视频讲解

（视频讲解：39 分钟）

3.1 设计店铺Logo

Logo作为店铺最重要的标志之一，常常出现在店铺页面和商品图片中。通过这种途径可以展示网店的独特个性，宣传网店的品牌价值，将店铺的内在形象、特点与其他店铺区分开来，增加店铺的辨识度，从而形成店铺的品牌烙印。

3.1.1 Logo的三大表现形式

Logo是网店的形象，特色的Logo可以吸引买家进入店铺，提高店铺流量。Logo可以制作成文字Logo、图形Logo或图文结合型Logo 3种样式，下面分别对其进行介绍。

- **文字Logo** 基于品牌文字的Logo，其设计方式通常是将品牌的名称、缩写或是抽取个别有趣的文字，通过排列、扭曲、颜色、变化等设计成标志。

ISA KNOX

- **图形Logo** 通常以具体的图形来表现品牌的名称或商品的属性，如鞋店使用鞋子作为Logo，Apple公司使用苹果的图形作为Logo。相较于文字Logo，图形Logo表达的含义更为直观，也更具有感染力。

- **图文结合型Logo** 以具象或抽象的图形，结合品牌名称制作而成的Logo，如图所示，COMPANY品牌即为以图文结合的形式来展示Logo。其中，抽象的图形与公司名称、商品属性等并无明显联系，其设计可能更多的是基于一种感觉或情绪。

COMPANY
SLOGAN

3.1.2 店铺Logo设计的三大要领

设计店铺Logo的目的在于创建网络品牌。店铺Logo要应用在网站中，首先必须符合网站对店铺Logo的尺寸、格式、分辨率等规范。其次，设计出具有创意、高识别度的店铺Logo，使其在买家心中留下品牌烙印也是Logo设计的重点。总之，在设计店铺Logo时，要注意以下3个方面。

- **店铺Logo的尺寸** 不同网站对店铺Logo的尺寸要求有所不同。淘宝店铺Logo尺寸建议不超过230像素×70像素，Logo图片的格式为JPG、JPEG、PNG，一般不支持GIF动画和BMP位图格式。Logo图片的文件大小应控制在30KB以内。若Logo图片文件大于30KB，可使用Photoshop或Fireworks软件对图片进行压缩。
- **Logo的外观** Logo的外观既要简洁、引人注目，又要易于识别、理解和记忆。
- **Logo的应用** 店铺Logo要在一定时间段内保持稳定性和一贯性。切忌经常更换店铺Logo，或随意更换店铺Logo的颜色、字体等，这样会给买家留下不严谨、诚信度低等印象。

3.1.3 实战——制作灯具店铺Logo

作为一家灯具店铺，其店铺Logo一定要具备商品特征，让浏览者看见Logo就知道是售卖灯具的店铺。本例制作的灯具店铺Logo，要求不但要体现灯具本身的形态，还要有一定的创意。在制作时，先输入文字，再绘制灯光照射效果，最后输入店铺名称，制作完成后查看应用效果，具体操作如下。

扫一扫

制作灯具店铺Logo

01 选择【文件】/【新建】菜单命令，打开“新建”对话框，在“名称”文本框中输入“灯具店铺Logo”，在“宽度”和“高度”文本框中分别输入“160”和“70”，在其右侧的下拉列表中选择“像素”选项，在“分辨率”文本框中输入“72”，单击 确定 按钮。

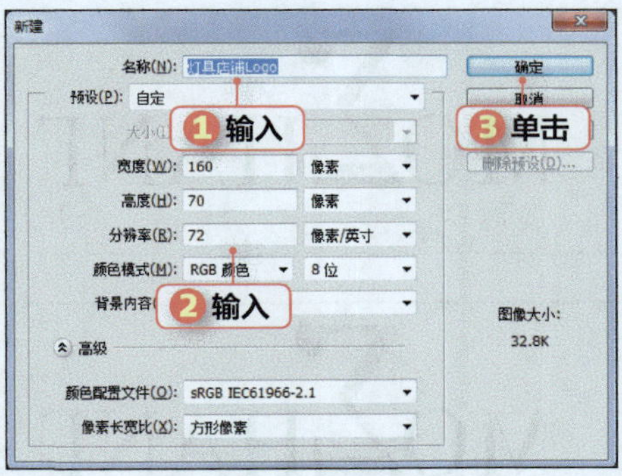

02 设置前景色为“#f1f2e7”，按“Alt+Delete”组合键填充前景色，选择“横排文字工具” T，在工具属性栏中设置字体为“SymbolProp BT”，字号为“20.02点”颜色为“#000000”，在图像编辑区中分别输入“MO”“S”“HA”和“NG”。

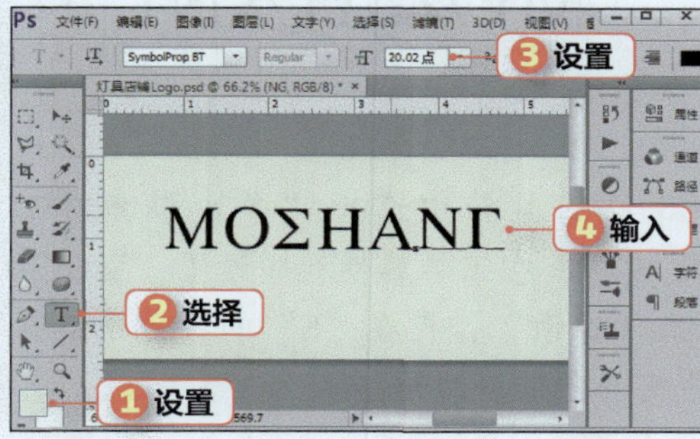

提个醒

这里分别输入文字，是因为单独的文字更容易进行其他操作，若是直接输入一段文字，那么后期对文字进行变形操作将会很不方便。

03 将文字中“S”的字号单独调整到“35点”，并移动其他文字，使文字中间有一定的间隙。打开“图层”面板，选择“S”所在图层，在其上单击鼠标右键，在弹出的快捷菜单中选择“栅格化文字”命令，将文字图层转换为普通图层。

04 按“Ctrl+T”组合键对图形进行变形操作，拖动文字上方的控制点，向上拖动，拉长文字，完成后按“Enter”键，确认变形操作。

05 在工具箱中选择“多边形套索工具”，在工具属性栏中设置“羽化”为“0像素”，再在“S”的右上角绘制带有斜角的多边形。

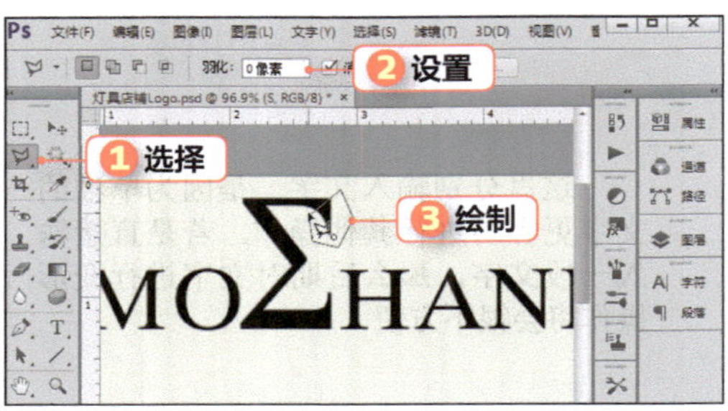

06 完成绘制后，将自动创建选区，按“Delete”键删除选区中的内容查看删除后的效果，完成后按“Ctrl+D”组合键取消选区的显示。

07 选择“椭圆工具”，在“S”的右侧绘制宽和高均为“35像素”的圆。打开“图层”面板，选择“椭圆”所在图层，在其上单击鼠标右键，在弹出的快捷菜单中选择“栅格化图层”命令，将形状图层转换为普通图层。

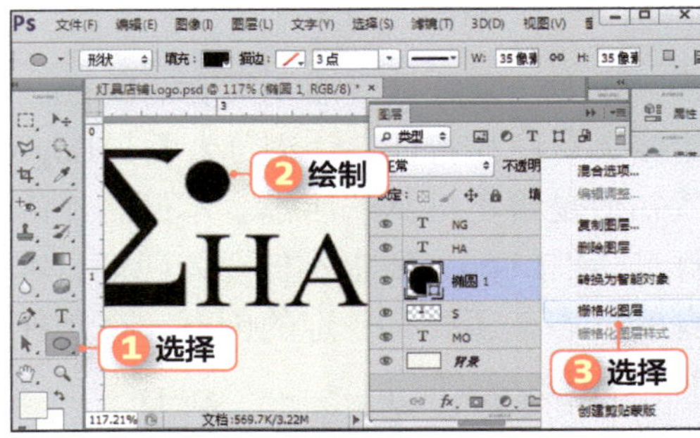

08 再次选择“多边形套索工具”，在圆形右侧绘制一个小选区，对圆进行分割，完成后按“Delete”键删除选区中的内容。

09 按“Ctrl+T”组合键进行变形操作，将鼠标指针移动到圆的角点上拖动鼠标指针对圆进行旋转操作，使“S”的切面与“圆的”切面对齐。

10 在工具箱中选择“钢笔工具”，在圆的下方绘制灯光照射路径。打开“路径”面板，选择绘制的路径，在其上单击鼠标右键，在弹出的快捷菜单中选择“建立选区”命令。

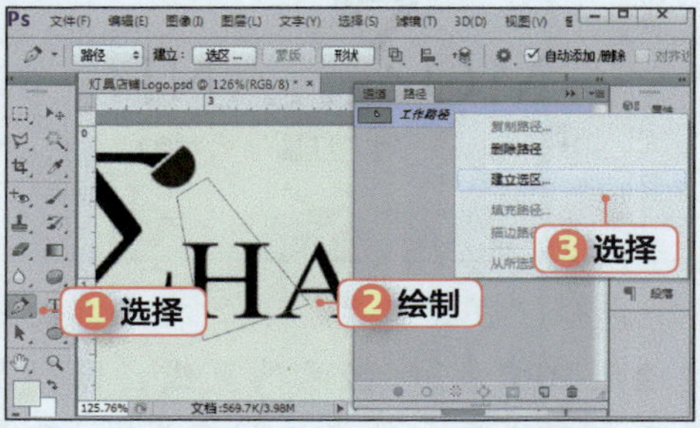

11 打开“建立选区”对话框，设置“羽化半径”为“1像素”，单击选中“消除锯齿”复选框，单击 确定 按钮。

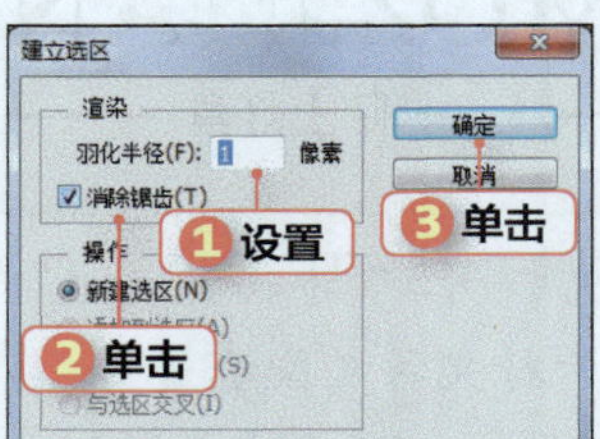

12 返回“图层”面板，新建图层，在工具箱中选择“渐变工具”，在工具属性栏中设置渐变颜色为“#f1fe22到透明”的渐变，完成后拖动鼠标指针在选区中填充渐变颜色。

13 在工具箱中选择“橡皮擦工具”，在工具属性栏中设置画笔大小为“200”，在图像编辑区中擦除选区底部的渐变颜色，使其形成灯光照射的效果。

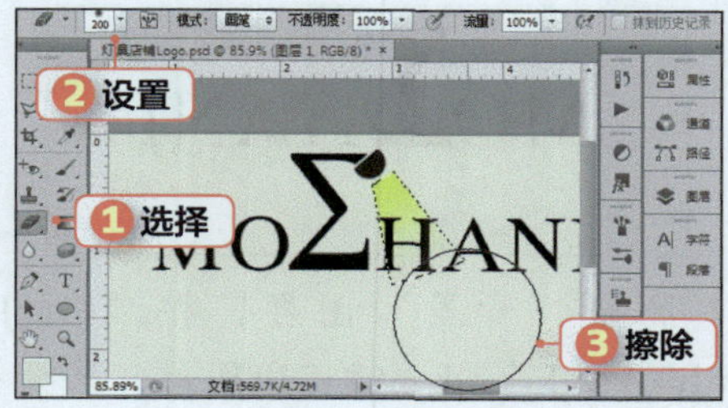

14 取消选区，在“图层”面板中选择“HA”图层，选择【图层】/【图层样式】/【渐变叠加】菜单命令，打开“图层样式”对话框，设置“不透明度”为“90%”，单击“渐变”栏右侧的按钮，打开“渐变编辑器”对话框。

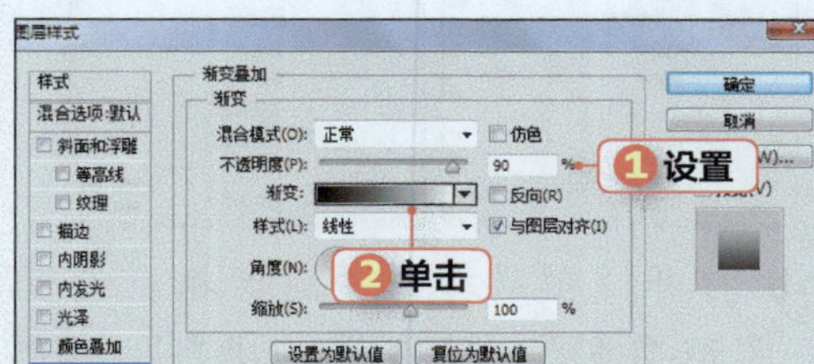

15 在下方单击右侧色标，在“颜色”栏中单击右侧色块，打开“拾色器（色标颜色）”对话框，设置颜色为“#f5ff54”。

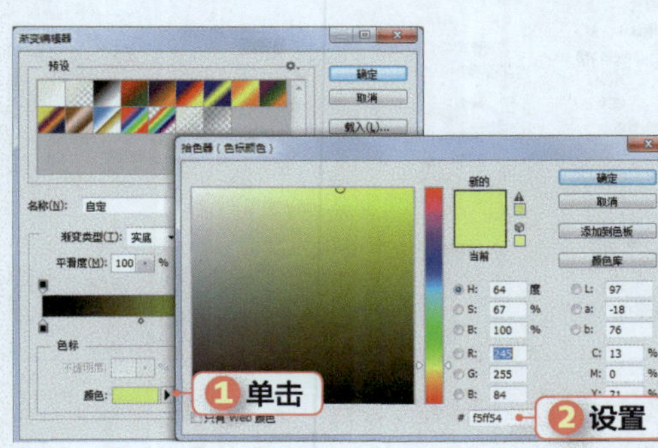

16 依次单击 确定 按钮，返回图像编辑区，查看文字添加渐变后的效果。

17 隐藏“背景”图层，按“Ctrl+Shift+Alt+E”组合键盖印图层，选择盖印后的图层，单击“图层”面板中的 fx 按钮，在打开的下拉列表中选择“投影”选项。

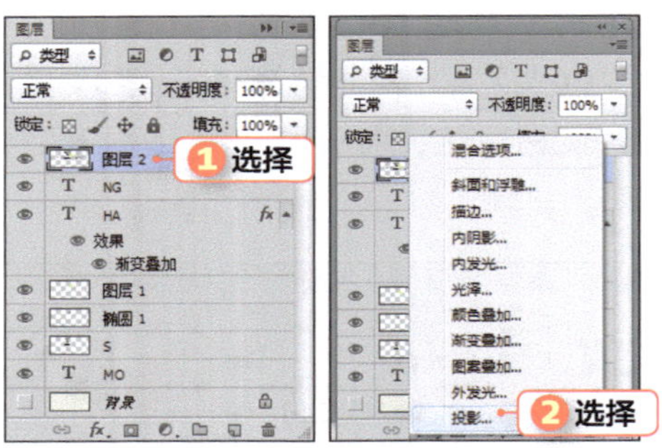

18 打开“图层样式”对话框，设置“不透明度”“角度”“距离”“大小”分别为“10%”“120度”“10像素”“3像素”，单击 确定 按钮。

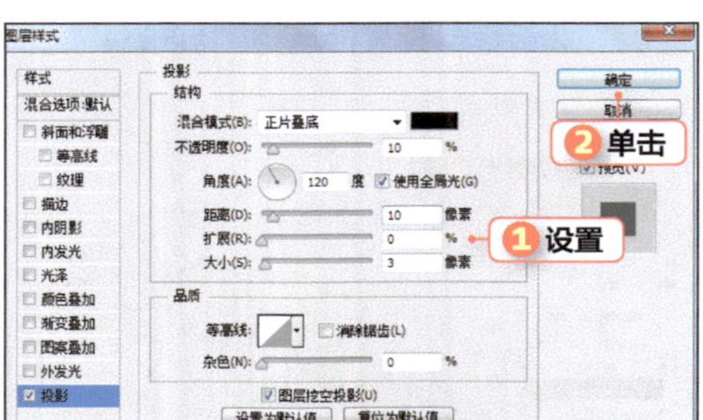

19 选择“横排文字工具” T，在工具属性栏中设置字体为“黑体”，字号为“9点”，在英文字体的下方输入“陌上灯具”。

20 选择“直线工具” ，在文字的两边绘制36像素×1像素的直线，保存图像查看完成后的效果（配套资源:\效果文件\第3章\灯具店铺Logo.psd）。

21 依次打开“灯具1.psd”“灯具2.psd”素材文件（配套资源:\素材文件\第3章\灯具1.psd、灯具2.psd），将绘制的Logo拖动到灯具商品图片的一角，即可完成Logo的添加（配套资源:\效果文件\第3章\灯具1.psd、灯具2.psd）。

3.2 设计店铺店标

店标也是店铺的标志之一，但不同于店铺Logo，店标通常显示在店铺的左上角或店铺搜索列表页等地方。网店的店标分为静态店标和动态店标两种，都是由产品图片、宣传语言、店铺名称等内容组成。漂亮的店标可以吸引买家进入店铺，促进商品的销售。下面对店标的设计原则、设计要领，以及静态店标和动态店标的制作方法分别进行介绍。

3.2.1 店标设计的四大原则

好的店标不但要向买家传达明确的销售信息，还要体现店铺的品牌价值与艺术感染力。因此，在设计店标时，应遵循一定的原则。

● **选择合适的店标素材** 店标素材可从网上或日常生活中收集得到。素材要适合网店的风格，清晰度要好，且没有版权纠纷。

● **凸显店铺的独特性质** 店标是用来显示店铺性质的，要让买家感受到店铺的风格和品质，在制作时要注意避免与店铺Logo雷同，可适当添加一些个性的设计，让店标与众不同。

● **让人过目不忘** 店标的设计可从颜色、图案、字体、动画等方面入手。在制作时，可在符合店铺风格的基础上，使用醒目的颜色、独特的图案、漂亮的字体和直观的动画效果，给人留下深刻的印象。

● **统一性** 店标的外观、颜色要与店铺的风格相统一。不能只考虑好看、个性而与店铺的主题不搭或相悖，并且还要考虑浏览者的接受能力。

3.2.2 店标设计的三大要领

店标的设计会因店铺的商品（主题）定位、战略定位、风格定位的不同而有所不同，比如有的比较时尚新颖，有的比较大气稳重，有的比较幽默逗趣，有的比较清新甜美。在设计店标时，通常需要注意以下3方面。

● **店标的尺寸要求** 店标的设计应符合网站的尺寸规范，否则很容易导致图片变形，这样不仅影响视觉效果，也会大大丧失一些客户群。淘宝店标的文件格式为GIF、JPG、JPEG、PNG，尺寸建议为80像素×80像素，文件大小在80KB以内。

● **店标的外观** 店标受尺寸的限制，不宜太过复杂，要利于查看。因此店招要尽量简洁，可以是简单的图形，图形组合，甚至直接将店名制作成店标。动态店标的动画不宜复杂，动画跳转速度不宜过快，否则容易给买家造成视觉疲劳。下图为搜集的一些精美店标。

● **店标的稳定性** 为了树立店铺形象，店标也不易时常更换，应在较长时间内保持稳定。

3.2.3 实战——制作静态灯具店铺店标

静态店标多由文字和图像组成，要求直观、简洁，能让买家一目了然。下面进行静态店标的制作。制作时，首先设置背景色，然后输入形状再绘制图形，最后进行保存操作，其具体操作如下。

扫一扫

制作静态灯具店铺店标

01 新建大小为800像素×800像素，分辨率为72像素/英寸，名为“灯具店铺店标”的文件。将前景色设置为“#353535”。按“Alt+Delete”组合键为背景填充前景色。

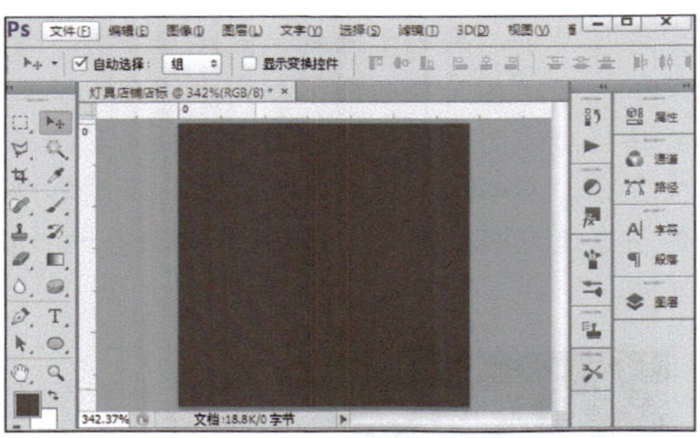

02 选择“横排文字工具” T，在工具属性栏中设置字体为“黑体”，字号为“5点”，文字颜色为“白色（#ffffff）”，在图像编辑区中分别输入“陌”和“上”。选择“陌”对应的图层，在其上单击鼠标右键，在弹出的快捷菜单中选择“栅格化文字”命令，即可将文字图层转换为普通图层。

03 在工具箱中选择“多边形套索工具”，再在“陌”的左上角绘制带有斜角的多边形选区，然后按“Delete”键删除。

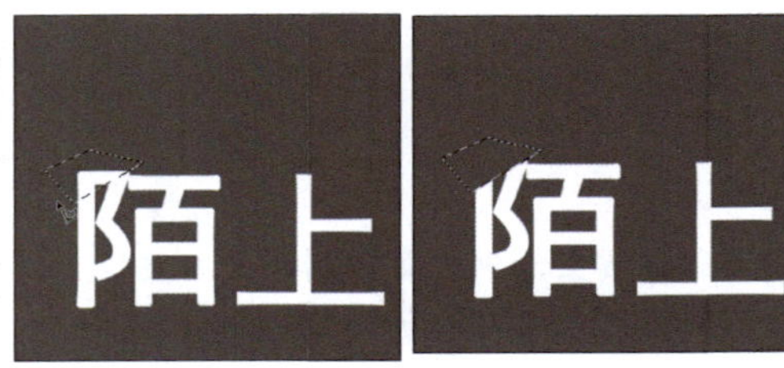

04 新建图层，在工具箱中选择“钢笔工具”，沿着删除的区域绘制灯的路径。

05 打开“路径”面板，按住“Ctrl”键，单击工作路径，即可快速为路径创建选区，设置前景色为白色，按“Alt+Delete”组合键填充路径为白色。

06 新建图层，使用相同的方法绘制灯的样式，完成后按“Ctrl+Enter”组合键创建选区，再按“Alt+Delete”组合键填充选区。

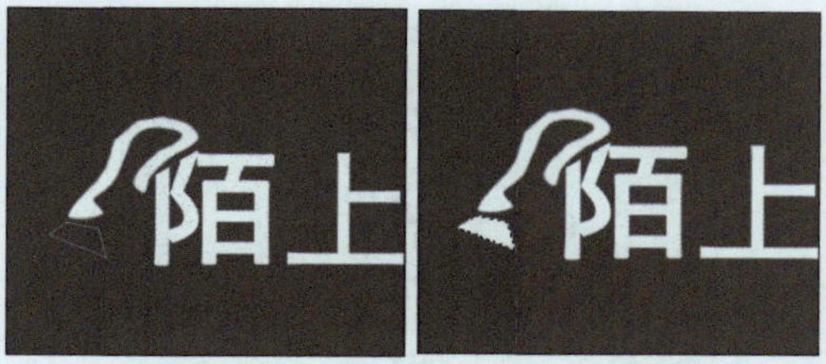

07 新建图层，使用相同的方法继续绘制灯的照射效果，完成后按“Ctrl+Enter”组合键创建选区。在工具箱中选择“渐变工具”，在工具属性栏中设置渐变颜色为“#f1fe22”到透明的渐变，完成后拖动鼠标指针在选区中填充渐变颜色。

08 在工具箱中选择“橡皮擦工具”，在工具属性栏中设置画笔大小为“370”，在图像编辑区中擦除选区底部的渐变颜色，使其形成灯光照射的效果。

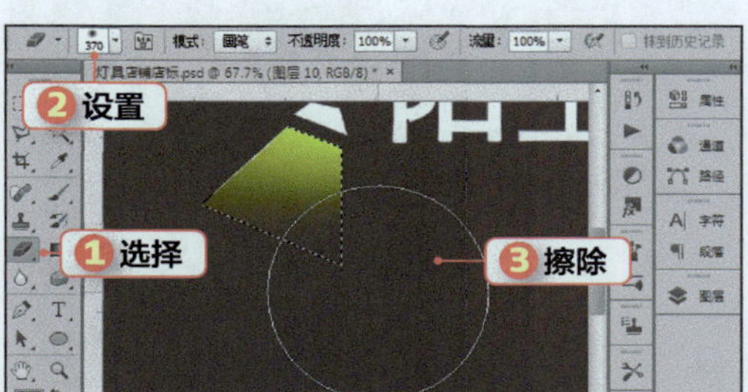

09 选择“横排文字工具”，在工具属性栏中设置字体为“SymbolProp BT”，字号为“4点”，颜色为“#000000”，在图像编辑区中分别输入“MOS”“HANG”。

10 在“图层”面板中选择“MOS”图层，选择【图层】/【图层样式】/【渐变叠加】菜单命令，打开“图层样式”对话框，设置渐变颜色为“#ffffff~#fff150”，设置渐变角度为“90度”，单击确定按钮。

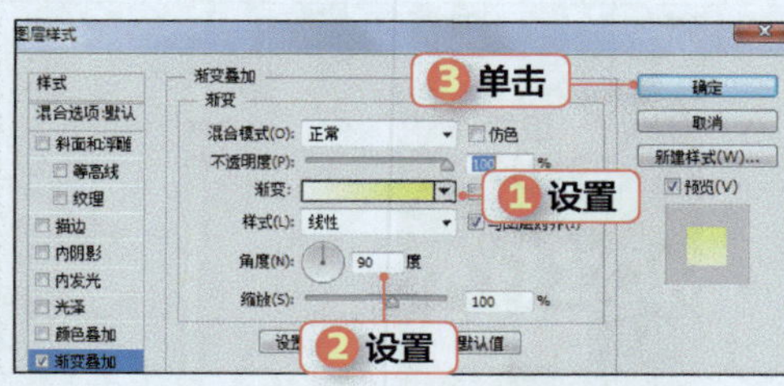

11 返回图像编辑区，隐藏“背景”图层，按“Ctrl+Shift+Alt+E”组合键盖印图层。显示背景图层，选择盖印后的图层，单击fx按钮，在打开的下拉列表中选择“投影”选项。

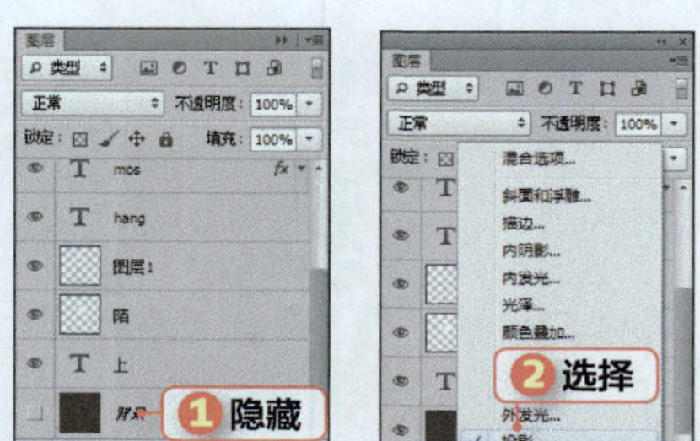

12 打开“图层样式”对话框，设置“不透明度”“角度”“距离”“大小”分别为“75%”“135度”“12像素”“16像素”，单击 确定 按钮。

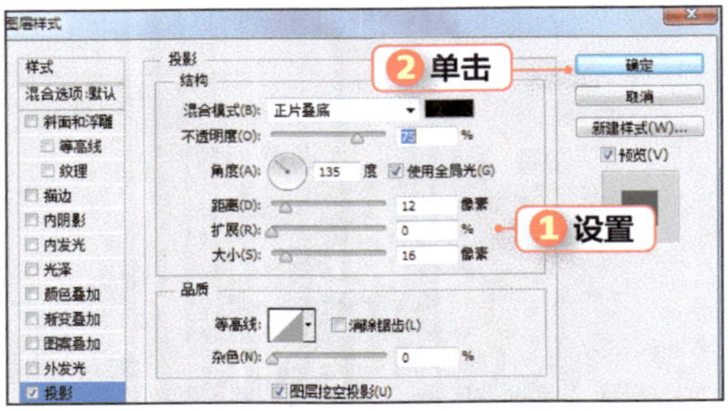

13 打开“皮革纹理.jpg”素材文件（配套资源:\素材文件\第3章\皮革纹理.jpg），将纹理图像拖动到店标图像中，并将其对应的图层拖动到“背景”图层的上方，设置图层混合模式为“正片叠底”。

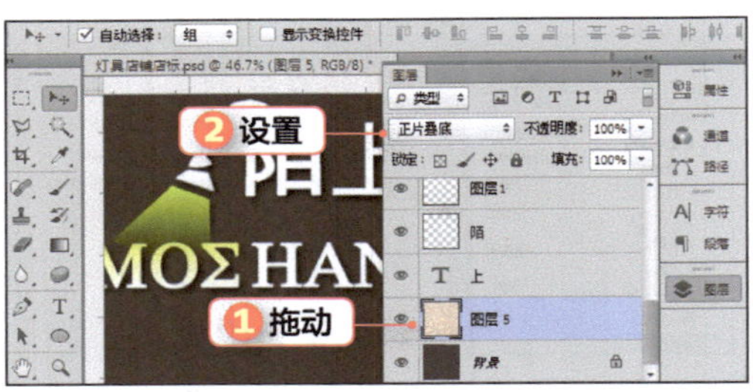

14 新建图层，选择“画笔工具”，在工具属性栏的画笔样式下拉列表中选择“流星”画笔样式，并设置画笔大小为“180像素”，在“陌”字的上方绘制星光效果。

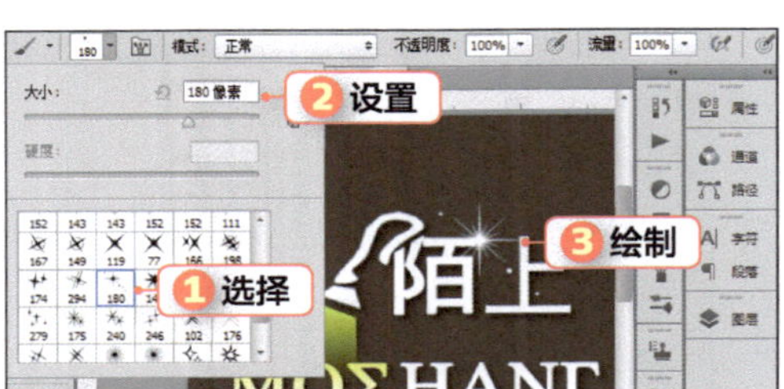

15 再次新建图层，使用相同的方法添加其他星光，完成后保存图像，并查看完成后的效果（配套资源:\效果文件\第3章\灯具店铺店标.psd）。

3.2.4 实战——制作动态灯具店铺店标

下面在静态店标的基础上，通过“时间轴”面板设置英文字母随着显示的顺序逐一出现的动态店标，最后将文件储存为GIF动画格式，其具体操作如下。

扫一扫

制作动态灯具店铺店标

01 打开“灯具店铺店标.psd”图像文件（配套资源:\效果文件\第3章\灯具店铺店标.psd）。隐藏盖印后的图层，通过复制图层的方法将“MOSHANG”分别放置到7个单独的图层上，然后调整文字的位置。

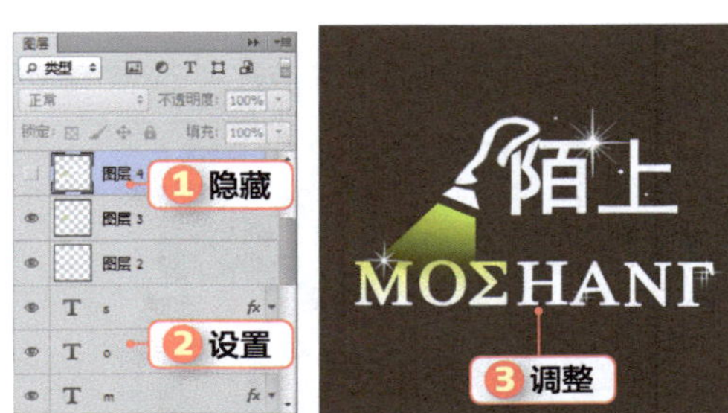

提个醒

设置文本为单独图层，是为了通过隐藏图层设置文本逐步显示的效果。

02 选择隐藏的盖印图层，这里选择图层4，单击鼠标右键，在弹出的快捷菜单中选择“拷贝图层样式”命令，对投影样式进行复制。选择除背景、隐藏图层和纹理图片外的其他图层，单击鼠标右键，在弹出的快捷菜单中选择“粘贴图层样式”命令，粘贴投影样式。

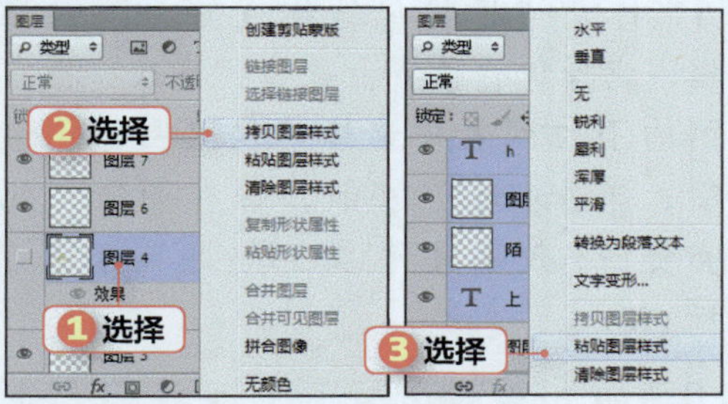

03 选择【窗口】/【时间轴】菜单命令，在工作界面底部打开“时间轴”面板，单击“时间轴”面板底部的 创建帧动画 按钮，创建一帧动画。

04 选择创建的帧动画，单击“时间轴”面板底部的“复制所选帧”按钮，复制一帧动画。使用相同的方法再复制5帧动画。

05 选择第1帧动画，在“图层”面板中隐藏除“M”外的所有英文文本图层，并隐藏“图层8”和“图层9”两个星光图层。

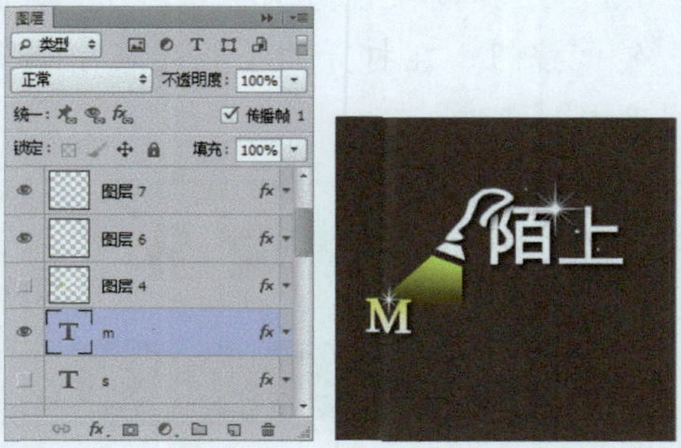

06 选择第2帧动画，在“图层”面板中隐藏除“O”外的所有英文文本图层，并隐藏所有星光图层。

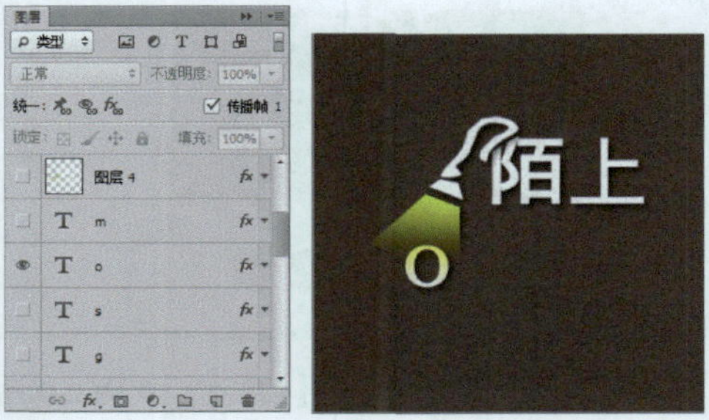

07 依次选择第3~7帧，通过字母的顺序，显示对应的文本图层，并对星光图层进行显示，其效果如下图所示。

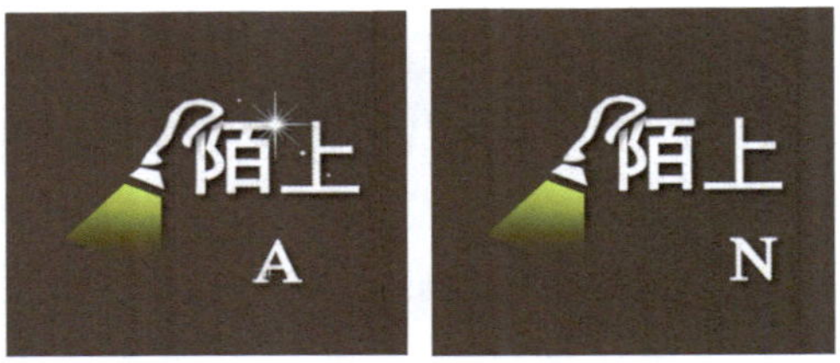

08 单击每帧下方的下拉按钮，调整每帧的显示时间，将第7帧设置为“0.5”，其他帧设置为“0.2”。单击“一次”按钮，在打开的下拉列表中选择“永远”选项。

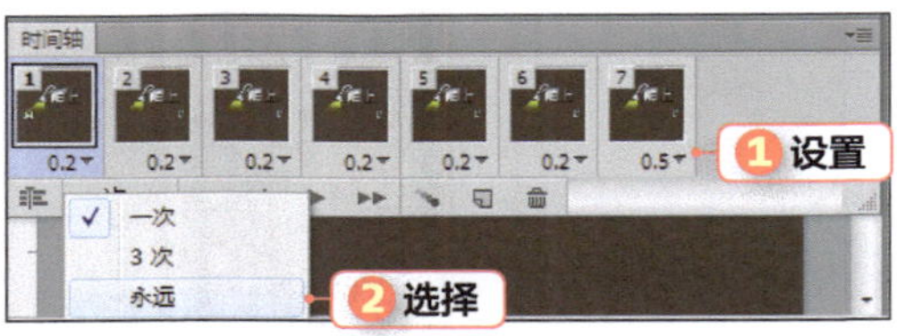

09 在“时间轴”面板底部单击▶按钮，可播放设置的动画效果。

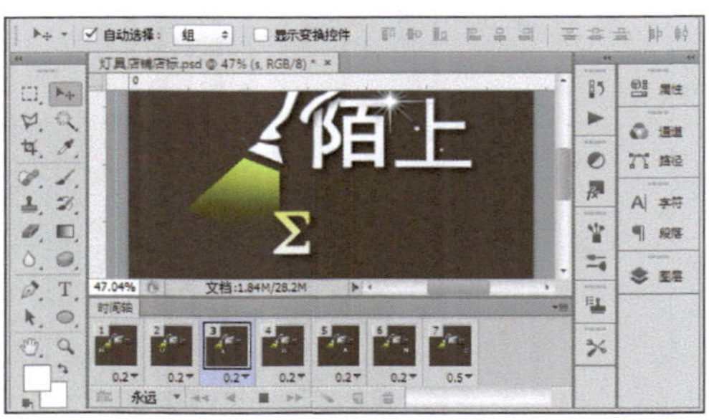

10 选择【文件】/【存储为Web所用格式】菜单命令，打开“存储为Web所用格式”对话框，将格式设置为“GIF”，查看图像大小，单击“存储...”按钮。

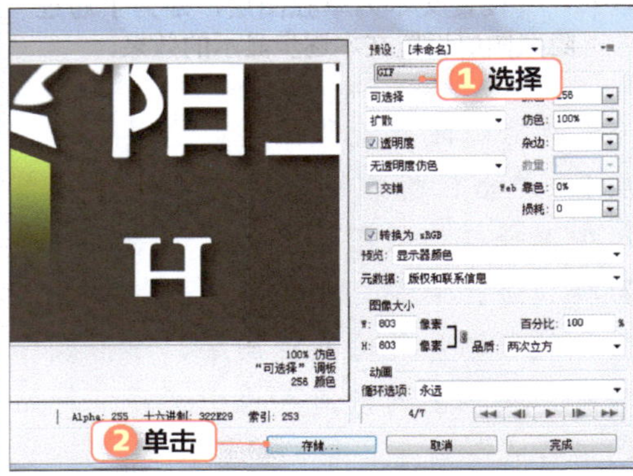

11 打开“将优化结构存储为”对话框，选择保存位置，并在“格式”栏右侧的下拉列表中选择“仅限图像”选项，单击“保存(S)”按钮，保存图像（配套资源:\效果文件\第3章\灯具店铺店标.gif）。

3.3 设计优惠券

淘宝优惠券是淘宝买家在淘宝购买商品或参加其他活动时，淘宝卖家发放给买家的优惠券。优惠券一般可用来抵用现金，其获得途径和规则多种多样。优惠券一般位于店铺首页，买家进入店铺即可自行领取，有的也设置在购物车中领取。优惠券是淘宝店铺常用的促销手段，是一种网店推广方式和吸引顾客二次消费的策略。

卖家如果开通了店铺优惠券功能，则可对优惠券进行个性化的设计。

3.3.1 优惠券的设计要点

优惠券一般位于店铺首页，但其展示的信息有限。一张完整的优惠券除了展示优惠面额外，还需展示使用条件、使用时间等信息，这些信息一般需要在买家点击领用后才会显示。在设计优惠券时，需要注意优惠券的设计要点，如使用范围、使用条件、有效时间、张数、发行店铺等信息。

- **优惠券的使用范围** 明确使用的店铺，以及使用的方式是全店通用，还是店内的单款、新品或者某系列产品上使用，以此限定消费的对象，起到引导店铺流量走向的作用。
- **优惠券的使用条件** 如全场购物满168元可以使用10元优惠券、满288元可以使用20元优惠券。限制优惠券的使用条件，在刺激买家消费的同时可以最大限度地保证利润空间。
- **优惠券的使用时间** 一般情况下，如果店铺是短期推广，应当限定使用日期，一般设置优惠券的到期时间以接近消费周期为佳，该周期一般为1个月，但若是做促销活动，那么优惠券的使用周期也将是对应的促销天数。限制使用时间可以让顾客产生过期浪费的心理，可以提高顾客的使用率。
- **设置使用张数** 如“每笔订单限用一张优惠券”，可以限制折上折的情况出现。
- **优惠券的最终解释权** 如“优惠券的最终解释权归本店所有”，一定程度上保留了法律上的权力，以避免后期活动执行中出现不必要的纠纷。

3.3.2 实战——制作灯具店铺优惠券

下面制作一款灯具店铺的全店通用优惠券。在设计时，先确定优惠券的内容，再进行形状的绘制，其具体操作如下。

扫一扫

制作灯具店铺优惠券

01 新建大小为950像素×130像素，分辨率为300像素/英寸，名为“优惠券”的文件，选择【视图】/【标尺】菜单命令，显示隐藏的标尺，在左侧的标尺栏中按住左键不放并向右拖动，将拖出一条参考线，将参考线拖动到下图所示位置后，释放鼠标左键即可完成参考线的添加。使用相同的方法完成其他参考线的添加。

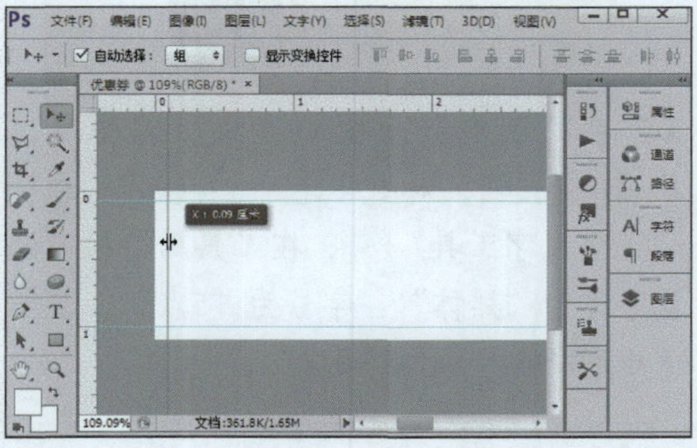

02 选择“矩形工具”，在工具属性栏中设置填充颜色为“#151010”，在图像编辑区中沿着参考线绘制300像素×110像素的矩形。

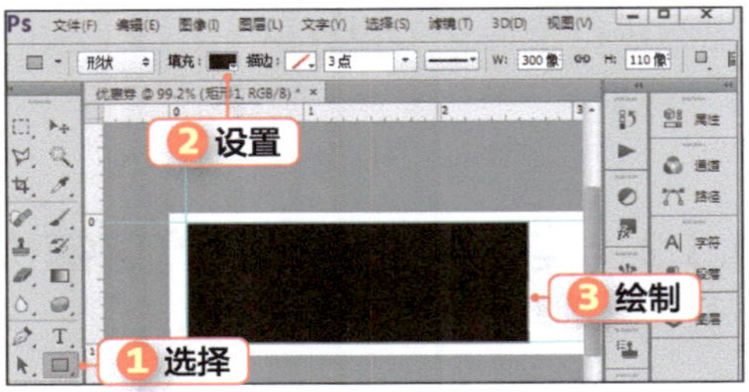

03 再次选择“矩形工具”，在工具属性栏中设置填充颜色为“#f4e309”，在黑色矩形中绘制220像素×110像素的黄色矩形。

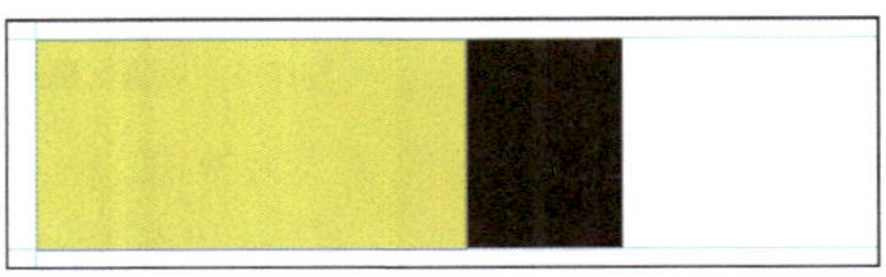

04 选择“椭圆工具”绘制一个大小10像素×10像素，颜色为“#f4e309”的圆。选择绘制的圆，按住“Alt”键不放，沿着两矩形的交叉线进行复制，使其形成有规律的弧线。

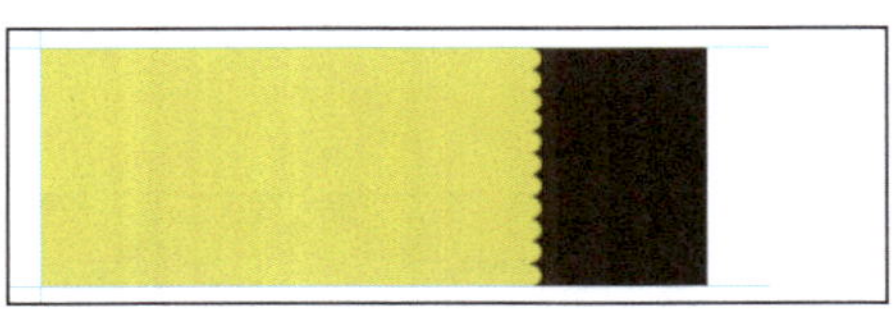

05 在“图层”面板中选择所有图层，单击按钮，对图层进行链接操作。选择“直排文字工具”，在工具属性栏中设置字体为“黑体”，字号为“5点”，在黑色矩形中输入“立即领取”。

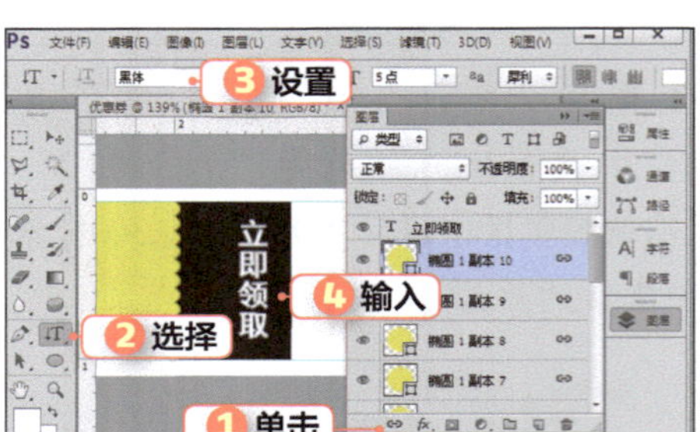

06 选择“自定形状工具”，在工具属性栏中单击“形状”栏右侧的按钮，在打开的下拉列表选择下图所示的形状，再在文本左侧绘制选择的图形即可。

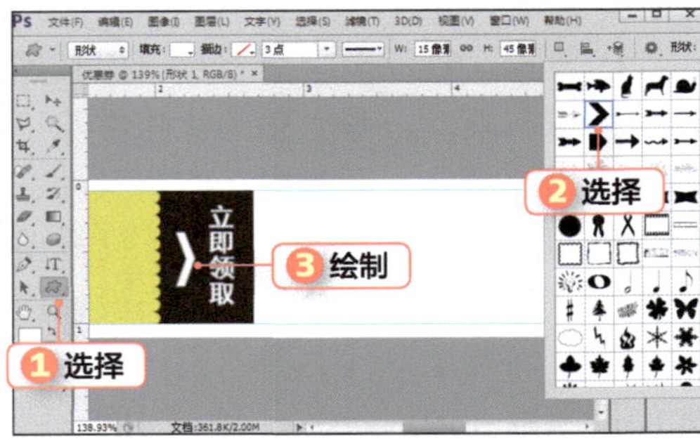

07 选择“横排文字工具”，设置文字颜色为“#000000”，在黄色部分输入下图所示文字，并根据需要调整字体大小，查看完成后的效果。

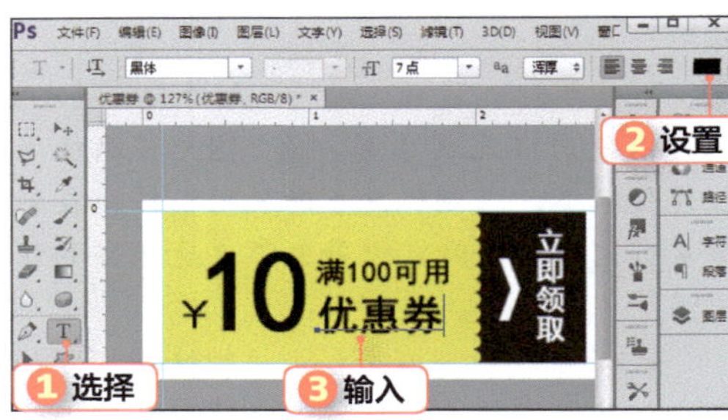

08 在“图层”面板中单击按钮，新建组，并双击新建的组，使其呈可编辑状态，在其中输入“优惠券1”，依次将图层拖动到组中，避免在拖动过程中修改图形。

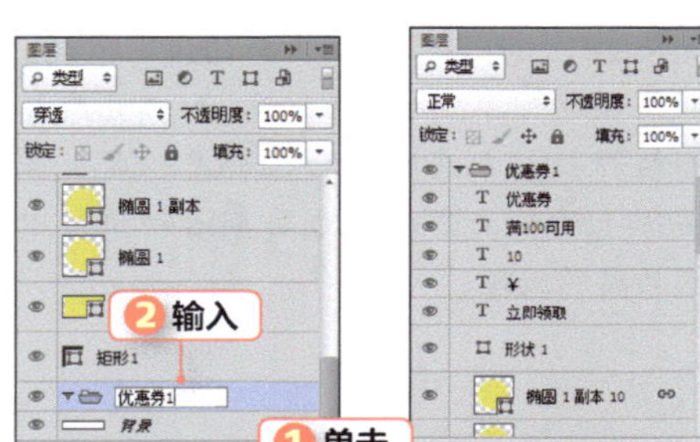

09 使用“移动工具”选择绘制的所有图形，按住“Alt”键不放，向右进行拖动，复制其他优惠券，完成后修改图像中的金额，保存图像，并查看完成后的效果（配套资源:\效果文件\第3章\优惠券.psd）。

3.4 设计快速导航条

快速导航条一般位于店铺页面的左侧或右侧。浏览页面时，快速导航条不会随着滚动条移动，会始终显示在页面中，方便买家通过单击导航条中的链接快速跳转到相应的位置。

3.4.1 快速导航条有什么用

一款优秀的快速导航条可以让顾客更方便地找到所需要的商品，节约顾客的浏览时间，提高其购物目的性，促进快速交易。下图所示为歌倍尚女装店面中的快速导航效果，通过该导航条，顾客可以快速找到需要的商品类型。

3.4.2 实战——制作灯具店铺的快速导航条

下面制作快速导航条。在制作时，首先导入图片，然后绘制“新品推介”栏，再绘制装饰线，最后输入导航条内容等信息，其具体操作如下。

扫一扫

制作灯具店铺的快速导航条

01 新建大小为210像素×750像素，分辨率为300像素/英寸，名为“快速导航条”的文件，打开“灯具效果.jpg”素材文件（配套资源:\素材文件\第3章\灯具效果.jpg），将其拖动到快速导航条的最上方，调整图像位置和大小。

02 选择“矩形选框工具”，沿着灯具效果的一端绘制选框，框选出正方形区域，按“Ctrl+J”组合键，复制框选的区域，并在“图层”面板中隐藏图像的原始图层。

03 选择“矩形工具”，在图像的下方绘制210像素×70像素的矩形。

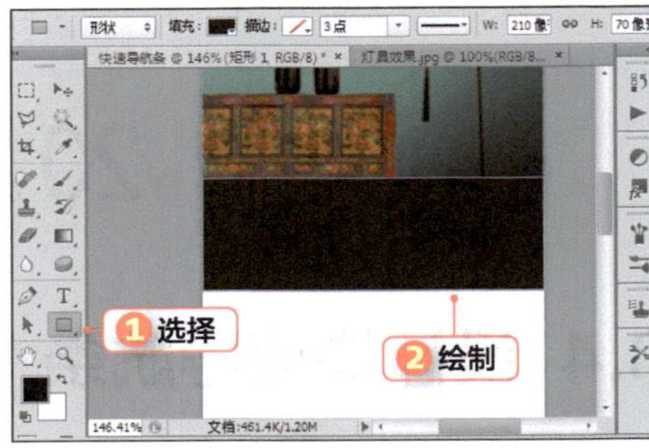

04 选择“横排文字工具”，在工具属性栏中设置字体为“黑体”，字号为“4.8点”，在黑色矩形中分别输入“新品推介”和“NEW PRODUCT PROMOTION”。

05 选择“自定形状工具”，在工具属性栏中设置填充颜色为“#ffffff”，单击“形状”栏右侧的按钮，在打开的下拉列表中选择“箭头2”形状，再在文本左侧绘制图形。

06 选择绘制的形状，按住“Alt”键不放，复制形状到文字右下角，按“Ctrl+T”组合键进行变形操作，并在其上单击鼠标右键，在弹出的快捷菜单中选择“水平翻转”命令，对图像进行水平翻转。

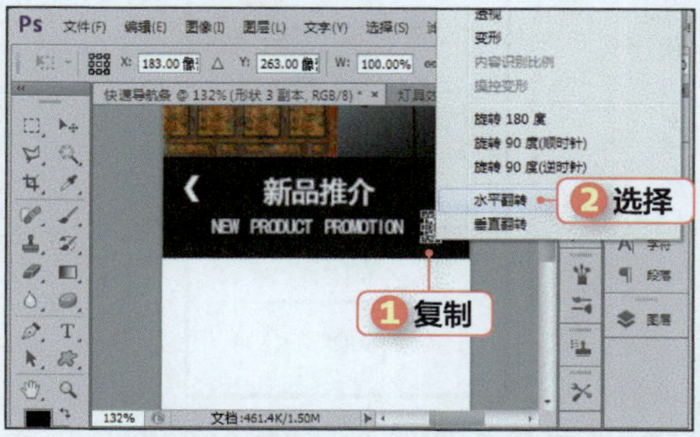

07 选择“横排文字工具”T，在工具属性栏中设置字体为“微软雅黑”，字号为“4.2点”，在黑色矩形的下方输入“客厅灯”。

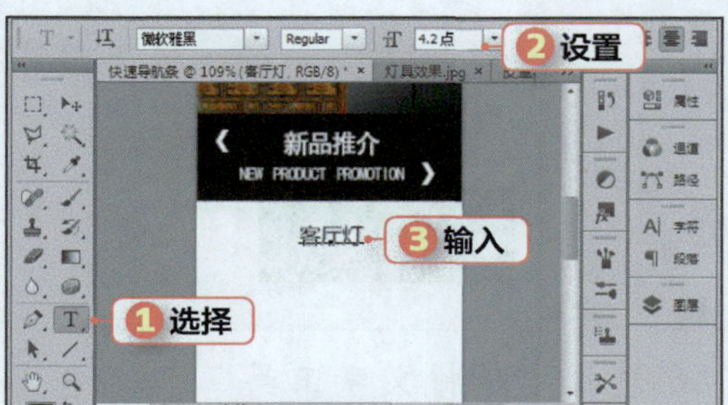

08 选择“直线工具”／，在图像的下方绘制210像素×2像素的直线。在“图层”面板中单击▣按钮，为直线添加图层蒙版。

提个醒

这里添加图层蒙版主要是为了制作渐变线效果，添加图层蒙版还可选择【图层】/【图层蒙版】/【显示全部】菜单命令进行创建。

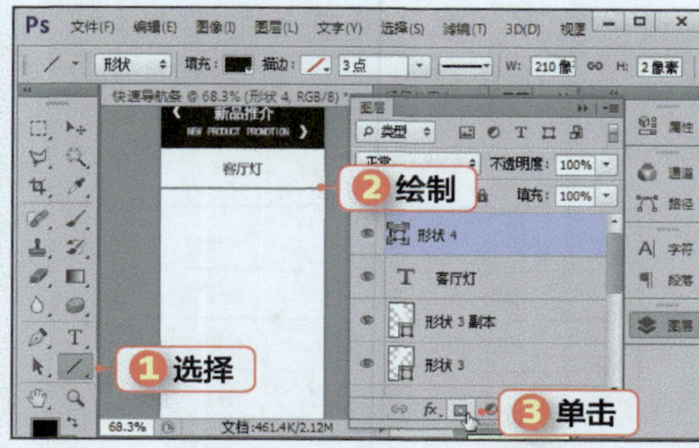

09 设置前景色为“#000000”，选择“画笔工具”，在工具属性栏中设置画笔样式为“柔边圆”，设置画笔大小为“100”，对直线的两端进行涂抹，制作渐变线效果。

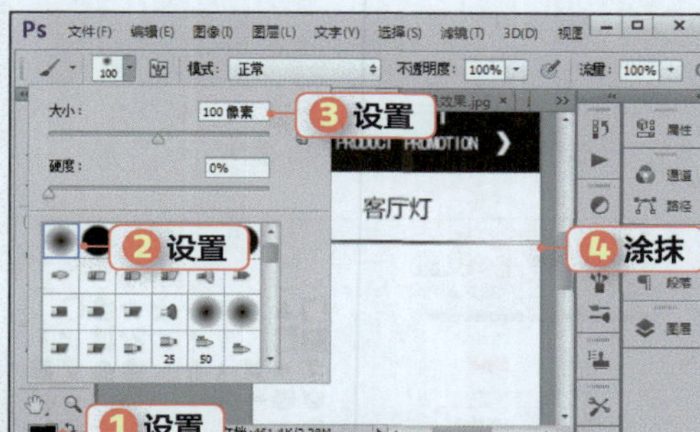

10 查看使用蒙版制作渐变线后的效果，再在“图层”面板中选择渐变线和文字所在图层，单击⊖按钮，对图层进行链接操作。

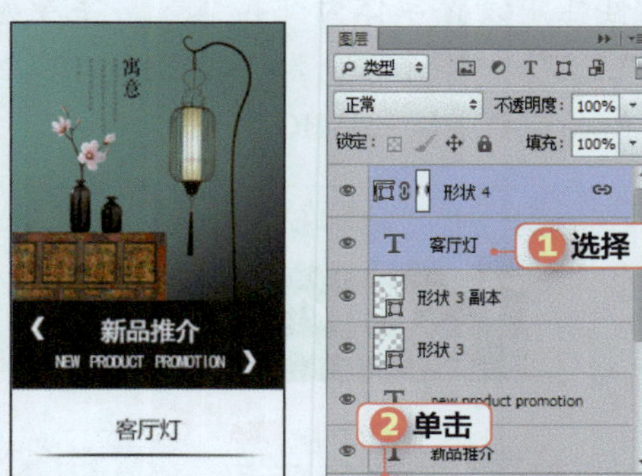

11 按住“Alt”键不放，向下拖动，复

制渐变线和文字，复制后的效果如下图所示，完成后使用横排文字工具对文字依次进行修改。

12 选择“自定形状工具”，在工具属性栏中设置填充颜色为“#ff0000”，单击“形状”栏右侧的按钮，在打开的下拉列表中选择“会话9”选项，再在“客厅灯”文本右侧绘制选择的图形。

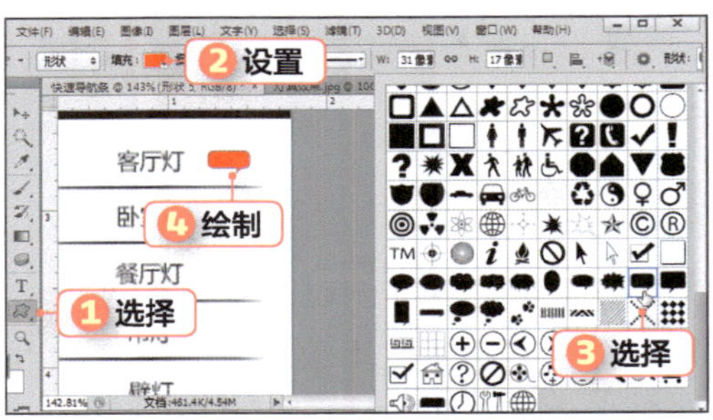

13 选择“横排文字工具”，在工具属性栏中设置字体为“黑体”，字号为“2.5点”，字体颜色为“#ffffff”，在红色的会话框中输入“HOT”。

14 选择会话框文字和形状，按住“Alt”键不放，向下拖动，复制文字和形状，查看完成后的效果。

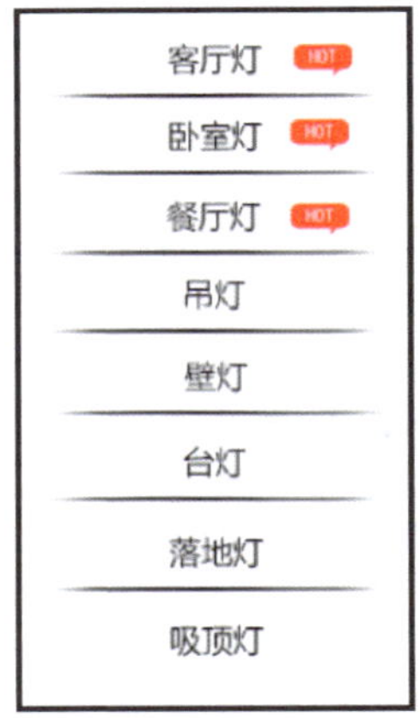

15 将前景色设置为“#000000”，选择“矩形工具”，在文字的最下方绘制210像素×70像素的矩形。

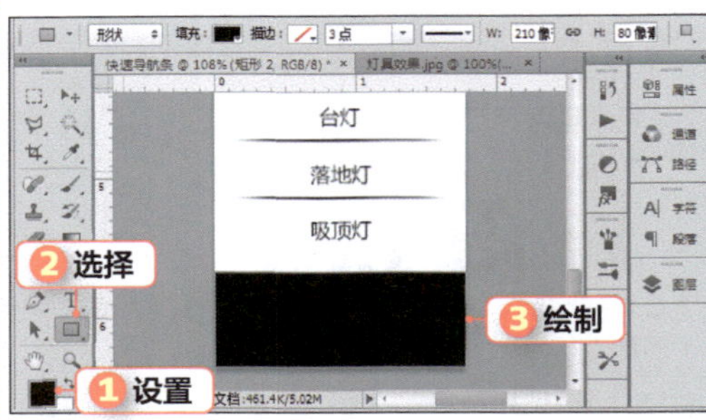

16 选择“横排文字工具”，打开“字符”面板，在其中设置字体为“黑体”，字号为“6点”，单击T按钮，加粗文字，输入“返回顶部”。

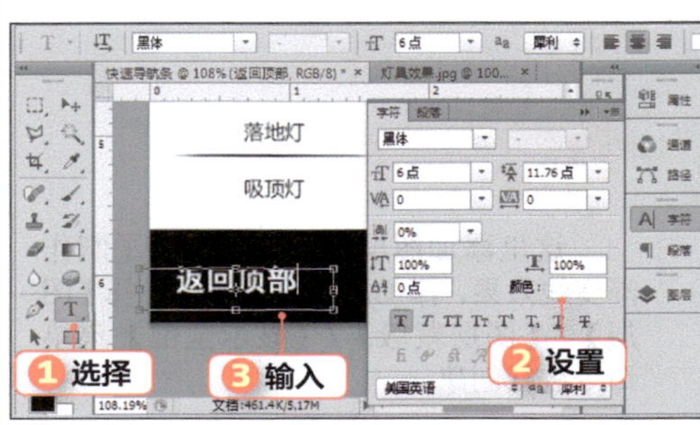

17 选择“自定形状工具”，在工具属性栏中设置形状颜色为“#ffffff”，单击“形状”栏右侧的按钮，在打开的下拉列表选择“箭头18”形状，再在“返回顶部”文本右侧绘制选择的图形即可。

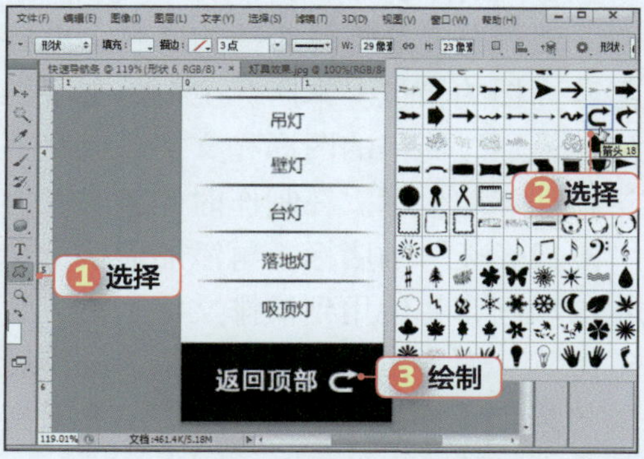

18 返回图像编辑窗口，按“Ctrl+S”组合键保存图像，并查看完成后的效果（配套资源:\效果文件\第3章\快速导航条.psd）。

提个醒

快速导航条适用于首页内容较多的淘宝店铺，若内容较少可直接在通栏店招中制作导航条，其制作方法将在第5章进行介绍。

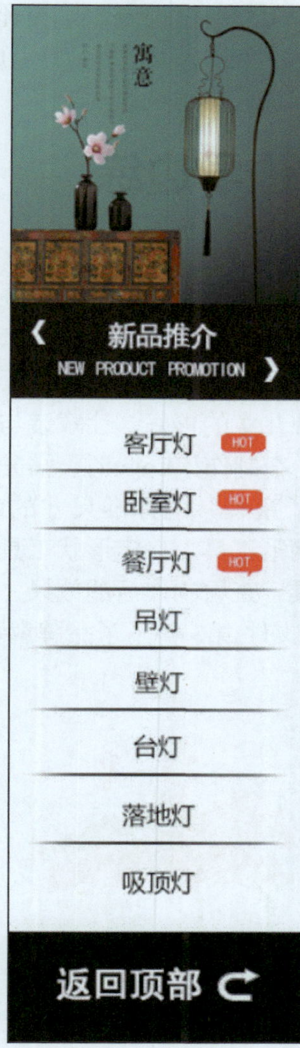

3.5 疑难破解

1. 怎样选择Logo素材?

不是什么都可用作Logo素材的。在选择素材时，可先对自己的店铺进行商品定位，确定店铺的风格类型，再确定店铺的名称。若这3方面都不确定，那么选择素材将显得盲目。当3方面都确定后，可综合这3方面的展示需求进行Logo素材的收集。收集一定量的素材后，可将素材的优点进行罗列，对比选出最合适的素材。

2. 在设置动态店标时，是不是动画越多越好?

不是的。若动画过多，将造成显示混乱，容易产生视觉疲劳，甚至会引起顾客的反感，不愿意看下去。

3.6 边学边练

1. 制作丫丫品牌童装Logo

丫丫童装的主要目标客户是5~10岁的儿童，因此制作该Logo时，颜色要鲜亮，并且采用城堡、云彩、摩天楼等图样，体现儿童的喜好，让童装与儿童产生共鸣。在制作该Logo时，需先新建名为“丫丫童装”的标准尺寸的Logo，再使用钢笔工具、自定形状工具和横排文字工具，查看制作后的效果（配套资料:\效果文件\第3章\丫丫品牌童装Logo.psd）。

2. 制作夏日炎炎店标

夏日炎炎是箱包店铺的店名，主要经营高档的箱包。本店标主要是文字类店标，通过简单的图形和文字，让文字进行动态地显示。在制作时先新建名为“夏日炎炎”的店标，再添加形状、文本与动画，将使用到横排文字工具、画笔工具、矩形工具、时间轴等，制作后的效果如下图所示（配套资料:\效果文件\第3章\夏日炎炎店标.psd）。

第4章 制作宣传推广图

本章导读

在淘宝上，为什么卖家们会如此重视推广图的质量呢？因为推广图相当于推广宝贝的“脸面”，买家通过搜索最先看到的就是推广图。推广图吸引人，让人对其产生兴趣，才会点击它并进入店铺。也就是说，推广图直接影响宝贝的点击率。推广图包括淘宝首页出现的钻展图、搜索页的主图、搜索页两侧的直通车推广图等。本章将针对店铺推广的几种方式分别介绍对应推广图的制作方法，包括高点击量的主图、智钻图、直通车图等。

知识技能

※ 掌握制作高点击率主图的方法
※ 掌握制作具有创意的直通车推广图的方法
※ 掌握制作具有吸引力的智钻图的方法

视频讲解

（视频讲解：42 分钟）

4.1 制作高点击率主图

商品主图是买家第一个接触到的店铺商品信息。作为传递信息的核心，主图要具有吸引力，引起顾客的兴趣，使顾客能够继续浏览下去，所以主图效果的好坏在很大程度上影响着点击率的高低。下面分别对主图的设计要点、制作技巧与制作方法进行介绍。

4.1.1 商品主图设计的三大要点

在淘宝主图中，图片场景可以展示商品的使用范围，提升顾客的认知度；主图颜色会影响顾客的购买欲望；促销信息则可以提升宝贝点击率。

● **图片场景** 一个贴合商品的图片场景不仅可以烘衬商品，而且可以对卖点起到画龙点睛的作用，让人的视觉感受真实化。在使用不同场景的图片时，要注意主图的位置和展示效果，避免场景图片鸠占鹊巢。

● **主图颜色** 主图颜色常常选用可以烘托商品的纯色背景，切记不要用过于繁杂的背景，因为人的眼睛一次只能存储2~3种颜色。以纯色做背景，在颜色搭配上比较容易，也能令人印象深刻。反之，过多、过杂的背景颜色会使买家感到眼部疲倦，分散注意力，影响买家的购买欲望，让视觉效果大打折扣。

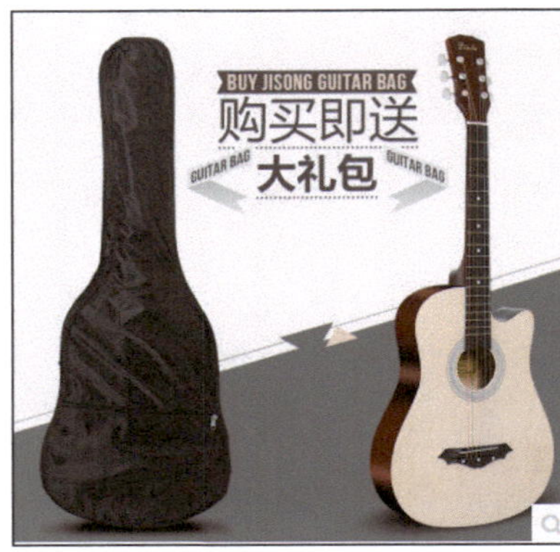

● **促销信息** 消费者都比较喜欢有促销的宝贝，所以可将促销信息添加到宝贝主图中，以提高点击率。如“限时抢购”“最后一天”等促销文案让人有再不买就错过的紧迫感。但需要注意的是，促销信息要尽量简短、清晰有力、字体统一，一般控制在10个字内，避免促销信息混乱、喧宾夺主。

4.1.2 制作优质商品主图的技巧

好的主图能够提高点击率，从而达到引流的目的。买家在浏览主图时，浏览速度一般都较快，如何让自己的主图在淘宝搜索页的众多主图中成功吸引买家，是制作优质商品主图的关键。制作优质的商品主图，一般可以从以下4个方面着手。

● **卖点清晰有创意** 所谓“卖点”，就是指商品具备的别出心裁或与众不同的特色、特点，既可以是产品的款式、形状、材质，也可以是产品的价格等。卖点清晰、有创意，简单理解就是买家即使眼睛一扫而过，也能快速明白商品的优势是什么，它和别的卖家商品有什么不同。一个主图的卖点不需要太多，但要能够直击买家需求要害，以最直接的方式打动买家。许多商品的卖点都是大同小异的，这时优化卖点就会成为赢得买家眼球的关键。

● **商品的大小适中** 商品过大会显得臃肿，过小则不利于表达细节，不利于突出商品的主体地位。合适大小的商品能增加浏览时的视觉舒适感，提升点击率。下图所示的数据线与手机形成对比，可以让买家感受数据线的实际大小，并且能观察到数据线的细节特征，极大地提高了买家浏览的直观感受度，从而将画面中数据线的个性、柔韧耐用完美地体现出来。

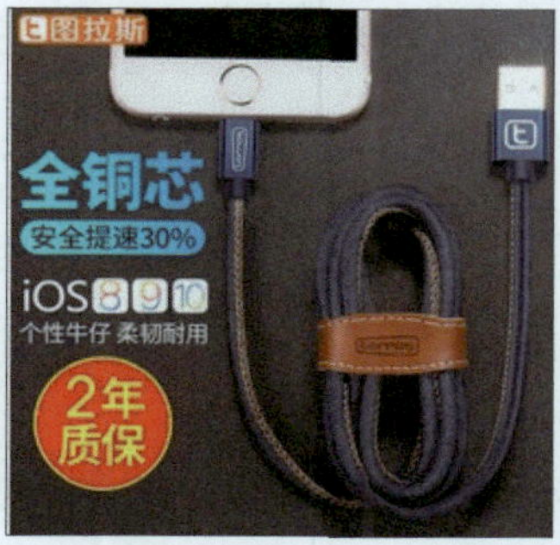

● **宜简不宜繁** 由于顾客搜索时浏览的速度较快，因此主图传达的信息越简单、明确就越容易被接受。产品放置杂乱、产品数量多、文案信息多、背景太杂、水印太夸张等都会阻碍信息的传达。下面两幅图，同样是展示手机的钢化膜，左图设计简洁大气、唯美清新，符合苹果的品牌特征，竖排少量的文本很好地阐述了其卖点。而右图用了大量文本来说明手机壳的优点、价格优惠，造成主体宝贝不突出，图片整体不清楚，为目标客户带来视觉上的不适，从而促使买家快速跳过该主图。

● **丰富细节** 放大商品细节可以提高主图的点击率，也可以为主图添加除标题文本外的补充文本，如商品名称、特点与特色、包邮、特价等卖家想要表达的内容，丰富主图的细节。

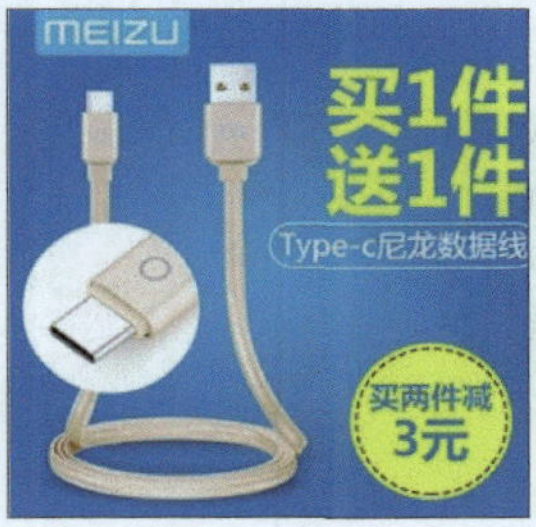

4.1.3 实战——制作灯具主图

主图要有一定的亮点才能吸人眼球。本实战制作的主图主要通过流畅的线条，具有空间感的形状让买家耳目一新。在制作时，先制作主图背景，突出创意设计，再输入文字并添加素材，其具体操作如下。

扫一扫

制作灯具主图

01 新建大小为800像素×800像素，分辨率为72像素/英寸，名为“灯具主图”的文件，新建图层，在工具箱中选择“钢笔工具”，在图像中绘制下图所示的形状，按“Ctrl+Enter”组合键建立选区，按“Alt+Delete”组合键填充颜色。

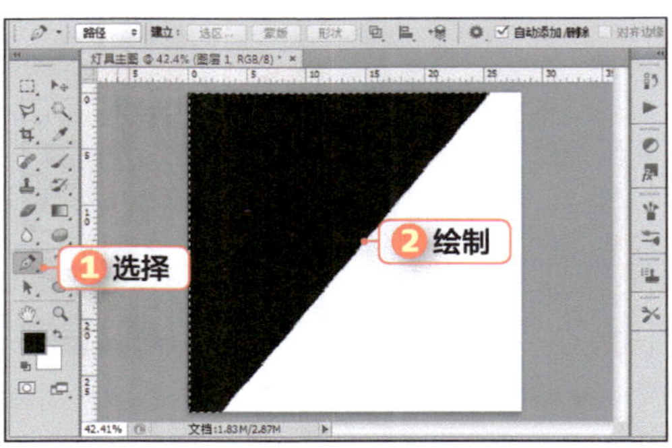

02 设置前景色为“#ffec00”，按“Shift+Ctrl+I”组合键反选选区。新建图层，按“Alt+Delete”组合键填充颜色，再按“Ctrl+D”组合键取消选区。

03 设置前景色为“#ffd407”，选择“直线工具”，在黑色部分绘制800像素×4像素的直线。在“图层”面板中选择绘制的直线图层，在其上单击鼠标右键，在弹出的快捷菜单中选择“栅格化图层”命令，栅格化图层。

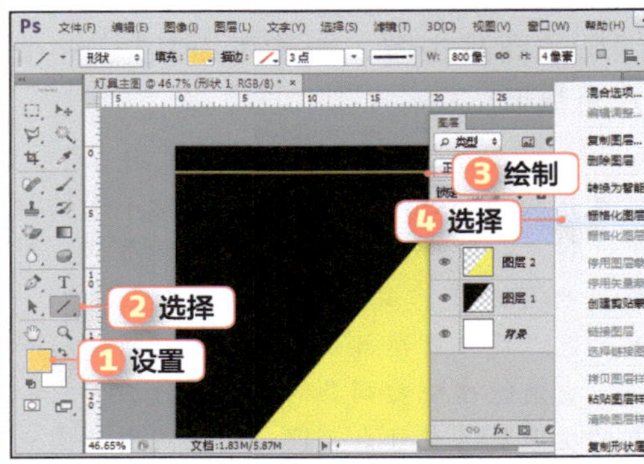

04 单击按钮，添加图层蒙版，设置前景色为“#000000”，选择“画笔工具”，在工具属性栏中设置画笔样式为“柔边圆”，设置画笔大小为“360”，对直线的两端进行涂抹，制作渐变线效果。

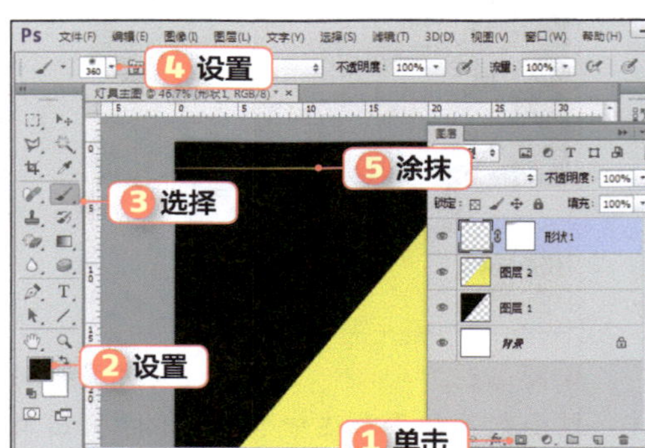

05 选择绘制的渐变线条，按住“Alt”键不放向下拖动，复制渐变线，按“Ctrl+T”组合键对其进行变形操作，使其倾斜显示。再次选择“画笔工具”，对渐变线条进行涂抹，使其成

为三角形的一条边。

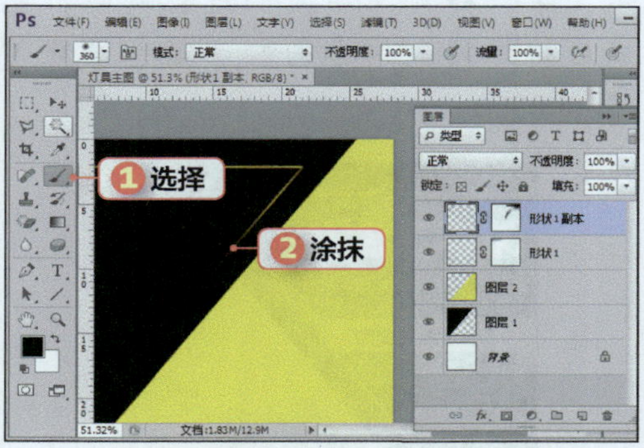

06 使用相同的方法，继续复制渐变线条，并进行变形与涂抹操作，查看完成后的效果图。

07 隐藏除渐变线条外的所有图层，按“Shift+Ctrl+Alt+E”组合键盖印图层，在“图层”面板中设置图层混合模式为“滤色”，显示隐藏的图层，查看滤色后的效果。

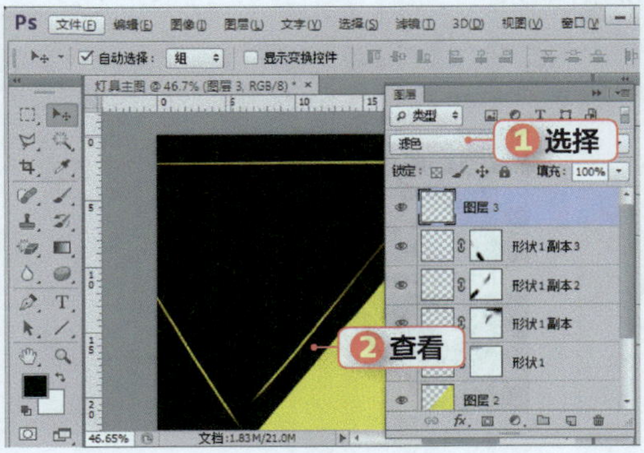

08 新建图层并设置前景色为“#ffec00”，在工具箱中选择“钢笔工具”，在图像中绘制下图所示的形状，按“Ctrl+Enter”组合键建立选区，按“Alt+Delete”组合键填充颜色。

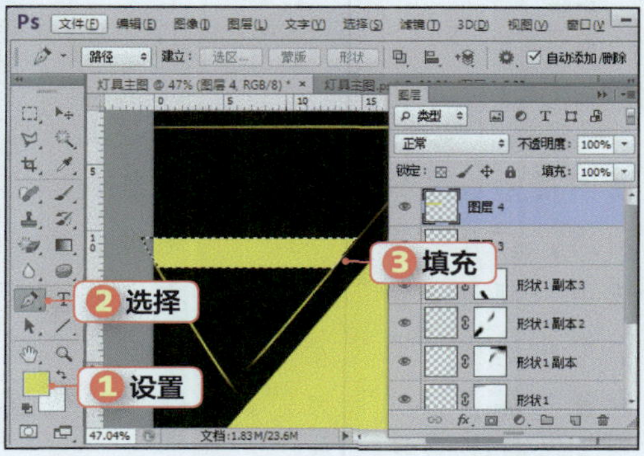

09 选择“横排文字工具”，打开“字符”面板，在其中设置字体为“方正韵动粗黑简体”，字号为“80点”，单击按钮加粗文字，再单击按钮倾斜文字，输入文字“纯手工制作”。

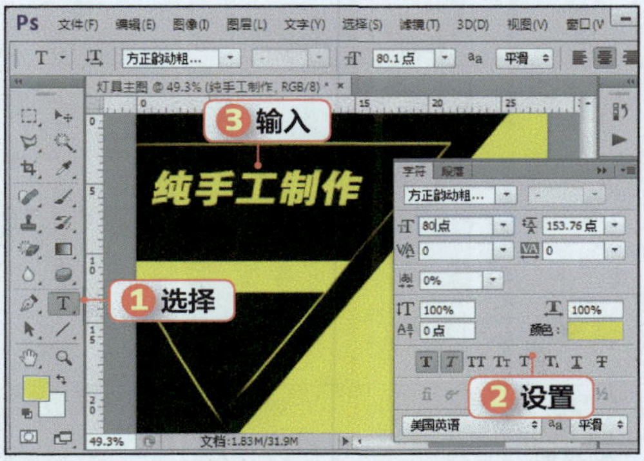

10 选择【图层】/【图层样式】/【颜色叠加】菜单命令，打开“图层样式”对话框，设置叠加颜色为“#5a3c02”，单击 确定 按钮，完成文字底色的制作。

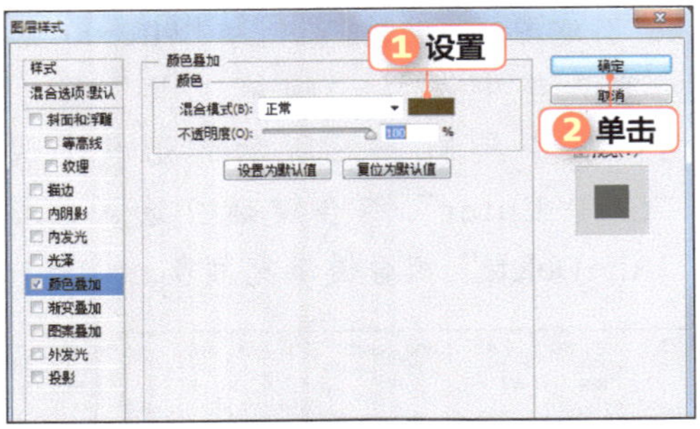

11 复制“纯手工制作”图层，使其与前面图层形成一定的位移，双击复制后的图层，打开“图层样式”对话框。撤销选中“颜色叠加”复选框，在左侧列表中单击选中“内发光”复选框，在右侧设置“混合模式”为“滤色”，再设置“不透明度”为“74%”。

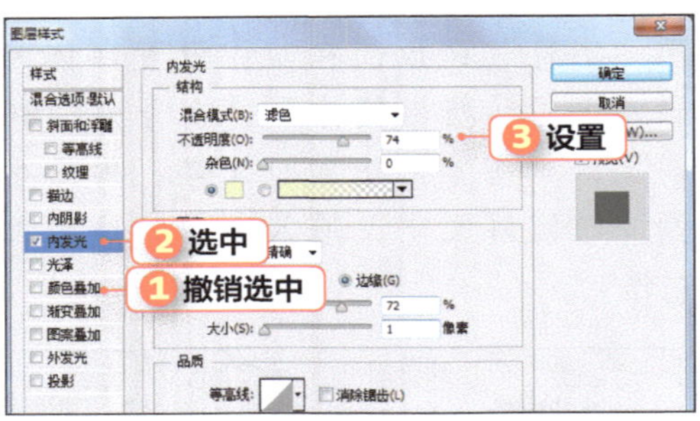

12 单击选中“投影”复选框，在右侧设置“不透明度”“角度”“距离”“大小”分别为“75%”“120度”“4像素”“4像素”，单击 确定 按钮。

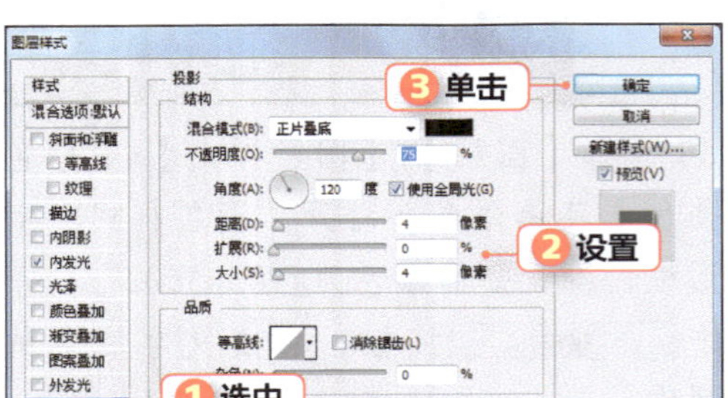

13 查看添加图层样式后的效果。使用相同的方法，在文字下方输入下图所示文字，并对文字大小进行调整，完成后将中间色块上的文字颜色设置为“#000000”。

14 选择“多边形工具”在工具属性栏中设置填充颜色为“#ffec00”，再设置边为“3”，在文字的最下方绘制三角形。

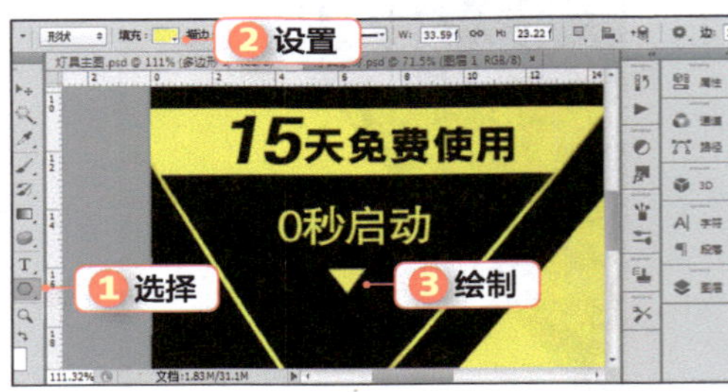

15 打开“灯具素材.psd”素材文件（配套资源:\素材文件\第4章\灯具素材.psd），选择其中的发光效果图层，将其拖动到“灯具主图”图像中，设置图层混合模式为“滤色”，查看添加发光效果后的效果。

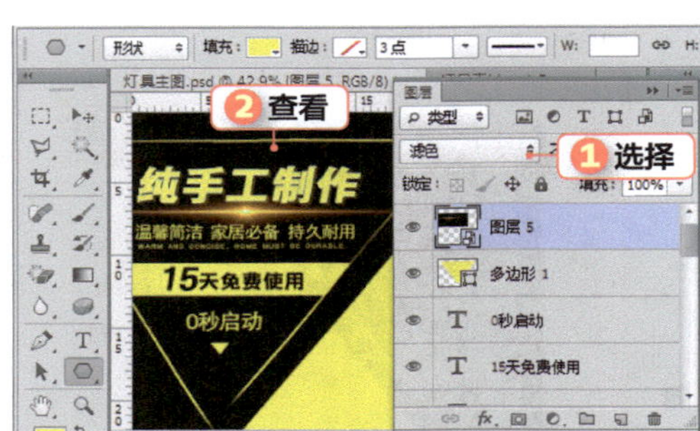

16 使用相同的方法，对三角形的其他位置添加发光效果，查看添加后的效果。

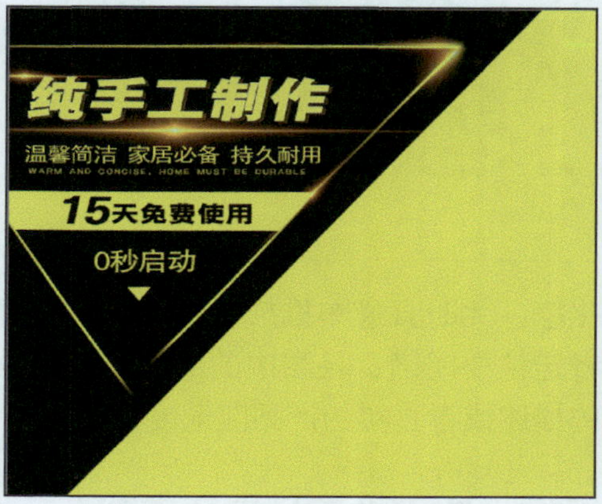

17 在“灯具素材.psd”中将桌子和台灯拖动到图像中，调整图像大小和位置，保存图像查看完成后的效果（配套资源:\效果文件\第4章\灯具主图.psd）。

4.2 制作具有创意的直通车推广图

直通车是淘宝为卖家量身定制的一种推广方式，按点击付费，可以精准推广商品，是淘宝卖家进行宣传与推广的主要手段。使用直通车不仅可以提高商品的曝光率，还能有效增加店铺的流量，吸引更多买家。下面对直通车推广图、直通车图片投放的策略、直通车图片的设计原则以及制作方法等进行介绍。

4.2.1 什么是直通车推广图

直通车推广图即参与直通车推广的商品的创意展示图，其尺寸与主图尺寸相同，为800像素×800像素。直通车推广图是买家对商品的第一感官接触，要想让商品快速吸引买家眼球，促使买家点击图片，提升宝贝的流量，为店铺带来更多的访客，就要注重直通车推广图的创意，与其他同类商品做出差异化，并彰显自身品牌的信誉。直通车推广图在淘宝中的展示位置很多，主要可分为宝贝推广展示位、定向推广展示位、活动展示位、天猫页面展示位、淘宝站外展示位5种不同的类型。

宝贝推广展示位：包括电脑端和手机淘宝/手机网页版搜索结果页面的展示位。在淘宝电脑端中搜索关键词后，在其结果页面第一排，有1~4个展示位，并提示“掌柜热卖”；页面右侧有16个竖着的展示位，页面底端有5个横着的展示位。下图所示为搜索页面底端的5个“掌柜热卖”推广图。搜索页面可一页一页往后翻，展示位以此类推。在手机淘定宝/手机网页版搜索结果中带有“HOT”字样的宝贝也是直通车的展示位。

定向推广展示位：旺旺买家版每日焦点—热卖、我的淘宝—已买到的宝贝、已买到的宝贝—物流详情页、收藏列表页等。

活动展示位：淘宝网各频道页面活动。

天猫页面展示位：天猫关键词或类目搜索，最下方掌柜热卖5个展示位，根据电脑的屏幕显示自动调整展现位个数。注意：该展示位只展现天猫用户的商品。

淘宝站外展示位：淘宝搜索页面和热卖淘宝页面的搜索结果页面或定向推广展示位。

4.2.2 直通车推广图投放的策略

不同时期，直通车投放的策略也有所不同。在直通车开通的前期，主要目的是提高点击率，提高质量得分，使排名靠前和推广费用降低，因此要求直通车推广图创意要十足、视觉冲击力要强，能够吸引人点击；而直通车开通后期，主要目的是精准引流，即直通车推广图不仅仅是让人点击，引进流量，而且要能促进订单的达成，提高流量的转化率，此时直通车推广图要求目标消费者定位要明确，且图中的商品与详情页的描述或者真实的产品匹配度高。

4.2.3 直通车图片设计原则

为了提高直通车的点击率，可以通过不同的卖点、不同的设计形式制作多张直通车推广图，然后依次测试，最终选择点击率与转换率最优的直通车推广图做推广。一般情况下，制作直通车推广图时应遵循3个原则。

● **主题卖点简洁精确** 主题卖点要紧扣消费者诉求，并且要求简洁明了、直接精确，为了方便消费者接受，标题尽量控制在6个字以内。

● **构图合理** 直通车推广图的构图方式有很多，包括中心构图、三角构图、斜角构图、黄金比例构图等，但总体上要求符合消费者从左至右、从上至下、先中间后两边的视觉流程，图文搭配比例要恰当，颜色的搭配需和谐。应用文本时，要求文本的排列方式、行距、字体颜色、样式等要整齐统一，并通过改变字体大小或者颜色来清晰地呈现信息的主次。下图所示的构图方式就比较灵活，近大远小，空间层次清晰。采用的斜角构图，画面动感十足。

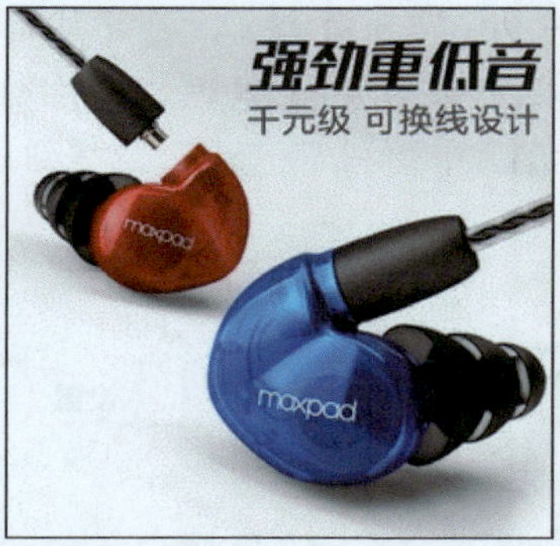

● **具有吸引力**　使用独特的拍摄手法、夸张直接的文案或通过产品的精美搭配与其他产品形成鲜明对比，都可以让你的图片从图海中脱颖而出，快速吸引消费者，被消费者读懂，下图所示的文案则极具吸引力。需要注意的是，若产品的款式吸引力强，此时就需要充分全面的展示款式，并不需要繁琐的文案，背景大量留白，色彩单一反而更能体现商品的品质，更能吸引消费者的注意力。

4.2.4　实战——制作灯具直通车推广图

一般直通车推广图的制作方法与主图的制作方法类似。本例将制作一个以“促销活动”为主的直通车推广图，注重的是对促销信息的描述，要在图片中尽量表现促销的吸引力（即各种促销手段）、体现促销的主题（这里为6·18）、促销活动的时间等信息。

本实战将制作灯具的直通车推广图。首先制作炫彩的背景，再添加促销信息对产品进行说明，最后插入产品，其具体操作如下。

扫一扫
制作灯具直通车推广图

01 新建大小为800像素×800像素，分辨率为72像素/英寸，名为“灯具直通车”的文件，设置前景色为“#6947f6”，按“Alt+Delete”组合键填充前景色，作为直通车推广图的背景。

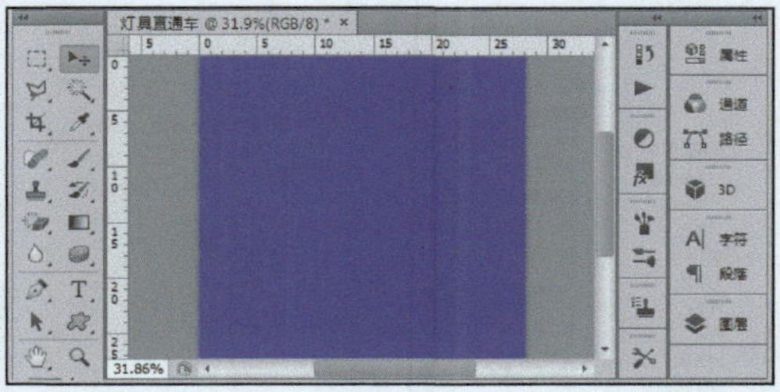

02 新建图层1，设置前景色为“#0126d6”，在工具箱中选择“钢笔工具”，在图像中绘制下图所示的形状，按“Ctrl+Enter”组合键建立选区，按“Alt+Delete”组合键填充颜色。

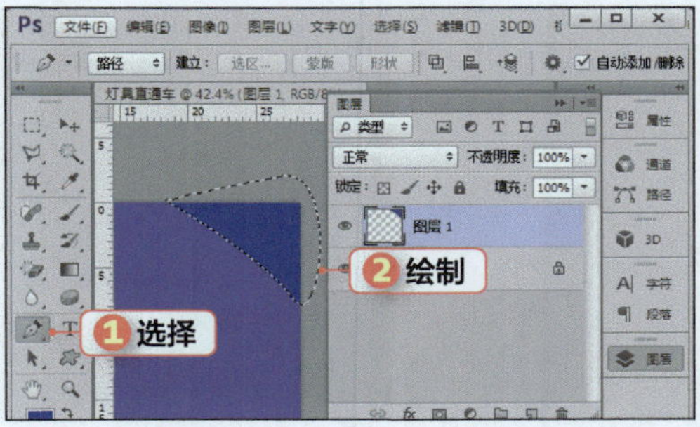

03 新建图层2，选择“钢笔工具”，在图像中绘制下图所示的形状，按“Ctrl+Enter”组合键建立选区，按“Ctrl+Delete”组合键填充背景颜色。

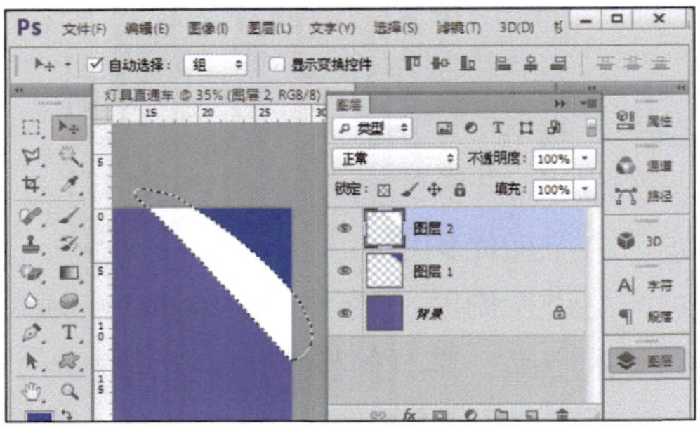

04 选择【图层】/【图层样式】/【渐变叠加】菜单命令，打开“图层样式”对话框，在渐变栏中设置渐变颜色为“#adaaaa~#ffffff”，单击 确定 按钮。

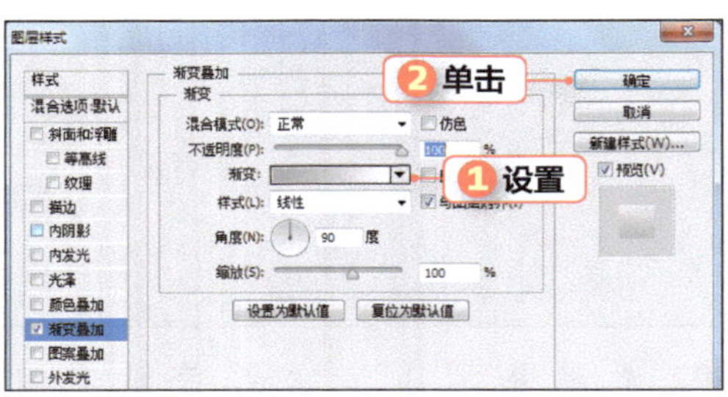

05 新建图层3，使用相同的方法绘制形状，按“Ctrl+Enter”组合键建立选区，按“Ctrl+Delete”组合键填充背景颜色。

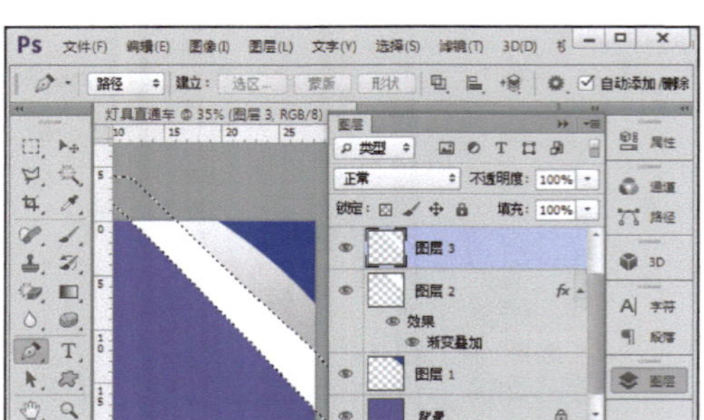

06 打开“图层样式”对话框，在渐变栏中设置渐变颜色为“#fe0000~#920001”，单击 确定 按钮。

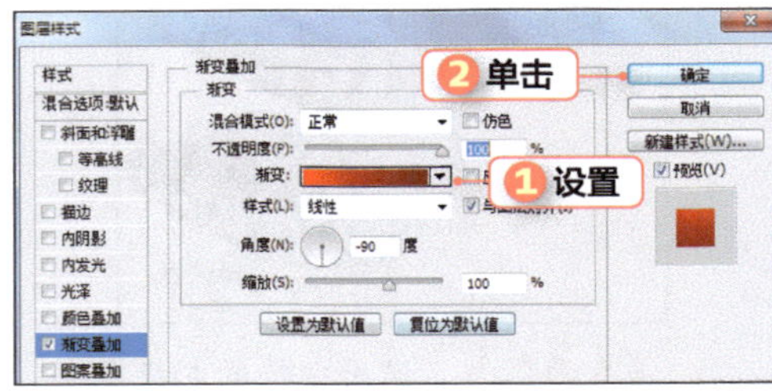

07 选择“自定形状工具”，在工具属性栏中设置填充颜色为“#ffffff”，单击“形状”栏右侧的按钮，在打开的下拉列表中选择“雨滴”形状，在红色形状的左侧绘制选择的雨滴图形。

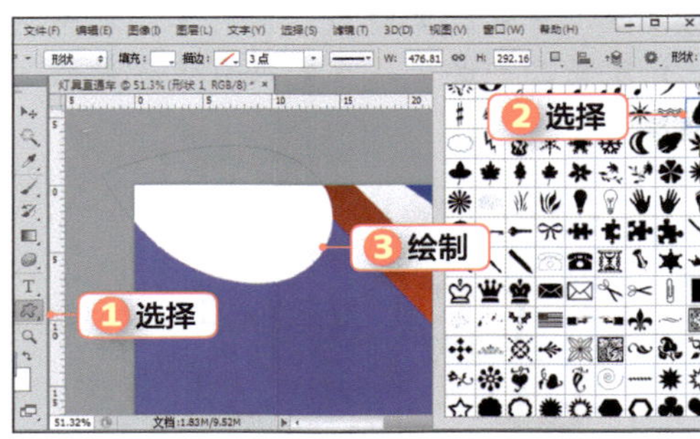

提个醒

若是形状中没有水滴样式，可直接在网上下载，安装完成即可使用。

08 在“图层”面板中双击雨滴形状图层的空白处，打开“图层样式”对话框，在左侧列表中单击选中“渐变叠加”复选框，在右侧的渐变栏中设置渐变颜色为“#f5df10~#ff4b66”，渐变角度为“-9度”。

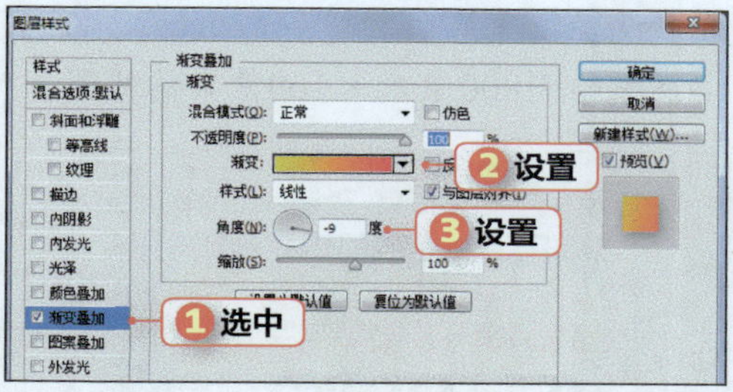

09 单击选中“投影”复选框，在右侧设置“不透明度”“角度”“距离”“大小”分别为“36%”“120度”“6像素”和“40像素”，单击 确定 按钮。

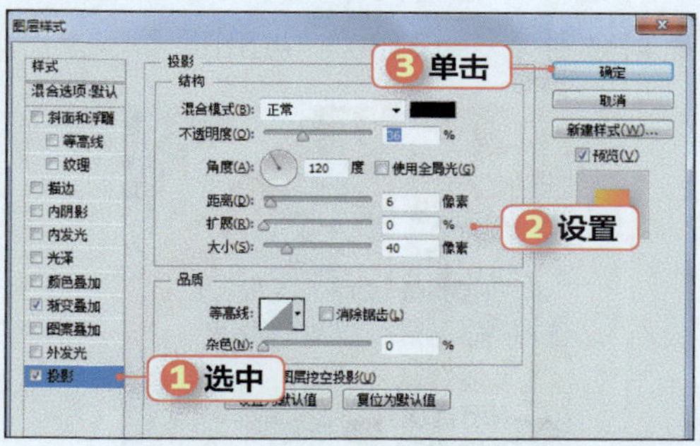

10 打开“直通车素材.psd”素材文件（配套资源:\素材文件\第4章\直通车素材.psd），将其中的“618”标志拖动到水滴中，并查看其效果。

11 选择“横排文字工具” T ，打开“字符”面板，在其中设置字体为“方正韵动粗黑简体”，字号为“90点”，设置行距为“140点”，字距为“50”，单击 T 按钮加粗文字，输入文字“无极调光”。

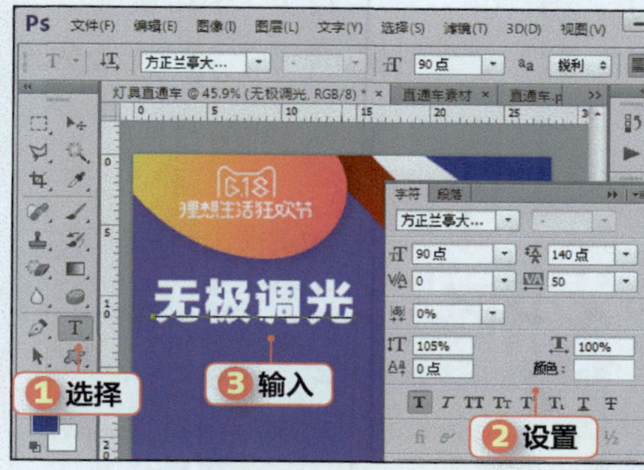

12 打开“图层样式”对话框，在左侧列表中单击选中“投影”复选框，在右侧设置“混合模式”颜色、“角度”“距离”“大小”分别为“#e50000”“120度”“10像素”“6像素”，单击 确定 按钮。

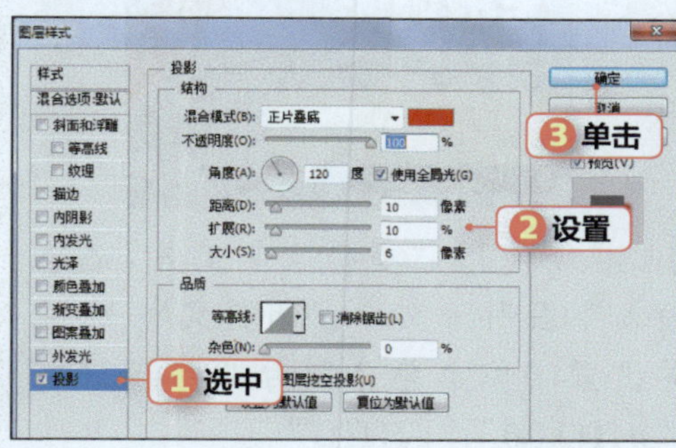

13 使用相同的方法，输入“享受好光源 眼睛更健康”，并设置字号为“35点”。

14 在工具箱中选择“圆角矩形工具”，在工具属性栏中设置填充颜色为“#fff100”，半径为“540像素”，在文字下方绘制540像素×134像素的圆角矩形。

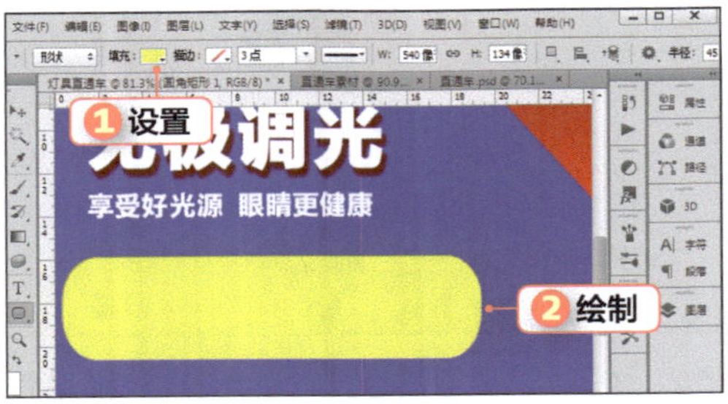

15 使用相同的方法，绘制其他圆角矩形，并设置其颜色为“#000000”。

16 继续使用“横排文字工具”，输入下图所示文字，调整文字大小，并设置字体颜色分别为“#fc2254”“#fff100”“#ffffff”。

17 选择“矩形工具”，在工具属性栏中设置填充颜色为“#4a25cb”，在文字下方绘制800像素×100像素的矩形。

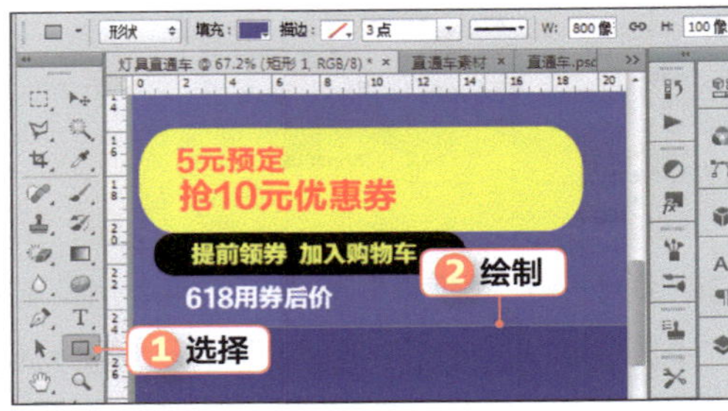

18 使用前面相同的方法，输入下图所示的文字，调整文字大小，并设置字体颜色分别为“#fff100”“#ffffff”。

19 在“直通车素材.psd”中将台灯拖动到图像中，调整图像大小和位置，保存图像查看完成后的效果（配套资源:\效果文件\第4章\灯具直通车.psd）。

4.3 制作具有吸引力的智钻图

智钻也叫钻石展位，是淘宝网图片类广告位竞价投放的平台。智钻图即智钻位展示图，主要依靠图片创意吸引买家点击，获取巨大流量，因此一张好的智钻图是至关重要的。

4.3.1 智钻的位置

智钻为卖家提供了数量众多的网内优质展位，包括淘宝首页、内页频道、门户、画报等多个淘宝站内广告位，以及搜索引擎、视频网站、门户网等站外媒体展位。

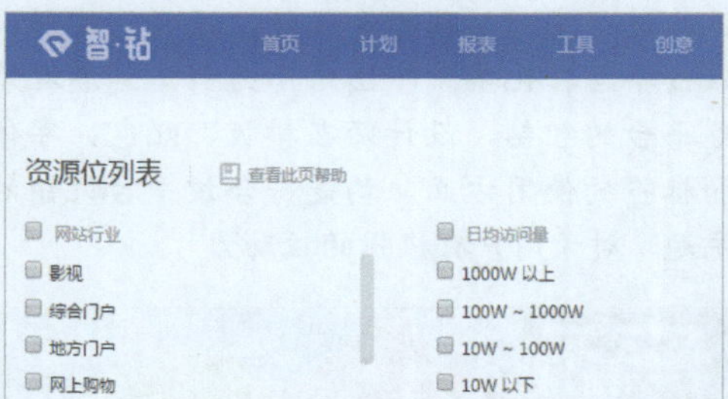

和直通车不同，智钻的位置众多且尺寸各异，仅投放大类就包括天猫首页、淘宝首页、淘宝旺旺、站外门户、站外社区和无线淘宝等，不同位置对应的智钻图尺寸、消费人群、消费特征和兴趣也各不同。因此，在制作智钻图片时，要根据位置、尺寸等信息调整广告诉求，并采取合适的表达方式进行展示。

- **淘宝首页焦点智钻图** 淘宝首页焦点智钻图位于淘宝首页的上方，是进入淘宝后的视觉中心。该图的标准尺寸为520像素×280像素。由于其尺寸较大，能够完全地展示商品与文案，因此其价格最贵。

- **淘二焦点智钻图** 淘二焦点智钻图位于首页焦点图的右下角，其标准尺寸为200像素×250像素。由于该图尺寸较小，且主要是对商品进行展示，因此，其图文一般比较精简，但文本字体较大。

- **横幅banner智钻图** 在淘宝首页的通栏位置上看到的长而狭窄的矩形条即为横幅banner，其尺寸一般为468像素×60像素。由于高度太小，无法完全展示商品，只能展示部分细节，因此，这类智钻图多以文案说明为主。下图为“天生玩家”的活动促销图，因为是长条形，所以设计师采用了一字型组合呈现方式，画面布局简单时尚，很好地契合了智钻位置的尺寸特征。

- **淘宝垂直频道智钻图** 淘宝垂直频道包括淘宝女装、淘宝数码、淘宝美妆、聚划算、极有家、全球购等。在淘宝首页单击对应的频道即可进入。进入频道首页后，页面的顶端会显示一些广告，这些广告即为淘宝垂直频道智钻图。下图为淘宝女装频道中的智钻图。

4.3.2 智钻投放的目的和策略

一个智钻位置的投放，不是随随便便就投放的，前期需要经过数据分析及投入产出比值预算后又才能进行广告位的预定。制作智钻图时，要先明确推广的目的和策略，然后根据推广目的和策略制作相应的智钻图。

- **单品推广** 该推广方式适合热卖单品或是季节性单品。因此，卖家多用此方式来打造爆款，通过该爆款单品带动整个店铺的销量；或是长期引流，提高单品页面的转化率的卖家。
- **活动店铺推广** 活动店铺推广主要适合有一定活动运营能力的成熟店铺，或是需要短时间内大量引流的店铺。该店铺通过智钻促进店铺流量，从而提升店铺形象与人气。
- **品牌推广** 品牌推广主要适用于需要明确品牌定位和品牌个性的店铺。该店铺通过智钻推广吸引流量，打响品牌，为后期的推广增加人气。

4.3.3 智钻图的设计标准

智钻图的位置和尺寸虽然不同，但其设计的标准都是一致的。

- **主体突出** 智钻的主体不一定是产品图片，也可以是创意方案，或买家诉求的呈现。突出主体才能够吸引更多买家点击。

- **目标明确** 智钻投放的目标很多，比如通过智钻上新、通过智钻引流到聚划算，通过智钻预热大型活动，以及通过智钻进行品牌形象宣传等。因此在智钻图片的设计制作中，首先需要明确自己的营销目标，针对目标进行素材的选择和设计，这样才能保证点击率与转化率。下图所示为引流到潮玩装备平台的智钻，设计师在排版、配色、字体和标签的使用方面，均是符合该平台促销的主题，对于用户有极强的拉动力。

- **形式美观** 美的东西总是令人无法抗拒，形式美观的智钻图片更能获取顾客的好感，进而提高点击率。当选择好素材，规划好创意后，适当美化智钻图片尤为重要。下图通过唯美的模特来增强画面的吸引力，也是一种常见的设计方法。

4.3.4 智钻图的排版方式

智钻图片是有结构和层次的，不同的布局方式将呈现不同的视觉焦点。若视觉焦点不统一或者布局不理想，很容易形成信息错乱，让消费者忽视重点。智钻图片的常用布局方式主要有以下8种。

- **两栏式** 图片文案分两栏排列，左文右图或左图右文。中心主体一般占整个画面的7/10，在文案排版上一般通过大小对比与色彩对比来突出显示层次。

- **三栏式** 中间文字，两边图片以不同大小位置摆放，形成空间感，适合多个产品，或者多色彩的显示。

- **上下式** 上文下图或上图下文，主要用于多系列产品促销活动，通常用于尺寸较小且呈正方形显示的展位。

- **正反三角形构图** 三角形构图的立体感强，构图稳定自然、空间感强、安全感强、稳定可靠。

- **垂直构图** 垂直构图的特点是在画面中平均分布各个产品，由于所占比重相同，秩序感强，更适合多个产品，多色系或多个角度的展示。

- **斜切式** 斜切式构图能让整个画面富有张力，可以让主体和需要表达的内容更

醒目，通常需要对文字与产品紧斜着透视对齐。

● **渐次式构图** 渐次式构图是指将多个产品进行渐次式排列，由远及近，由大及小，构图稳定、空间层次更加丰富，给用户更为自然舒适的感觉。

● **放射性构图** 由一个视觉中心点放射出来，具有极强的透视感，特别适合大促活动的智钻图。

4.3.5 实战——制作灯具智钻图

进入淘宝卖家中心，在“我要推广”页面中选择智钻的推广方式，然后选择开通智钻的位置，即可根据智钻位的尺寸进行智钻图的设计。本实战将对灯具店铺的几个常用尺寸的智钻图进行制作，包括520像素×280像素、300像素×250像素、160像素×200像素、750像素×90像素4种。

1. 制作520像素×280像素的智钻图

520像素×280像素的智钻图即淘宝首页焦点智钻图。该图位置醒目，一般以突出的文字和产品吸引买家，其具体的制作方法如下。

扫一扫

制作520像素×280像素智钻图

01 新建大小为520像素×280像素，分辨率为72像素/英寸，名为“智钻520像素×280”的文件，设置前景色为“#b8a388”，按“Alt+Delete”组合键，将前景色填充为背景颜色。

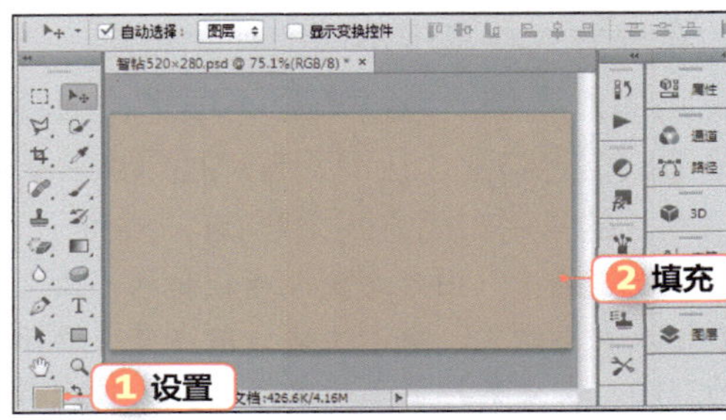

02 打开“客厅背景.jpg”素材文件（配套资源:\素材文件\第4章\客厅背景.jpg），将其拖动到图像的右侧，并在“图层”面板中设置“不透明度”和“填充”分别为“50%”。

03 选择“矩形工具”，在工具属性栏中设计填充颜色为“#b08f64”，绘制510像素×485像素的矩形，并按“Ctrl+T”组合键，对其进行旋转操作。

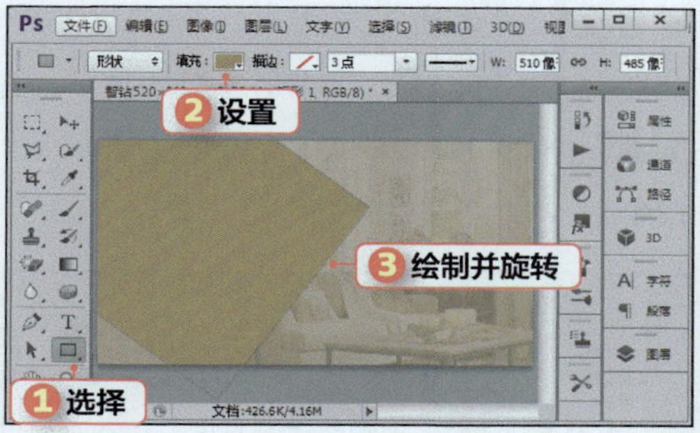

04 再次选择“矩形工具”，在工具属性栏中取消填充颜色，设置描边颜色为“#996c33”，描边粗细为“4点”，绘制530像素×510像素的矩形框，并按“Ctrl+T”组合键，对其进行旋转操作。

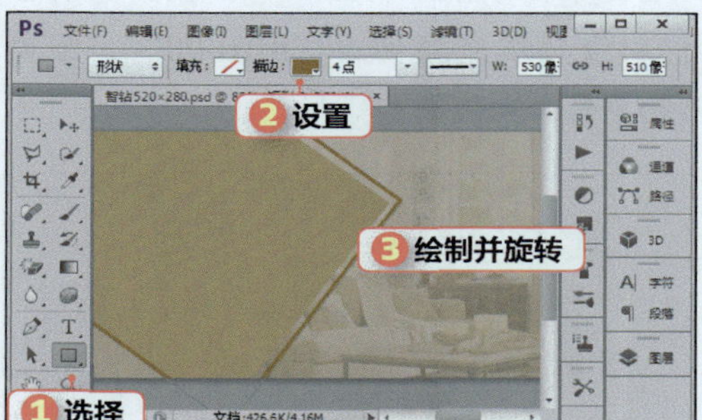

05 打开“灯具.psd”素材文件（配套资源:\素材文件\第4章\灯具.psd），将其拖动到图像的右侧，查看添加素材后的效果。

06 选择“矩形工具”，设置描边颜色为“#d1c0a5”，描边粗细为“3点”，绘制130像素×110像素的矩形框，按“Ctrl+T”组合键，对其进行旋转操作。

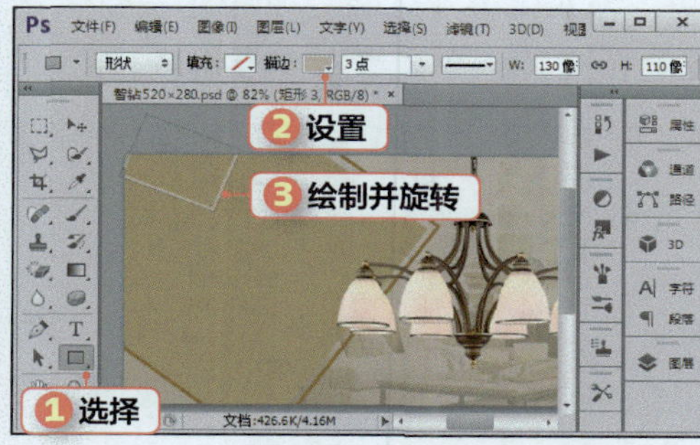

07 打开“Logo.psd”素材文件（配套资源:\素材文件\第4章\Logo.psd），将其拖动到图像左侧矩形上，查看添加Logo后的效果。

08 选择“横排文字工具”，在工具属性栏中设置字体为“方正韵动粗黑简体”，字号为“48点”，在Logo的下方输入文字“顶尖现货 正品保障”。选择文字图层，单击鼠标右键，在弹出的快捷菜单中选择“栅格化文字”命令。

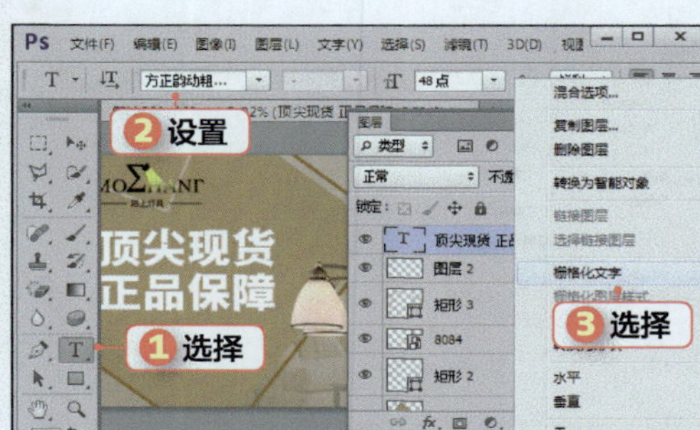

09 按住“Ctrl”键不放，单击栅格化的文字图层，将文字转换为选区。

在工具箱中选择“多边形套索工具”，并在工具属性栏中单击按钮，设置选区交叉，在文字上方绘制路径。

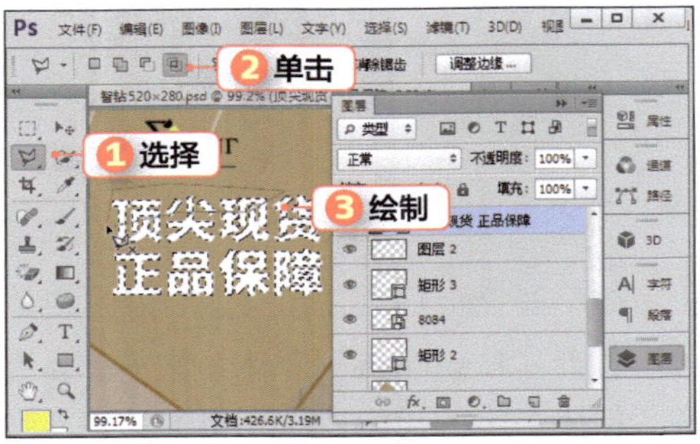

10 完成绘制后，文字与绘制选区的交叉部分将自动转换为选区，设置前景色为“#fff000”，按“Alt+Delete”键填充选区。

11 打开“图层样式”对话框，在左侧单击选中“描边”复选框，设置“大小”和“颜色”分别为“1像素”和“#996c33”。

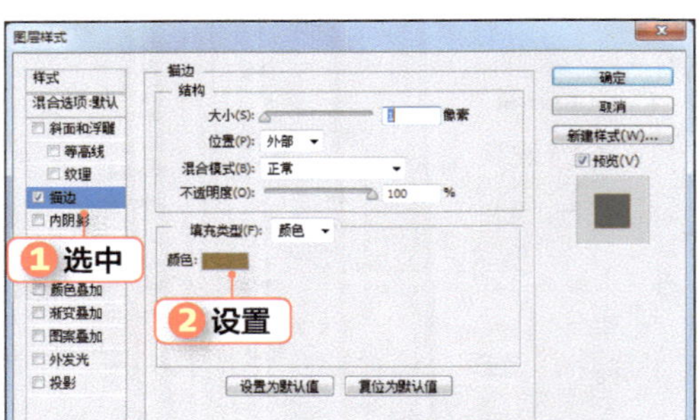

12 单击选中“内发光”复选框，再单击选中“投影”复选框，设置颜色“不透明度”“角度”“距离”和“大小”分别为“#996c33”“54%”“120度”“5像素”和“4像素”，单击确定按钮。

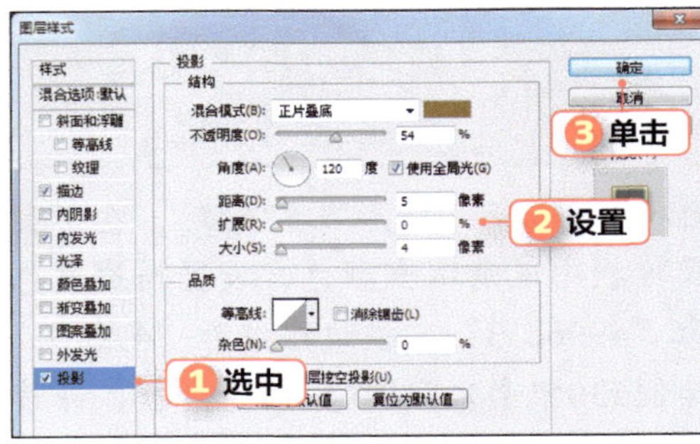

13 选择“矩形工具”，在工具属性栏中设置填充颜色为“#fff000”，绘制180像素×30像素的矩形。

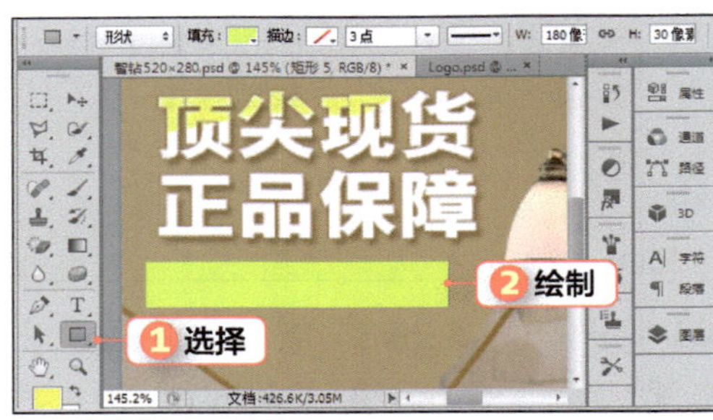

14 按“Ctrl+T”组合键进行变形操作，在其上单击鼠标右键，在弹出的快捷菜单中选择“斜切”命令，拖动矩形左、右下角的调整点，使其呈菱形显示。

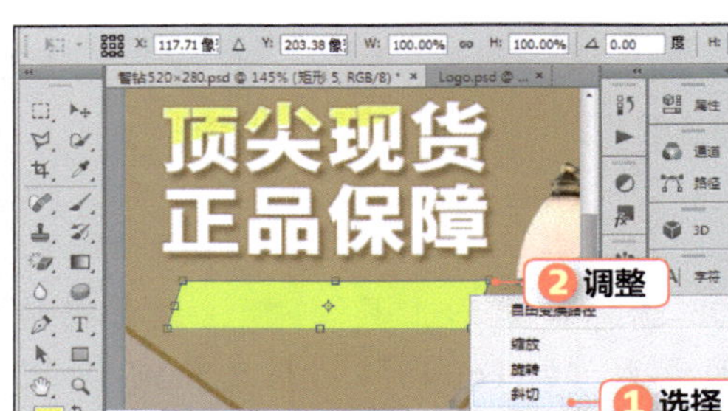

15 使用相同的方法，在矩形的左右两

边分别绘制菱形，完成后的效果如下图所示。

16 选择“横排文字工具”T，打开“字符”面板，在其中设置字体为“方正韵动粗黑简体”，字号为“16点”，单击T按钮加粗文字，输入文字“全场5折起 全国包邮”。

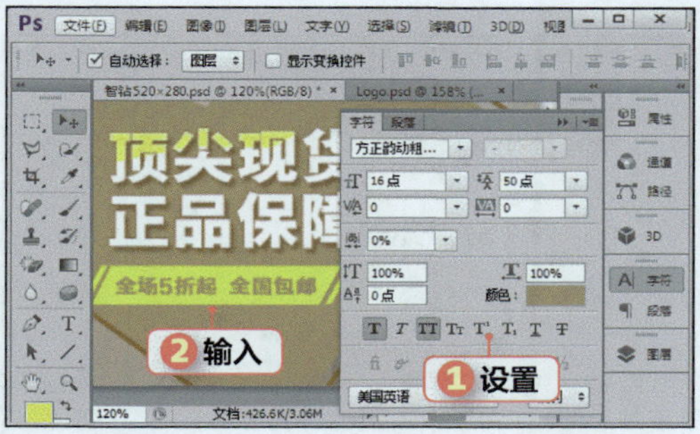

17 按“Ctrl+S”组合键，保存图像并查看完成后的效果（配套资源:\效果文件\第4章\智钻520×280.psd）。

2. 制作300像素×250像素的智钻图

300像素×250像素的智钻图即淘宝首页2屏右侧的大图。该图主要通过卖点、产品品质来吸引买家，其具体的制作方法如下。

扫一扫

制作300像素×250像素智钻图

01 新建大小为300像素×250像素，分辨率为72像素/英寸，名为“智钻300×250”的文件，打开“客厅背景1.jpg”素材文件（配套资源:\素材文件\第4章\客厅背景1.jpg），将其拖动到图像中，并在“图层”面板中设置“填充”为“80%”。

02 打开“灯具.psd”素材文件（配套资源:\素材文件\第4章\灯具.psd），将其拖动到图像右侧，完成素材的添加。

03 在工具箱中选择“矩形工具”▢，在工具属性栏中设置填充颜色为“#ffe35e”，绘制140像素×250像素的矩形。

04 打开“Logo.psd”素材文件（配套资源:\素材文件\第4章\Logo.psd），将其拖动到矩形的上方，选择“横排文字工具”T，在工具属性栏中设置字体为“Gautami”，字号为“26点”，字体颜色为“#7e240a”，输入文字“LAMP FASHION”。

05 使用相同的方法，输入下图文字，设置字体为“方正黑体简体”，调整文字大小到适当位置。

06 选择“圆角矩形工具”▢，在工具属性栏中设置填充颜色为“#7e240a”，绘制90像素×23像素的圆角矩形。

07 在圆角矩形中输入“立即抢购”文字，设置字体为“Adobe 黑体 Std”，字号为“15点”，并将文字与图形链接起来。

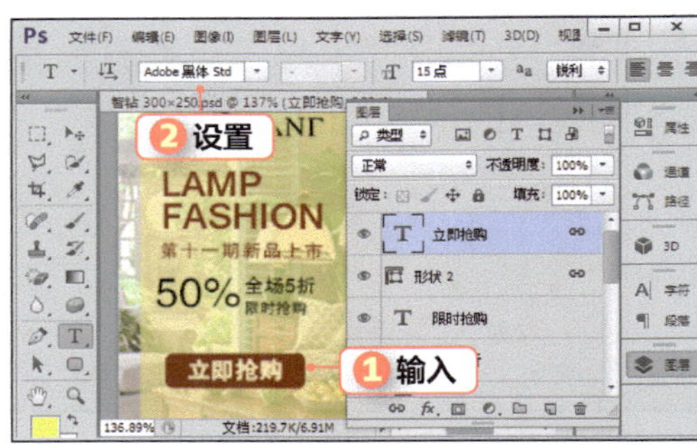

08 按“Ctrl+S”组合键，保存图像并查看完成后的效果（配套资源:\效果文件\第4章\智钻300×250.psd）。

3. 制作160像素×200像素的智钻图

扫一扫

制作160像素x200像素智钻图

160像素×200像素的智钻图即淘宝首页焦点图右侧banner的第2张图。该图一般强调促销信息，其具体的制作方法如下。

01 新建大小为160像素×200像素、分辨率为72像素/英寸、名为“智钻160×200”的文件，设置前景色为“#efeeed”，按“Alt+Delete”组合键将前景色作为背景颜色填充。

02 新建图层1，设置前景色为“#b8a388”，选择“钢笔工具”绘制下图所示的形状。按住“Ctrl”键不放，单击“图层1”建立选区，按“Alt+Delete”组合键填充颜色。

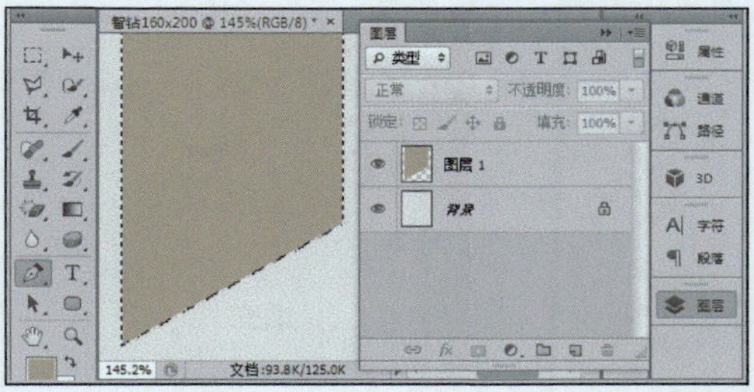

03 新建图层2，设置前景色为“#9f7643”，选择“钢笔工具”绘制右上图所示的形状。按住“Ctrl”键不放，单击“图层2”建立选区，按“Alt+Delete”组合键填充颜色。

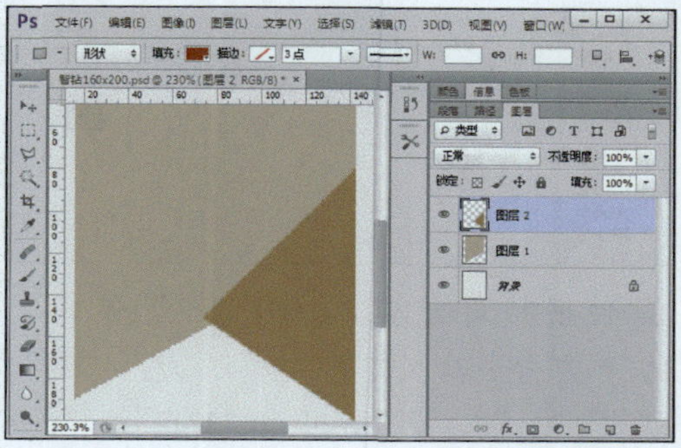

04 使用相同的方法，新建图层3，设置前景色为“#b08f64”，绘制下图所示的形状并填充颜色。

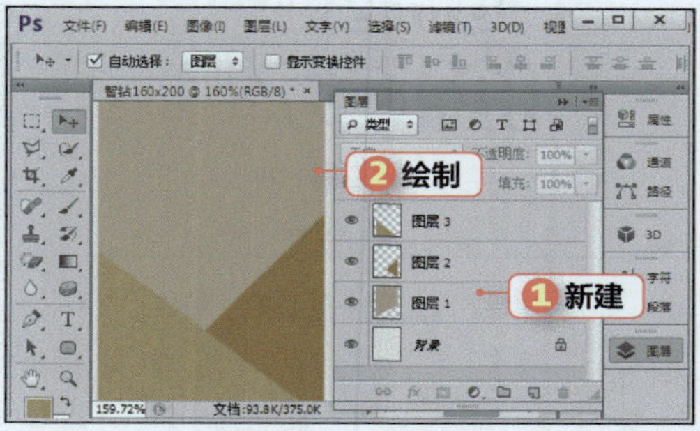

05 选择“横排文字工具”，在工具属性栏中设置字体为“方正兰亭特黑简体”，字号为“27点”，字体颜色为“#ffffff”，输入“5折包邮”。

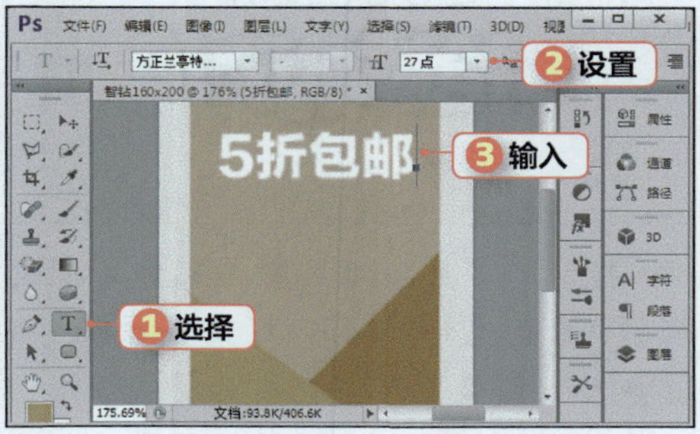

06 打开“图层样式”对话框，在左侧单击选中“描边”复选框，设置“大小”为“2像素”，单击 确定 按钮。

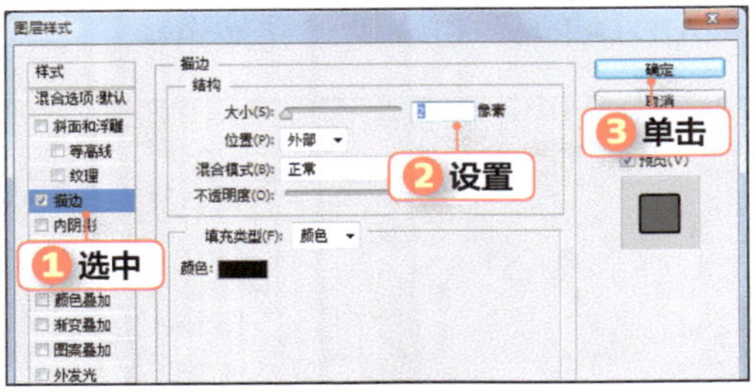

07 使用相同的方法，在“5折包邮”的下方分别输入文字“抢”“就”“购”“了”“！”，设置字号为“32点”，再分别添加描边效果，其效果如下图所示。

08 新建图层，设置前景色为“#000000”，选择“钢笔工具”，沿着文字的纹理，绘制下图所示的形状，并按“Alt+Delete”组合键填充颜色。

09 打开“灯具.psd”素材文件（配套资源:\素材文件\第4章\灯具.psd），将其拖动到图像右侧，完成素材的添加，保存图像并查看完成后的效果（配套资源:\效果文件\第4章\智钻160×200.psd）。

4. 制作750像素×90像素的智钻图

750像素×90像素的智钻图即淘宝首页下方通栏的图。制作时以文案为主、再搭配产品图片，以简洁的方式进行推广，其具体的操作如下。

扫一扫

制作750像素×90像素智钻图

01 新建大小为750像素×90像素，分辨率为72像素/英寸，名为“智钻750×90”的文件。设置前景色为“#996c33”，按“Alt+Delete”组合键填充。打开“客厅背景2.jpg”素材文件（配套资源:\素材文件\第4章\客厅背景2.jpg），将其拖动到图像中，并在“图层”面板中设置“不透明度”为“50%”。

02 新建图层，选择“渐变工具”，在工具属性栏中选择渐变类型为“前景色到透明渐变”，并在新建的图层中

添加渐变效果，完成后设置其“不透明度”为“60%”。

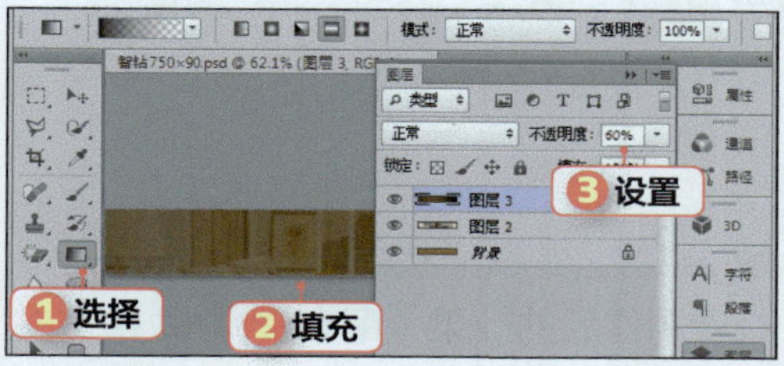

03 打开“灯具.psd”“Logo.psd”素材文件（配套资源:\素材文件\第4章\灯具.psd、Logo.psd），将其拖动到智钻图中，调整其位置和大小。

04 选择“Logo”所在图层，打开“图层样式”对话框，单击选中“颜色叠加”复选框，设置颜色为“#ffffff”，单击 确定 按钮。

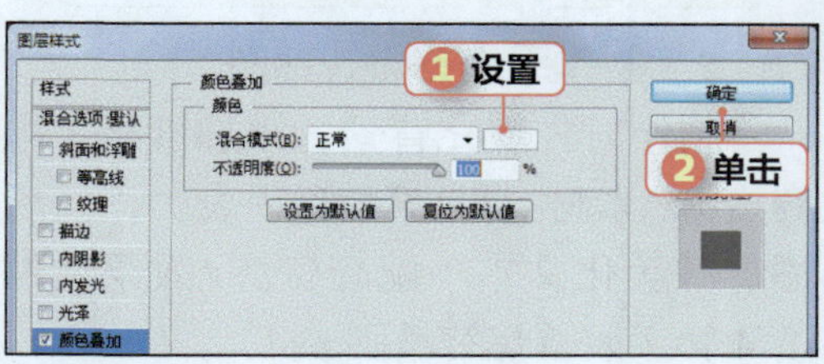

05 选择“矩形工具”，在工具属性栏设置描边颜色为“#b3b5b5”，设置描边粗细为“1.5点”，在图形中间绘制250像素×75像素的矩形框。

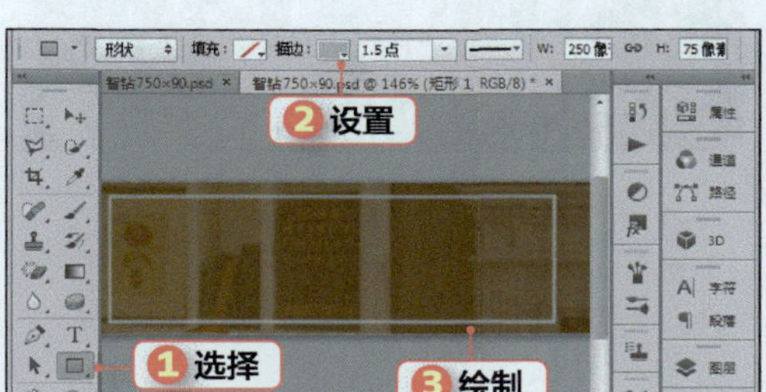

06 选择“橡皮擦工具”，设置画笔大小为“130”，擦除多余线段并在其下方绘制相同大小的白色矩形，并设置“不透明度”为“8%”。

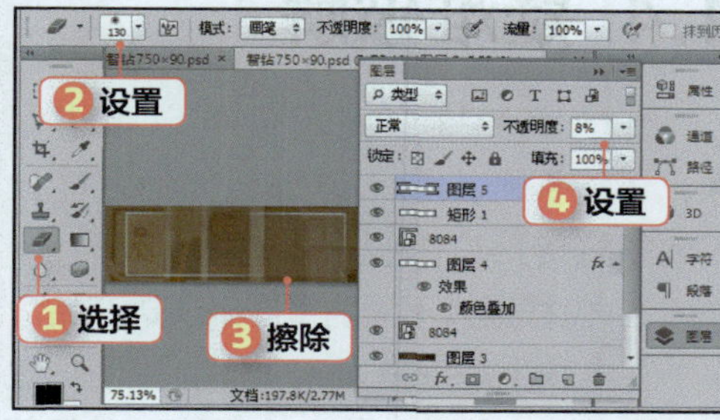

07 在长方形中输入文字“时尚经典 家的选择”和“一旦拥有，爱不释手”，设置字体为“黑体”，字号为“20点”。

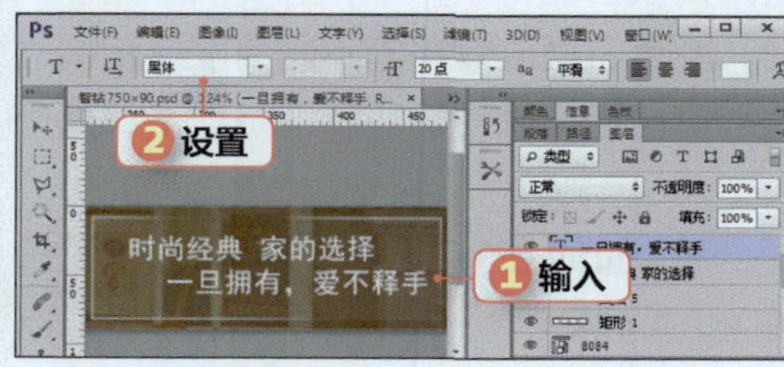

08 使用钢笔工具绘制三角形选区，并填充为“#fc0006”颜色，然后在三角形选区内输入“全场包邮”文本，设置字体为“黑体”，字号为“10点”。

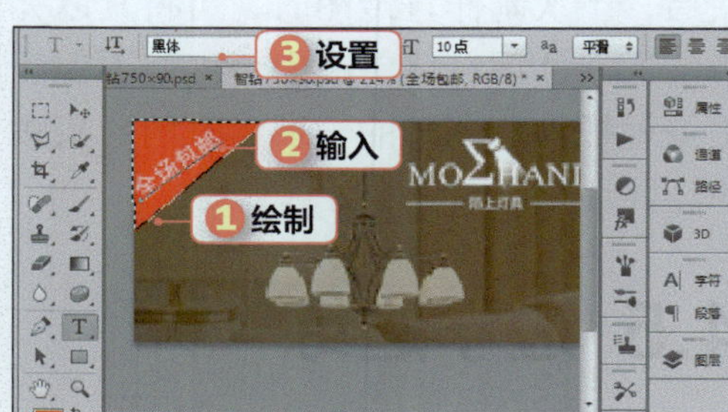

09 保存图像，查看完成后的效果（配套资源:\效果文件\第4章\智钻750×90.psd）。

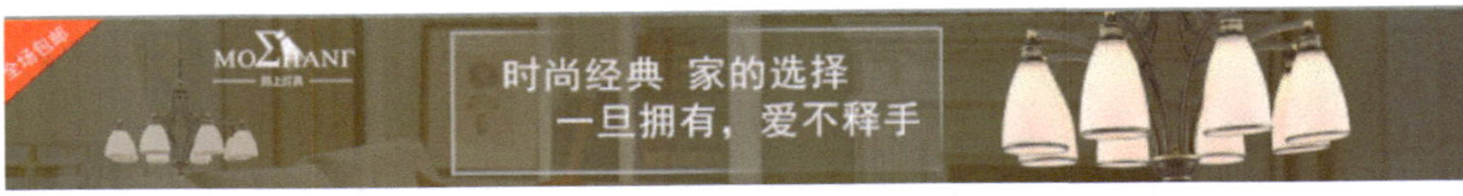

4.4 疑难破解

好的宣传推广图不但可以吸引眼球，还能提升点击率，那么如何才能让店铺的宣传推广图吸引人呢?

1. 怎样通过不同的主图来表达产品?

在电脑上编辑发布宝贝时，主图一般可以上传4~6个不同角度的图片。一般第一张主图，即默认在搜索页展示的主图，要求制作精美、卖点突出。而剩余的几张主图则以白色背景为主，主要从正面、侧面、颜色、摆放效果等不同角度展示商品的细节信息，以便消费者清楚地了解商品内容。

2. 如何在宣传图中体现消费者最在意的问题?

对宝贝评价进行浏览，从中可以了解买家的需求和购买后遇到的问题等。从这些问题中找出商品的不足，从而有针对性地对这些问题进行解决。问题解决后，下次制作宣传图时，可将其以亮点的形式体现在宣传图中，这样不但能更好地抓住购买者的心理，打消购买顾虑还能让宣传图更具有真实性。

4.5 边学边练

1. 制作播放器主图

制作时先使用“钢笔工具”绘制形状并填充对应的颜色，完成后添加素材（配套资源:\素材文件\第4章\宝贝主图.psd），并在形状中输入对应的文字，查看制作后的效果（配套资源:\效果文件\第4章\播放器主图.psd）。

2. 制作手表首焦智钻图

制作时先填充背景，添加素材（配套资源:\素材文件\第4章\手表），然后添加并美化文本（配套资源:\效果文件\第4章\手表首焦智钻图.psd）。

第 5 章

制作店铺首页

本章导读

淘宝店铺首页是淘宝店铺形象的展示窗口，是引导买家进店、提高转化率的关键。淘宝店铺首页装修的好坏直接关系着店铺品牌宣传、买家的购物体验，以及店铺的转化率。淘宝店铺首页主要由店招、轮播图片、商品分类模块、宝贝陈列展示区和页尾模块等组成。下面将详细介绍对各部分的制作方法。

知识技能

※ 认识店铺首页
※ 掌握设计店铺店招的方法
※ 掌握制作全屏轮播图的方法
※ 掌握制作宝贝陈列展示区的方法
※ 掌握制作页尾的方法

视频讲解

（视频讲解：50 分钟）

5.1 认识店铺首页

首页作为店铺的门面，不但可提升买家对店铺的好感度，还可提高商品的转化率。

5.1.1 首页设计的注意事项

在进行首页设计之前，需要先了解设计的注意事项。

● **店招的设计凸显最新信息** 买家浏览性是很快的，所以卖家不要妄想消费者能在繁杂的网页一下子中找到自己店铺的优惠信息。这时店招就变得尤为重要，在店招中将促销信息体现出来，这样无论消费者跳转到哪个页面，只要还在店铺中就能看到促销信息。

● **导航条设计彰显店铺个性** 导航条主要对宝贝的信息起导航作用，默认的内容包括"所有宝贝""首页""店铺动态"等。卖家可根据自己店铺的实际情况添加适合的导航按钮，如店铺刚上新冬装，则可以添加"冬装上新"导航；如店铺最近有新活动，则可添加"近期活动"导航等，这样不但使商品信息分类清晰，还能方便买家快速定位所要找的商品。

● **店铺轮播海报设计** 轮播海报多用于传递最新的商品信息，店铺最新优惠活动及店铺理念等。一个完美的店铺轮播海报不仅可以彰显店铺的风格，还可以向消费者传递最新的商品信息，最新优惠活动等，可谓是店铺首页的标配。

● **宝贝陈列展示区的设计要多角度凸显商品信息** 宝贝陈列展示区的设计可以是多种多样的，凡是想得到的商品展示方式都几乎可以实现。需要注意的是，商品的展示要合理，避免出现重复的宝贝展示，设计人员不能按照自己的喜好觉得哪款宝贝更好，就多次展示同款宝贝。

● **页尾与店招承上启下** 页尾属于首页的结尾部分。在页尾中不但需要对首页进行总结，还可添加分类信息，使其与店招和导航条对应，这样当需要重新进行浏览时更加方便。

5.1.2 店铺首页布局的要点

店铺的首页设计也是要讲究布局并非是将所有的装修元素依次排放到页面中，而是要根据自己店铺的风格、促销活动，以及客户的浏览模式、购买需求和浏览行为合理地组合与布局。总之，合理布局店铺首页需要注意以下6个要点。

● 店铺风格在一定程度上影响着店铺的布局方式，因此选择合适的店铺风格是店铺布局的前提。而店铺风格则受品牌化、商品信息、目标消费者、市场环境和季节等因素影响，在选择店铺风格时还必须考虑这些因素，使店铺风格和商品风格统一。

● 店铺的活动和优惠信息，也要放在非常重要的位置，如店铺轮播海报或活动导航条。这些板块中的内容设计要清晰、一目了然，并且可读性要强。

● 在宝贝推荐模块中推荐的爆款或新款不宜过多，此时可通过宝贝分类或宝贝搜索将客户流量引至相应的分类页面中。

● 收藏、关注和客服等互动性模块是卖家与顾客互动的销售利器，这些可以提升客户的忠诚度，提高二次购买率，因此是必不可少的。

● 制作搜索或宝贝分类板块时，需要将产品分门别类，详细地列举出商品类目，将有助于顾客搜索，或快速找到喜欢的类目及商品。

- 结构和商品系列要清晰明了，布局要错落有致，列表和图文搭配，减少买家的视觉疲劳。

5.2 制作店铺店招

店招是店铺的招牌，是店铺品牌展示的窗口，也是买家对店铺第一印象的主要来源。鲜明有特色的店招对于卖家店铺形成品牌和产品定位具有不可替代的作用。

5.2.1 店招的设计原则

店招设计除了凸显最新信息，方便买家查看外，还应注重网店商品的推广，给买家留下深刻印象。因此，要求店招在设计上具有新颖别致、易于传播的特点，这就必须遵循两个基本的原则：一是品牌形象的植入；二是抓住商品定位。品牌形象的植入可以通过店铺名称、标志来给予展示，而商品定位则是指展示你的店铺卖的什么产品，精准的商品定位可以快速吸引目标消费群体进入店铺。下图中店招1通过放大“路美拉杆箱”文案实现了商品的定位，而店招2并未出现“拉杆箱”文案，却通过放置店铺的拉杆箱来实现商品定位，不仅让买家直观地看出卖的是什么商品，还能知道商品的大致样式，从而准确判断是否是自己所需的。

5.2.2 确定店招与众不同的风格

店招的风格影响着店铺的风格，而店铺的风格很大程度上取决于店铺所经营的商品。一般而言，一个完整的店铺要求店招、商品、店铺风格相统一。下图中的“裂帛”店招效果，给人带来强劲的自然风、民族风，设计上采用了凸显民俗风情的花纹图案，并在字体和形状等元素上也统一采用偏方正的风格，体现服装的大气；“领跑虎”店招则以深蓝色背景为主，展示了男性沉稳、严肃的性格特征。

同一行业的店招在用色上需要考究，如护肤品行业为了彰显商品的天然，突出洁净、清透与水嫩，会较多地使用绿色、蓝色等色调，同时也会选择女性钟爱的粉色、紫色等。

5.2.3 店招的设计要求

就淘宝网而言，按尺寸大小可以将店招分为常规店招和通栏店招两类。常规店招为950像素×120像素；通栏店招包括页头背景、常规店招和导航条，尺寸多为1920像素×150像素，其中包含了950像素×30像素的导航条。需注意的是，为了便于店招的上传，页头背景图片建议小于200KB，店招建议小于80KB，店招的格式应设置成JPG、GIF、PNG等格式。导航条位于店招下方，是店铺的重要组成部分，也是对店铺层次结构的罗列。买家单击导航条中的相关内容，可以快速跳转到所需的页面。导航条的设计需要与店招的风格和颜色相互呼应。为了便于买家查看，导航条的设计要注意简洁。

5.2.4 实战——制作灯具常规店招

常规店招是专业版的店招模块，模块规定的限制。本实战中的店招以简洁为主，通过圆形图案的颜色变化，体现细节处的设计感；通过不同的灯具展示图片使店招中的促销信息更明显。其具体的制作方法如下。

扫一扫

制作灯具常规店招

01 新建大小为950像素×120像素，分辨率为72像素/英寸，名为“常规店招”的文件。打开“斜纹.psd”素材文件（配套资源:\素材文件\第5章\斜纹.psd），将其拖动到图像中，调整大小使其铺满整个区域，再在“图层”面板中设置纹理的“不透明度”为“40%”。

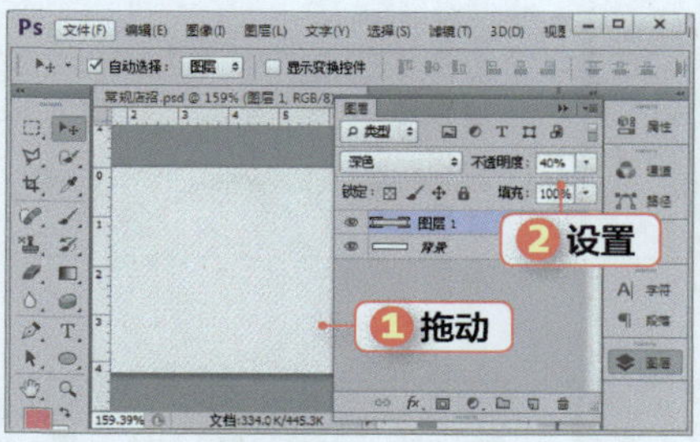

02 打开“Logo.psd”素材文件（配套资源:\素材文件\第5章\Logo.psd），将其拖动到图像左侧，选择“直线工具”，设置填充颜色为“#bfbfbf”，在Logo的右侧绘制1像素×90像素的竖线。

03 选择“横排文字工具”，在工具属性栏中设置字体为“方正韵动粗黑简体”，字号为“18点”，输入下图所示文字。

04 选择“圆角矩形工具”，绘制颜色为“#f3002e”的圆角矩形。选择“横排文字工具”，在“字符”面板中设置字体、字号、颜色分别为“方正韵动粗黑简体”“16点”“白色”，在圆角矩形上方输入“关注收藏”文本。

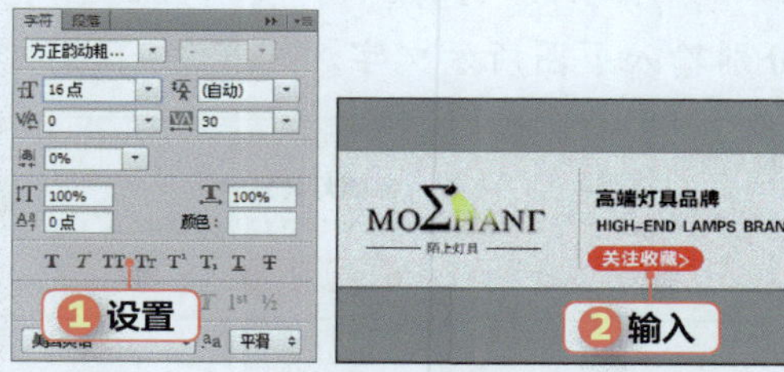

05 选择“椭圆工具”，按住“Shift”键不放，绘制直径为83像素的圆，并设置填充颜色为“#66a6c1”。

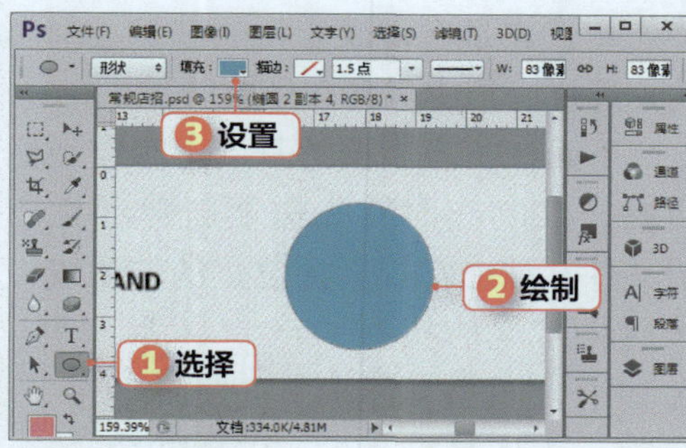

06 选择圆，按住“Alt”键不放，向右拖动复制4个相同大小的圆，并分别设置填充颜色为“#ffde5b”“#f7ad58”“#9cc3a6”“#ec7789”。

07 打开“灯具素材.psd”素材文件（配套资源:\素材文件\第5章\灯具素材.psd），将其中的灯具素材分别拖动到“常规店招”中，调整各素材的位置和大小。

08 选择“横排文字工具”，在工具属性栏中设置字体为“方正韵动粗黑简体”，字号为“14点”，在对应的圆中分别输入下图所示文字。

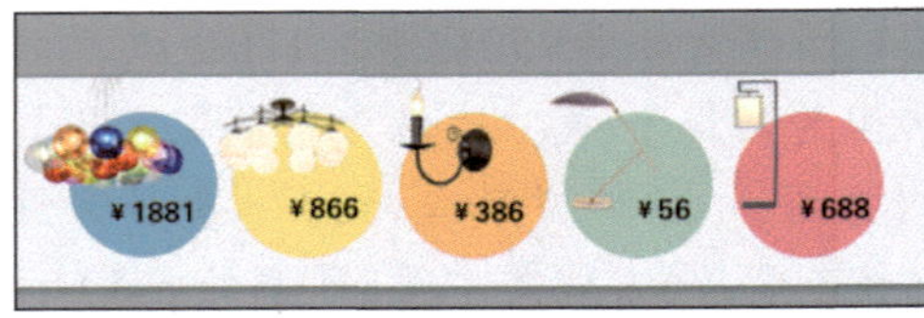

09 保存文件，常规店招的制作完成（配套资源:\效果文件\第5章\常规店招.psd）。

5.2.5 实战——制作灯具通栏店招

通栏店招是淘宝中运用最广泛的一种店招，它是在常规店招的基础上制作的，通栏店招中包含有导航条。

下面在常规店招的基础上制作通栏店招，在制作时首先需要新建通栏店招文件，添加常规店招位置的辅助线，然后将常规店招拖入其中，调整显示位置，添加导航条形状与文本，其具体的制作方法操作如下。

扫一扫

制作灯具通栏店招

01 新建大小为1920像素×150像素，分辨率为72像素/英寸，名为“通栏店招”的文件。选择“矩形选框工具”，在工具属性栏中设置“样式”为“固定大小”，“宽度”为“485像素”，在文件灰色区域的左上角单击创建选区，从左侧的标尺上拖动参考线直到与选区右侧对齐，使用相同的方法在文件右侧创建参考线。

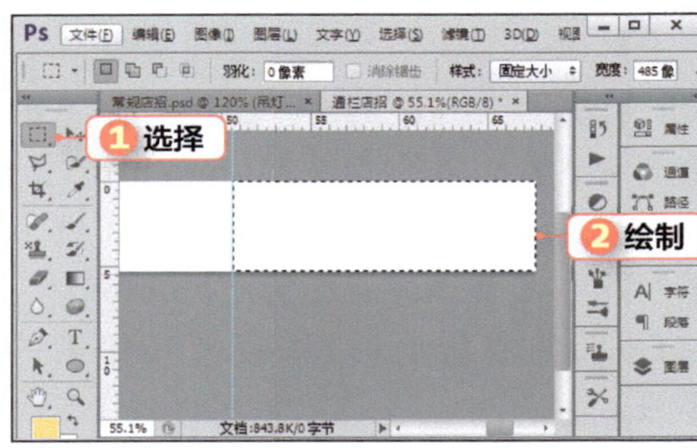

02 选择“矩形选框工具”，在工具属性栏中设置“宽度”为“1920像素”，“高度”为“30像素”，在图像下面的灰色区域单击创建选区，新建图层1，将新建的图层填充为“#000000”。

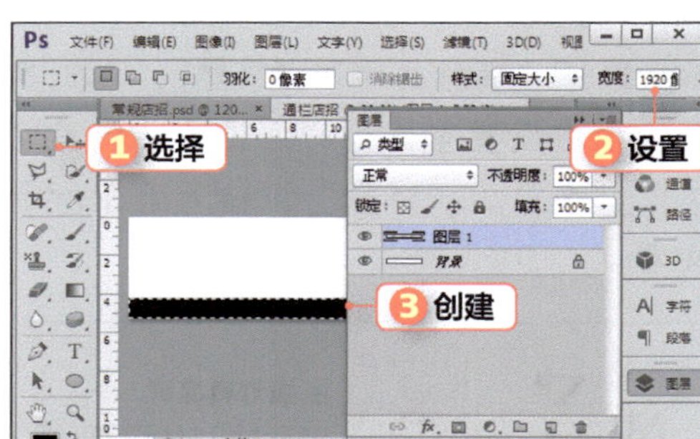

提个醒

由于每台计算机屏幕的大小不同，所显示的店招范围也不同，为了保证店招中的信息显示完整，需要在两边留出485像素的宽度，不放置主要信息。

03 全选“常规店招”文件中的图层，并将其拖动到“通栏店招”文件中，选择纹理图层，按“Ctrl+T”键，拖动左右两侧的边线，将形状延长至页面边缘。

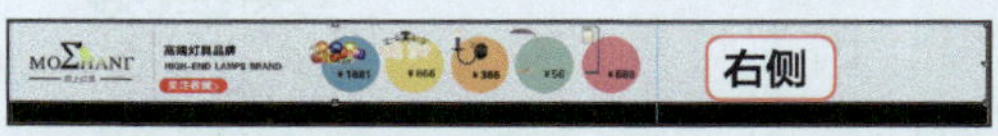

04 将图像中的图形和文字分别向两侧调整，使两侧显得不那么空旷。

05 选择“横排文字工具” T，在工具属性栏中设置字体为“方正韵动粗黑简体”，字号为“18点”，字体颜色为“白色”，在导航条上依次输入导航内容“| 所有商品 | 首页 | 吊灯 | 壁灯 | 熄灯 | 台灯 | 落地灯 | 品牌故事 |”。

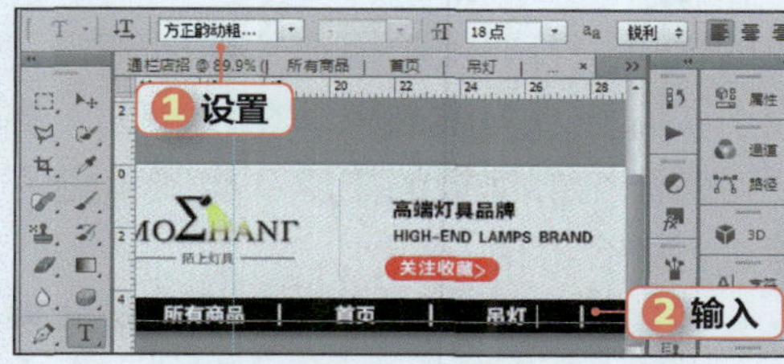

06 在导航文本下方新建图层，选择“矩形选框工具”，在“所有商品”上绘制矩形选区，并填充为“#f3002e”。

07 删除“所有商品”左右两侧的竖线，并选择【视图】/【显示】/【参考线】菜单命令，隐藏参考线。保存文件，通栏店招的制作完成（配套资源:\效果文件\第5章\通栏店招.psd）。

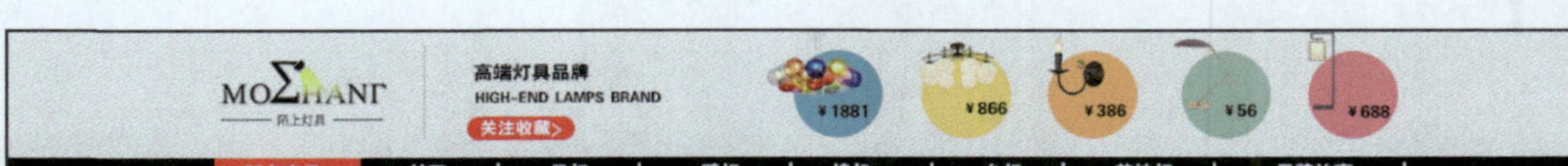

5.3 制作全屏轮播图

全屏轮播图是一种可以覆盖整个屏幕，并轮流播放海报的图片，具有高端、大气的特点，因此常用于店铺首页的设计。全屏轮播图是店铺中的重要部分，卖家不仅可以通过轮播图缩短页面的长度，还可以重点强调主推商品，起到促销的作用。

5.3.1 全屏轮播图的设计要点

轮播图是多张全屏海报循环播放组成的效果。若要使轮播图片达到美观、吸引买家注意力的效果，在设计时，就要对每张全屏海报的主题、构图和配色等进行综合考虑。

● **主题** 无论是新品上市还是活动促销，海报中的主题选择都需要围绕一个方向，并确定对应的轮播图效果。一般情况下，海报主题通过产品和文字描述来体现，将描述提炼成简洁的文字，并将主题放在海报的第一视觉点，能够让买家直观地看到出售的产品。然后根据产品和活动选择合适的背景。在编辑文案时，文案的字体不要超过3种，建议用稍大或个性化的字体突出主题和产品的特征。

● **构图** 构图的好坏直接影响着海报的效果，主要分为左右构图、左中右三分式构图、上下构图、底面构图和斜切构图5种。下图为左中右三分构图。

● **配色** 海报不但需要主题和构图的选择，还需要色调统一。在配色时，对重要的文字信息用突出醒目的颜色进行强调，通过明暗对比以及不同颜色的搭配来确定对应的风格，其背景颜色应该统一，不要使用太多的颜色，以免页面杂乱，下图所示即为比较漂亮的配色效果。

5.3.2 实战——制作首张灯具全屏海报图

灯具店铺与其他店铺不同，根据灯具的不同，其对应的匹配风格也不相同。本实战将制作北欧风格的灯具海报，因为灯具的简约性，因此海报中没有过多地装饰。具体的制作方法如下。

扫一扫

制作首张灯具全屏海报图

01 新建大小为1920像素×750像素、分辨率为72像素/英寸、名为“首张灯具全屏海报图”的文件，选择“矩形工具”，在工具属性栏中设置填充颜色为“#eceaea”，在图像编辑区中绘制1920像素×650像素的矩形。

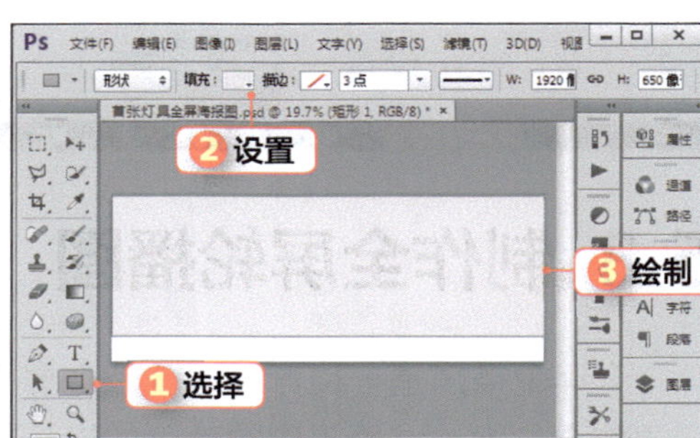

02 打开“地板底纹.psd”文件（配套资源:\素材\第5章\地板底纹.psd），将其

拖动到矩形图层的下方，使其形成地板效果。

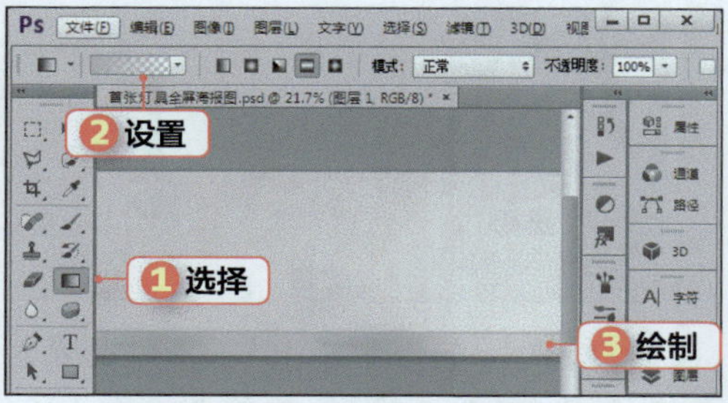

03 打开“家具素材.psd、北欧灯具.psd”素材文件（配套资源:\素材\第5章\家具素材.psd、北欧灯具.psd），将其中的家具和灯具分别拖动到图像编辑区的左侧，并调整大小和位置。

04 新建图层，选择“画笔工具”，在工具属性栏中设置画笔大小为“50”，在灯具的顶部绘制阴影，并在“图层”面板中设置“不透明度”为“50%”，再将其移动到灯具图层的下方。

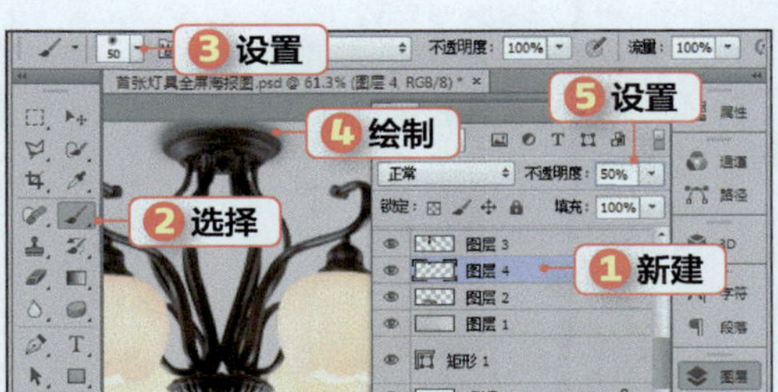

05 选择“横排文字工具”T，在工具属性栏中设置字体为“方正韵动粗黑简体”，字号为“70点”，字体颜色为“#787671”，在灯具的右侧输入文字“浪漫温馨”。

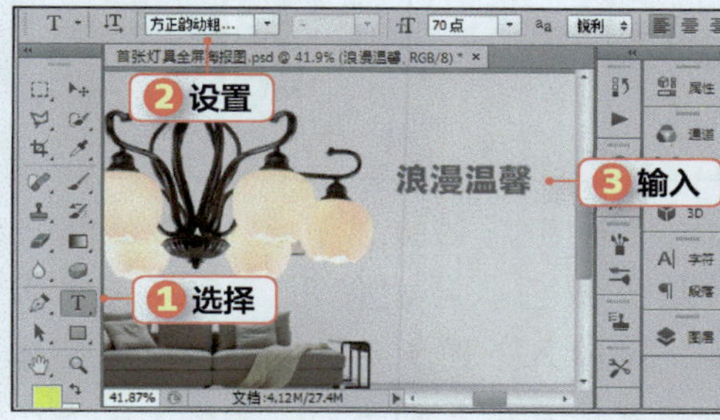

06 打开“图层样式”对话框，单击选中“投影”复选框，设置投影颜色“不透明度”“距离”“大小”分别“#666564”“30%”“9像素”“6像素”，单击 确定 按钮。

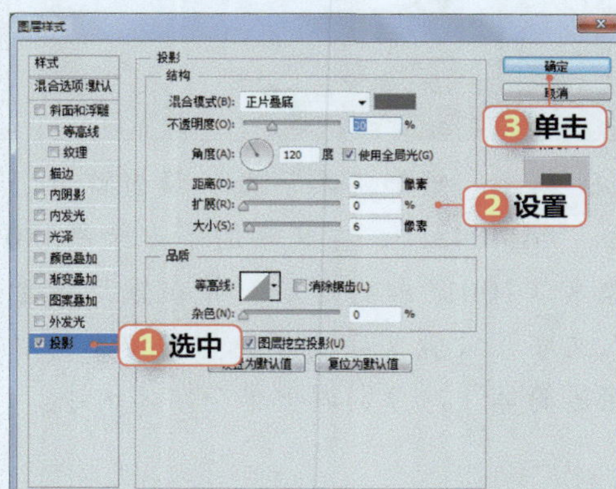

07 栅格化文字图层，按住“Ctrl”键不放，单击栅格化后的文字图层，获取文字选区，在工具箱中选择“多边形套索工具”，并在工具属性栏中单击按钮，设置选区交叉，在文字上方绘制路径，设置前景色为“#fdcd1e”，按“Alt+Delete”组合键填充选区。

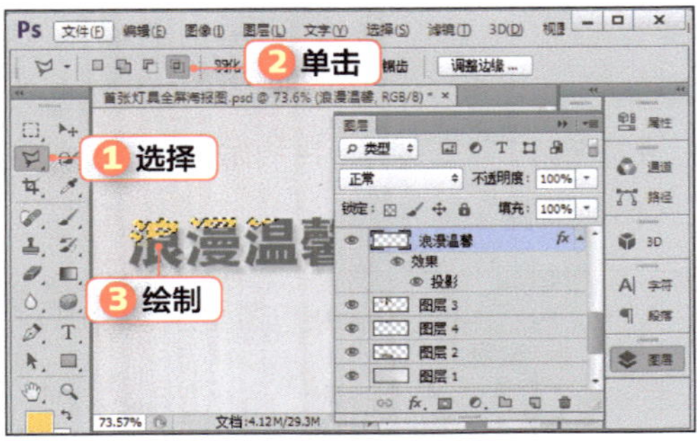

08 使用相同的方法，继续创建选区并填充颜色。再次使用“横排文字工具”T输入下图所示文字，并设置字体为“方正兰亭黑简体”，调整文字大小和位置。

09 选择“矩形工具”▭，设置前景色为“#4f4d48”，在文字的下方绘制380像素×100像素的矩形，并在矩形中输入文字，设置文字的字体为“方正韵动粗黑简体”，分别调整单个字体大小。

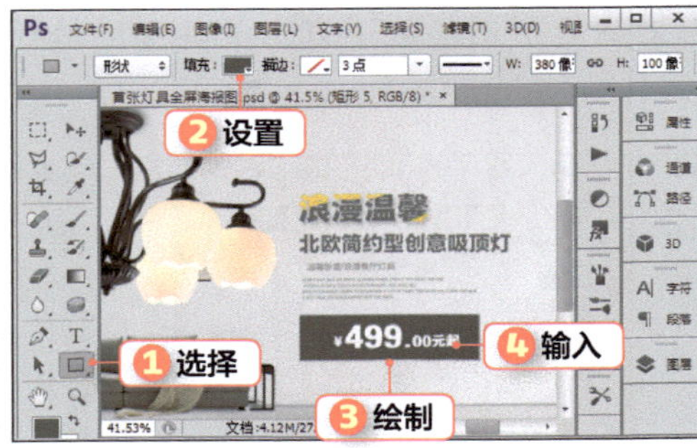

10 再次选择“矩形工具”▭，设置前景色为“#9b1e14”，在矩形中绘制91像素×23像素的矩形。新建图层，选择“钢笔工具”✎，在矩形的右侧绘制颜色为“#ffffff”的三角形。

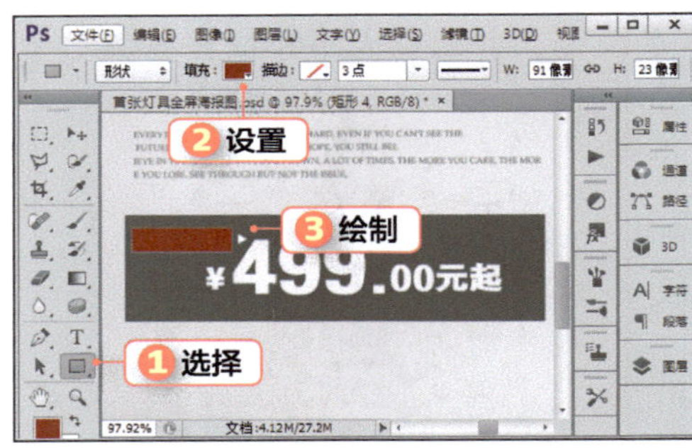

11 在矩形中输入文字“点击购买”，并设置字体为“方正兰亭黑简体”，字号为“16”，保存图像查看完成后的效果（配套资源:\效果文件\第5章\首张灯具全屏海报图.psd）。

5.3.3 实战——制作第二张灯具全屏海报图

在灯具店铺中，常常需要制作多张海报图来展现不同风格的灯具效果。本实战将制作新中式风格的灯具全屏海报图。在制作时，不但需要体现中国风韵，还需要通过家具与灯具的搭配，体现灯具的展现效果，最后通过文字的说明，对灯具进行简单的描述。具体的制作方法如下。

扫一扫

制作第二张灯具全屏海报图

01 新建大小为1920像素×750像素，分辨率为72像素/英寸，名为“第二张灯具全屏海报”的文件，打开“风景1.jpg”素材文件（配套资源:\素材文件\第5章\风景1.jpg），将其拖动到页面的左侧。

02 在“图层”面板中，单击按钮，添加矢量蒙版，设置前景色为“#000000”。选择“画笔工具”，在工具属性栏中设置画笔大小为“400”，在图像编辑区中对图像中的山脉进行涂抹，隐藏山脉效果。

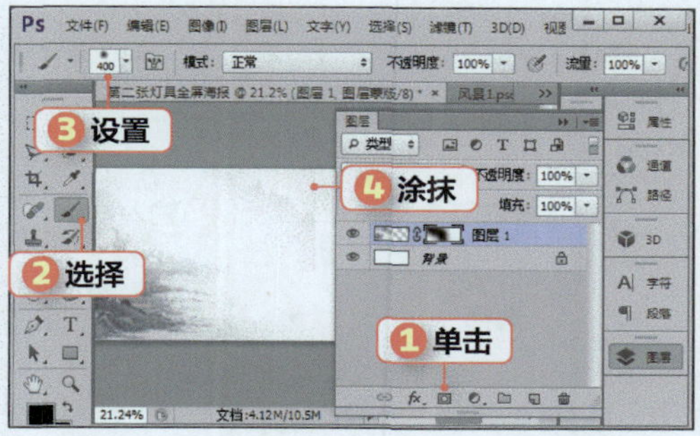

03 打开“风景2.jpg”“风景3.jpg”素材文件（配套资源:\素材文件\第5章\风景2.jpg、风景3.jpg），使用相同的方法添加图层蒙版，并分别涂抹对应的区域，完成后效果如下图所示。

04 打开“梅花.psd、中式家具.psd”“中式灯具.psd”素材文件（配套资源:\素材文件\第5章\梅花.psd、中式家具.psd、中式灯具.psd），将其中的素材文件拖动到图像编辑区中，查看完成后的效果。

05 选择“横排文字工具”，在工具属性栏中设置字体为“方正幼线简体”，字号为“40点”，颜色为“#5d4849”，在左上角的空白区域输入文字“新中式 落地灯”，选择“直线工具”，在文字下方绘制直线。

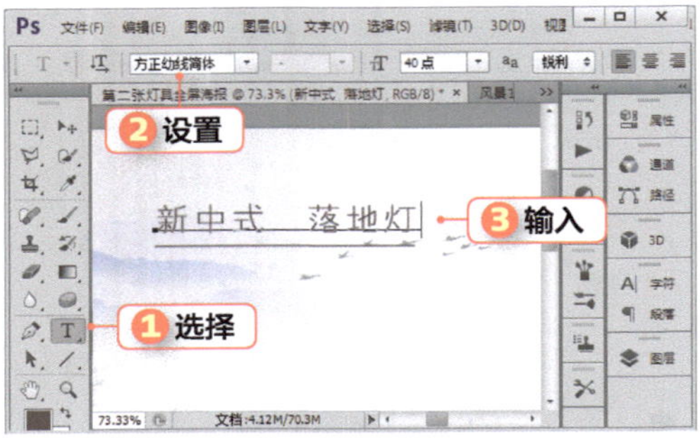

06 选择“横排文字工具”T，输入下图所示文字，打开“字符”面板，设置字体、字号、行距、字距、颜色分别为“方正铁筋隶书简体”“35点”“30点”“-50”“#666666”。

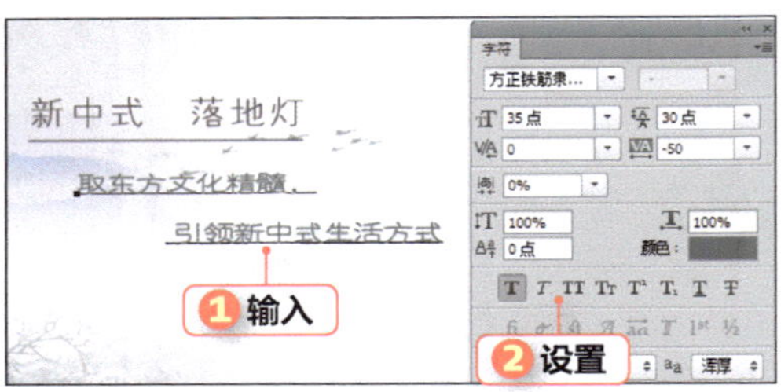

07 继续输入其他文字，并设置字体为“微软雅黑”，字号为“20点”，颜色为“#920504”。

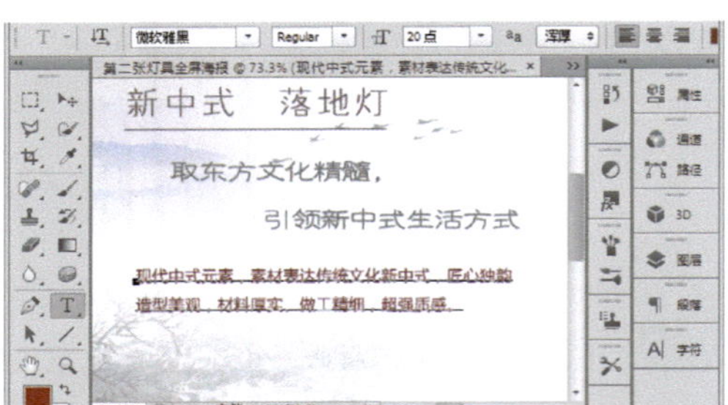

08 选择“矩形工具”，设置前景色为“#920504”。在文字的下方绘制230像素×70像素的矩形，栅格化矩形，选择【滤镜】/【液化】菜单命令，打开“液化”对话框，在右侧列表中设置“画笔大小”为“40”，单击按钮，在红色矩形中进行拖动，使其形成拖动效果，完成后单击 确定 按钮。

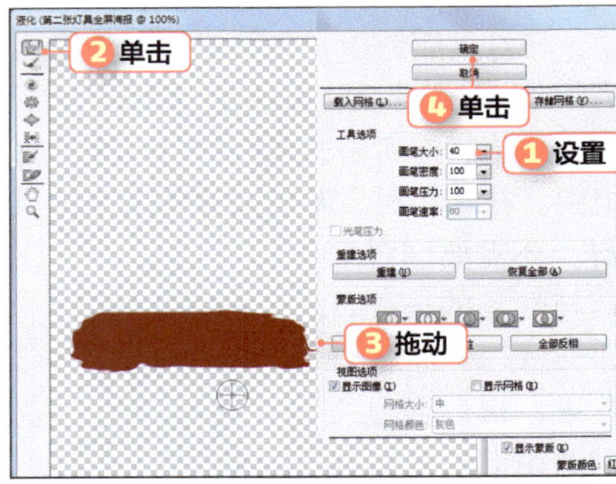

09 在形状上输入文字，并设置文字的字体为“方正韵动粗黑简体”，分别调整单个字体大小。

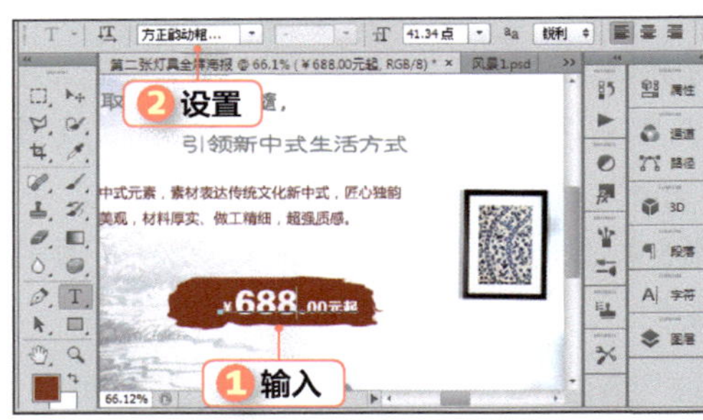

10 再次使用“矩形工具”，设置前景色为“#ffffff”，在矩形中绘制62像素×16像素的矩形。新建图层，选择“钢笔工具”，在矩形的右侧绘制三角形。

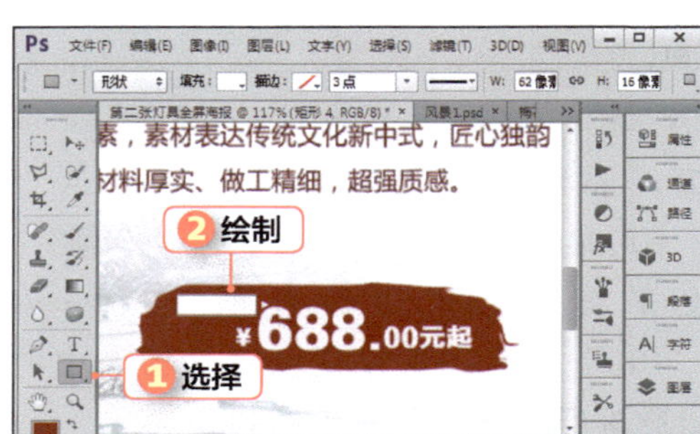

11 在矩形中输入文字“点击购买”，并设置字体为“方正兰亭黑简体”，字号为“11点”，整体调整图像的位置，保存图像查看完成后的效果（配套资源:\效果文件\第5章\第二张灯具全屏海报.psd）。

5.4 设计分类模块

分类模块是引导顾客购买的重要模块，而该模块的系统自带模块只能以文本进行显示，比较单一，若卖家花些心思，可以制作出更加美观，并且更加匹配店铺活动和特色的宝贝分类图片。下面对吸引客户的宝贝分类模块设计要点和制作方法进行介绍。

5.4.1 宝贝分类模块的设计要点

在制作宝贝分类模块时，为了将宝贝分类的作用发挥到极致，需要从店铺的装修风格、宝贝分类图像的大小和分类方式等方面入手。

- 若店铺已经有装修风格，宝贝分类模块的设计必须从该店铺的风格出发。
- 宝贝分类中，分类名称必不可少，可以是中文，也可以是英文。可以根据需要添加分类图标，因为添加分类图标后更易于买家查看。
- 横向宝贝分类的图片宽度尺寸应控制在950像素以内；纵向宝贝分类的图片宽度尺寸不宜超过160像素，若超过该宽度，当显示器分辨率小于或等于1024像素×768像素时，将导致宝贝分类栏右边的宝贝列表下沉，从而影响店铺的美观。
- 宝贝分类不宜太长，可根据宝贝分类添加子分类，便于买家浏览。

5.4.2 实战——制作灯具店铺横排分类模块

横排分类模块是首页中最常见的模块之一。本实战在制作灯具店铺横排分类模块时，先使用不同颜色的矩形进行布局，然后将图片、灯具、文本合理组合，这

扫一扫

制作灯具店铺横排分类模块

样设计好的横排分类模块不仅分区清晰，而且美观大气。具体的制作方法如下。

01 新建大小为950像素×750像素，分辨率为72像素/英寸，名为“横向分类模块”的文件。选择“矩形工具”，设置前景色为“#f3e9ea”，绘制400像素×636像素的矩形。

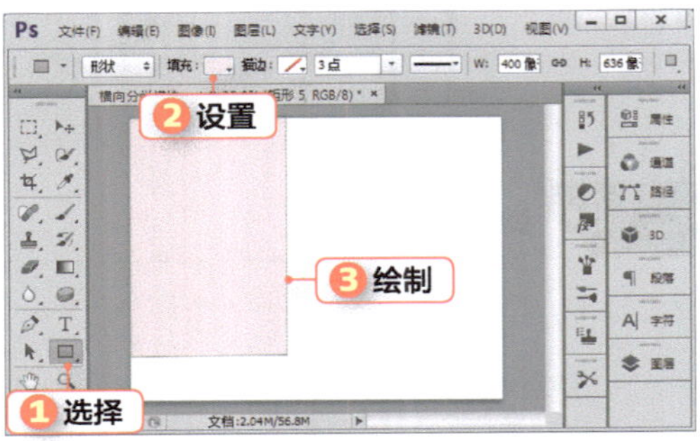

02 使用相同的方法，绘制其他矩形，布局、大小、颜色如下图所示。

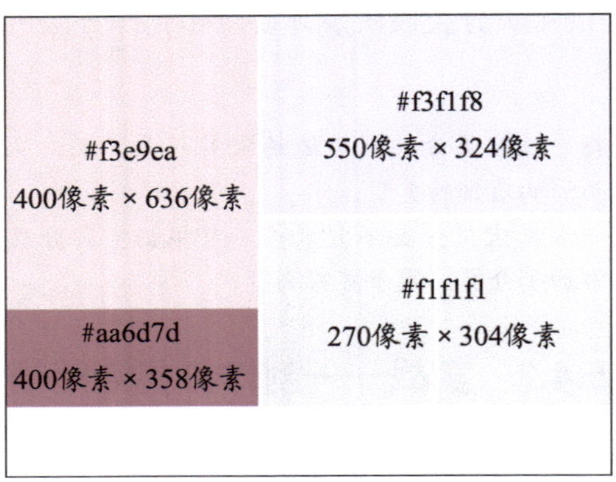

03 打开“灯1.jpg”素材文件（配套资源:\素材文件\第5章\灯1.jpg），将其拖动到左上角矩形内，选择该图层，在其上单击鼠标右键，在弹出的快捷菜单中，选择“创建剪贴蒙版”命令，将图像嵌入到矩形中。

04 打开“灯2.jpg~灯4.jpg”素材文件（配套资源:\素材文件\第5章\灯2.jpg~灯4.jpg），使用相同的方法，分别对其创建剪贴蒙版，其效果如下图所示。

05 选择“横排文字工具”，在工具属性栏中设置字体为“微软雅黑”，输入文本，并调整字体大小。

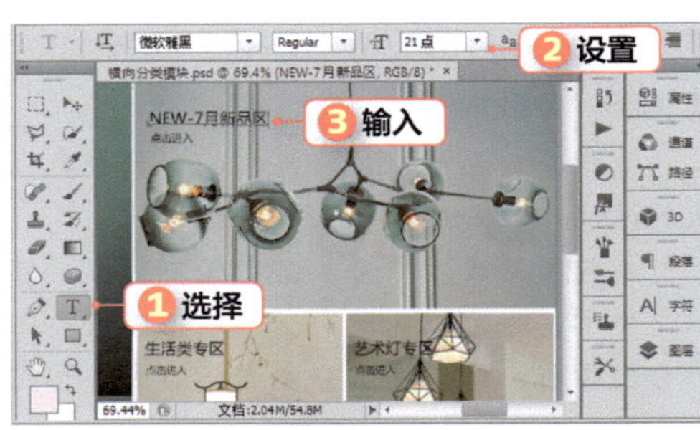

06 选择“多边形工具”，在工具属性栏中设置填充颜色为“#000000”，边数为“3”，在“点击进入”右侧绘制三角形。

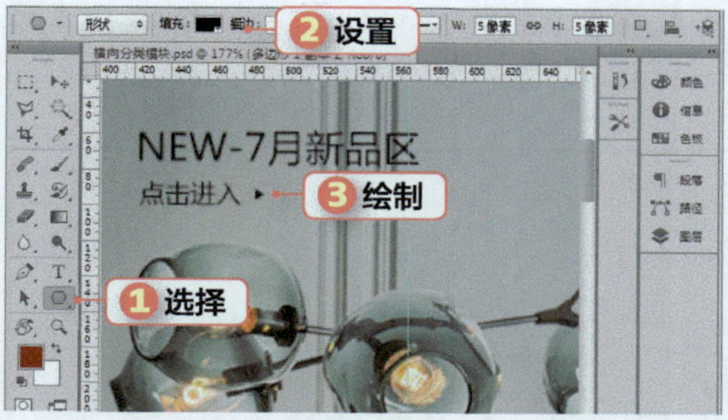

07 新建图层，设置前景色为“#11668c”，选择“钢笔工具”，绘制下图所示形状，转换为选区后按“Alt+Delete”组合键填充颜色。选择“横排文字工具”，在工具属性栏中设置字体为“方正兰亭中黑简_GBK”，字号为“18”点，颜色为“#ffffff”，在形状上输入文本。

08 再次使用横排文字工具输入“2017年”，设置字体为“Freehand471 BT”，再输入“爆款”，并将字体更改为“方正韵动粗黑简体”，调整文本大小与位置。

09 在“2017年”和“爆款”文字的中间绘制矩形，并在矩形中输入“点击进入”，设置字体为“方正兰亭中黑_GBK”，颜色为“#aa6d7d”。在矩形下方输入下图所示文字，设置字体为“方正铁筋隶书简体”，调整文字大小和位置。

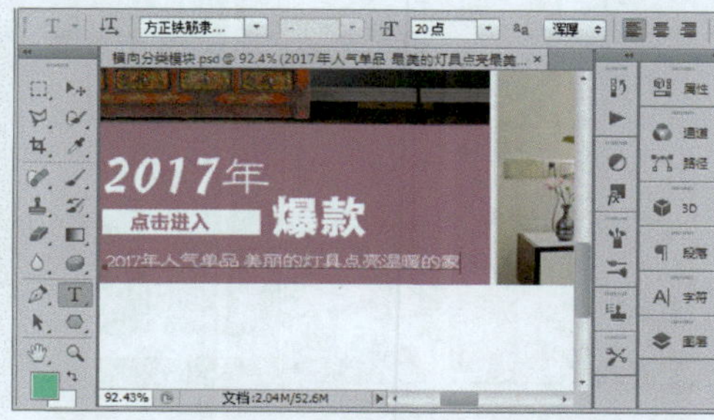

10 打开“灯具简笔.psd”素材文件（配套资源:\素材文件\第5章\灯具简笔.psd），将其拖动到最下方，调整各个板块的位置。

11 选择“横排文字工具”，输入“所有宝贝　All Products”，其中设置中文字体和颜色分别为“微软雅黑”“#000000”，英文字体和颜色分别为“Arial”“797272”，设置字体大小与位置，在“所有宝贝”下方新建图层，绘制颜色为“#d2d2d2”的矩

形作为底纹，保存图像查看完成后的效果（配套资源:\效果文件\第5章\横排分类模块.psd）。

5.4.3 实战——制作灯具店铺纵排分类模块

当产品的信息过多，或是使用横排图片的表达方式，不能完整地体现店铺产品信息时，可使用纵排分类模块进行展示。本实战中，因为新品和产品类型过多，因此使用了纵排分类模块。该模块没有太多的样式，其主要目的是清晰地展示文字。下面使用文本、线条、形状制作纵排分类模块，其具体的操作如下。

扫一扫

制作灯具店铺纵排分类模块

01 新建大小为230像素×580像素，分辨率为72像素/英寸，名为“纵向宝贝分类”的文件。将前景色设置为“#000000”，选择“椭圆工具”，按住“Shift”键不放绘制圆形，调整大小与位置。

02 设置前景色为“#ffffff”，选择“自

定形状工具”，在工具属性栏中单击“形状”栏右侧的按钮，在打开的下拉列表中选择“箭头2”形状，按住“Shift”键在圆上绘制箭头，调整大小与位置。

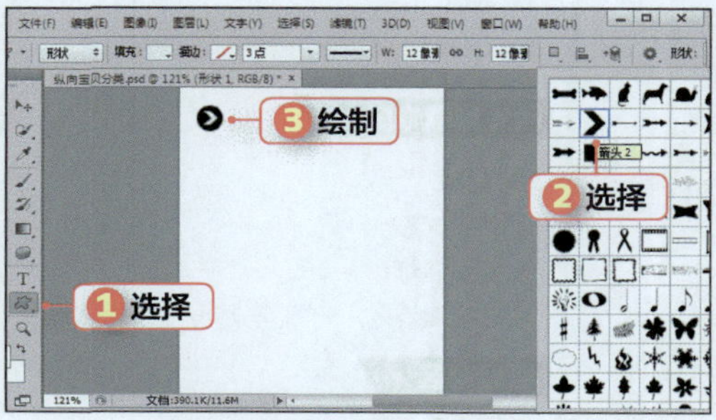

03 选择“横排文字工具”，设置字体、字号分别为“微软雅黑”“18点”，输入“宝贝分类”文本，调整位置与大小。选择“直线工具”，设置线条的填充颜色为黑色，线条粗细为“3像素”，按住“Shift”键在宝贝分类下方绘制直线。

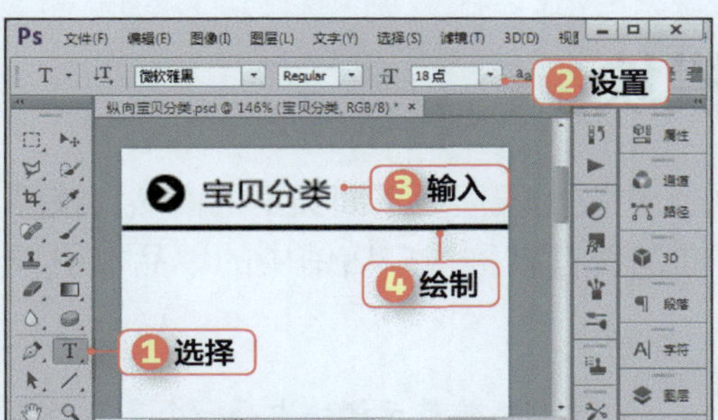

04 选择“矩形选框工具”，设置固定大小的高度为“30像素”，在线条右上角单击创建固定大小的选区，沿着选区创建辅助线，使用相同的方法创建等高的辅助线网格。选择“横排文字工具”沿着辅助线输入文字，并设置字体为“微软雅黑”，调整字体大小，对标题性文字加粗显示。

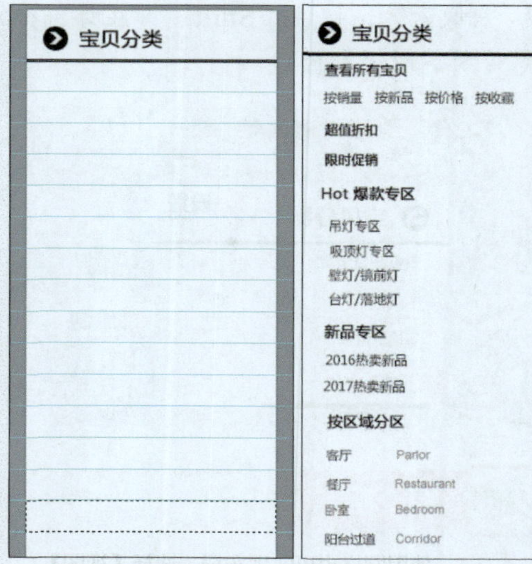

05 在分类文本下方新建图层，使用“钢笔工具”绘制装饰条，并填充为黑色，然后将分类文本填充为白色。继续使用“钢笔工具”在文字的右侧绘制白色三角形。

06 选择“直线工具”，在工具属性栏中设置虚线轮廓样式，描边颜色设置为“#acacac”，取消填充，将粗细设置

为“1像素”，按住“Shift”键在详细分类文本下面绘制虚线。

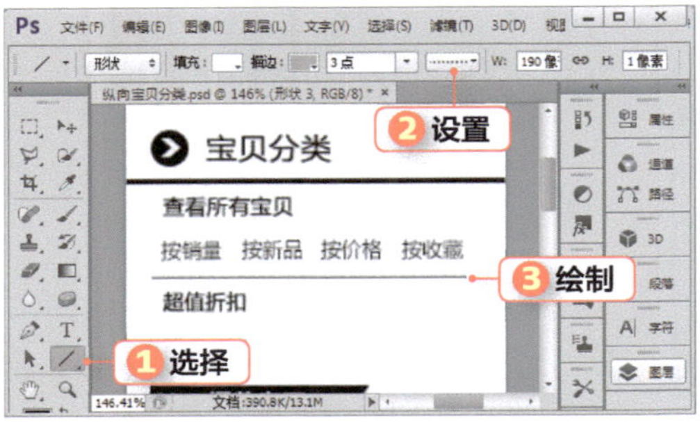

提个醒

使用网格也可实现布局，选择【视图】/【显示】/【网格】菜单命令可显示网格，选择【编辑】/【首选项】菜单命令，在打开的对话框中可设置网格的间距。

07 使用相同的方法绘制其他虚线，完成后保存图像查看完成后的效果（配套资源:\效果文件\第5章\纵排宝贝分类.psd）。

5.5 设计宝贝促销展示模块

宝贝促销展示模块常在分类模块的下方，主要用于展现不同类型的商品。该模块是首页中产品数量最多的区域，买家可向消费者直接推广店铺中的单品，引导消费。

5.5.1 宝贝促销展示模块设计要点

在制作宝贝促销展示模块时，为了吸引买家，通常需要制作海报图，再配合产品图片、名称、价格等信息对促销的宝贝进行展示。制作宝贝促销展示模块时，为了使其发挥最大的展示效用，需要注意以下3个方面。

- 宝贝促销展示模块中每一个商品的名称定义要全面、准确，不能过于复杂或是过于简单，以能体现产品名字和特点的名称为最佳。可在搜索栏中检索搜索的难易程度，然后及时修正。
- 宝贝促销展示模块中的每一个单品都是吸引买家点击的重要图片，除了选择店铺中最漂亮的宝贝外，还可选择临近下架时间的宝贝，因为紧临下架时间的宝贝会获得淘宝的优先展示机会，有一定的概率让买家优先查看。但要注意，若宝贝下架应及时进行调整，避免出现空位。

● 在设计过程中要保留宝贝拍摄中的真实性，并且宝贝要多，因为要有足够多的宝贝数量来支持上架和推荐，并且更多的宝贝在模块的设计时，才会更有亮点。

5.5.2 实战——制作新品促销展示模块

在宝贝促销展示模块中，通常会根据产品类型的不同，分布不同类型的促销产品。本实战中制作的模块只是店铺首页中的一个板块，主要用于介绍7月份的新品。在制作该板块时，先制作横幅海报，在海报的下方分别展示新品灯具。具体的制作方法如下。

扫一扫

制作新品促销展示模块

01 新建大小为1920像素×2510像素，分辨率为72像素/英寸，名为“灯具店铺宝贝促销模块”的文件。使用前面的方法，创建宝贝促销模块的辅助线，使每个模块的位置显示出来。

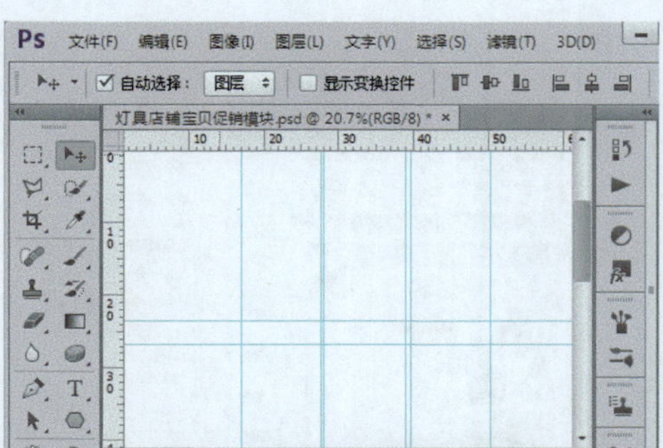

02 选择“矩形工具”，设置前景色为“#e9e9e9”，在最上方绘制1920像素×670像素的矩形。打开“海报素材.psd”素材文件（配套资源:\素材文件\第5章\海报素材.psd），将其拖动绘制的矩形上方。

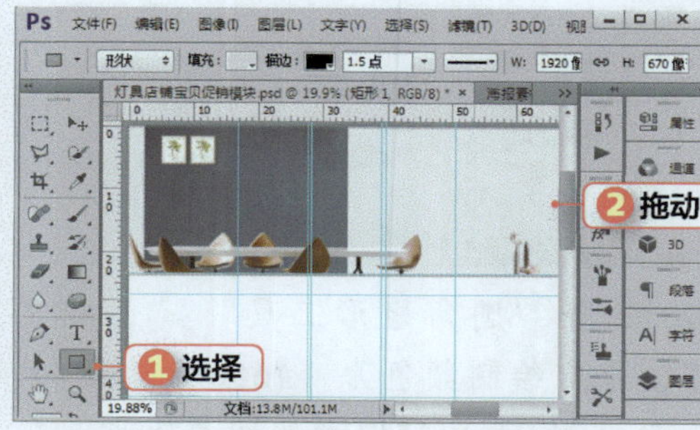

03 打开“海报灯具.psd”素材文件（配套资源:\素材文件\第5章\海报灯具.psd），将其拖动到灰色背景中。

04 选择“横排文字工具”，输入下图所示文字，在工具属性栏中设置字体、字号分别为“Franklin Gothic Demi Cond”“60点”，并设置文字加粗显示。选择“直线工具”，在工具属性栏中将粗细设置为“7像素”，按住“Shift”键在文本上方绘制直线。

05 选择“横排文字工具”，输入

下图所示文字，在工具属性栏中设置中文字体为“方正兰亭纤黑”，再设置英文字体、颜色分别为“Estrangelo Edessa”“#fe0000”，调整文字大小。

06 选择“圆角矩形工具”，在文字的下方绘制颜色为“#e60012”，大小为150像素×45像素的圆角矩形。在矩形中输入“查看更多》”文本，在工具属性栏中设置字体、字号分别为“黑体”“25点”。

07 选择“矩形工具”，在海报的下方绘制颜色为“#6a6d76”，大小为950像素×50像素的矩形。在矩形中输入“7月新品推介》”文本，在工具属性栏中设置字体、字号分别为“方正兰亭纤黑-GBK”“33点”，完成导航条的制作。

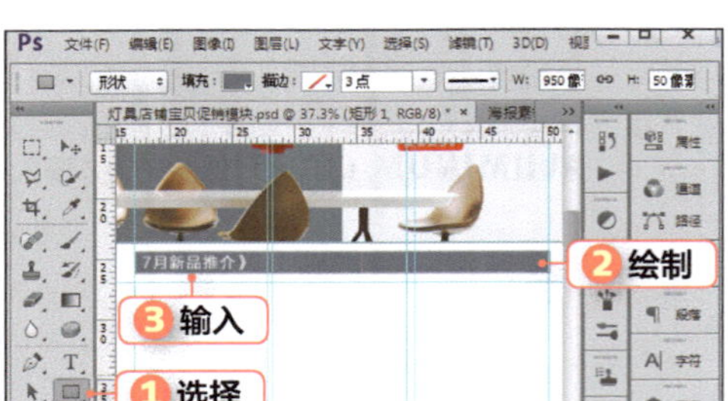

08 选择“矩形工具”，沿着参考线绘制颜色为“#e9e9e9”，大小为305像素×330像素的矩形，使用相同的方法绘制其他矩形，并应用到其他区域，其布局效果如下图所示。

09 打开“灯具1.jpg”素材文件（配套资源:\素材文件\第5章\灯具1.jpg），将其拖动到左上角矩形内，选择该图层，在其上单击鼠标右键，在弹出的快捷菜单中选择“创建剪贴蒙版”命令，将图像嵌入到矩形中。

10 打开“灯具2.jpg~灯具9.jpg”素材

文件（配套资源:\素材文件\第5章\灯具2.jpg~灯具9.jpg），使用相同的方法，移动到对应的矩形中，并分别对其创建剪贴蒙版，效果如下图所示。

11 选择“横排文字工具”T，在第2张图片上方的空白处输入文字，在工具属性栏中设置字体、字号分别为“Forte”“20点”。

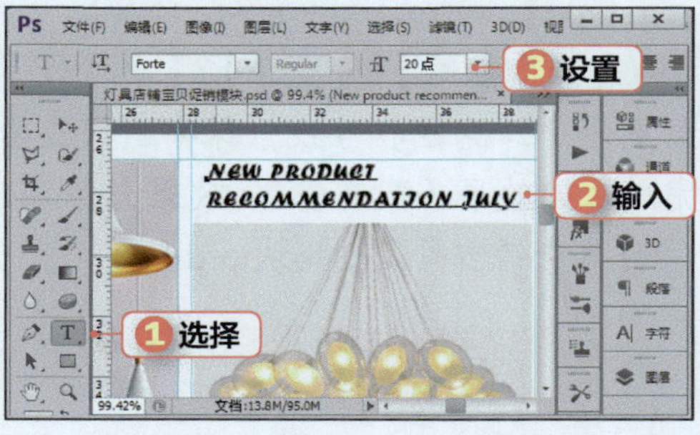

12 选择“横排文字工具”T，在第1张图片下方输入文字，在工具属性栏中设置中文字体为“黑体”，英文字体为“Estrangelo Edessa”，调整文字大小。

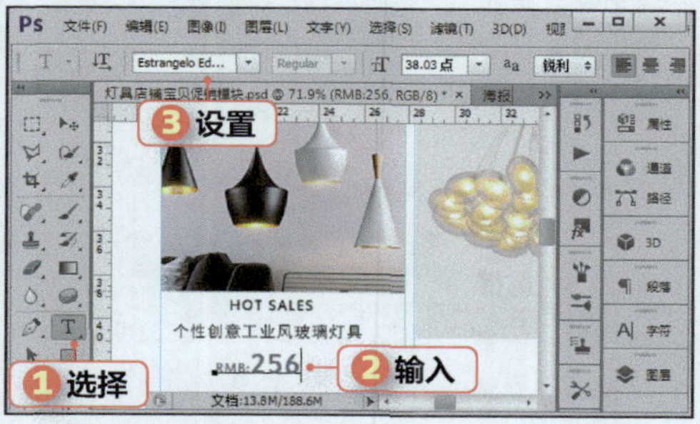

13 使用相同的方法，在图片下方输入其他文字，并调整字体大小。

14 选择“矩形工具”□，设置前景色为“#e9e9e9”，在最下方绘制635像素×350像素的矩形。打开“海报灯具2.psd”素材文件（配套资源:\素材文件\第5章\海报灯具2.psd），将其拖动到绘制的矩形内。

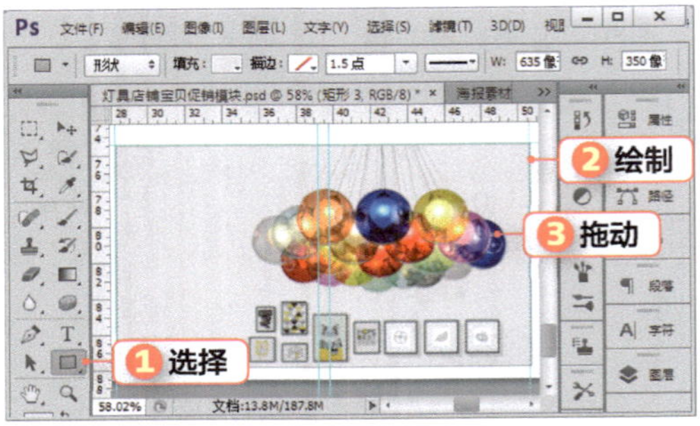

15 选择“横排文字工具” T，在灯具左侧输入文字，在工具属性栏中设置中文字体为“方正兰亭纤黑-GBK”，英文字体为“Estrangelo Edessa”，调整文字大小和颜色。

16 将海报中“查看更多》”按钮复制到文字的下方，并将填充颜色修改为“#6a6d76”。

17 再次选择“矩形工具” ，设置前景色为“#e9e9e9”，在最下方绘制305像素×350像素的矩形。打开“海报灯具3.psd”素材文件（配套资源:\素材文件\第5章\海报灯具3.psd），将其拖动到左侧矩形中。

18 选择“横排文字工具” T，在灯具下方输入文字，在工具属性栏中设置中文字体为“方正兰亭纤黑-GBK”，英文字体为“Estrangelo Edessa”，调整文字大小和颜色。

19 选择【视图】/【显示】/【参考线】菜单命令，隐藏参考线，保存图像查看完成后的效果（配套资源:\效果文件\第5章\灯具店铺宝贝促销模块.psd）。

提个醒

除了单独设计促销模块，还可直接使用淘宝装修中自带的自定义模块进行创建，但是这样创建的模块样式比较单一，不够美观。

5.6 设计首页页尾

页尾位于店铺的最后一屏，一般用于放置店铺的收藏区、手机店铺的二维码、礼品或一些抽奖活动、购物须知和店铺公告等内容，其目的在于强化品牌效应，让顾客放心购物，希望顾客下次光临。系统提供的页尾模块过于普通，为了使首页的作用发挥到极致，卖家可根据需要进行相应地设计。

5.6.1 怎样设计页尾模块

好的页尾可以增加店铺吸引力和收藏率，进而达到提高店铺销量的目的。页尾的内容比较灵活，通常采用简短的文字、具有代表性的图标来传达相关的信息。下图所示为稻草人旗舰店的页尾效果，主要包含了导航、Logo、返回首页顶端、搜索与收藏等内容。

页尾模块一般由以下5部分内容组成。

- **店铺底部导航** 包括产品的分类，便于消费者再次浏览网页。
- **返回顶部的文字或按钮** 当店铺首页过长时，添加返回顶部的文字或按钮可快速跳转到页面顶部，从而方便用户反复浏览网页，选择合适的商品。
- **收藏、分享店铺** 在页尾添加收藏与分享店铺的链接，可以方便用户快速收藏或分享店铺，尽量留住客户。
- **旺旺客服** 便于顾客存在疑虑时快速咨询旺旺客服。
- **温馨提示** 如发货须知、关于色差、关于退换货、关于快速购物流程等信息，以帮助顾客快速解决购物过程中的问题，从而减少顾客对客服的咨询量，减轻旺旺客服的工作负担。

5.6.2 实战——制作灯具店铺页尾区域

本实战将从顾客浏览店铺的便利度与购物常见问题出发，对灯具店铺的页尾模块进行设计。设计时，主要以文字描述为主，通过简单的分割线使页尾区域布局简洁，信息传达清晰。具体的制作方法如下。

扫一扫

制作灯具店铺页尾区域

01 新建大小为950像素×200像素，分辨率为72像素/英寸，名为“页尾”的文件。选择“直线工具”，在工具属性栏中设置描边颜色为“#a0a0a0”，描边粗细为“2点”，线条粗细为“1.5像素”，选择下图所示的虚线样式，单击 更多选项... 按钮。

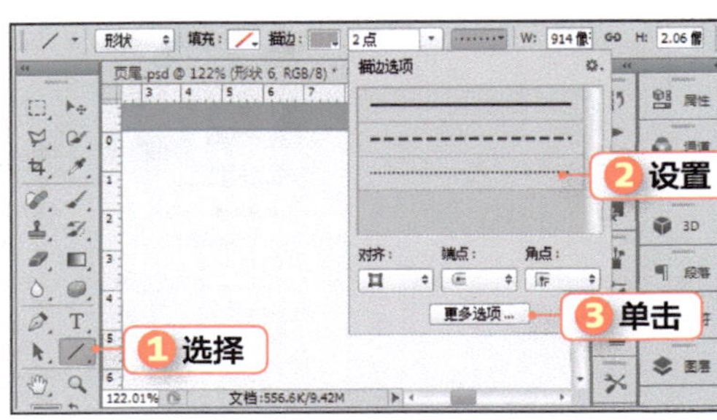

02 在打开的“描边”对话框中设置“间隙”为“2.7”，单击 确定 按钮。

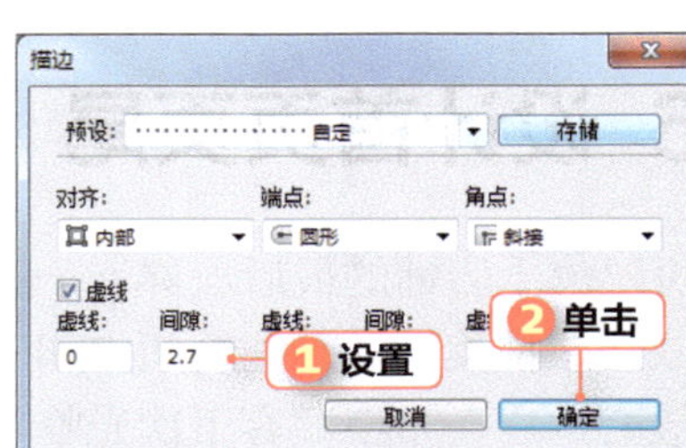

03 按住“Shift”键绘制水平和垂直虚线，绘制完成后，在工具属性栏中更改为实线，更改填充色为“#898989”，在最下方绘制实线。

04 选择“横排文字工具”T，设置字体格式为“微软雅黑”，依次输入导航、温馨提示、关于快递等文本，调整文本的大小、颜色和位置，并对标题文本加粗显示。

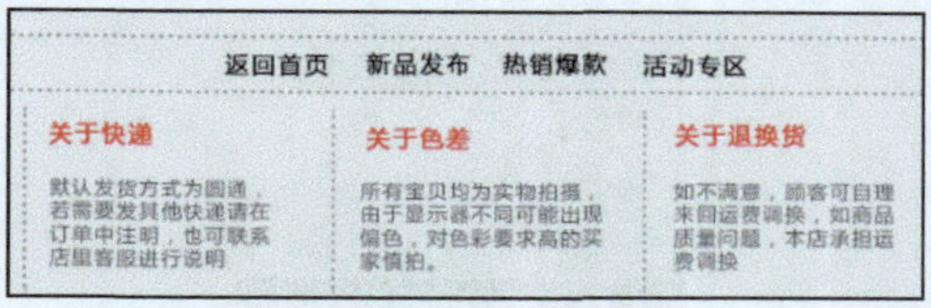

05 选择“矩形工具”▭，设置填充色为“#c5c5c5”，绘制大小为73像素×90像素的灰色矩形，按住“Alt”键不放向右拖动复制绘制的矩形，并将矩形颜色更改为“#ff0200”。

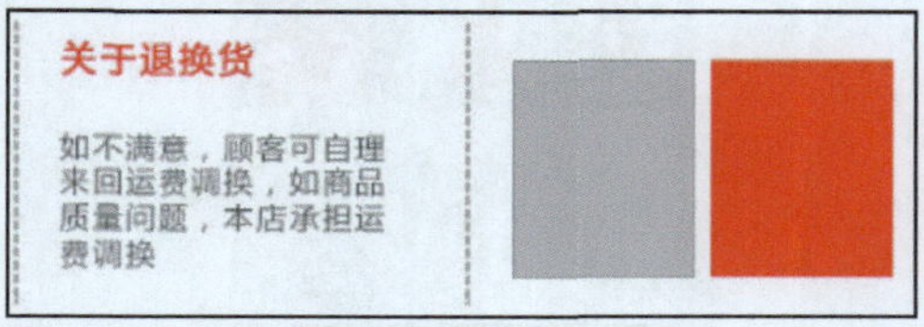

06 通过鼠标右键命令，栅格化灰色矩形，选择“多边形套索工具”，在左上角创建选区，按“Delete”键删除选中的内容。

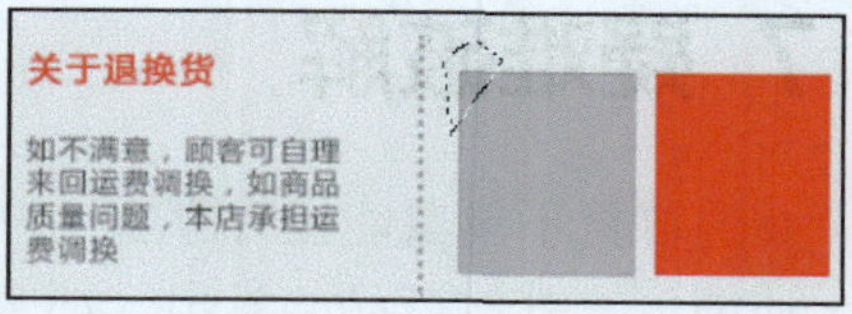

07 选择“多边形工具”⬡，在工具属性栏中设置填充色为白色，边为“5”。单击“齿轮”按钮，在打开的下拉列表中单击选中“星形”复选框，设置缩进边距为“50%”，拖动鼠标指针在灰色图形上方绘制五角星。

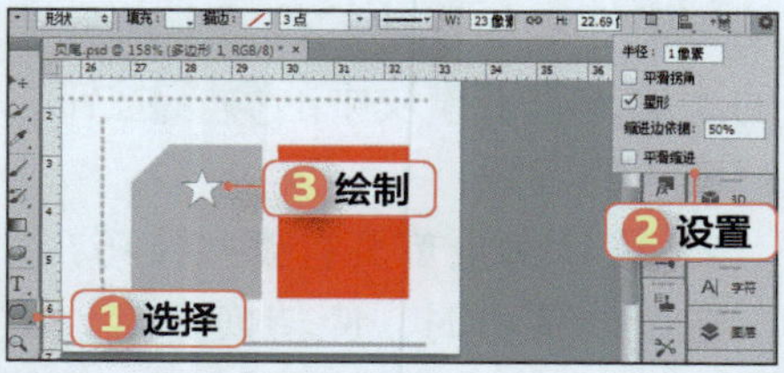

08 将前景色设置为白色，选择“横排文字工具”T，输入文本，设置字体为“微软雅黑”，加粗“收藏、TOP”文本，将“TOP”字体更改为“Agency FB”，调整文本大小，输入“>”并将其旋转“-90°”。

09 保存文件完成页尾的制作（配套资源:\效果文件\第5章\页尾.psd）。

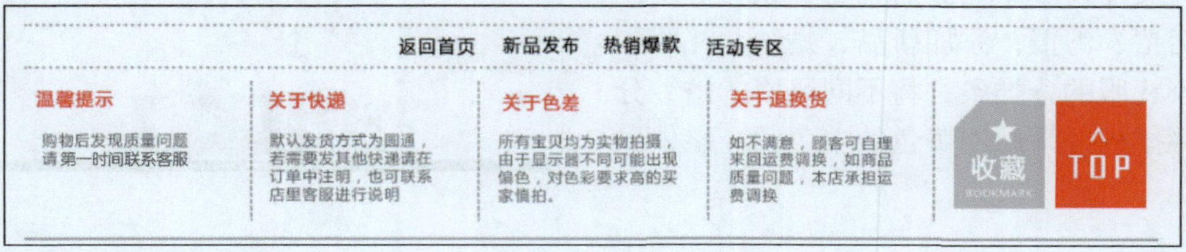

5.7 疑难破解

好的首页不单单能提升顾客的好感度，还能促进其他产品的卖出，那么如何才能制作出符合需要的首页呢？

1. 怎样应用淘宝自带的模板？

进入卖家中心，单击“店铺装修”超链接，进入“店铺装修”页面，单击“模块”选项卡，在打开的面板中选择需要的模块，按住鼠标左键不放，将其拖动到需要添加模块的位置即可完成模块的添加，单击模块中的 编辑 按钮，可进行模块的设置。

2. 设计淘宝首页有哪些技巧？

在设计首页时，应转换角度，将自己当作买家并设身处地地进行思考。当浏览一个店铺时，精致的主图或是画面将会直接引起买家的注意，从而对产品产生购买欲望和冲动。此外，页面中的掌柜热荐、宝贝热荐和左侧分类等栏目，都需要充分地利用起来，从每一个细小的资源出发，创造最大价值化的利润，将关联销售做到最大化。

5.8 边学边练——制作婚纱店铺首页

新建名为“婚纱店铺首页”的文件，利用搜集的婚纱素材（配套资源:\素材文件\第5章\婚纱店铺首页素材）制作店招、海报，添加新品、婚纱、礼服和小礼服的分类条，将不同风格的婚纱分栏排列，采用浅黄色的主色调，整体风格甜美、浪漫（配套资源:\效果文件\第5章\婚纱首页.psd）。

第6章

视频的拍摄与制作

本章导读

很多卖家在装修店铺时，会加入主图视频和详情页视频，使店铺更有特色，因此视频的拍摄和制作尤为重要。本章将讲解制作主图视频、制作详情页视频和将视频上传到网店中的方法。

知识技能

※ 掌握制作主图视频的方法

※ 掌握制作详情页视频的方法

※ 掌握将视频上传到网店中的方法

视频讲解

（视频讲解：26 分钟）

6.1 制作主图视频

主图视频可以让商品的展示更加生动灵活，全方位演示商品的功能。主图视频的时长一般为9秒，主要用于展现产品的卖点，以吸引买家的眼球。

6.1.1 拍摄宝贝视频的流程

制作主图视频之前，需要先拍摄商品视频。拍摄商品视频与拍摄商品图片不同，拍摄流程一般如下。

1. 了解商品的特点

在拍摄视频前，需要对拍摄的商品有一定的认识，了解商品的特点、使用方法和使用后的效果等。只有对商品有所了解后，才能选择合适的模特、拍摄环境、拍摄时间，然后根据商品的大小和材质来选择拍摄的器材和布光等。拍摄时，重点表现商品的特色，消费者通过视觉、听觉更好地体验商品。下图为苏泊尔一款电饭煲视频截图，虽然只有8秒，但将电饭煲的特点展现得十分清晰。

2. 道具、模特与场景的准备

了解商品的特点后，就可以准备道具、模特以及布置场景等，为视频拍摄做好前期准备工作。

- **道具** 视频拍摄可选择的道具有很多，但需要根据实际需要来选择。在室内拍摄商品需要选择适合的摄影灯，若需要对产品进行解说则需要录音设备。道具的选择要适当，否则会出现场景杂乱的现象。
- **模特** 不同的商品对模特的需求不同，有些商品甚至不需要模特，如拍摄排气扇抽油烟的过程。拍摄洗面奶的视频时，可通过模特展示洗面奶的使用过程和使用后的效果。由于模特是为产品服务的，所以不能出现主次不分的情况。
- **场景** 拍摄的场景包括室内场景和室外场景。室内场景需要考虑灯光、背景和布局等；室外拍摄则需要选择一个合适的环境，避免在人物繁杂的环境中进行拍摄。无论是室内场景还是室外场景，每款商品都需要多方位展示商品并拍摄多组视频，以便后期的挑选与剪辑。

3. 视频拍摄

一切准备就绪后，便可进行视频拍摄，在拍摄过程中为了保持画面的平衡，需要使用三脚架。

4. 后期合成

视频拍摄完成后，需要将多余的部

分剪切掉，进行多场景的组合，还需添加字幕、音频、转场和特效等操作，这些操作需要通过视频编辑软件完成。常用的视频编辑软件有会声会影和Premiere等。对新手来说，会声会影操作简单更易掌握。

6.1.2 认识会声会影

会声会影能帮助用户快速地完成视频的编辑工作。会声会影的操作界面包括步骤面板、菜单栏、预览窗口、素材库、选项面板、工具栏、项目时间轴。

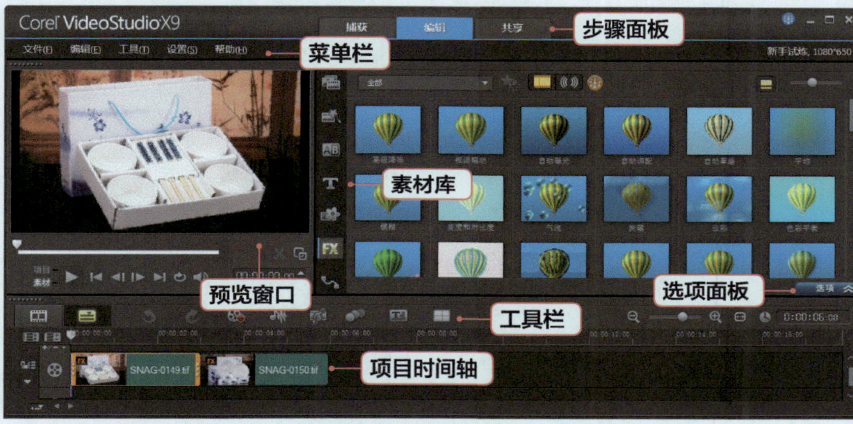

- **步骤面板**　该面板中包括了捕获、编辑和共享，即影片剪辑的3大步骤。单击对应的按钮可进行相应的操作，编辑面板是默认的面板，也是会声会影的核心部分。
- **菜单栏**　菜单栏包括文件、编辑、工具、设置和帮助5个菜单。
- **素材库**　素材库用来管理与保存素材文件，包括媒体、即时项目、转场、标题、图形、滤镜和路径等素材。
- **选项面板**　选项面板用于设置视频、素材或转场等属性，面板的内容会因素材类型及素材所在轨道的不同而有所差异。在视频轨中添加素材后双击素材；或选择素材，单击 选项 按钮，即可打开选项面板。
- **工具栏**　通过工具栏，可快速访问编辑按钮，还能使用相应的工具进行视频编辑。
- **项目时间轴**　项目时间轴是添加并编辑素材的地方，时间轴面板中包含了视频轨、覆叠轨、标题轨、声音轨和音乐轨等。

6.1.3 实战——拍摄护手霜主图视频

当了解拍摄流程后，即可进行主图视频的拍摄。本实战将拍摄一款护手霜的主图视频，主要拍摄护手霜的外观，然后拍摄使用过程以及使用后的效果，具体的拍摄过程如下。

01 拍摄前，需要先布置场景和灯光，可使用两盏带有柔光箱的摄影灯从左右两侧上方45°位置进行打光。用手拿起护手霜，展示护手霜正面的整体效果。

02 变换护手霜的位置，从不同角度展示护手霜，通过比较能直观地看到护手霜的大小。

03 将护手霜旋转至背面，用双手拖住护手霜，展示护手霜的背面信息。

04 将护手霜放下，手半握拳头的展示在镜头下，拍摄手背部在未使用护手霜时的效果。

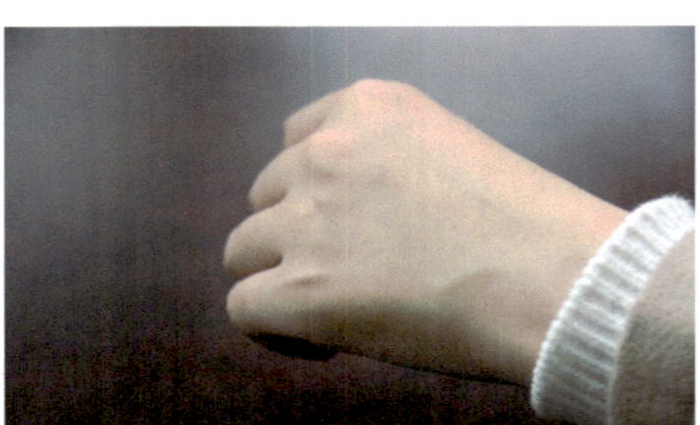

05 拿起护手霜，打开瓶盖，拍摄打开的过程，然后展示打开护手霜后的效果，能看到瓶口的大小适中，不会出现出量过多或出量不足的情况。

06 将护手霜放在手背中间，挤出一定的护手霜，展示真实使用的情况。

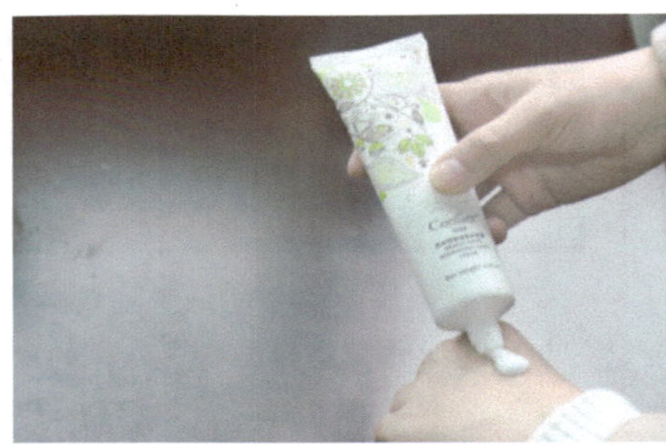

07 用手背对手背的方式涂抹护手霜，在涂抹过程中可展示涂抹时的效果。

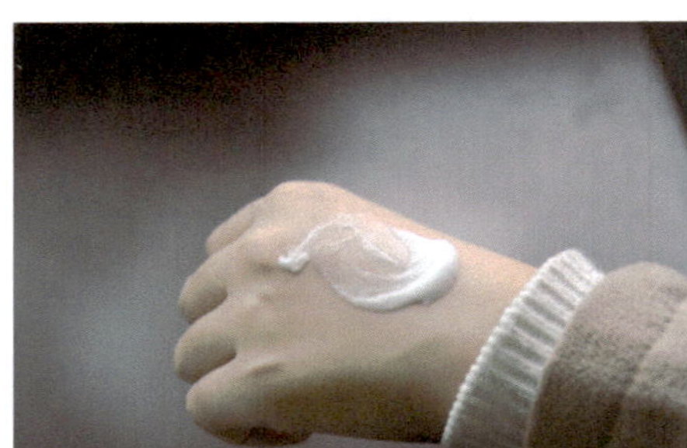

08 涂抹均匀后，对着镜头展示涂抹以后的效果，能明显地看到涂抹以后的效果。

6.1.4 实战——制作电饭煲主图视频

认识会声会影后即可进行主图视频的编辑，编辑时需先创建项目文件，并对项目文件进行编辑，这样编辑后的视频才会更加完整。

本实战将制作一款小型电饭煲的主图视频，先设置项目属性，然后进行素材捕获，再调整素材的位置，设置素材的时间，最后进行素材的编辑。具体的制作过程如下。

扫一扫

制作电饭煲主图视频

01 启动会声会影，选择【文件】/【新建项目】菜单命令，新建项目。然后选择【设置】/【项目属性】菜单命令。

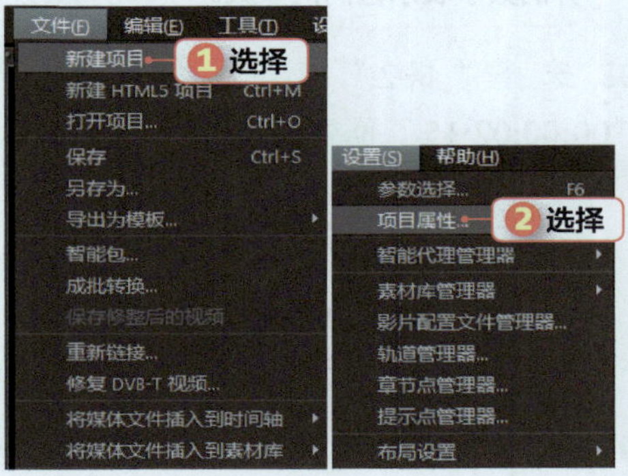

提个醒

启动会声会影后，系统会自动创建一个未命名的项目文件，用户可直接开始制作视频。

02 打开“项目属性”对话框，在“项目格式”下拉列表中选择“DV/AVI”选项，单击 编辑(E)... 按钮，打开“编辑配置文件选项”对话框，单击“AVI”选项卡，在“压缩”下拉列表中选择“MJPEG Compressor”选项，单击“常规”选项卡，单击选中“自定义”单选项，分别在“宽度”和“高度”数值框中输入“800”，单击 确定 按钮。

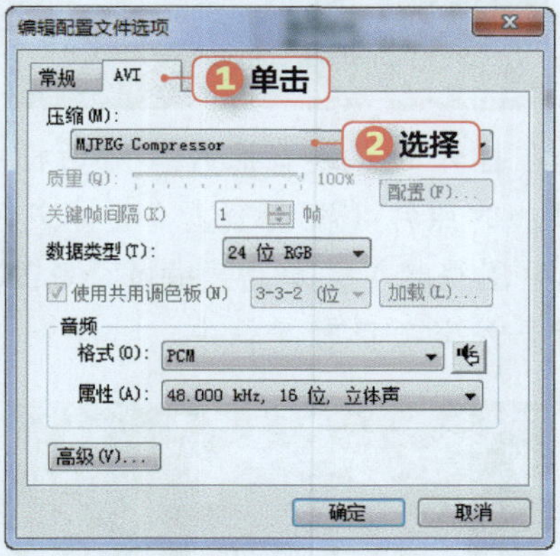

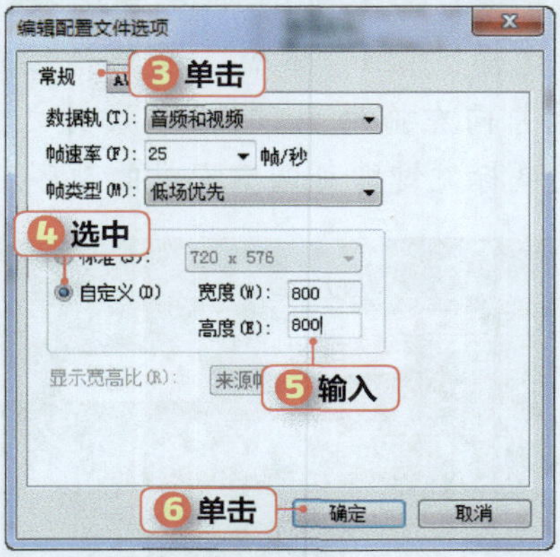

> **提个醒**
>
> 很多格式都有固定的尺寸，“自定义”单选项只有在选择AVI后，压缩格式非DV格式时，才能自定义项目的尺寸。

03 返回“项目属性”对话框，单击 确定 按钮。选择【文件】/【将媒体文件插入到时间轴】/【插入照片】菜单命令。

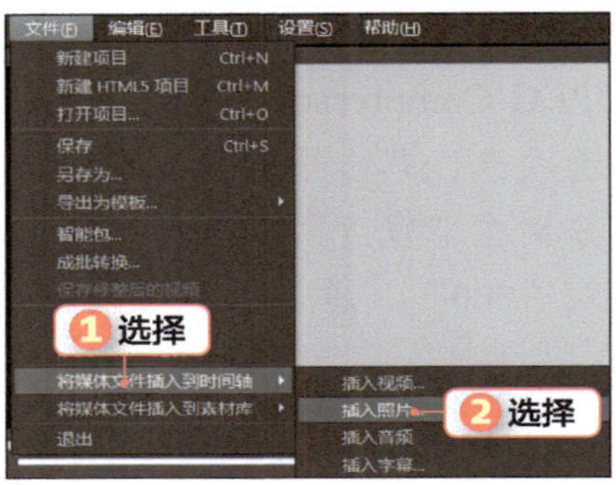

04 在打开的“浏览照片”对话框中选择添加的照片（配套资源:\素材文件\第6章\主图视频），单击 打开(O) 按钮，将素材导入至项目时间轴中。

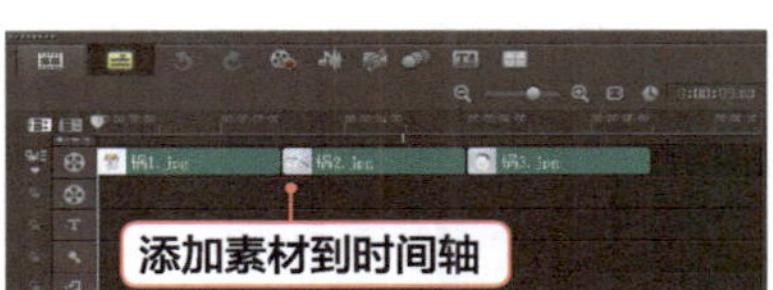

05 选择“锅3”素材，按住鼠标左键不放并向左拖动至“锅1”素材之前，释放鼠标左键即可调整素材的顺序。

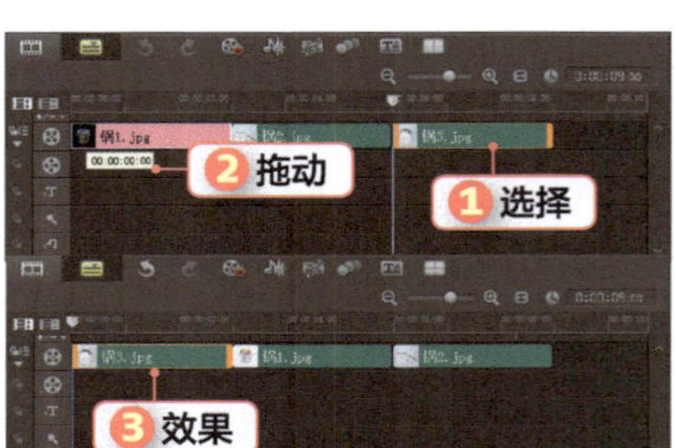

06 使用相同方法，将“锅1”和“锅2”素材的位置进行互换。

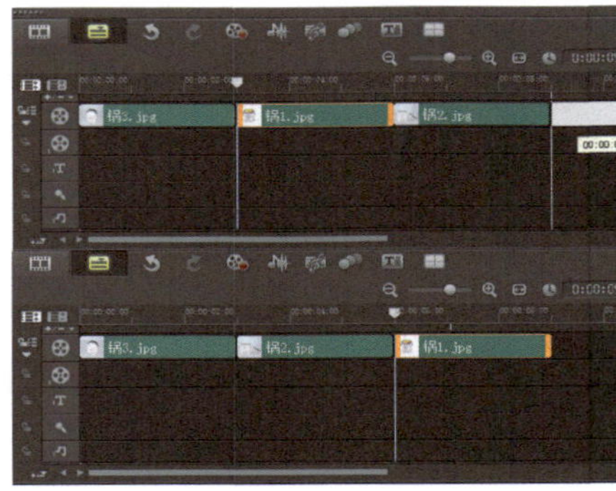

07 选择“锅3”素材，单击 选项 按钮，打开选项面板，设置时间为“00:00:04:00”，按“Enter”键确认。使用相同的方法将“锅2”素材的时间设置为“00:00:04:00”。

> **提个醒**
>
> 直接在素材的左侧或右侧使用鼠标进行拖动，也可调整时间的区间，鼠标旁的数字表示区间的参数。

08 选择“锅2”素材，将其拖动至“00:00:02:15”位置处。

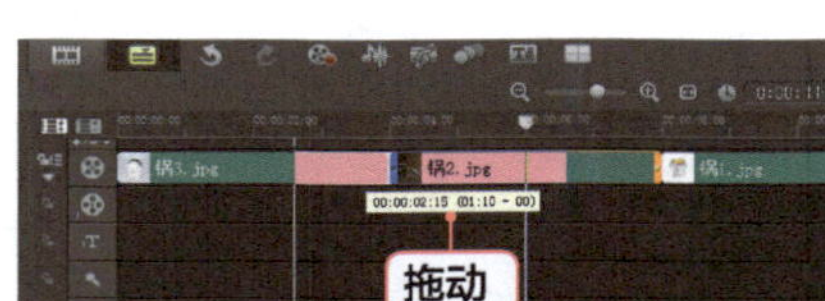

09 选择“锅1”素材，将其拖动至“00:00:05:10”位置处。

10 在两段素材之间将自动添加转场效果。

11 选择【文件】/【另存为】菜单命令，打开“另存为”对话框，在其中设置文件的保存路径和文件名，单击 保存(S) 按钮，即可保存项目文件（配套资源:\效果文件\第6章\主图视频.VSP）。

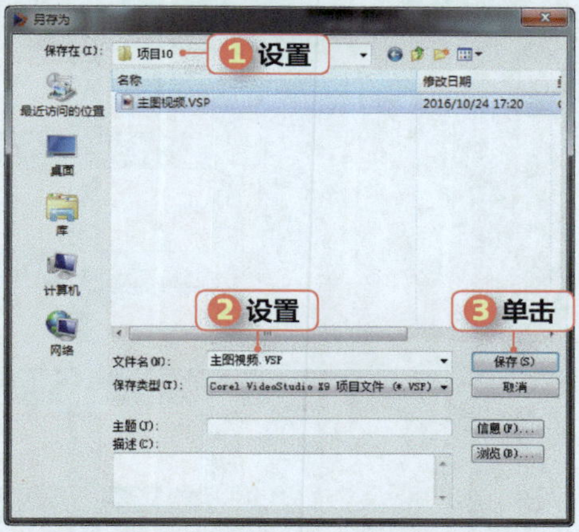

高手支招

若两段素材之间有重合，会声会影会自动添加转场效果，制作时也可根据需要重新选择并添加。

6.2 制作详情页视频

详情页的视频时长在1分钟左右较为合适，若时间太长会影响买家的观看心情，因此需将不必要的内容裁剪掉，并对视频添加字幕、音乐等特效。下面讲解分割视频和添加特效、字幕和音乐的方法。

6.2.1 分割视频素材

分割素材是将一段完整的素材分为多段内容，以便进行视频位置的调换，或将不需要的视频片段删除。常用的分割素材的方法有以下两种。

- **预览窗口剪辑** 将视频导入项目时间轴面板后，可在预览窗口进行播放预览其效果，在需要剪辑的位置，单击“根据滑轨位置分割素材”按钮可进行剪辑，视频将被分割为两段。
- **按场景分割** 一个完整的影片通常由多个场景组合而成，在视频轨道添加素材后，可根据不同的场景将其自动分割为单个场景的视频文件。完成该操作只需单击“按场景分割”按钮即可实现。

6.2.2 添加视频转场特效

会声会影将转场效果分成了16个种类，分别是3D、相册、取代、时钟、过滤、胶片、闪光、遮罩、果皮、推动、卷动、旋转、滑动、伸展、擦拭、覆盖转场。用户选择一个分类后，可运用具体的转场效果到场与场之间。

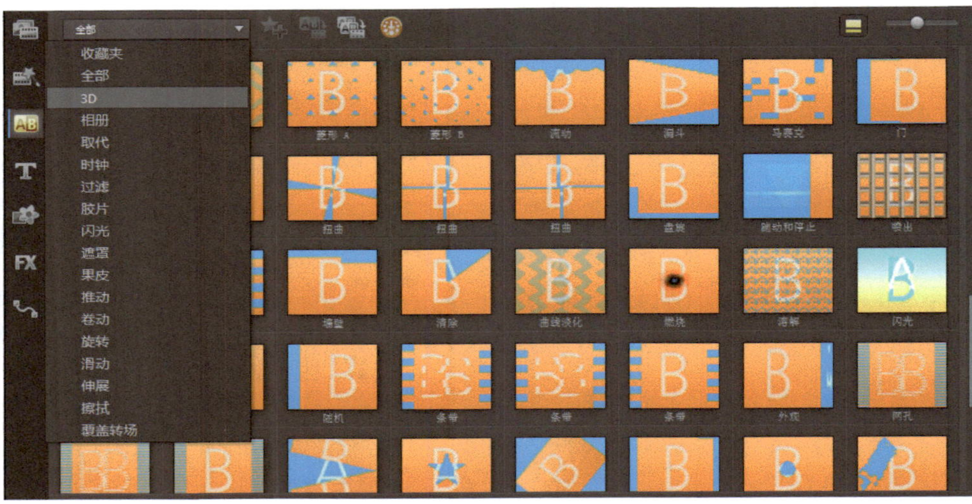

- **3D** 该转场的画面呈现3D效果，前面的素材逐渐退出画面，后面的素材逐渐显示。如手风琴、飞行翻转、门、旋涡等。
- **相册** 相册类别中只有一个翻转效果，是模拟翻转相册的方式，通过翻过前面的素材显示后面的素材。
- **取代** 该类别的效果使后面的素材逐渐取代前面的素材，是通过棋盘或交错的方式来实现的。
- **时钟** 该类别的效果是通过模仿时钟转动的效果进行场景转换，可转动1圈、半圈、四分之一圈或其他的角度。
- **过滤** 该类别的效果是通过燃烧、打碎、逐渐透明、断电等方式逐渐去除前面的素材来显示后面的素材。
- **胶片** 胶片转场是模仿相机胶片以不同的方式撕开前面的素材，然后逐渐显示后面的素材。
- **闪光** 闪光转场中只有一个闪光效果，是以闪光灯的方式，通过很强的亮光来进行场景的过渡和转换。
- **遮罩** 遮罩是以某种形状的素材作为遮挡逐渐显示后面的素材，也可以前面的素材作为遮罩逐渐显示后面的素材。
- **果皮** 果皮类效果类似于剥果皮的方式，可选择不同的角度和方式剥开前面的素材逐渐显示后面的素材。
- **推动** 推动类别中的转场是后面的素材推动并逐渐替代前面的素材。
- **卷动** 卷动类转场效果是模仿卷画轴的原理，通过不同的方式卷起前面的素材逐渐显示后面的素材。
- **旋转** 旋转类转场是以旋转的方式，使前面的素材逐渐退出画面，然后逐渐显示后面的素材。
- **滑动** 滑动类转场是前面的素材向某个方向逐渐退出画面，直至画面中完全显示后面的素材。

● **伸展** 伸展类转场是后面的素材以双开门、方盒、单向等方式逐渐伸展直至填充满画面。

● **擦拭** 擦拭类转场是以不同的形状或不同的方法擦除前面的素材，逐渐显示后面的素材。

● **覆盖转场** 覆盖转场与擦拭转场效果类似，是以不同的形式擦除前面的素材，然后逐渐显示后面的素材。

6.2.3 添加视频字幕

在会声会影中添加字幕可通过“标题”素材库的模板实现，也可直接输入字幕，然后设置文字的样式。

1. 添加字幕模板

“标题”素材库中提供了很多种预设的字幕，可直接添加至标题轨，也可将预设的字幕添加到覆叠轨，单击预览面板中的“播放”按钮▶，预览添加模板的效果，然后修改文字内容，文字将自动运用模板预设的样式。

2. 输入字幕

单击“标题”按钮T，此时预览窗口中将显示“双击这里可以添加标题。”字样，此时可直接在预览窗口中输入文字。

6.2.4 录制视频声音

在会声会影中还可录制声音。单击项目时间轴面板上的“录制/捕获选项”按钮，可打开“录制/捕获选项”对话框，选择“画外音”选项，打开“调整音量”对话框，单击 录制 按钮后，有5秒钟时间测试话筒的音量。单击 开始(S) 按钮将开始进行声音的录制，单击 取消(C) 按钮将关闭对话框，按“ESC”键或“Space”键停止声音的录制。录制完成后，将在声音轨上已有音频的右侧生成一个新的素材。

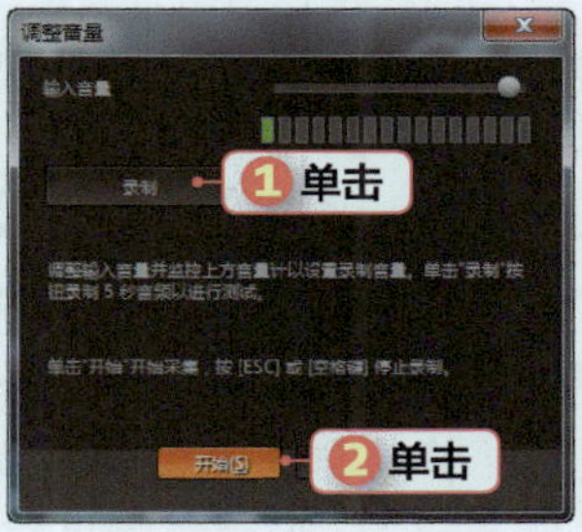

6.2.5 实战——分割详情页视频

本实战将先导入视频素材文件，然后按不同的场景进行分割，分割素材后，设置素材的大小与项目属性的大小相同，调整素材的顺序，删除多余的素材。具体的操作步骤如下。

扫一扫

分割详情页视频

01 启动会声会影，选择【文件】/【新建项目】菜单命令新建项目。选择【设置】/【项目属性】菜单命令，打开“项目属性”对话框，在“项目格式”下拉列表中选择“DV/AVI”选项，在“现有项目配置文件”列表框中选择“DV(720×576,16:9,50i)”选项，单击 确定 按钮。

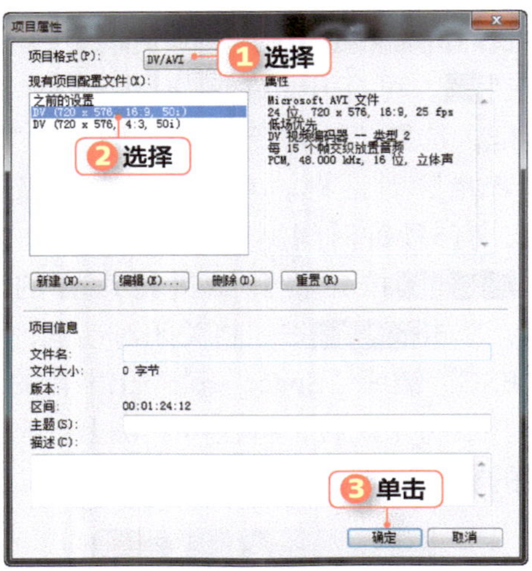

02 选择【文件】/【将媒体文件插入到时间轴】/【插入视频】菜单命令，在打开的“浏览照片”对话框中选择添加的视频（配套资源:\素材文件\第6章\视频剪辑.avi），将视频素材导入时间轴。

03 选择视频素材，单击 选项 按钮，打开选项面板，单击“视频”选项卡，单击“按场景分割”按钮，打开“场景”对话框，在“扫描方法”下拉列表中选择“帧内容”选项，单击 选项(T)... 按钮。

04 打开“场景扫描敏感度”对话框，拖动滑块设置“敏感度”为“65”，单击 确定 按钮。

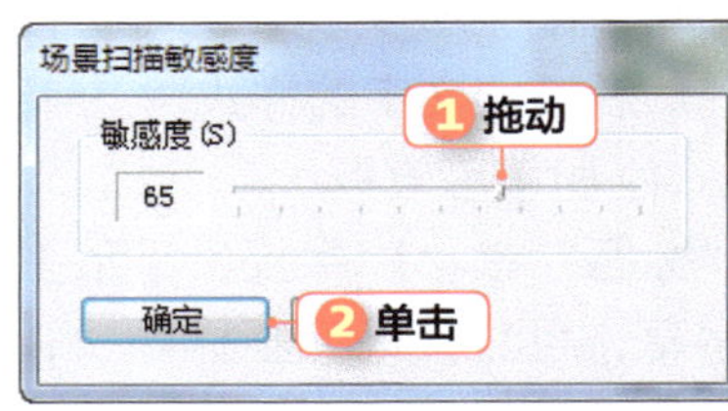

提个醒

敏感度的数值越高，其场景检测越精确，素材分割的段数也越多。

05 返回“场景”对话框，单击 扫描(S) 按钮，在“检测到的场景”列表框中将显示检测到的场景，单击 确定 按钮。

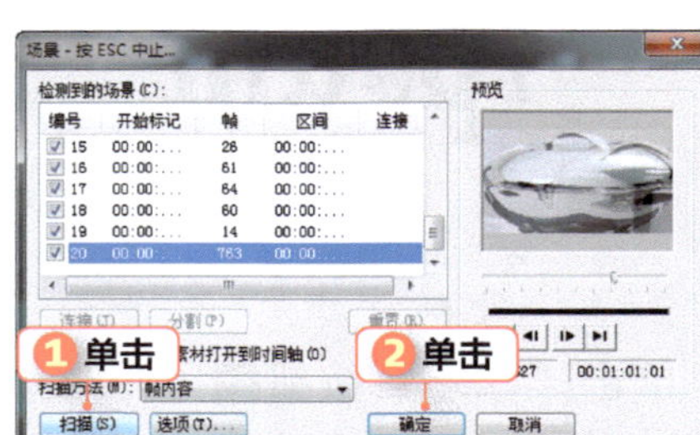

06 在视频轨中将视频按场景分割为多段。

07 选择第1段视频，双击鼠标左键，打开选项面板，单击“视频”选项卡，在“重新采样选项”下拉列表中选择“保持宽高比（无字母框）”选项。

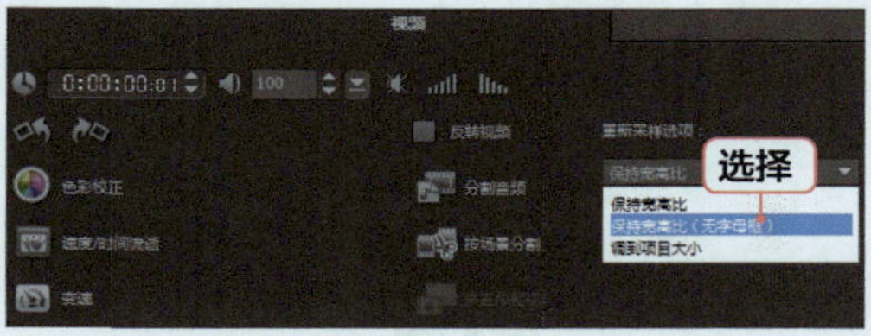

08 设置后视频将和项目的大小一致，使用相同的方法，设置其他视频片段与项目大小一致。

09 选择第9段视频，双击鼠标左键打开选项面板，单击“速度/时间流逝”按钮，打开“速度/时间流逝”对话框，在“速度”数值框中输入“264”，单击 确定 按钮。

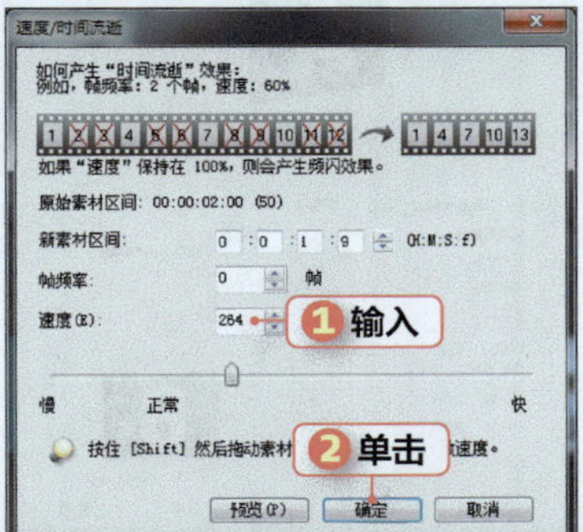

10 选择第16段视频，按“Delete”键将其删除，或单击鼠标右键，在弹出的快捷菜单中选择“删除”命令，将其删除。

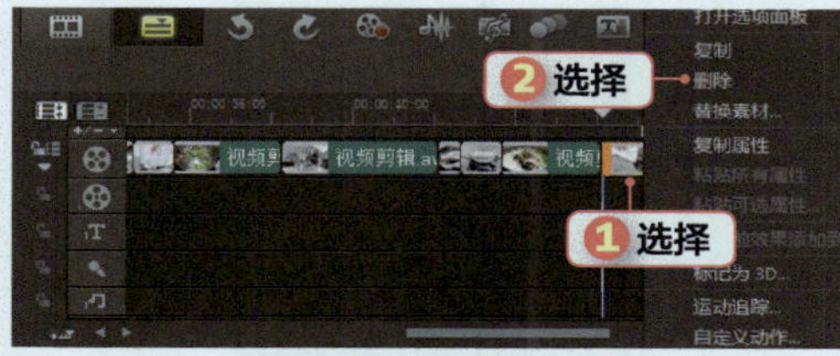

11 使用相同的方法，删除多余的视频片段，拖动视频，将其移动至合适的位置。选择【文件】/【另存为】菜单命令，打开“另存为”对话框，在其中设置文件的保存路径和文件名，单击 保存(S) 按钮，即可保存项目文件（配套资源:\效果文件\第6章\详情页视频.VSP）。

6.2.6 实战——为详情页视频添加转场与特效

会声会影中每个素材为不同的场，转场就是设定场与场之间的过渡方式，使素材与素材之间场景的过渡更加自然。会声会影中自带了多种转场效果，本实战将为视频之间添加自带的转场效果，然后编辑添加的转场效果，其具体的操作步骤如下。

扫一扫

为详情页视频添加转场与特效

01 启动会声会影，选择【文件】/【打开项目】菜单命令，在打开的对话框中选择需要打开的素材，单击打开按钮，打开“素材\.VSP”素材文件（配套资源:\素材文件\第6章\素材1.VSP）。

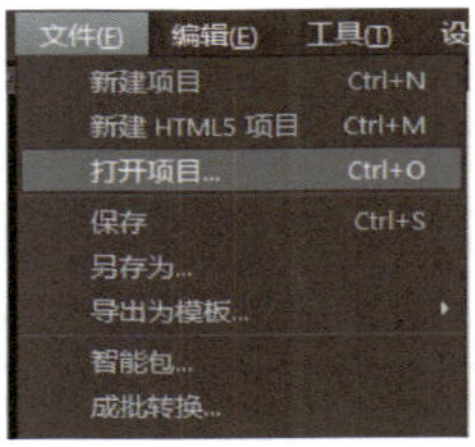

02 单击“转场”按钮AB，单击“全部”右侧的下拉按钮，在打开的下拉列表中选择“相册”选项，选择“翻转”转场，将其拖动至第1段与第2段素材之间。

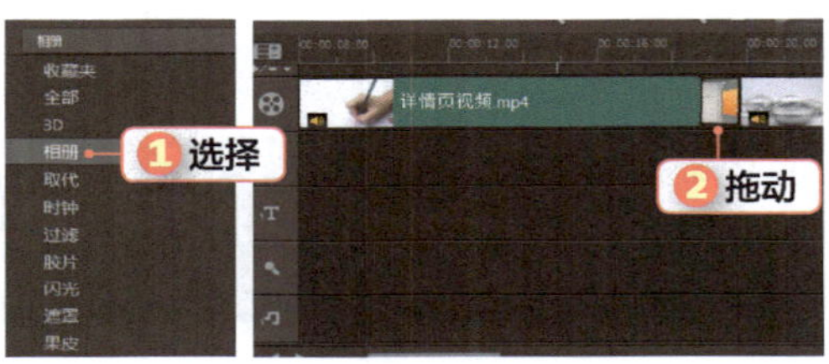

高手支招

在“转场”素材库的转场上单击鼠标右键，在弹出的快捷菜单中选择“对视频轨应用当前效果”命令，可在视频轨中的所有素材之间应用该转场。

03 使用相同的方法，为第2段和第3段素材之间添加“过滤”类中的“交叉液化”转场。

04 选择素材之间的“翻转”转场，单击选项按钮，打开选项面板，设置时间为“00:00:02:00”，设置柔化边缘为“弱柔化边缘”。

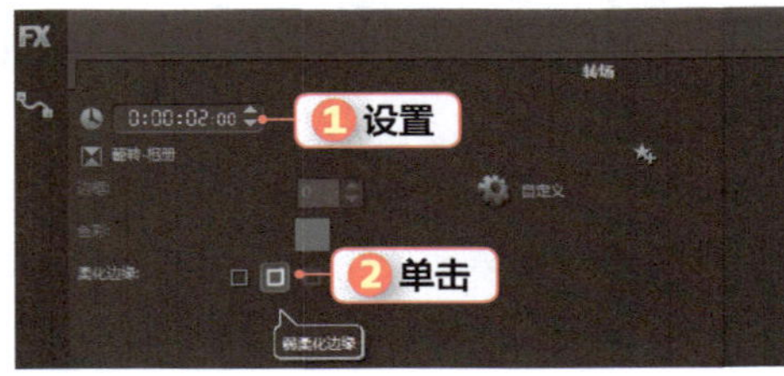

05 单击自定义按钮，打开“翻转—相册”对话框，设置“大小”为“34”。

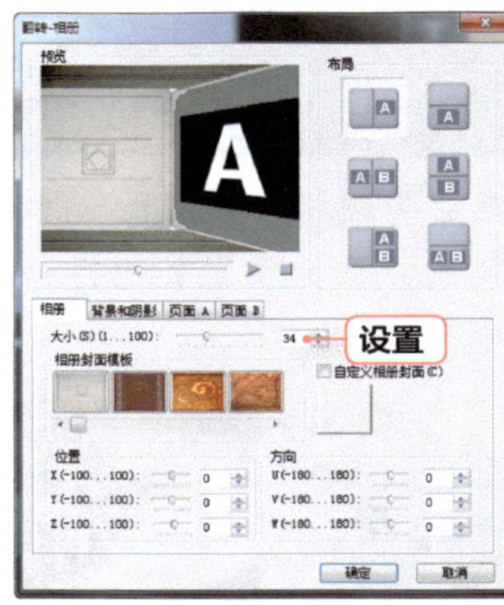

06 单击“页面A”选项卡，选择“相册页面模板”中的第4个选项，设置页面B为相同的选项。

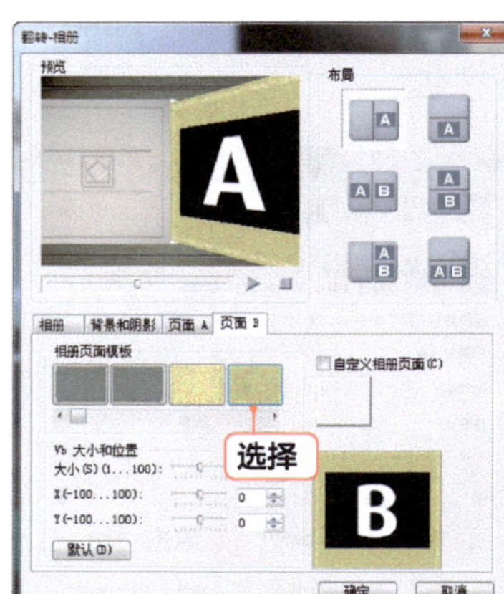

07 选择第2段和第3段素材中的转场，拖动右侧黄色的边框，调整转场区间，

保存文件即可（配套资源:\效果文件\第6章\添加转场.VSP）。

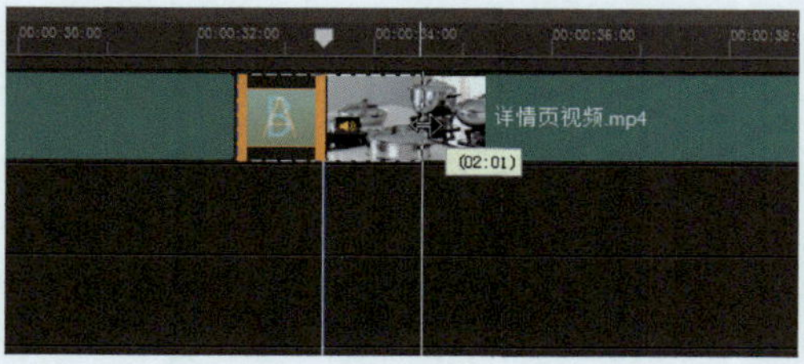

6.2.7 实战——为视频添加字幕

本实战将为视频添加字幕。先打开视频，为第1段和第2段素材添加字幕，并设置其参数；第3段素材直接在预览窗口输入文字，然后通过选项面板设置其参数。具体的操作步骤如下。

扫一扫

为视频添加字幕

01 启动会声会影，选择【文件】/【打开项目】菜单命令，在打开的对话框中选择需要编辑的素材，单击打开(O)按钮。打开“添加字幕.VSP”素材文件（配套资源:\素材文件\第6章\添加字幕.VSP），单击“标题”按钮，在打开的“标题”素材库中选择第1排第2个标题样式，将其拖动到标题轨上。

02 单击预览面板中的“播放”按钮▶，预览标题的效果。在项目时间轴中双击标题，或在预览面板中双击标题，进入字幕编辑状态。

03 在文字外单击鼠标左键，选择文字，打开选项面板，设置颜色为“#0040ff”。单击“自定义文字背景的属性”按钮，打开“文字背景”对话框，单击“单色”单选项后的色块，在打开的列表中选择颜色，单击确定按钮。

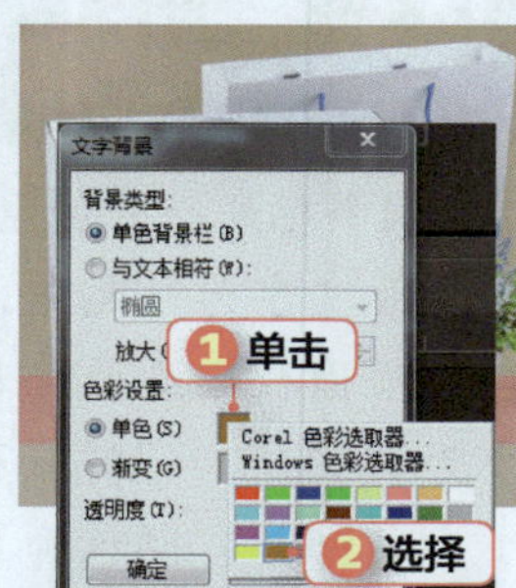

04 单击边框/阴影/透明度按钮，打开“边框/阴影/透明度”对话框，单击“阴影”选项卡，选择第4种阴影，设置“X”为“7.3”，“Y”为“0.3”，颜色为黑色，单击确定按钮。

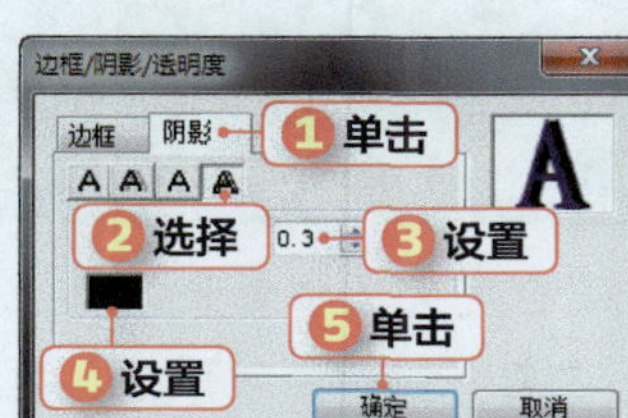

05 在选项面板中单击“属性”选项

卡，在应用下方选择第1个选项。

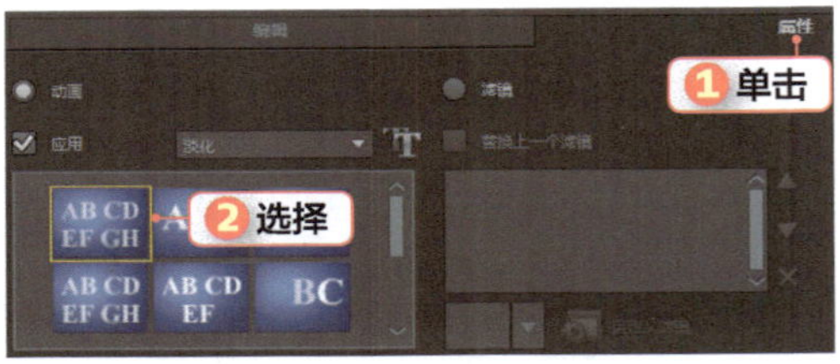

06 在预览面板中调节暂停区间，然后拖动字幕至合适的位置。

07 将第3排第4个标题样式拖动至第2个素材下方，修改文字为“釉中彩健康不掉色”。在选项面板中设置“釉中彩”的字体大小为“80”，“健康不掉色”的字体大小为“55”，颜色为白色，角度旋转为“15”。

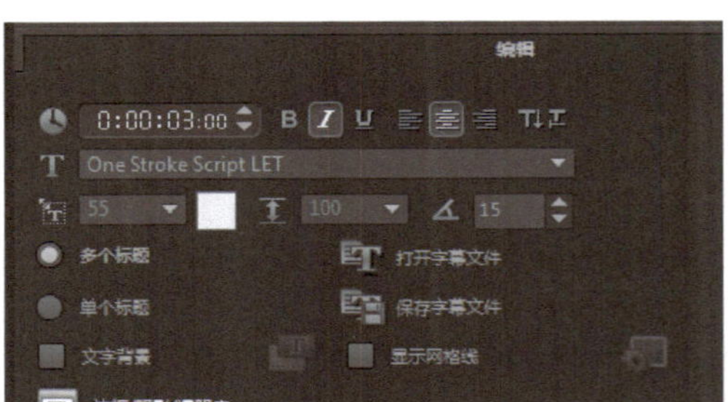

08 单击“自定义文字背景的属性”按钮，打开“文字背景”对话框，设置颜色为红色，单击确定按钮。

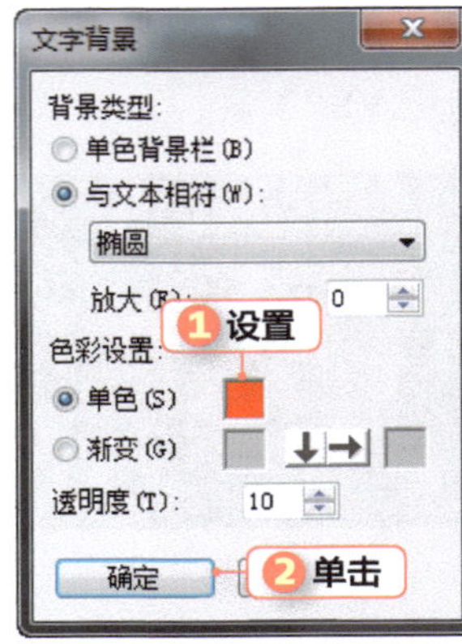

09 在选项面板中单击“属性”选项卡，在应用右侧的下拉列表中选择“淡化”选项，然后在下方的列表框中选择第2个选项，然后拖动字幕至合适的位置。

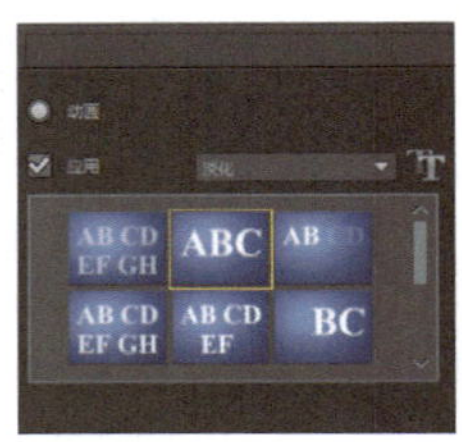

10 单击“标题”按钮，此时预览窗口中将显示“双击这里可以添加标题。”字样，此时可直接在预览窗口中输入文字。

11 打开选项面板，单击“将方向更改为垂直”按钮，单击边框/阴影/透明度按

钮，打开“边框/阴影/透明度”对话框，单击选中“外部边界”复选框，设置边框宽度为“5.0”，“线条色彩”为“红色”，文字透明度为“3”，柔化边缘为“1”，单击确定按钮。

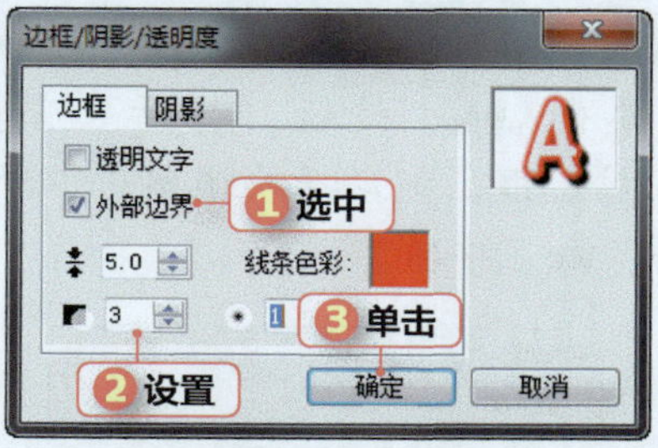

12 拖动字幕至合适的位置，保存项目文件（配套资源:\效果文件\第6章\添加字幕.VSP）。

6.2.8 实战——为视频添加音频

音频包括背景音乐、旁白和配音等。在项目时间轴面板中包括声音轨和音乐轨。通常情况下，背景音乐添加至音乐轨中，旁白与配音插入至声音轨中。

本实战将为视频添加音频。先导入音频素材，然后对音频素材进行剪辑，使其长度与视频的长度一致，再设置淡入淡出的效果，最后为音频素材添加“音量级别”音频滤镜，并设置其参数。具体的操作步骤如下。

扫一扫

为视频添加音频

01 启动会声会影，选择【文件】/【打开项目】菜单命令，在打开的对话框中选择“添加音频.VSP”素材文件（配套资源:\素材文件\第6章\添加音频.VSP），单击打开(O)按钮，选择【文件】/【将媒体文件插入到时间轴】/【插入音频】/【到音乐轨】菜单命令。

02 在打开的对话框中选择“背景音乐.mp3”音频素材（配套资源:\素材文件\第6章\背景音乐.mp3），单击打开(O)按钮，素材将被导入至音乐轨。

03 将鼠标指针移动至视频轨素材结束的位置，单击“根据滑轨位置分割素材”按钮，音频素材将被裁剪为两段。

04 选择第2段音频素材，按“Delete”键删除，选择音频素材，单击 选项 按钮，打开选项面板，单击“淡入”按钮和“淡出”按钮。

05 单击“混音器”按钮，通过拖动音频素材上的节点调整淡入点和淡出点。

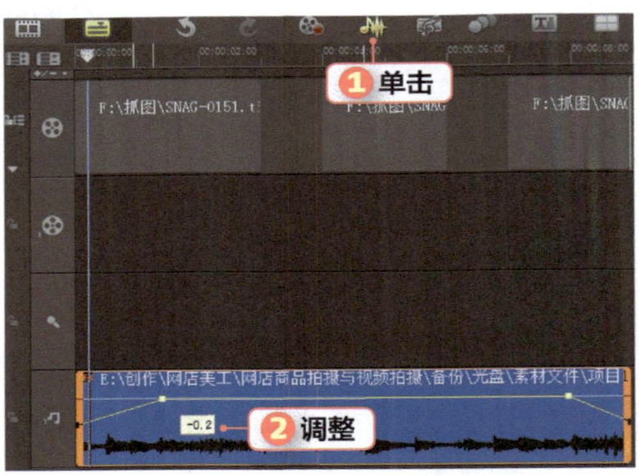

06 单击“混音器”按钮，在选项面板中单击“音频滤镜”按钮，打开“音频滤镜”对话框，在“可用滤镜”列表框中选择“音量级别”选项，单击 添加(A)>> 按钮。

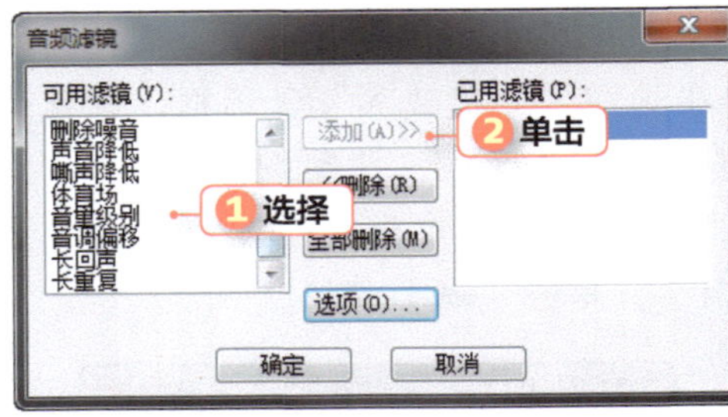

07 单击 选项(O)... 按钮，打开“音量级别”对话框，拖动滑块调整为“8”，单击 确定 按钮。

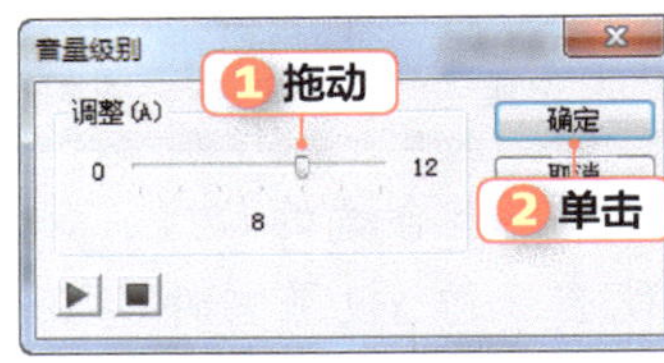

08 返回“音频滤镜”对话框，单击 确定 按钮，返回时间轴面板，此时，声音素材左上角将显示Fx滤镜的标志。保存项目文件（配套资源:\效果文件\第6章\添加音频.VSP）。

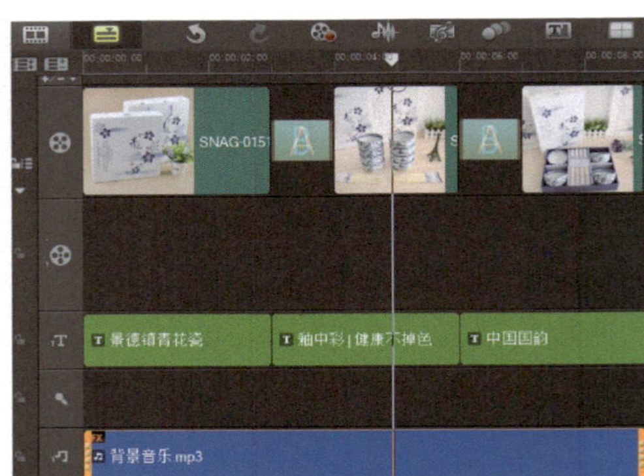

6.3 将视频上传到网店中

视频制作完成后，需先输出视频，再将对应板块的视频分别上传到网店，应用到淘宝主图、首页或详情页中。

6.3.1 输出视频

淘宝网不支持在会声会影中制作的VSP格式文件，所以VSP格式文件不能直接上传到淘宝网中。淘宝网一般支持上传的视频格式有WMV、AVI、MPG、MPEG、3GP、MOV、MP4、FLV、F4V、M4V、M2T、MTS、RMVB、VOB和MKV。

要将会声会影中制作的视频文件上传到淘宝网上，需将视频文件输出为相应的格式。其方法为：打开需要输出的项目文件，单击步骤面板中的 共享 按钮，打开“共享”面板，单击选中“与项目设置相同”前的复选框，在其下方选择需要输出的视频格式，然后设置“文件名”和“文件位置”，单击 开始 按钮进行渲染，渲染完成后单击 确定 按钮即可。

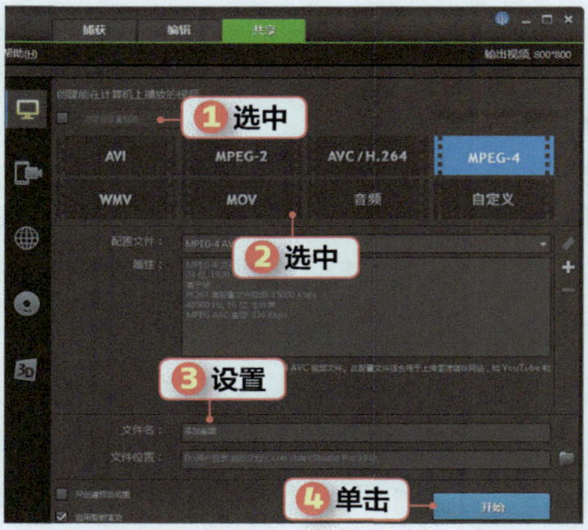

6.3.2 支持视频功能的商品类目

目前，淘宝上大多数商品类目是支持视频功能的，如男装、护肤品、书籍、零食、家装主材、厨房电器、运动鞋、笔记本电脑、布艺软饰、工艺饰品、特色手工艺、基础建材、3C数码配件等类目。仅有少部分类目，如成人用品和内衣等不支持视频功能。

6.3.3 上传视频的要求

上传视频至淘宝店铺中，视频需要符合以下要求。

- **视频的大小和长度** 视频不能大于2GB。主图视频的时长在9秒内，无线视频店铺的时长不能超过2分钟，详情页视频的时长不能超过1分钟，微淘的视频时长不能超过3分钟。
- **视频的内容** 视频中不能有违反主流文化、反动政治题材和色情暴力的内容，以及侵害他人合法权益和侵犯版权的视频片段。

6.3.4 实战——上传主图视频

上传主图视频需要先订购无线视频服务。下面通过淘宝卖家中心将主图视频上传至淘宝店铺中，具体的操作步骤如下。

扫一扫

上传主图视频

01 在淘宝网“卖家中心”首页单击“发布宝贝”超链接，在打开的页面中选择产品类目信息，单击 我已阅读以下规则，现在发布宝贝 按钮。

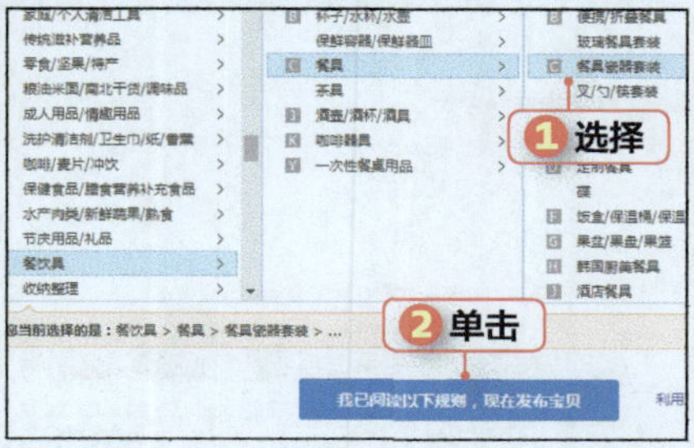

02 在“宝贝基本信息”栏中输入宝贝的信息，在“宝贝图片”区中单击 视频中心 按钮，在打开的页面中单击

上传视频按钮。

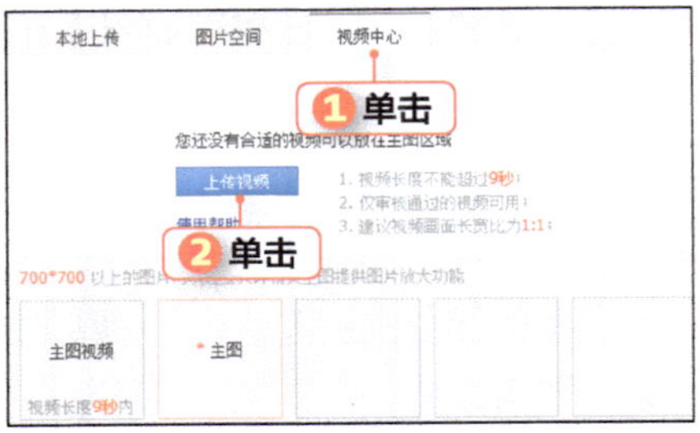

03 单击“电脑端视频”选项卡，单击上传视频按钮。

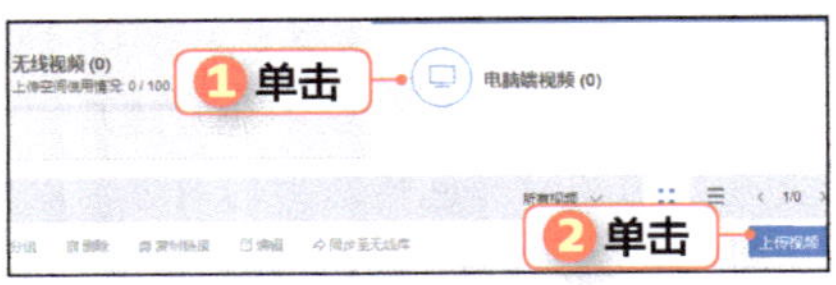

04 在打开的页面中单击“+”按钮，在打开的对话框中选择视频，单击打开(O)按钮，等待视频上传。

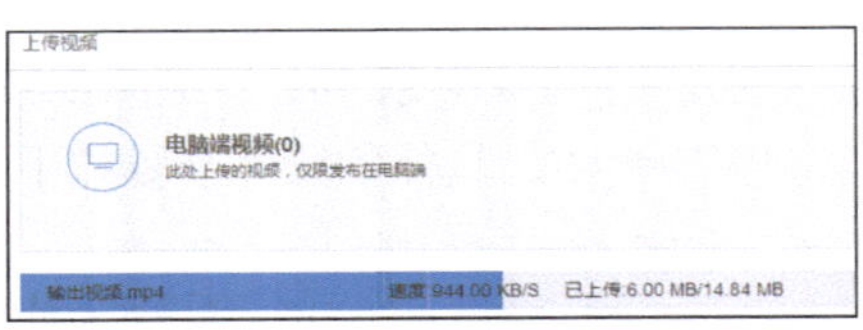

05 上传完成后，填写相关信息，并选择一张视频截图作为封面，单击选中“同意《上传服务协议》”复选框，单击确认按钮。

06 上传视频后需要等待审核。单击“素材管理”超链接，可查看上传的视频。

6.3.5 实战——上传详情页视频

上传详情页视频时，需要先将详情页视频上传到其他视频网站，获得HTML代码后才能上传到淘宝店铺。上传详情页视频的具体操作如下。

扫一扫

添加详情页视频

01 将视频上传至爱奇艺或优酷等网站，单击视频右侧的分享按钮，在打开的列表中复制“html代码”文本框中的代码。

02 在淘宝发布商品页面的“宝贝描述”栏中单击“详情导航模块”按钮详情导航，在打开的下拉列表中单击“新建模块”超链接。

03 在打开的页面中输入标题，单击

"源码"按钮<>，在下方文本框中粘贴代码，单击新增并立即使用按钮。

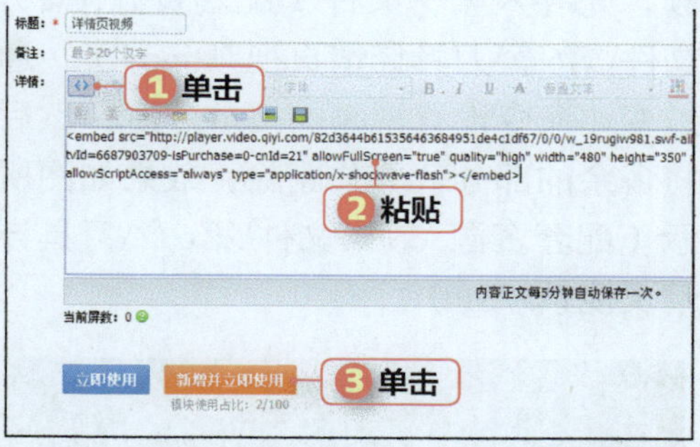

04 返回宝贝发布页面，在宝贝描述中将插入视频，单击网页下方的发布按钮即可。

6.4 疑难破解

1. 视频的基本术语有哪些？

在拍摄视频之前，需要先了解视频的基本术语，包括像素、分辨率和帧速率等。

● **像素与分辨率** 像素是构成数码影像的基本单元，通常用单位面积内的像素来表示影像分辨率的大小。分辨率有很多类型，包括打印分辨率、影像分辨率、显示分辨率等。常见的是影像分辨率，相机中的分辨率就是影像分辨率。分辨率是指画面的解析度，由像素构成，通常以乘法的形式表示，如1024像素×768像素。像素数值越大，表示分辨率越高。分辨率越高，图像越清晰；分辨率越低，图像越模糊。

● **帧速率** 帧速率指每秒钟显示图片的帧数，单位为帧/秒。对影片内容而言，帧速率是指每秒所显示的静止帧格数。要想生成平滑连贯的动画效果，帧速率一般不小于8帧/秒，电影的帧速率为24帧/秒。目前，国内电视使用的帧速率为25帧/秒。理论上，捕捉动态内容时，帧速率越高视频越清晰，所占用的空间也越大。帧速率对视频的影响主要取决于播放时所使用的帧速率大小。若拍摄了8帧/秒的视频然后以24帧/秒播放，则是快放的效果。相反，若用高速功能拍摄96帧/秒的视频，然后以24帧/秒的帧速率播放，其播放速率将放慢至1/4，视频中的所有动作将会变慢，如同电影中常见的慢镜头播放效果。

2. 常用的视频格式有哪些特点？

在会声会影中可根据输出视频的用途，将视频输出为不同格式，常用的视频格式的特点介绍如下。

● **AVI** AVI是将语音与影像组合在一起，对视频采用一种有损压缩方式的视频格式。图像质量较好，使用范围很广泛，缺点是占用空间较大。

● **MPEG** MPEG格式包括MPEG-1、MPEG-2 和MPEG-4视频格式，MPEG-1主要应用于VCD，MPEG-2主要应用于DVD。MPEG-4是目前视频制作软件中应用比较广泛的视频格式，多用于音频视频方面，目前大多数平台都支持该格式的播放。其优点是压缩效率高，占用空间小。

- **MOV** MOV即QuickTime影片格式，也是较常用到的格式。虽然MOV采用了有损压缩方式，但QuickTime因具有跨平台、存储空间小等特点，其画面效果比AVI格式稍微要好一些，无论是进行本地播放或作为视频流格式在网上播放，都是一种优良的视频编码格式。
- **WMV** WMV文件可同时包含视频和音频部分，是微软推出的一种数字视频压缩格式。在同等视频质量的情况下，WMV格式的体积非常小，因此适合在网上播放与传输。
- **3GP** 在自定义下，可选择3GP格式。3GP为一种3G流媒体的视频编码格式，它主要在手机上使用。目前，支持视频拍摄的手机基本上都支持3GP格式的视频播放。

6.5 边学边练

1. 制作牛排主图视频

下面制作某牛排商家的主图视频，先自定义项目的大小，然后导入视频素材（配套资源:\素材文件\第6章\牛排主图），设置播放速度，调整素材的位置，自动添加转场效果，最终效果如下（配套资源:\效果文件\第6章\牛排主图视频.VSP）。

2. 制作刀具详情页视频

要求制作某刀具产品的详情页视频，先导入素材文件（配套资源:\素材文件\第6章\刀具详情页视频.mp4），通过变速命令设置视频的播放速度，然后将多余的部分裁剪并删除，效果如图所示（配套资源:\效果文件\第6章\刀具详情页视频.VSP）。

第 7 章

制作商品详情页

本章导读

如果说首页是店铺的“脸面”，那么商品详情页就是店铺的“五官”，买家在淘宝首页搜索并单击商品主图后，会直接进入商品详情页。据统计，约99%的顾客是在查看详情页后下单的，由此可见商品详情页在网店装修设计中的重要性。本章将详细介绍商品详情页中常见的模块的设计方法，帮助用户提高商品详情页的制作水平。

知识技能

※ 认识商品详情页
※ 掌握焦点图的制作方法
※ 掌握商品卖点图的制作方法
※ 掌握商品细节图的制作方法

视频讲解

（视频讲解：35 分钟）

7.1 认识商品详情页

商品详情页不仅能向顾客展示商品的规格、颜色、细节、材质等属性信息，还能向顾客展示宝贝的特点及优势。顾客是否喜欢该商品，很大程度上取决于该商品的详情页设计。

7.1.1 商品详情页的设计要点

商品详情页的模块需要根据商品进行策划。对于数码产品等标准化商品，用户大多数是基于理性购买，关注的重点多为功能性，此时就需要涉及细节展示、宝贝参数、功能展示等模块；对于非标准化商品，如女装、手包、珠宝饰品等，用户更多的是基于感性购买，此时宝贝的展示、场景的烘托等就显得尤为重要。总之，商品详情页的内容要引发消费者的兴趣，在策划模块时需要把握以下3点。

- **引发兴趣、激发潜在需求** 商品详情页可以利用创意性的焦点图来吸引顾客眼球，兴趣点可以是商品的销量优势、商品的功能特点、商品的目标消费群、营销等，以激发顾客的潜在需求。

- **赢得消费者信任** 赢得消费者信任可从商品细节的完善、买家痛点和商品卖点的挖掘、同类商品对比、第三方评价、品牌附加值、消费者情感、塑造拥有后的感觉等方面入手。下图通过对比使用BB霜前后的效果，说服客户购买。

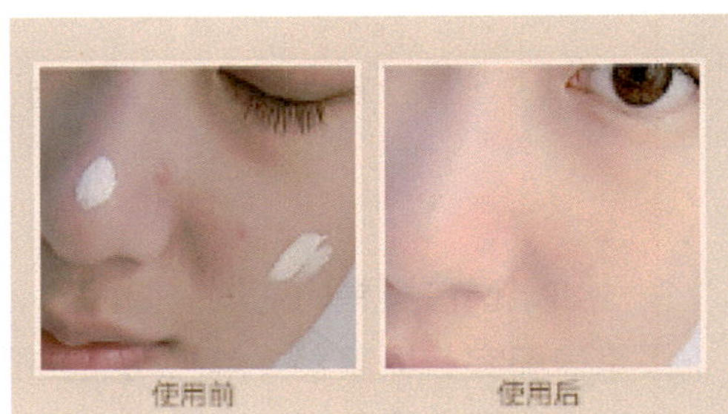

- **替顾客做决定** 通过品牌介绍、数量有限、库存紧张、欲购从速等手段号召犹豫不决的顾客快速下单。若买家浏览整个详情页后仍然没有下单，可通过相关推荐模块进行商品推荐。下图通过限制时间来号召犹豫不决的顾客快速下单。

7.1.2 商品详情页的设计思路与设计准备

商品详情页是提高转化率的关键因素，好的描述内容不但能激发顾客的消费欲望，增加顾客对店铺的信任感，还能打消顾客的消费疑虑，促使顾客下单。因此，设计时要注意，设计详情页的目的不是要告诉顾客本商品该如何使用，而是要说明该商品在什么情况下使用会产生怎样的效果。通常可按照如下步骤进行设计思路规化和设计准备。

- **设计商品详情页应遵循的前提** 商品详情页主要用于进行商品细节和显示效果的展示，需要与宝贝标题和主图契合，从真实性中体现商品的信息。商品中起决定性作用的多为产品本身，因此，在设计时不能只在乎图片的效果而忽略产品本身的价值。
- **设计前的市场调查** 市场调查是掌握商品行情的基础。设计前需分别进行市场调查、同行业调查、规避同款和消费者调查等。从调查的结果中分析消费者人群的消费能力、喜好，以及顾客购买所在意的问题等。
- **调查结果及产品分析** 当完成简单的市场调查后，可根据商品市场调查结果对商品进行系统的总结，整理出消费者所在意的问题，同行的优缺点，以及自身商品的定位，挖掘商品与众不同的卖点。
- **关于商品定位** 不同商品有不同的定位，可根据商品定位设计需要表现的内容，如卖皮草的店铺，需将皮草的质感、款式、风格展示出来，而不能只是将东西放着拍照，因为皮草属于高端产品。
- **商品卖点的挖掘** 商品卖点即商品拥有的独一无二的特点和特色。每一个商品因为其功能的不同，需要展现的卖点也有所不同。商品卖点越清晰诱人，越够提升成交率。例如，某个卖键盘膜的商家，将键盘膜“薄”的特点，作为商品的最大卖点，并通过“超薄的键盘膜”文案，让商品从众多同类型商品中脱颖而出，从而导致销量和评分大增。
- **开始准备设计元素** 根据消费者分析以及产品自身卖点的提炼，根据宝贝风格的定位，开始准备所用的设计素材，宝贝描述所用的文案，并确定宝贝描述的用色、字体、排版等。最后还要烘托出符合宝贝特性的氛围，例如羽绒服产品的背景可以采用雪景、冰山等元素。

7.1.3 商品详情页的设计原则

通常情况下，商品详情页的上半部分应主要说明商品的价值，下半部分则主要用于培养顾客的消费信任感。在设计时，可遵循以下原则。

- **逻辑** 在制作宝贝描述时应遵循一定的顺序。①店铺活动和场景效果图；②商品图和材质工艺细节图；③尺寸说明和质检合格证展示；④关联推荐、品牌展示和防损包装、品牌形象。每个店铺的情况不同，还可根据自己店铺的具体要求，添加一些其他内容，达到层层递进的效果。
- **亲切** 在现实生活中跟人相处的第一印象很重要，有人会给你亲切的感觉，有人会给你难以接近的感觉，毋庸置疑我们更喜欢跟亲切的人做朋友。那么制作商品详情页也一样，在制作前，首先要了解商品针对的人群的特性，根据目标买家特性制定文案风格，如儿童用品常采用活泼可爱的风格。
- **真实** 网上购物最重要的是得到买家的信任，该信任需建立在买家对店铺商品的了解上，所以要在强调商品真实性的前提下，尽量多角度、全方位地展现商品原貌，减少客服人员的工作量，提高客户自主购物的概率。
- **氛围** 并不是所有买家浏览网站都目的明确，部分买家可能只是逛逛，没有真正需要购买的宝贝。这部分买家比较喜欢购物的氛围，当进入详情页后，具有吸引力的焦点图，完整的商品展示图，以及优惠的促销信息，都会使买家有一种心动的感觉，从而促进购买。

● 专业　网店美工在制作详情页时，必须体现出自己的专业性，可从侧面烘托宝贝的优势，并给予最专业、最有利的市场行情对比。因为买家更相信专业的信息，专业的详情页描述可以更好地指引买家购物，如卖羊毛衫的店铺，可以从羊毛的角度切入，从真羊毛和假羊毛在质感、颜色上的区别来进行专业叙述，让买家在选购时可以直观地获得专业的肯定。

● 品牌　随着生活水平的不断提高，品质的要求也变得越来越高，对品牌的认知程度也越来越高，所以卖家在打造详情页时，要通过品牌文化，做出产品保证，并通过品牌文化竖立产品信心。

● 图片质量　宝贝描述中的图片质量是非常重要的，所以尽量用优质大图以及少量文字进行搭配。在制作宝贝描述时，手机端和PC端的图片不能共用，需要分别进行设计与制作。

7.2 制作焦点图

详情页的焦点图一般位于宝贝基础信息的下方，是为推广该款宝贝而设计的海报，由商品、主题与卖点3部分组成，目的在于吸引消费者购买该商品。详情页焦点图的尺寸为宽750像素，高400~600像素，其设计方法与首页海报的设计方法相似。下面对焦点图的设计要点和制作方法分别进行介绍。

7.2.1 焦点图的设计要点

详情页焦点图的设计一般有2个目的：明确商品主体，突出商品优势；承上启下，做好商品信息的过渡。基本上，所有的卖点都是大同小异的，如何突出自己商品的优势，在文案与图片的设计上就要讲究创意，如通过突出商品的特色，或通过优劣商品进行对比，将自己商品的优势展现出来。众所周知，商品详情页一般是通过商品主图引导访客点击查看的，因此商品主图、详情页焦点图、商品卖点图等要相互衔接。下图为淘宝上物生物保温杯的主图与详情页焦点图，可以看出详情页焦点图对主图信息进行了延伸。

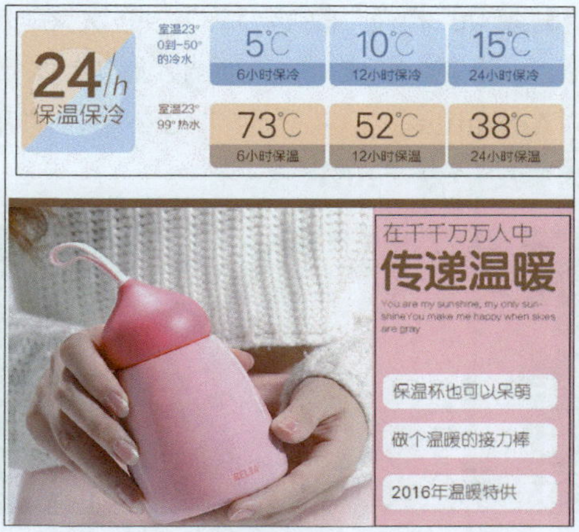

7.2.2 实战——制作灯具焦点图

本实战中的灯具焦点图主要由简单的家居装饰图片，简约的灯具，以及说明性的文字组成，将场景与灯具进行融合，体现灯具的简约性和美观性。具体的制作过程如下。

扫一扫

制作灯具焦点图

01 新建大小为750像素×450像素，分辨率为72像素，名为“灯具焦点图”的文件。打开“焦点图背景1.jpg”素材文件（配套资源:\素材文件\第7章\焦点图背景1.jpg），将其拖动到背景中，调整图片的位置和大小。

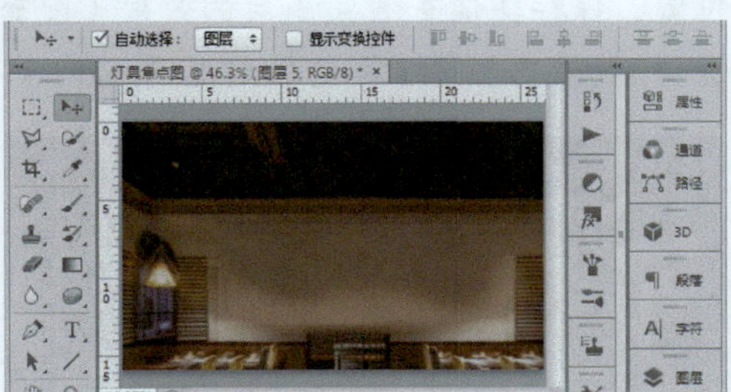

02 打开“焦点图背景2.jpg”素材文件（配套资源:\素材文件\第7章\焦点图背景2.jpg），将其拖动到背景中，调整图片的位置和大小，并在“图层”面板中设置“不透明度”为“55%”。

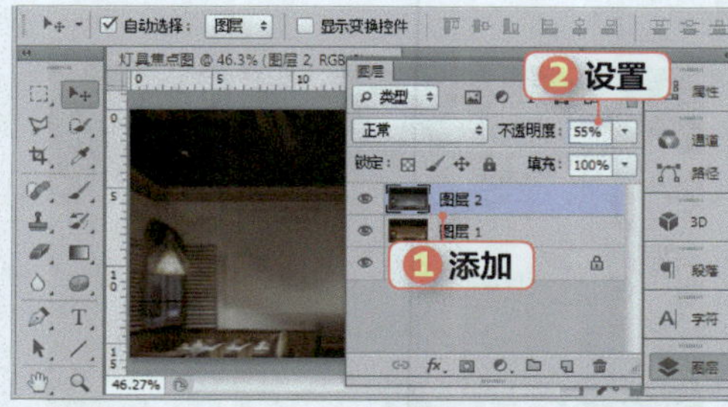

03 新建图层，在工具箱中选择“渐变工具”，设置渐变方式为“#c6c6c6到透明渐变”，自上而下添加渐变颜色，并设置图层混合模式为“柔光”。

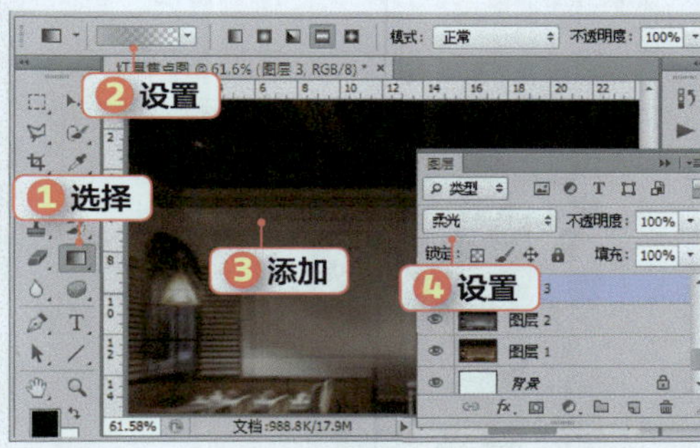

04 新建图层，选择“矩形选框工具”，在图像的下方绘制矩形选区，再次选择“渐变工具”，自上而下在选区中添加渐变颜色，并设置图层混合模式为“柔光”。

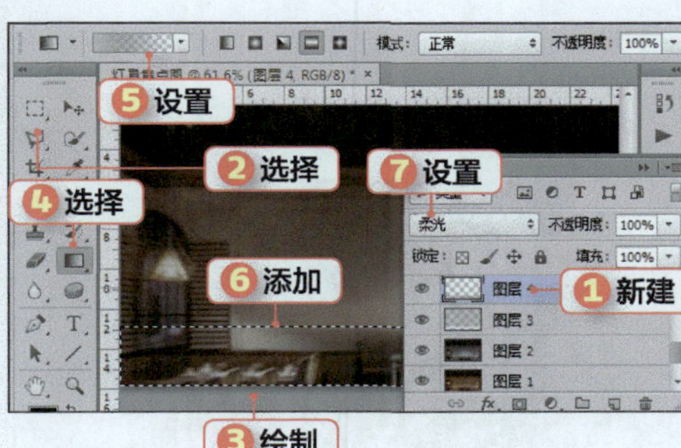

05 打开“灯具.psd”素材文件（配套资源:\素材文件\第7章\灯具.psd），将其中的图层1拖动到背景中，调整图像的位置和大小。

06 新建图层，选择“矩形选框工具”，在图像右侧绘制矩形选区，并按“Alt+Delete”组合键填充前景色，最后设置“不透明度”为“80%”。

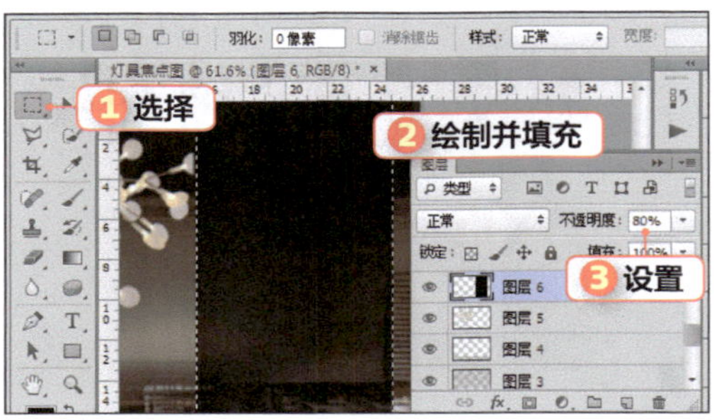

07 选择“直排文字工具”，在矩形中输入“BRANCH LAMP”，在工具属性栏中设置字体为“Prague Std”，字号为“60点”，颜色为“#fefefe”；在“图层”面板中设置“不透明度”为“10%”。

08 使用相同的方法，再次在矩形左侧输入文字，并设置字体为“Aparajita”，字号为“12点”，“不透明度”为“10%”。

09 选择“直排文字工具”，在矩形中输入“Began in one thousand”，在工具属性栏中设置字体为“Prague Std”，字号为“25点”，再在“图层”面板中设置“不透明度”为“90%”，图层混合模式为“柔光”。

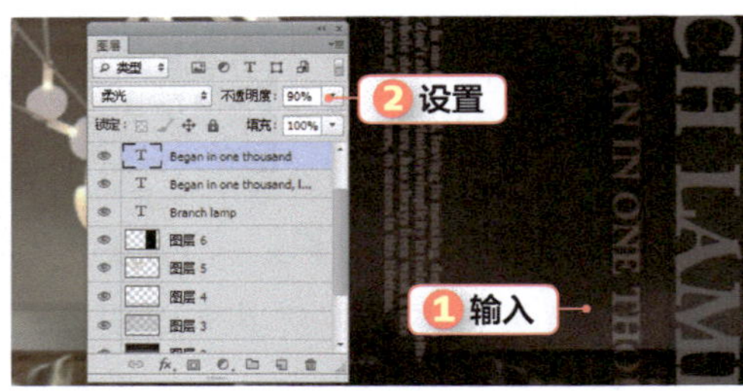

10 再次选择“直排文字工具”，输入下图所示文字，设置字体为“方正兰亭粗黑简体”，调整字体大小和位置，保存图像查看完成后的效果（配套资源:\效果文件\第7章\灯具焦点图.psd）。

7.3 制作商品卖点图

商品卖点图可让顾客对商品的属性有个基本的了解，并通过展示效果，让顾客产生继续看下去的兴趣。

7.3.1 商品卖点的特征

商品卖点是吸引消费者购买商品或者服务的理由。商品卖点一般具有以下3个特征。

- 卖点独特，能够激发顾客购买的欲望。共性的商品特征如果能第一个说出来，可影响顾客的购买行为，如农夫山泉的“有点甜”。
- 有足够的说服力，能打动顾客的心。这就要求卖点要与消费者核心利益息息相关，如空调的“变频”与“回流”，面膜的抗衰、美白、补水的功效。
- 长期传播的价值及品牌辨识度。

7.3.2 商品卖点提炼的原则与方法

提炼商品卖点的方法有很多，可以从商品概念、市场地位、商品线、服务、价格、时间、售后、品质和风格等方面入手。

- **FAB法则** F指属性或功效（Feature或Fact），即自己商品的特点和属性；A是优点或优势（Advantage），即自己与竞争对手的不同之处；B是客户利益与价值（Benefit），指这一特点或优点带给顾客的利益。如在购买纯银耳环时，商品的卖点图中标明“过敏免退费”，既可说明商品的卖点，又能体现顾客的利益。
- **从商品概念提炼** 一个完整的商品概念是立体的，包括核心商品、形式商品、延伸产品3个层次。核心商品是指商品使用价值；形式商品是指商品的外在表观，如原料、技术、外形、品质、重量、体积、视觉、手感、包装等；延伸商品是指商品的附加价值，如服务、承诺、身份、荣誉等。
- **从更高层次的需求提炼** 从情感、时尚、热点、公益、梦想等更高级别的需求角度提炼卖点。若以情感为诉求，可以适当加深人们对产品的好感，如雕牌洗衣液的“妈妈，我可以帮你干活了”，以孩子对母亲的理解和支持来突出卖点。

7.3.3 实战——制作灯具卖点图

灯具卖点图主要用于展示灯具的特点。在制作时先制作展示图片，通过展示图片体现灯具的单个展现效果。再通过场景应用效果的展示，突出灯具在客厅、卧室、餐厅中的展现效果。最后通过风格的说明，增强买家的购买信心。具体的制作方法如下。

扫一扫

制作灯具卖点图

01 新建大小为750像素×3750像素，分辨率为72像素/英寸，名为“灯具卖点图”的文件。在工具箱中选择“椭圆工具”，设置填充颜色为“#d2d2d2”，在左上角按住“Shift”键不放绘制圆。选择“横排文字工具”，在“字符”面板中设置字体为“Machine BT”，字号为“90点”，颜色为“#ffffff”。

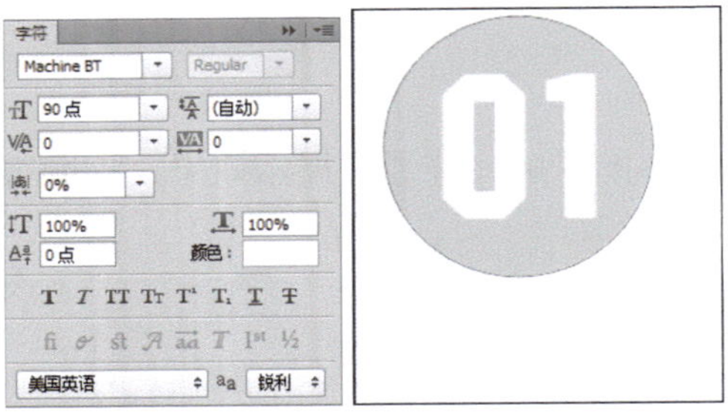

02 再次选择“横排文字工具”T，在圆的右侧输入下图所示文字，设置中文字体为“方正中倩简体”，英文字体为“Times New Roman”，颜色为“#9d9c9c”，调整字体大小和位置。选择“直线工具”╱，在“高品质铁艺灯体”文字的下方绘制粗细为“1像素”的直线。

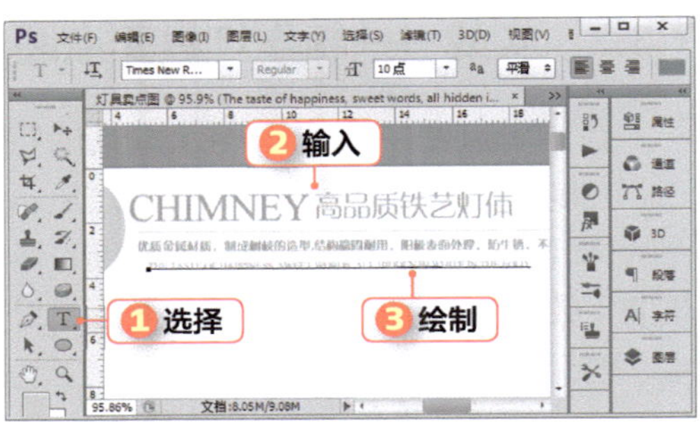

03 选择“直线工具”╱，在工具属性栏中设置描边颜色为“#d2d2d2”，描边粗细为“1.5点”，选择下图所示的虚线样式，并在文字下方绘制虚线。

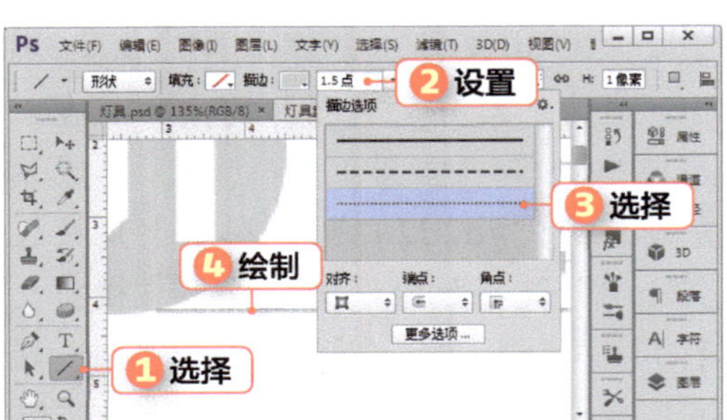

04 打开“自行车.psd”素材文件（配套资源:\素材文件\第7章\自行车.psd），将其拖动到圆的下方，添加自行车图像。

05 选择“矩形工具”▭，设置填充颜色为“#d2d2d2”，在文字的右侧绘制4个12像素×100像素的矩形。

06 新建图层，选择“钢笔工具”✒，绘制装饰图形，按“Ctrl+Enter”组合键将图形转换为选区，并填充为“#e5e5e5”。打开“灯具.psd”素材文件（配套资源:\素材文件\第7章\灯具.psd）将其拖动到绘制的图像上方。

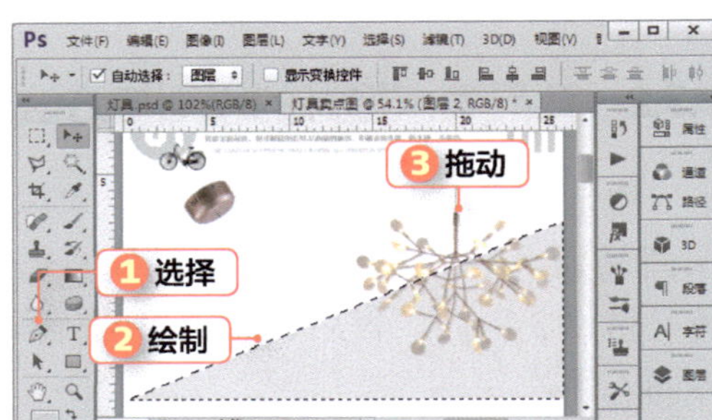

07 再次选择“横排文字工具”T，在灯的左侧输入下图所示文字，设置中文字体为“方正中等线简体”，英文字体为“Times New Roman”，调整字体大小和位置。

08 新建图层，选择“钢笔工具”，绘制装饰图形，按“Ctrl+Enter”组合键将图形转换为选区，并填充为“#e5e5e5”。打开“灯具.psd”“树枝.psd”素材文件（配套资源:\素材文件\第7章\灯具.psd、树枝.psd）将其拖动到绘制的图像上方。

09 选择“横排文字工具”，在灯右侧输入下图所示文字，设置中文字体为“方正中等线简体”，英文字体为“Times New Roman”，字体颜色为“#696969”，调整字体大小和位置。新建图层，使用“钢笔工具”在文字的下方绘制三角形，并填充颜色为“#696969”。

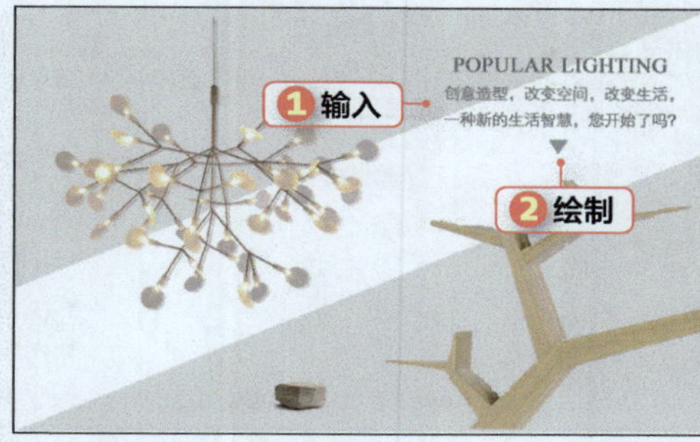

10 选择“横排文字工具”，在灯下方输入下图所示文字，设置字体为“汉仪太极体简”，调整字体大小和位置。选择“圆角矩形工具”，在文字的下方绘制圆角矩形。

11 选择“钢笔工具”，绘制下图所示图形，并填充为“#d2d2cf”，选择“橡皮擦工具”，擦除最上方的填充，使其形成虚化效果。

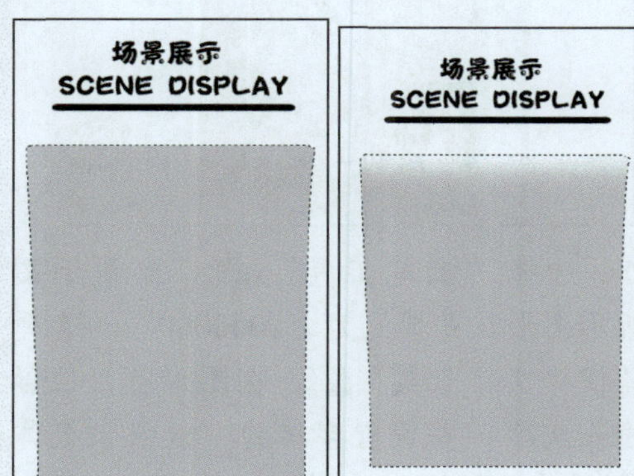

12 使用钢笔工具在图像里面绘制矩形，并填充矩形颜色为“#f3f0eb”。

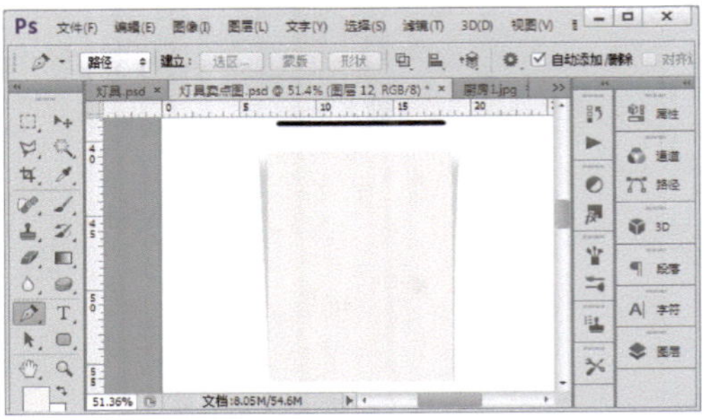

13 打开“灯具.psd”“树枝.psd”“图片1.jpg”素材文件（配套资源:\素材文件\第7章\灯具.psd、树枝.psd、图片1.jpg）将其拖动到图像中，调整图像的位置，选择“图片1”所在图层，在其上单击鼠标右键，在弹出的快捷菜中选择“创建剪贴蒙版”命令，将“图片1”嵌入到矩形中。

14 选择“钢笔工具”，绘制下图所示图形，并填充为“#000000”。选择“横排文字工具”，在图形空白位置输入文字，并设置字体为“汉仪太极体简”，字号为“30点”。

15 打开“图片2.jpg”“图片3.jpg”“图片4.jpg”素材文件（配套资源:\素材文件\第7章\图片2.jpg、图片3.jpg、图片4.jpg）将其拖动到图像中，调整图像的位置。

16 新建图层，在第1张图片的左上角绘制矩形选框，并填充颜色为“#fdfefe”，在“图层”面板中单击按钮，添加蒙版。选择“画笔工具”，并设置前景色为“#000000”，在矩形框的右侧进行涂抹，使其形成渐变效果。

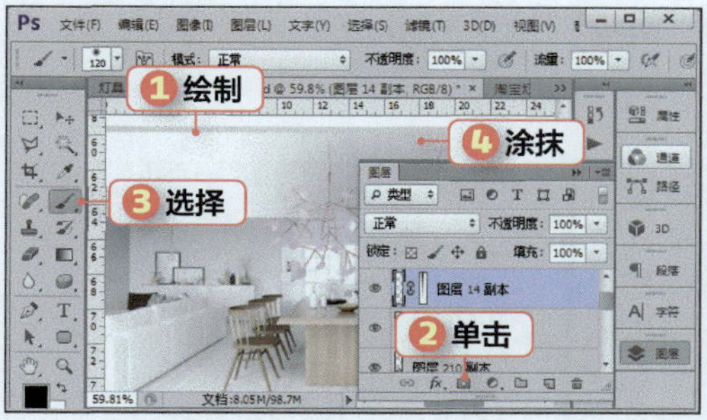

17 选择"横排文字工具"，在矩形中输入下图所示文字，设置中文字体为"黑体"，英文字体为"Constantia"，调整字体大小、颜色和位置。新建图层，使用"钢笔工具"在"WEHUHOME DECO"文字上绘制矩形，并填充颜色为"#252935"。

18 选择所有文字图层，在图层面板中单击按钮，链接图层，按住"Alt"键不放，对文字和矩形进行复制，并分别运用到其他图片中。

19 选择上方的横条，将其复制到图片的下方，并将其名称修改为"适用风格"，打开"图片5.psd"素材文件（配套资源:\素材文件\第7章\图片5.psd），将其拖动到图像的最下方，调整各个图片的位置。

20 选择"横排文字工具"，在矩形中输入下图所示文字，设置中文字体为"方正中等线简体"，英文字体为"Constantia"，调整字体大小、颜色和位置。使用"钢笔工具"在"SUIT AVARIETY OF STYLES"文字上绘制矩形，并填充颜色为"#252935"。

21 保存图像查看完成后的效果（配套资源:\效果文件\第7章\灯具卖点图.psd）。

7.4 制作商品信息展示图

商品信息展示图可以细分为参数说明图、实物拍摄展示图、颜色展示图、全方位展示图等。通过实物拍摄、颜色展示、全方位展示可以使消费者更直观地查看商品，但对于一些具体参数，如材质、硬度、品质和厚薄等仍然无法通过肉眼获取准确的信息。此时，就需要为商品添加参数说明，让顾客对商品有更直观的了解。

7.4.1 商品参数的常用表达方式

在淘宝中，商品参数的表达方式多种多样，可以根据商品参数的多少与商品的特征进行灵活设计。常用的商品参数表达方式有以下4种。

- **商品参数的直接输入** 自由排列输入的商品参数，一般需要使用文本框来统一文本的行间距。
- **通栏排参数** 使用文本框直接输入参数，添加形状或线条来修饰参数模块；使用商品参数表输入参数，商品参数表可以比较全面地反映出商品的特性、功能和规格等，在尺码方面应用的尤为广泛。下图为男装的尺码参数表。在使用商品参数表时，可以通过设置表格行高、列宽、边框、底纹、文本格式来美化表格，以匹配店铺的风格。

尺码型号	衣长	肩宽	胸围	袖长
L	76cm	46cm	106cm	62cm
XL	77.5cm	47cm	110cm	63cm
XXL	79cm	48cm	114cm	64cm
XXXL	80.5cm	49cm	118cm	65cm
XXXXL	82cm	50cm	122cm	66cm

备注：手工测量存在误差，具体以实物为准。

- **商品参数与商品图片的自由组合** 可以直接将商品参数输入到商品图片上，也可以将商品参数细化到不同的商品图片中进行显示。
- **参数与商品两栏排** 当商品参数比较少时，可通过左表右图或左图右表的方式排列商品参数模块。对于有尺寸规格的产品，还可在商品图上添加尺寸标注。

7.4.2 对比图的制作

对比图不限于展示商品的实际大小，在淘宝中，对比图往往还被用于展示商品的材质、款式、细节或功能优势。下图以对比图的方式展现使用护发素前后的效果。需要注意的是，在制作对比图时，尤其是将自己的商品与他人商品进行对比时，若贬低或诋毁其他卖家的商品或服务等，则违反了《中华人民共和国广告法》的规定。

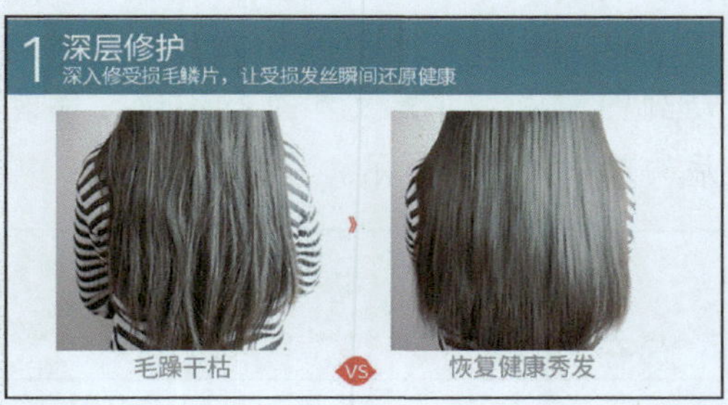

7.4.3 商品信息的展示方式

网店中看到的商品是虚拟的，因此要尽可能地展示商品信息，让消费者充分了解该商品。除了基本参数外，卖家通常还需要对商品的颜色和角度进行展示，如下图是对手机的不同颜色进行展示。

7.4.4 实战——制作灯具信息展示图

本实战将制作灯具信息展示图，受篇幅所限，本实战中没有制作商品对比图，仅制作了商品参数和其对应的商品信息展示。具体的制作过程如下。

扫一扫

制作灯具信息展示图

01 新建大小为750像素×1530像素，分辨率为72像素/英寸，名为“灯具信息展示图”的文件。打开上一节中制作的“灯具卖点图.psd”图像文件，将页头中的内容拖动到图像中，并对文字进行修改，修改后的效果如下图所示。

02 选择“直线工具” ，在页头的下方绘制734像素×1像素的横线，再在左侧线段的端点处绘制1像素×370像素的竖线。使用同样的方法，绘制基他直线，最终形成框架效果。

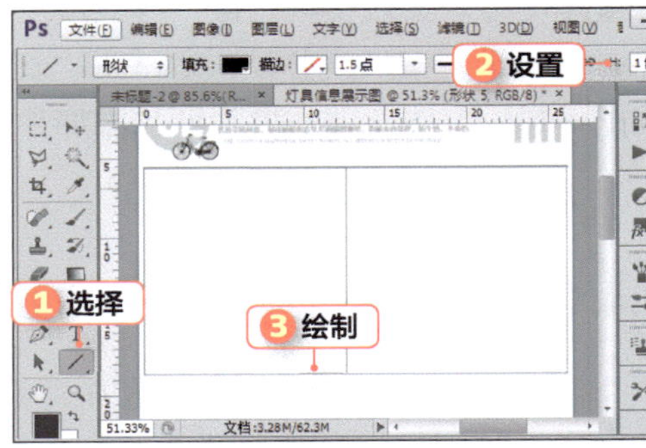

03 选择“横排文字工具” ，在矩形中输入下图所示文字，设置字体为“微软雅黑”，字号为“19点”。

04 打开“灯具1.psd”素材文件（配套资源:\素材文件\第7章\灯具1.psd），将其中的“图层1”灯具拖动到右侧矩形框中，使用“直线工具” 和“横排文字工具” 绘制直线，并输入尺寸说明文字。

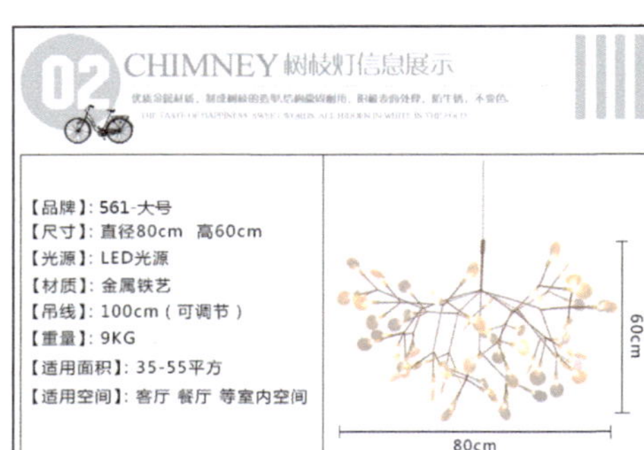

05 复制矩形框和矩形框中的内容，修改其中的文字，并在打开“灯具1.psd”素材文件中，将灯具替换为小号灯具，完成后的效果如下图所示。

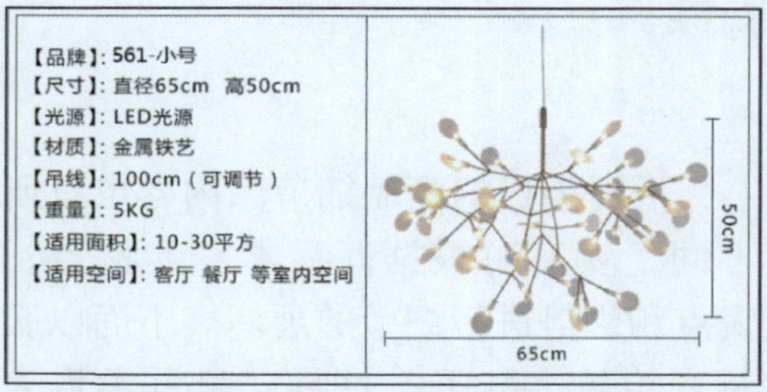

06 选择“横排文字工具”T，在矩形下方输入下图所示文字，并设置字体为“微软雅黑”，字号为“17点”，文字颜色为“#fc0303”。在文字下方的区域绘制颜色为“#f8f7f5”的矩形。

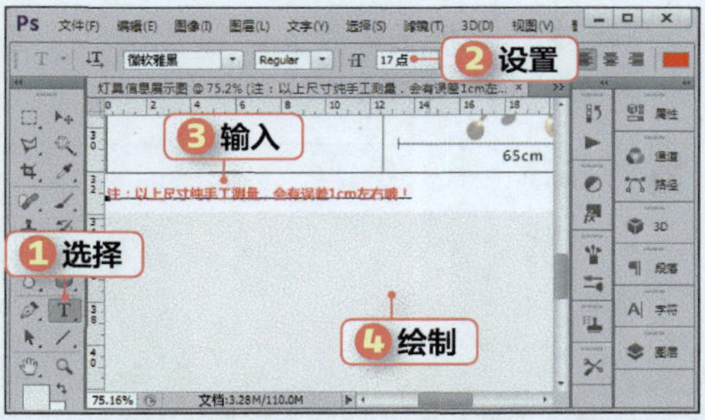

07 打开“灯具.psd”“图片6.jpg”素材文件（配套资源:\素材文件\第7章\灯具.psd、图片6.jpg），将其拖动到绘制的矩形中，调整图像位置和大小。

08 再次选择“横排文字工具”T，在左侧空白处输入下图所示文字，设置字体为“Belwe Bd BT”，调整字号大小，再将“INSPIRATION”文本颜色修改为“#9f866d”。

09 保存图像查看完成后的效果（配套资源:\效果文件\第7章\灯具信息展示图.psd）。

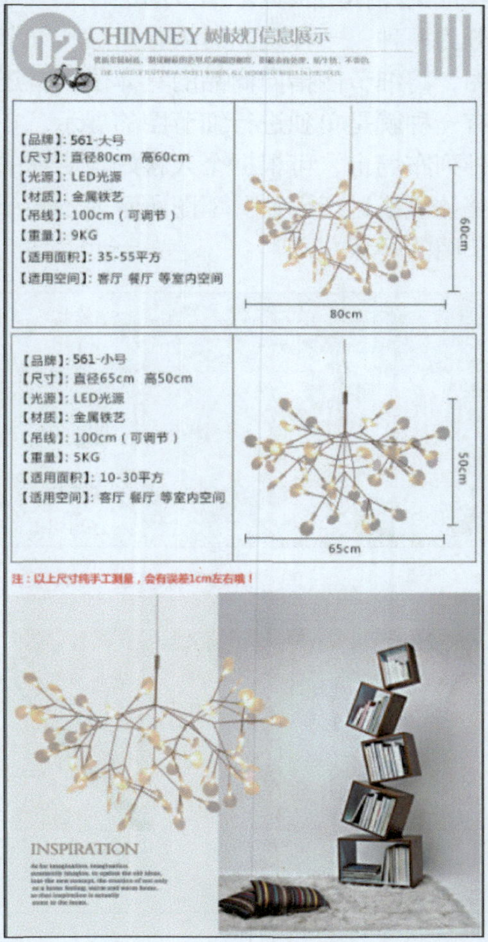

7.5 制作商品细节图

一张光彩夺目的宝贝图片能够引起顾客的注意，将顾客吸引到店铺中。而是否能留住顾客并成功交易，商品细节图是关键。细节图能够让买家近距离地观察商品真实的效果，对商品本身的品质有零距离的感受。

7.5.1 商品细节图的展示方法

细节照片的选择对于细节的展示十分重要，因此细节照片一定要清晰明了，尽量避免偏色。此外，还要有逻辑性，用图片带着买家按照你的思路，完整地浏览你的宝贝。细节图的样式一般分为两种，一种是同时放置商品和细节图，将细节图指向商品的具体位置；还有一种就是单独进行细节图的展示，在排列布局上，可根据个人喜好与店铺的整体风格进行设计。下图所示为不同细节图的展示方式。

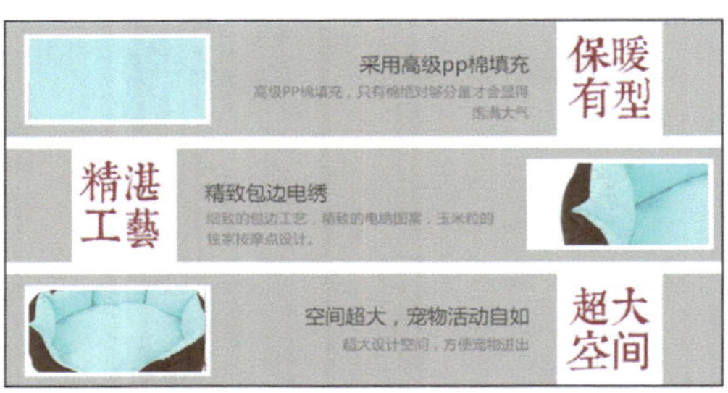

不同类目的商品细节图内容也有所不同，卖家可根据商品本身的特点、卖点和优势进行细节的展示。下面以服装、箱包、鞋子、灯具、家具类目为例，对细节图展示的内容进行介绍。

● **服装类目细节图** 服装类目细节图一般包括款式细节（领口、门襟、袖口、裙摆、褶皱、腰带、帽子等）、做工细节（走线、针距、线粗、内衬锁边、裁剪方式、熨烫平整等）、面料细节（面料材质、颜色、面料纹路、面料花纹等）、辅料细节（里料、拉链、纽扣、订珠、蕾丝等）。

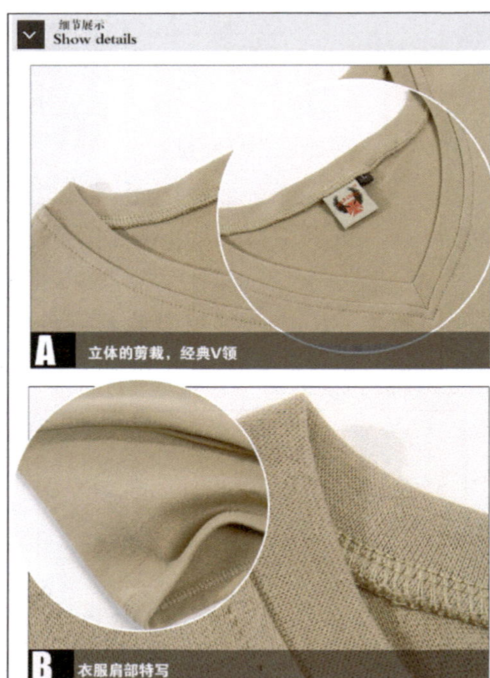

● **箱包类目细节图**　箱包类目的细节展示包括一般款式细节（袋口、包扣、拉链、肩带、褶皱等）、做工细节（绳边、走线、铆钉等）、材质细节（微距拍摄面料、颜色、花纹、厚薄，以及里料的展示）、配件细节（拉链、包扣、肩带、五金等）。

● **鞋类目细节图**　鞋类目的细节展示一般包括款式细节（全貌、帮面、后帮、鞋跟、鞋底等）、材质细节（材质、纹路、花色等）、辅料细节（拉链、配件、流行元素等）。

● **灯具类目细节图**　灯具类目细节图展示一般包括工艺细节（材质、工艺、透光度、着色度）、光源细节（灯泡材质、开关方便度、替换灯泡的方便性、灯泡寿命等）。

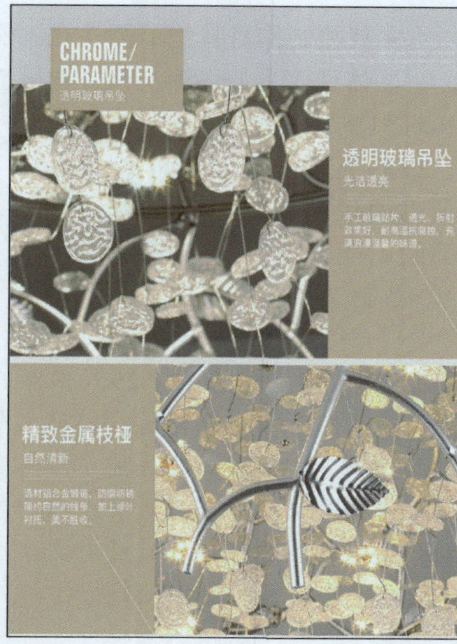

● **家具类目细节图**　家具类目细节图展示一般包括建材细节（木料、纹理、防腐性、耐热性、防潮性等）、油漆细节（打磨、底色、擦色、磨砂、面油等）、工艺细节（手工打磨、纹理清晰、弧度、拼贴等）。

7.5.2 实战——制作灯具细节图

本实战将制作灯具细节图。在制作时，主要体现灯具的烤漆工艺、树枝造型和灯具的照明效果，最后通过设计理念的简单说明提升画面的美观性。具体的制作过程如下。

扫一扫

制作灯具细节图

01 新建大小为750像素×2950像素，分辨率为72像素/英寸，名为“灯具细节图”的文件。打开前面制作的“灯具卖点图.psd”图像文件，将页头中的内容拖动到新建的图像文件中，并对文字进行修改，修改后的效果如下图所示。

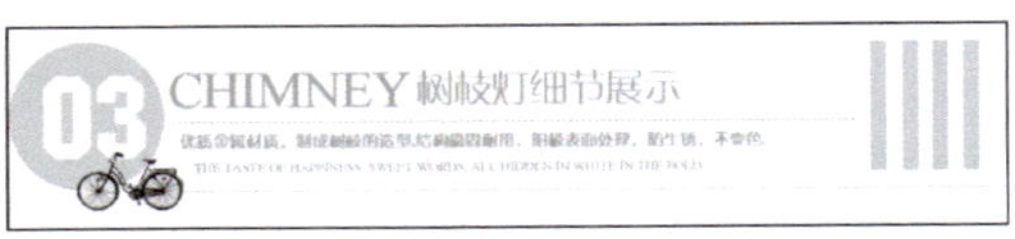

02 设置前景色为“#d2d2d2”，选择“矩形工具”，在页头的下方绘制750像素×610像素的矩形，并在“图层”面板中设置“不透明度”为“30%”。

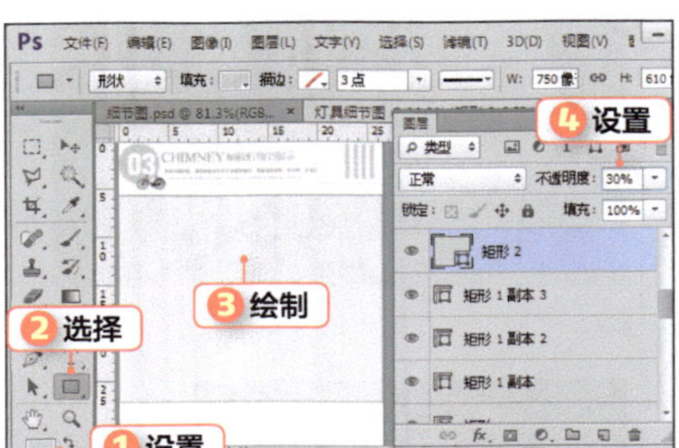

03 选择“矩形工具”，在工具属性栏中设置填充颜色为“#959595”，粗细为“5点”，在矩形中绘制大小为500像素×570像素的矩形。

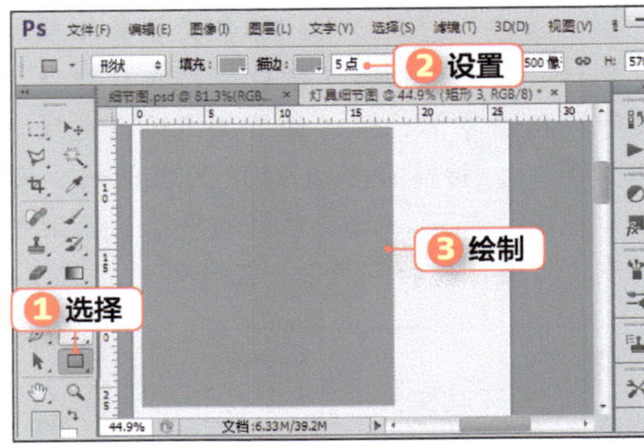

04 打开“灯具细节1.jpg”素材文件（配套资源:\素材文件\第7章\灯具细节1.jpg），将其拖动到绘制的矩形中，选择“灯具细节1”所在图层，在其上单击鼠标右键，在弹出的快捷菜中选择“创建剪贴蒙版”命令，将图片嵌入到矩形中。

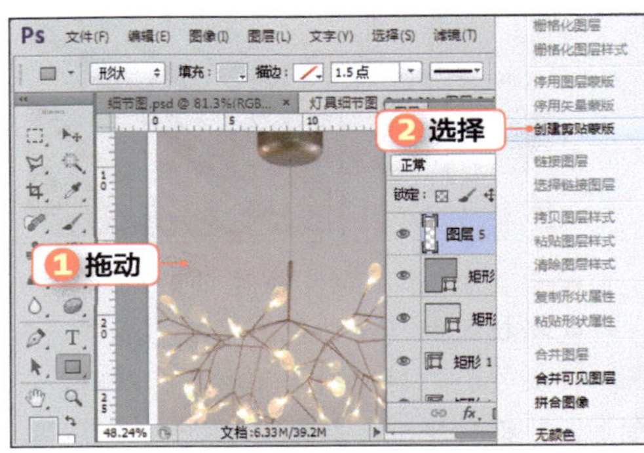

05 选择“横排文字工具”，输入下图所示文字，并设置字体为“方正中倩简体”，字体颜色为“#434141”，调整字体大小和位置。

06 打开“椅子.psd”素材文件（配套

资源:\素材文件\第7章\椅子.psd），将其拖动到文字的下方，再在矩形的下方输入下图所示文字，并设置字体为“Aparajita”，字号为“15点”。

07 设置前景色为“#d2d2d2”，选择“矩形工具”▭，在英文的下方绘制750像素×720像素的矩形，并设置“不透明度”为“30%”。再绘制大小450×320像素的两个矩形，并设置颜色为“#959595”，粗细为“5点”。

08 打开“灯具细节2.jpg”“灯具细节3.jpg”素材文件（配套资源:\素材文件\第7章\灯具细节2.jpg、灯具细节3.jpg），将其拖动到图像中矩形内，再将图片嵌入到矩形中。

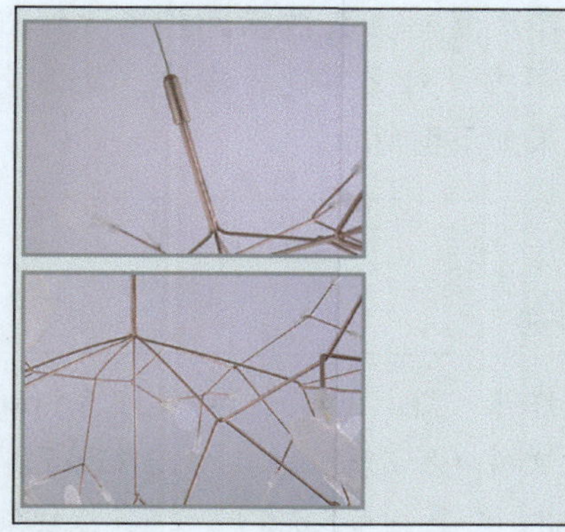

09 选择“横排文字工具”T，输入下图所示文字，并设置字体为“方正中倩简体”，字体颜色为“#434141”，调整字体大小和位置。

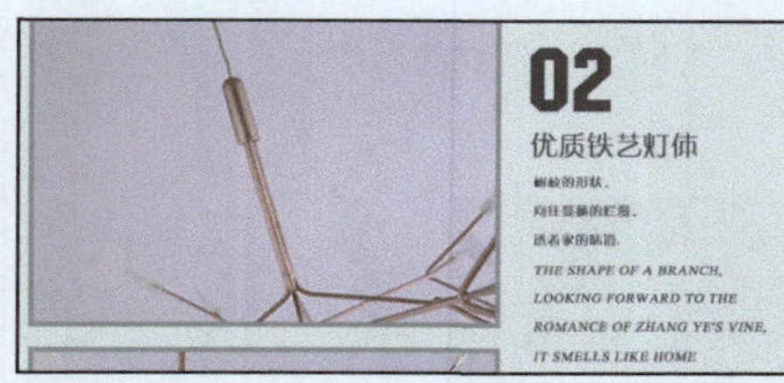

10 打开“灯具.psd”“自行车.psd”“灯具细节4.jpg”素材文件（配套资源:\素材文件\第7章\灯具.psd、自行车.psd、灯具细节3.jpg），将其拖动到文字的下方，设置灯具的“不透明度”为“30%”。

11 再次复制页头内容，并拖动到图片的最下方，对文字进行修改，其修改后的效果如下图所示。

12 打开“灯具.psd”“灯具细节5.psd”素材文件（配套资源:\素材文件\第7章\灯具.psd、灯具细节5.psd），将其拖动到页头的下方，调整图片大小和位置。

13 选择“横排文字工具”T，输入下图所示文字，并设置字体为“方正中倩简体”，字体颜色为“#434141”，调整字体大小和位置，保存图像查看完成后的效果（配套资源:\效果文件\第7章\灯具细节图.psd）。

7.6 制作商品快递与售后图

商品快递与售后图位于详情页的最下方，主要对快递信息和售后信息进行展示。该板块不但能减轻客服的工作压力，还能减少顾客对售后的顾虑。

7.6.1 商品快递与售后图的设计要点

不同卖家同时销售相同的商品时，买家获取的商品本身信息是相同的，此时作为具有附加价值的售后服务变得尤为重要。在商品详情页中添加快递与售后图，可展示店铺的服务及售后保障信息，增加买家购买的信心，提升购买量。常见的快递与售后图主要包括快递服务展示图、退换货流程图、售后承诺图、5星好评图等。

● **快递服务展示图** 快递服务展示图可以让买家了解店铺默认发货的快递公司，以便买家自行调整，也可以提醒偏远地区买家购买包邮商品时要咨询店内客服等重要信息。

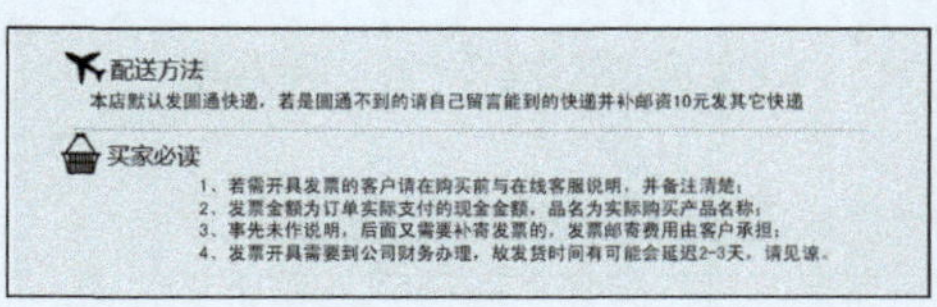

● **退换货流程图** 根据店铺的退换货流程，制作出对应的图片展现给买家，让买家了解退换货的流程，同时卖家也应该遵守流程图的顺序，让买家体验到正规的退换货服务。

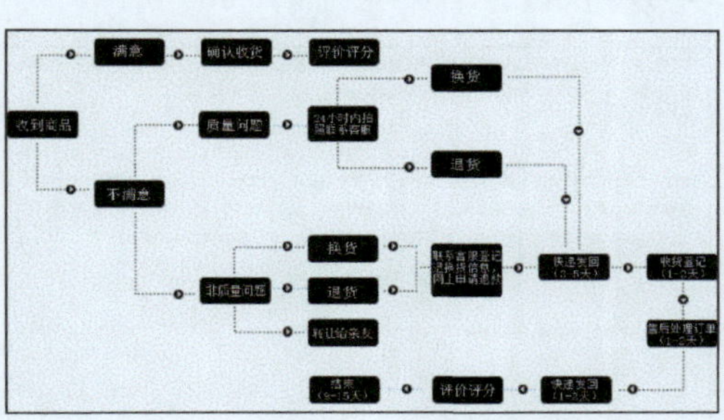

● **售后承诺图** 退换货流程图让买家体验到退换货服务的正规化，售后承诺图则让买家明确地知道购物后能够得到的实际保障，如7天无理由退货、全国联保等。

● **5星好评图** 5星好评图可以向买家展示店铺优质的商品与服务，同时也提醒买家在购物满意后给出5星好评。但是，如果单纯是“满意请给5星好评”这样的提示语，不足以引起买家足够的重视与兴趣，所以在制作5星好评时需要加入一定的引导因素，鼓励买家不要因为个别因素而给出低分评价。

7.6.2 实战——制作灯具快递与售后图

当罗列了商品细节后，若还不能让顾客下单，则说明顾客还有一定的顾虑，此时可通过快递与售后图来展示本店的服务与售后保障。本实战中制作的快递与售后图，主要从包装、

扫一扫

制作灯具快递与售后图

服务承诺、快递信息来表达，使顾客从快递和售后信息中感受店铺的服务品质。具体的制作过程如下。

01 新建大小为750像素×1800像素，分辨率为72像素/英寸，名为“快递与售后图”的文件，打开前面制作的“灯具卖点图.psd”图像文件，将页头中的内容拖动到图像中，并对文字进行修改，修改后的效果如下图所示。

02 将“灯具卖点图.psd”图像文件中的标题图形与文字拖动到页头的下方，修改其中的文字，选择“矩形工具”，在下方绘制750像素×315像素的矩形，并设置矩形颜色为“#e9e9ea”。

03 继续使用“矩形工具”绘制大小为200像素×250像素和190像素×200像素的两个矩形，分别填充颜色为“#626262”和“#ffffff”，完成后选择两个图形，在右侧复制两个相同的图形。

04 打开“快递素材.psd”素材文件（配套资源:\素材文件\第7章\快递素材.psd），将其拖动到快递与售后图中，调整包装箱的位置，使其在白色区域显示，完成后选择“横排文字工具”，在包装箱的下方输入说明性文字，设置字体为“微软雅黑”，字号为“14点”。

05 选择“横排文字工具”，在矩形下方输入下图所示文字，设置中文字体为“方正中倩简体”，英文字体为“Aparajita”调整字体大小、位置。使用“直线工具”在文字的下方绘制粗细为“3像素”的直线。

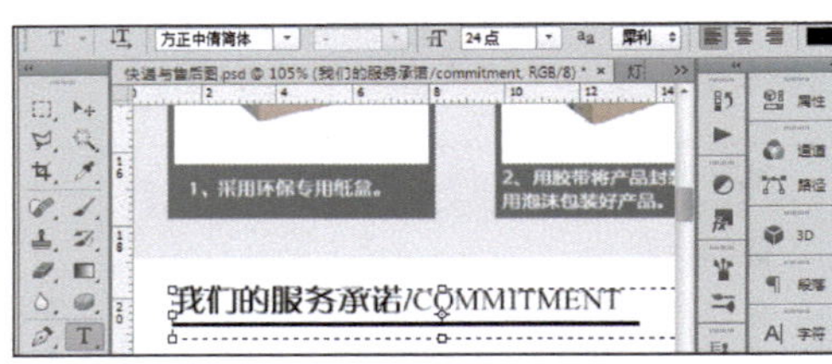

06 继续使用“横排文字工具”在下方输入下图所示文字，并设置字体为“微软雅黑”，字号为“15点”，在输入时中间需留空白，为小标题留下位置。

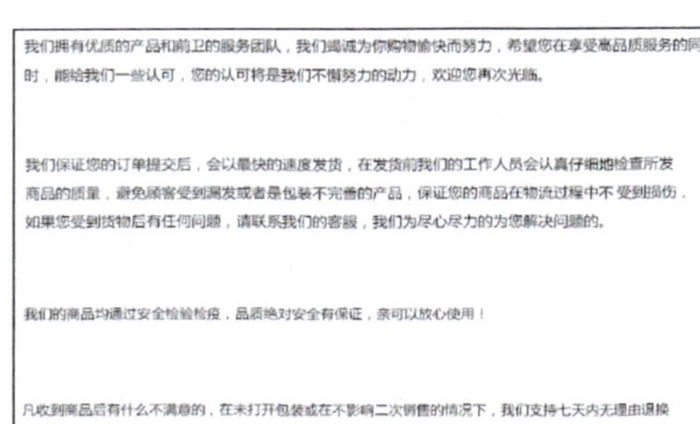
我们拥有优质的产品和前卫的服务团队，我们竭诚为你购物愉快而努力，希望您在享受高品质服务的同时，能给我们一些认可，您的认可将是我们不懈努力的动力，欢迎您再次光临。

我们保证您的订单提交后，会以最快的速度发货，在发货前我们的工作人员会认真仔细地检查所发商品的质量，避免顾客受到漏发或者是包装不完善的产品，保证您的商品在物流过程中不 受到损伤，如果您受到货物后有任何问题，请联系我们的客服，我们为尽心尽力的为您解决问题的。

我们的商品均通过安全检验检疫，品质绝对安全有保证，亲可以放心使用！

凡收到商品后有什么不满意的，在未打开包装或在不影响二次销售的情况下，我们支持七天内无理由退换货，收货后打开包装，若发现有任何产品质量问题，我们给予退换或者换货。

07 在中间空白区域绘制200像素×30像素的矩形，并设置矩形的填充颜色为“#707070”。在矩形上方输入文字，并设置字体为“方正中倩简体”，字号为“18点”，使用相同的方法绘制其他矩形并输入文字。

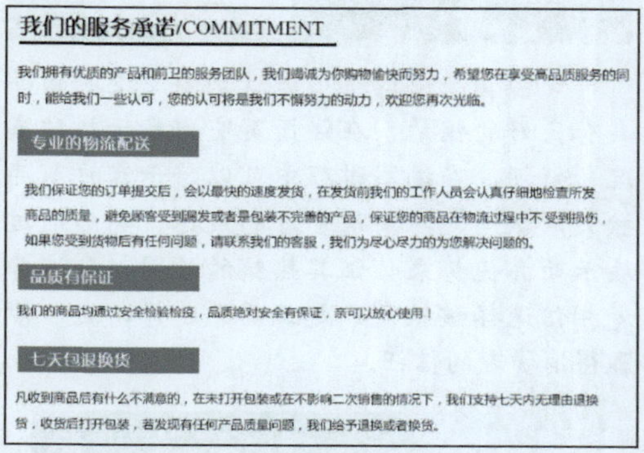

08 继续在文字下方绘制750像素×400像素的矩形，并设置矩形颜色为“#e9e9ea”。在矩形中输入下图所示文字，并设置字体为“微软雅黑”，调整字体大小和位置，并对主要内容加粗显示。

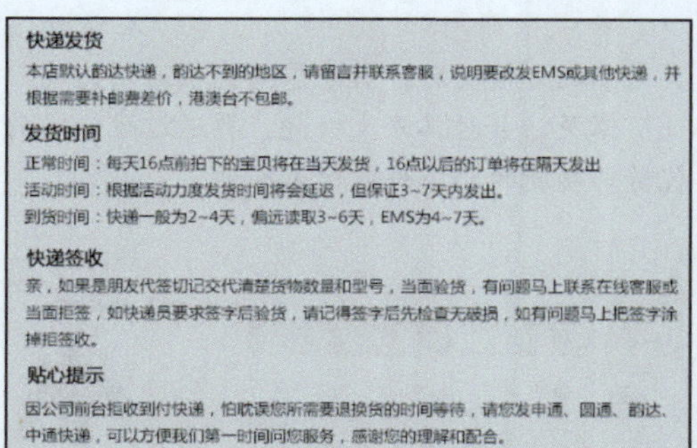

09 打开“快递素材.psd”“快递图片.jpg”素材文件（配套资源:\素材文件\第7章\快递素材.psd、快递图片.jpg），将其中的图标拖动到文字右侧，再将快递图片拖动到文字的下方，使其效果更加突出，完成后保存图像，并查看制作后的效果（配套资源:\效果文件\第7章\快递与售后图.psd）。

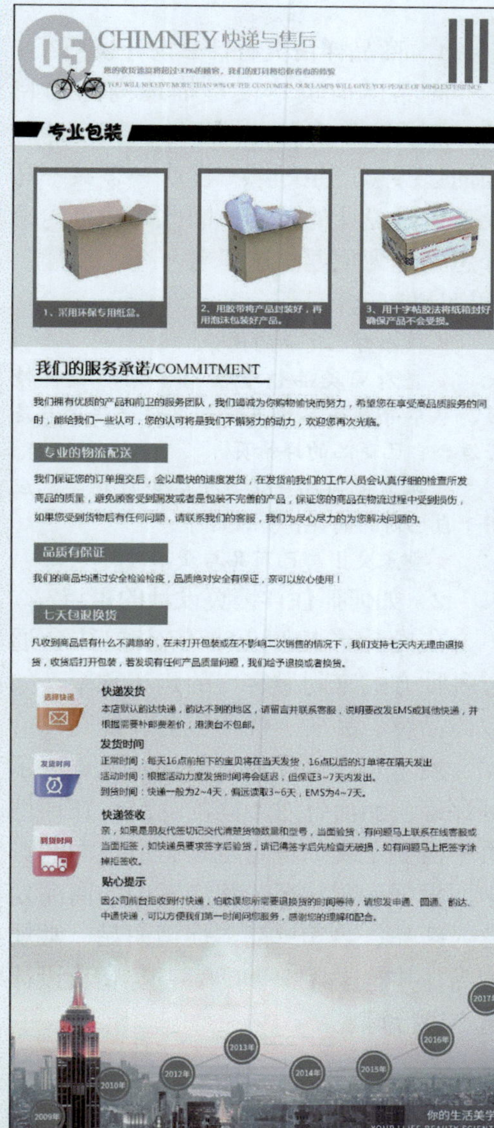

高手支招

若文字较多，需要注意文字的字体要与前面统一，严禁一个板块一种字体，应该有统一的设计。

7.7 疑难破解

1. 商品详情页有什么设计技巧?

商品详情页不仅是描述商品的特片，还贯穿了多种营销思路。在设计时如何让买家产生好感—喜欢—想买—马上下单是设计的重点，因此详情页的设计思路尤为重要。这里有一个“偷懒”的设计技巧。

- 找出自己商品的优势。
- 查看同类品销量前10家的店铺详情页，从中寻找商品卖点，并思考这些卖点是否适合自己商品的详情页。
- 取其他商品详情页中的设计精华，应用于自己商品的详情页设计中。
- 重点突出自己商品与众不同的卖点。

2. 如何抓住详情页设计的重点?

在设计详情页时，店家往往会通过各种方式来刺激客户的购买欲望，如宣传品牌、品质、优化服务、提高性价比、展示差异化优势、热销盛况、展示好评等。然而针对不同的商品，在详情页中需要呈现的重点也是有所不同的。下面根据运营状况，将店铺中的商品划分为新品、热卖单品、促销商品、常规商品，并对这4种不同商品的详情页设计重点进行阐述。

- **新品详情页设计重点** 首先，在传达设计理念的同时强调品牌、款式与品质，将新品介绍给买家，其次是将商品的某一特点做到极致，以突出商品的差异化优势。最后，对销量低的新品可以通过新品打折、满减等营销方式积累一定的基础销量。

- **热卖单品详情页设计重点** 这类商品具有良好的销量，在详情页突出展示热销盛况、好评，在编写过程中可以暗示客户商品被大众认同，打消消费者的疑虑。然后通过展示商品优势来佐证其热销的原因，让消费者相信选择该款商品是正确的选择，进一步赢得消费者的信任。

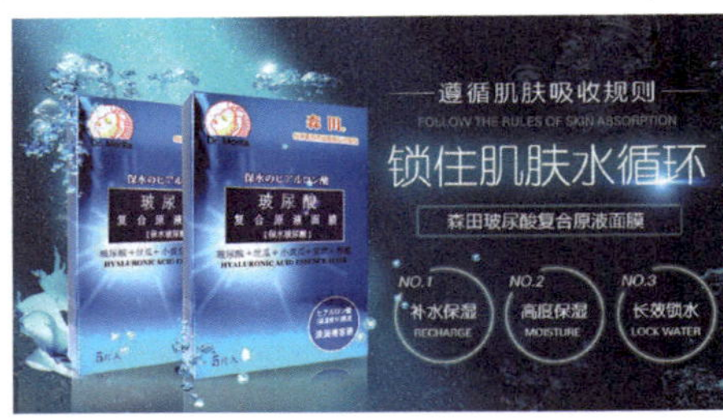

- **促销商品详情页设计重点** 在设计这类商品的详情页时，首先需要突出活动力度，让买家关注并对其产生兴趣，再通过性价比的优势与功能的介绍吸引顾客下单。

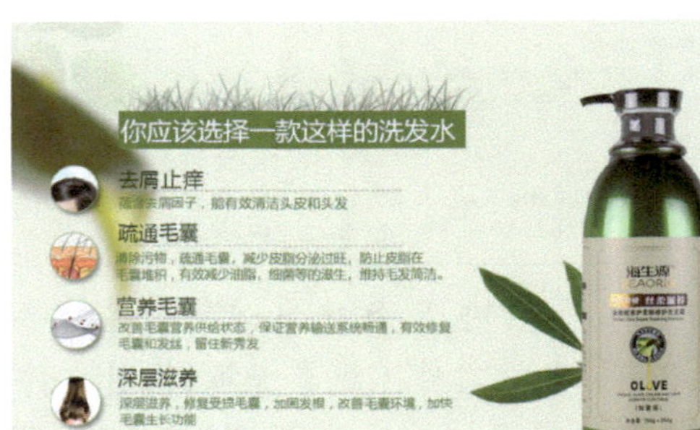

- **常规商品详情页设计重点** 在设计这类商品的详情页时，首先需要给出足够的购买

理由，通常是展示其优势、功能、性价比，或通过营销活动让买家产生购买的兴趣。

3. 为什么顾客浏览详情页后还是流失了？

顾客流失说明详情页的内容或是商品本身存在问题，常见的问题如下。

- **不是顾客需要的宝贝** 若是因为该宝贝不是顾客需要的宝贝，那么就需要关联营销，在这个宝贝的页面里推荐其他的宝贝。而关联到其他宝贝，有可能促进客户产生二次购买的可能性，提高每笔订单的成交单价。
- **对店铺的整体服务没有概念** 当消费者觉得宝贝还可以的时候，下一步就需要考虑宝贝的品质。看品质不能只看详情页，需要对店铺总体实力有一个比较明确的把握。这时最能体现店铺实力的就是店铺首页，所以首页的制作也至关重要。
- **价格不合适** 通常这个时候也代表了消费者对商品本身的认同，已经想买但是价格偏高。买家常通过旺旺砍价。此时，若店铺有相关的活动，可以通过优惠活动来转移买家的注意力，变相达到降价的效果。

7.8 边学边练

1. 制作女包详情页

时尚小包是夏天女性必备之物，在制作该商品详情页时，可将其分为5个部分，分别是焦点图、商品参数、色彩选择、商品亮点以及细节展示（配套资源:\素材文件\第7章\女包详情页素材.psd）。制作时，通过不同的人物穿搭体现小包时尚和百搭的特性，并通过细节的展示突显商品的品质，完成后的效果如下所示（配套资源:\效果文件\第7章\女包详情页.psd）。

2. 制作旅行包详情页

本练习将利用搜集的素材（配套资源:\素材文件\第7章\旅行包详情页）制作旅行包的详情页。根据旅行包的颜色、风格，采用橄榄色和深绿色作为主色，突出清新感，再结合产品设计理念、产品信息、产品细节卖点、快递与售后信息进行效果完善，完成后的详情页效果如下所示（配套资源:\效果文件\第7章\旅行包详情页.psd）。

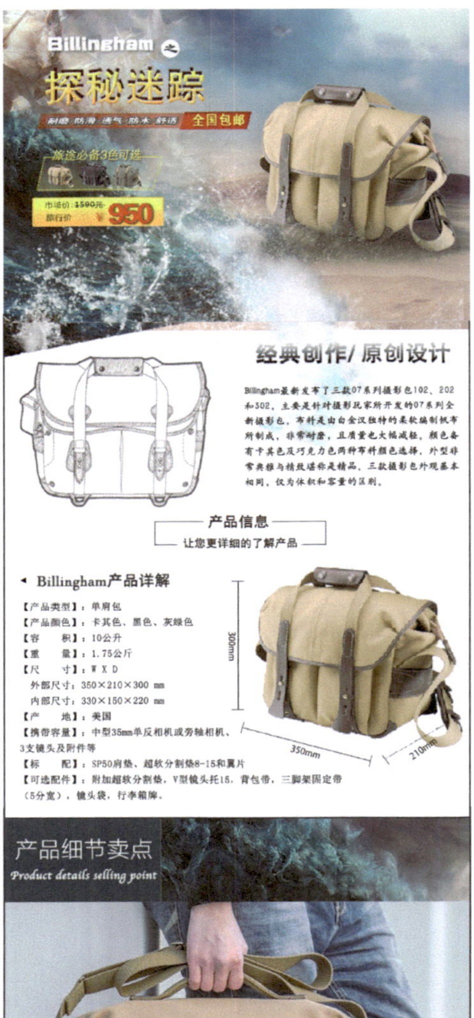

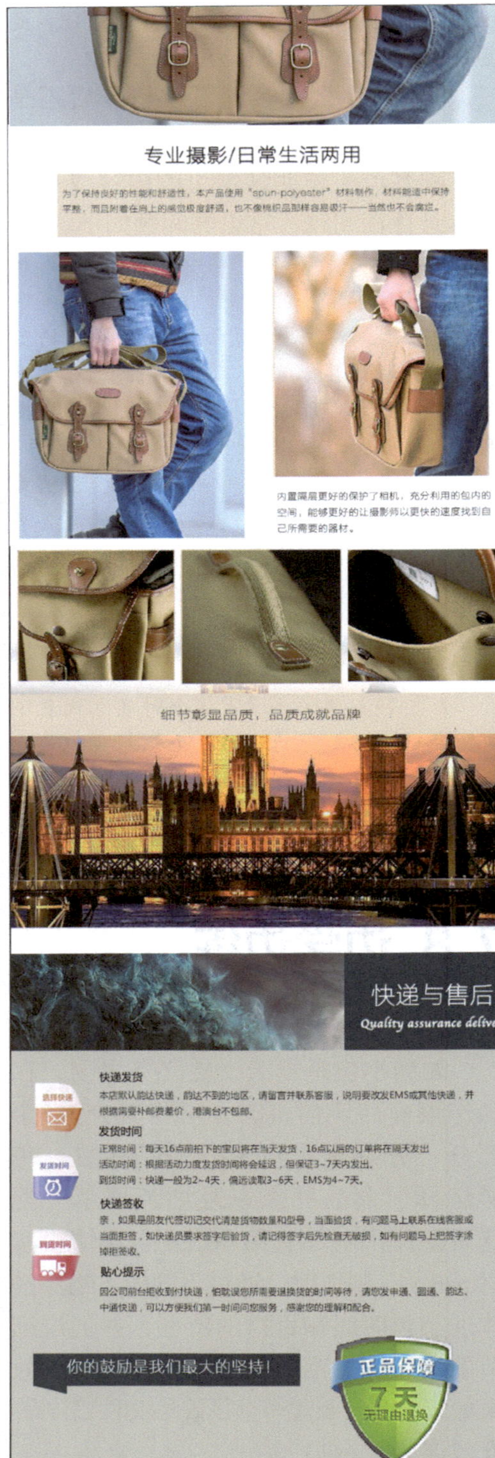

第 8 章

装修店铺页面

本章导读

在制作店铺首页或商品详情页时，常常需要借助Photoshop将完整的大图片切割成符合页面需求的不同大小的模块图，然后使用Dreamweaver生成代码，再上传到图片空间中进行店铺装修。

知识技能

※ 了解Photoshop切片工具的使用方法
※ 掌握图片空间的使用方法
※ 掌握使用Dreamweaver生成代码的方法
※ 掌握店面装修的方法

视频讲解

（视频讲解：35 分钟）

8.1 使用Photoshop切片

切片是装修店铺过程中必不可少的环节。所谓切片，是指将大的图片切开，分割成多个部分。

8.1.1 切片的作用

切片在店铺装修中的作用主要体现在以下几个方面。

- 浏览淘宝店铺时，图片的大小对页面的打开速度影响很大。将一张大图切割成多张小图，可以加快页面图片的打开速度，提高买家体验的满意度。
- 进行淘宝店铺装修时，方便替换单一商品。
- 图片切片后，方便对首页与详情页中的商品进行链接。

8.1.2 切片技巧

进行图片切片时，为了保证切片合理、位置精确，需要掌握一定的技巧。

- **依靠参考线** 从标尺上拖动鼠标指针，为图像创建切片的辅助线，在切片时可沿着该辅助线拖动鼠标指针创建切片。
- **切片位置** 切片时不能将一个完整的图像区域断开，应尽量按完整图片切割，避免在网速很慢时图片被断开，不能完整地呈现出来。
- **切片储存的颜色** 在储存切片时，需要保存为Web所用格式。Web格式是网页上用的网页安全色，而网页安全色是各种浏览器、各种设备都可以无损失、无偏差输出的色彩集合。因此，在店铺的配色上尽量使用网页安全色，避免买家看到的效果与设计的效果不符。
- **切片储存的格式** 在储存切片时，可单独为各个切片设置储存格式。切片储存的格式不同，其大小与效果也会有所不同。一般情况下，色彩丰富、图像较大的切片，选择JPG格式；尺寸较小、色彩单一、背景透明的切片，选择GIF或PNG-8格式；半透明、不规则以及圆角的切片，选择PNG-24格式。

8.1.3 实战——图片的切片

切片工具是Photoshop中的一种图片分割工具，使用它可以将一张大的图片分割成不同的小图，并对这些小图进行单独显示。本实战将对一张首页图进行切片处理，包括切割为不同尺寸的切片，以及对切片后的图片进行命名。具体的操作步骤如下。

扫一扫

图片的切片

01 打开“休闲鞋首页.psd”素材文件（配套资源:\素材文件\第8章\休闲鞋首页.psd）。选择“切片工具”，移动鼠标光标在店招的左上角单击然后按住鼠标左键不放沿着参考线拖动到右侧的目标位置后释放鼠标左键，完成后的切片将以黄色线框显示。

02 确定切片后，若切片的区域不是想要的区域，可将鼠标指针移动到需要修改切片的一边的中点上，当鼠标指针变为双向箭头⟺后，按住鼠标左键不放进行拖动，当拖动到适当的位置后释放鼠标左键即可。由于店招等具有固定长度，因此需要注意切片框尺寸的准确性。

03 在切片的区域上单击鼠标右键，在弹出的快捷菜单中选择“编辑切片选项”命令，打开“切片选项”对话框，在“名称”文本框中设置切片名称，这里输入“休闲鞋首页_店招”，在“尺寸”栏中可查看切片的尺寸，单击 确定 按钮。

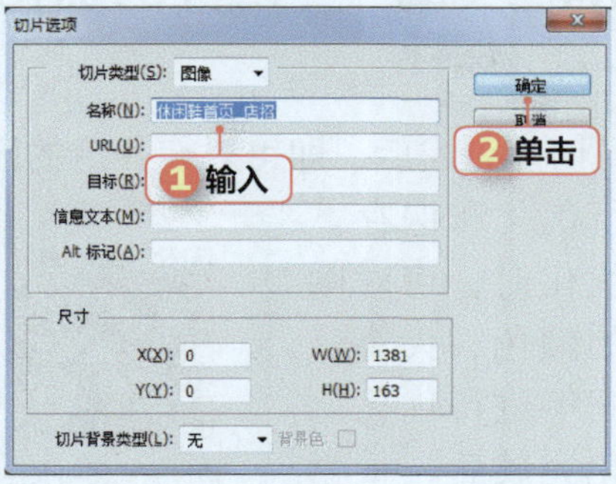

04 继续对下方的海报进行切片，完成后调整切片的位置，并将其“名称”命名为“休闲鞋首页_海报”。注意切片时应尽可能保证图片的完整性，而不是为了切片而使图像断开，这样不能完全呈现图片的状况。

05 继续选择“切片工具”，沿着参考线对下方空白区域和促销条进行切片。完成后继续选择“切片工具”，沿着参考线为宝贝展示栏创建切片。

06 在宝贝展示栏上单击鼠标右键，在弹出的快捷菜单中选择“划分切片”命令。打开“划分切片”对话框，单击选中“水平划分为”和“垂直划分为”

复选框，并在其下方的文本框中输入“2”，单击 确定 按钮，即可将切片的区域平均切为4份。

07 选择“切片选择工具”，在工具栏中单击 隐藏自动切片 按钮，隐藏自动切片的显示。此时图片中只显示了蓝色和黄色的切片线，查看切片是否对齐，若没对齐，拖动切片边框线进行对齐，查看完成后的效果。

08 使用相同的方法对下方的其他图片进行切片，完成后对未命名的切片图片进行命名，查看完成后的效果（配套资源:\效果文件\第8章\休闲鞋首页.psd）。

> **提个醒**
>
> 对于比较规则的图片切片，可创建辅助线，然后直接单击 基于参考线的切片 按钮进行快速切片。

8.1.4 实战——切片的优化和保存

切片完成后，即可对切片后的图片进行优化和保存。在优化时，可对图片的颜色、大小、动画等进行优化。优化完成后，根据

扫一扫

切片的优化和保存

输出对象的不同，可将其保存为仅限图像、HTML和图像、HTML等格式。具体的操作步骤如下。

01 打开“休闲鞋首页切片后的素材.psd”素材文件（配套资源:\素材文件\第8章\休闲鞋首页切片后的素材.psd），选择【文件】/【存储为Web所用格式】菜单命令，打开“存储为Web所用格式”对话框，在其中显示准备优化的图像效果，单击“双联”选项卡，使“原稿”和“GIF”对比显示，并在左侧单击按钮，拖动图像调整显示的位置。

02 在右侧的“预设”栏右侧，单击按钮，在打开的下拉列表中选择“优化文件大小”选项，打开“优化文件大小”对话框，在“所需文件大小”栏右侧的文本框中输入“72”，单击选中“自动选择GIF/JPEG”单选项，单击确定按钮。

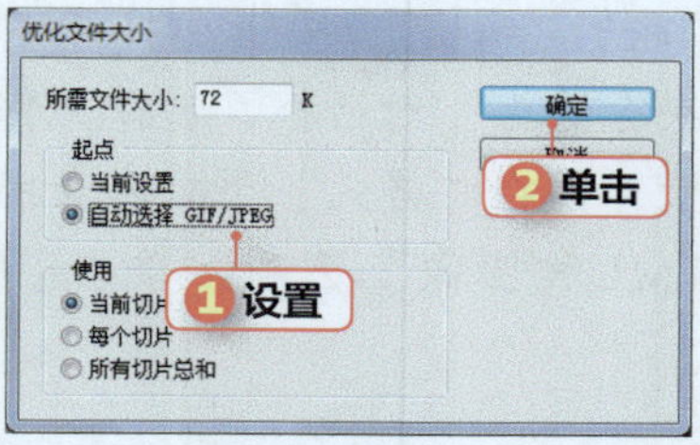

03 返回“存储为Web所用格式”对话框，在“预设”栏下方的“优化的文件格式”下拉列表中选择优化格式为“GIF”选项，并设置减低颜色深度算法为“随样性”，“颜色”为“256”。完成后设置指定仿色算法为“扩散”，“仿色”为“80%”，单击选中“透明度”和“交错”复选框。

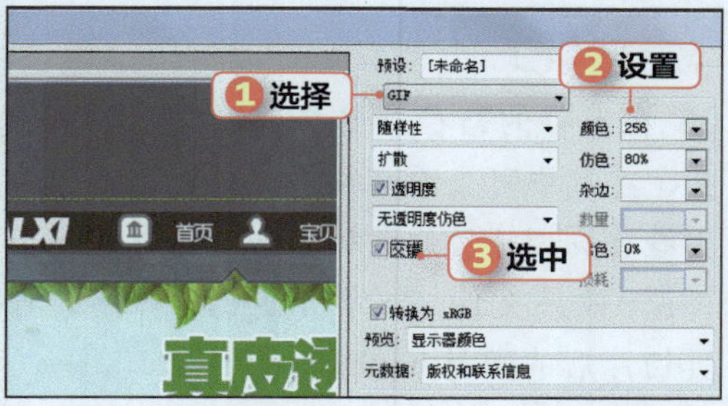

04 在下方的“颜色表”中选择需要添加的颜色，这里选择红色，并在下方的“品质”栏中设置品质为“两次立方（较锐利）”选项，完成后单击预览...按钮，预览网页显示效果。

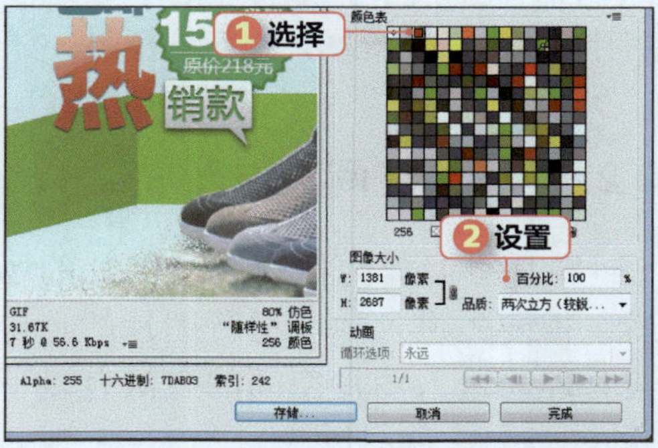

05 单击 存储... 按钮，打开“将优化结果存储为”对话框，选择文件的存储位置，并在“格式”下拉列表中选择“HTML和图像”选项，单击 保存(S) 按钮。

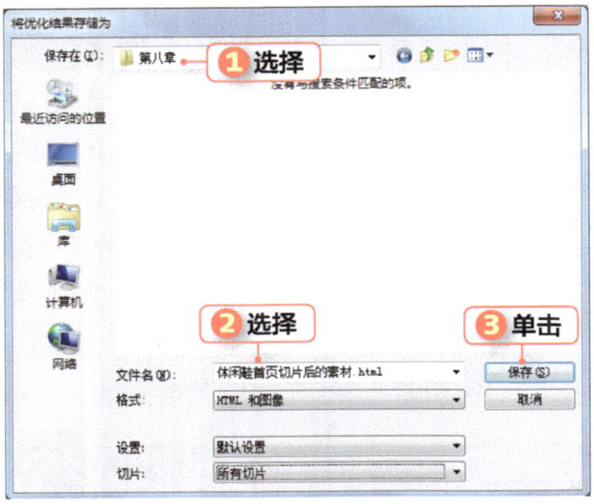

06 在保存的路径中选择“images”文件夹，在其中可查看切片的文件，以及“休闲鞋首页切片后的素材.html”网页（配套资源:\效果文件\第8章\images、休闲鞋首页切片后的素材.html）。

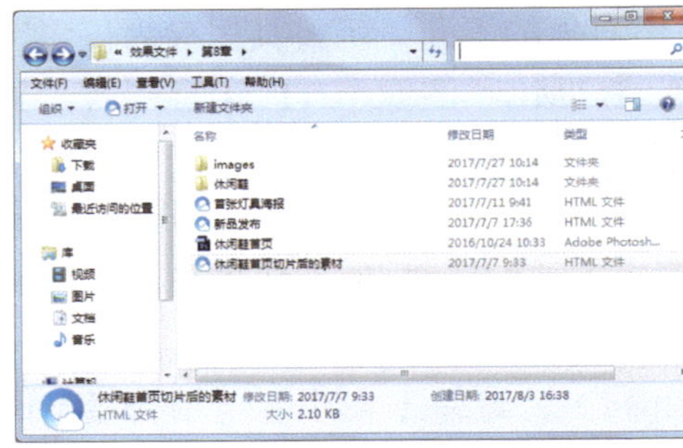

07 双击“休闲鞋首页切片后的素材.html”网页，在打开的网页中可查看切片后的布局样式，在网页空白处单击鼠标右键，在弹出的快捷菜单中选择“查看源文件”命令，可查看首页的代码，该代码可用于店铺的装修。

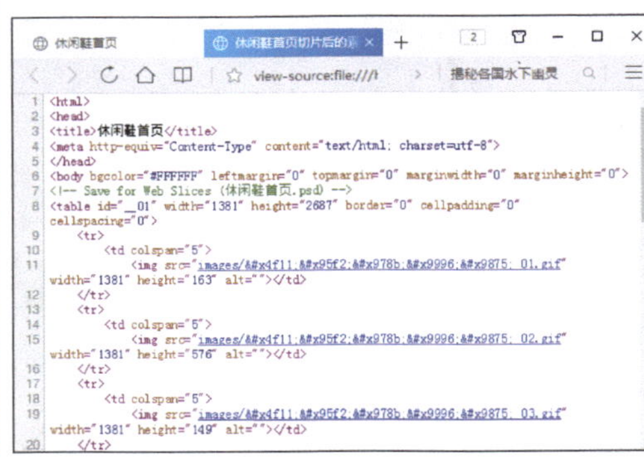

8.2 图片空间

图片空间是网店装修中必不可少的一部分。装修店铺时，需要先将图片上传到图片空间中，因此图片空间的稳定、安全十分重要。

8.2.1 图片空间的进入方法

图片空间作为储存装修图片的场所，需要先进入才能进行图片的上传与管理。进入图片空间的方法有以下3种。

- **通过卖家中心进入** 在淘宝网首页单击“卖家中心”超链接，打开卖家中心后台页面，单击左侧“店铺管理”栏中的“图片空间”超链接即可进入。
- **使用网页直接进入** 在网页的地址栏中直接输入网址“tu.taobao.com”，按“Enter”键即可直接进入图片空间。

● 使用千牛进入　进入千牛界面，单击卖按钮，即可在千牛界面中进入卖家中心，在“店铺管理”中单击“图片空间”超链接，即可进入图片空间页面，在其中可进行图片的上传操作。

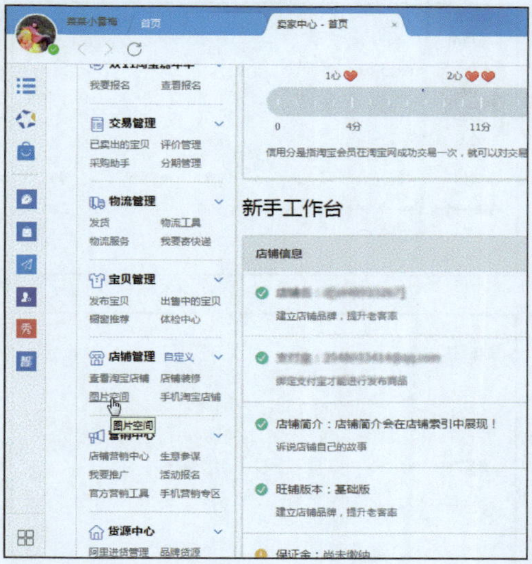

8.2.2　图片空间的优势

图片空间区别于其他空间之处在于，图片空间的图片不但能直接复制链接，还能在装修过程中快速进行图片的查找。

● 安全稳定　图片空间直属于淘宝官方产品，属于CDN存储，存储的图片不但安全，而且稳定。

● 管理方便　图片空间能对上传的图片进行分类，并且新增的功能能够更好地让图片展现到空间中，便于查找与管理。

● 浏览快速　在图片空间浏览图片，就像是在电脑中查看桌面文件的图片一样，十分方便。应用图片空间中的图片可以加快页面打开的速度，这样不但提高了买家的浏览量，还促进了销售。

8.2.3　管理空间图片

在上传图片时，如果没有对图片的类别进行设置，上传的图片会默认存放在“我的图片”文件夹下。为了便于区分不同的图片，可以对图片进行管理。对常用的图片管理方法有重命名图片、移动图片和编辑图片。

● 重命名图片　将图片命名为对应商品的名称，可以使图片更加直观，便于管理。其方法为：在图片上传之后，选择需要重命名的图片，再在打开的工具栏中单击重命名按钮，输入重命名的名称，按“Enter”键即可重命名图片。

● 移动图片　如果需要将默认上传到图片空间中的图片移动到其他文件夹中，可以选择该图片，在打开的工具栏中单击移动按钮，打开“移动到”对话框，在其中选择需要移动到的位置，然后单击确定按钮。返回图片空间，打开相应的文件夹即可查看被移动的图片。

● 编辑图片　图片空间提供了简单的图片编辑功能，供用户对图片进行调整，如图片美化、添加水印、添加边框、拼图、添加文字等操作。选择需调整的图片，在打开的工具栏中单击编辑按钮，打开图片编辑页面进行编辑。

高手支招

在需要编辑的图片上单击鼠标右键，在弹出的快捷菜单中也可进行移动、重命名、编辑、删除等操作，选择相应的菜单命令即可。

8.2.4　查看图片排列与引用方式

在浏览或编辑图片过程中，有时需要查看图片的尺寸，或是查看图片是否引用，以及正被使用的图片的引用位置等内容。

● **查看排列方式** 在图片空间中可选择按时间、大小和名称等进行图片的排序。此外，淘宝还提供了两种排列方式，即图标排列方式和列表排列方式。其中，图标排列方式显示的图更加直观，只需将鼠标指针移至图片上，在打开的工具栏中单击对应的按钮即可复制图片链接与源代码，双击图片还能打开图片查看页面，查看图片原始大小，并复制不同比例的图片代码。因此该方式常在店铺装修模块时使用。列表排列方式更容易查看图片的类型、尺寸、大小和上传日期，适合在更换或批量删除图片时使用。在图片空间的图片管理页面中单击“大图模式”按钮 或“列表模式”按钮 即可设置对应的排列方式。

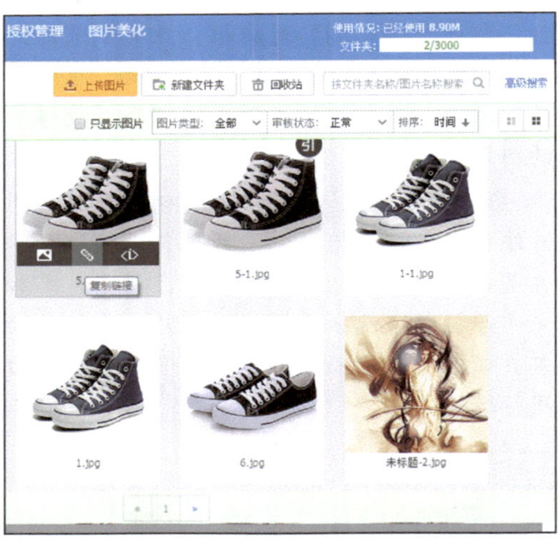

● **查看引用** 在图片空间中，卖家可以查看正被使用的图片的引用位置，还可对其进行替换，其方法为选择图片，在打开的工具栏中单击 查看引用 按钮，打开“查看引用”对话框，在其中可查看引用该图片的位置，单击 替换 按钮，打开“替换图片”对话框，可替换当前引用的宝贝图片。

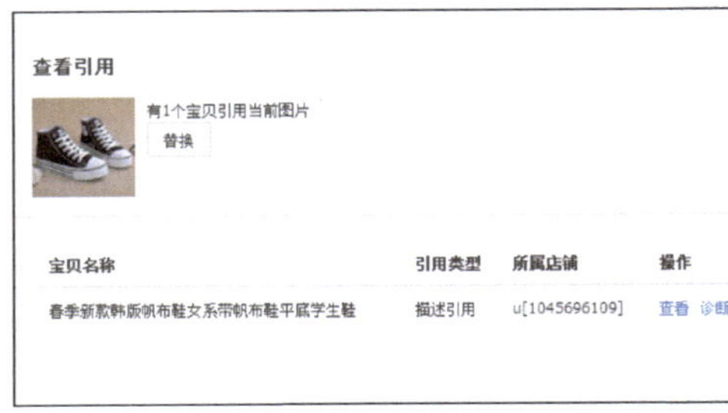

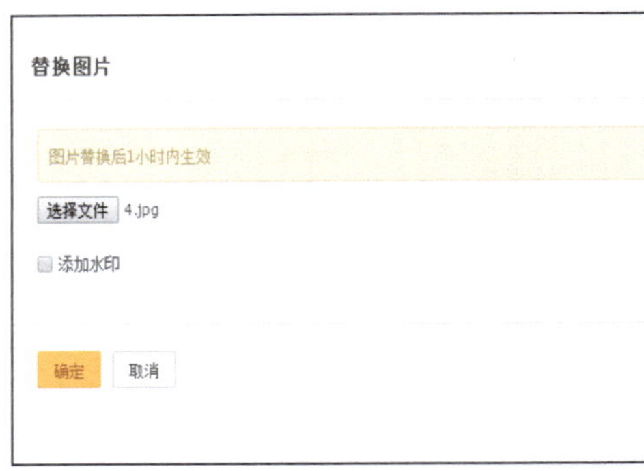

8.2.5 实战——上传商品图片到图片空间

进行装修或发布宝贝前，卖家可将需要使用的图片上传到图片空间。当需要使用对应的图片时，则可直接从中选择。上传商品图片到图片空间的方法如下。

扫一扫

上传商品图片到图片空间

01 登录淘宝卖家中心，在左侧列表框的“店铺管理”栏中单击“图片空间”超链接。

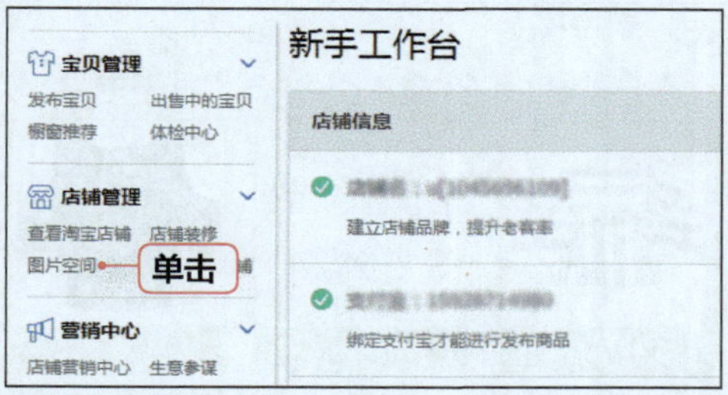

02 在页面上单击 新建文件夹 按钮，打开"新建文件夹"对话框，输入用于上传图片的文件夹名称，此处输入"宝贝图片"，单击 确定 按钮。

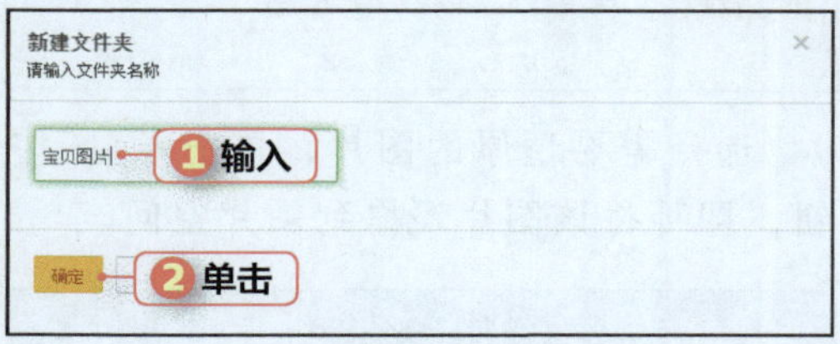

提个醒

淘宝网中可上传的图片类型很多，如有用于店铺装修的，有用于商品展示的。为了快速进行区分，可以新建宝贝图片、装修图片等不同类型的图片文件夹，也可通过新建文件夹对相同尺寸的图片进行单独放置，如新建"800×800"文件夹，则用于单独存放800像素×800像素的图片。

03 在图片空间中双击打开新建的"宝贝图片"文件夹，在页面上方单击 上传图片 按钮。

04 打开"上传图片"对话框，在其中的"通用上传"栏中单击 点击上传 按钮。

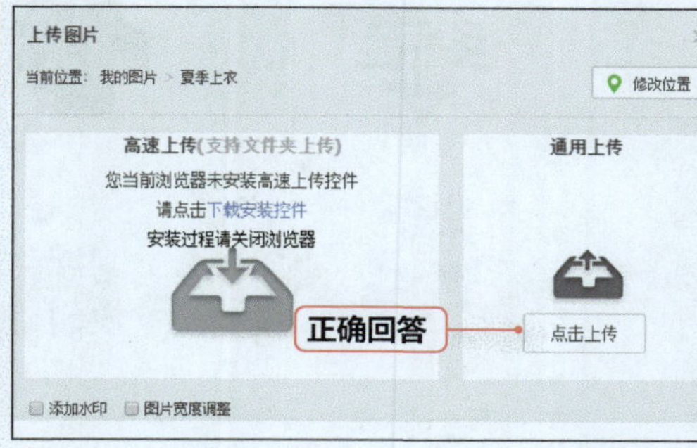

高手支招

下载安装高速上传控件后，可选择高速上传方式，该方式一次最多上传200张照片；超过3MB的图片可设置自动压缩。该控制支持JPG、PNG、GIF格式，但只支持IE浏览器。

05 打开"打开"对话框，选择宝贝所在路径，并在其中选择需要上传的宝贝图片，按"Ctrl"键依次依次单击上衣图片，单击 打开(O) 按钮。

06 此时，将打开图片上传提示对话框，并显示图片的上传进度。上传完成后，自动返回图片空间并提示图片上传完成，关闭提示窗口，即可查看上传的图片。

8.2.6 实战——删除与还原图片

删除图片空间中未引用的图片，可以节约图片空间容量。删除的图片会在回收站中存储7天，若在此日期内需要再次使用该图片，可以将其从回收站中恢复到图片空间。删除与还原图片的方法如下。

扫一扫

删除与还原图片

01 进入“图片空间”页面，在页面中引用的图片右上角将出现“引”字符号。

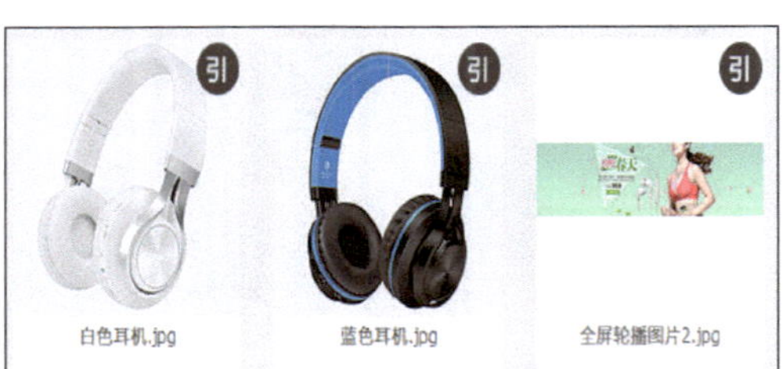

02 按“Ctrl”键依次单击选择未引用的图片，在打开的工具栏中单击 × 删除 按钮即可删除未引用的图片。

03 在页面上方单击 回收站 按钮，进入回收站页面。

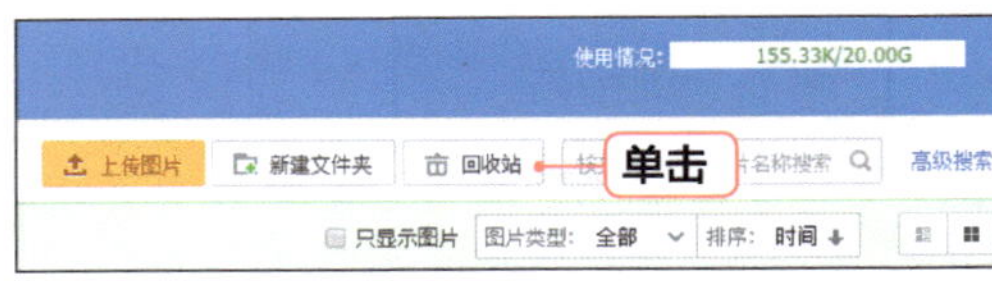

04 选择需要还原的图片，单击 还原 按钮，即可将该图片还原到图片空间。

8.2.7 实战——替换宝贝图片

在淘宝图片空间中，可以将已上传图片替换为其他图片，但是替换图片后店铺引用的图片也会随着发生变化。替换宝贝图片的方法如下。

扫一扫

替换宝贝图片

01 在图片空间中选择需要替换的图片，在打开的工具栏中单击 替换 按钮。

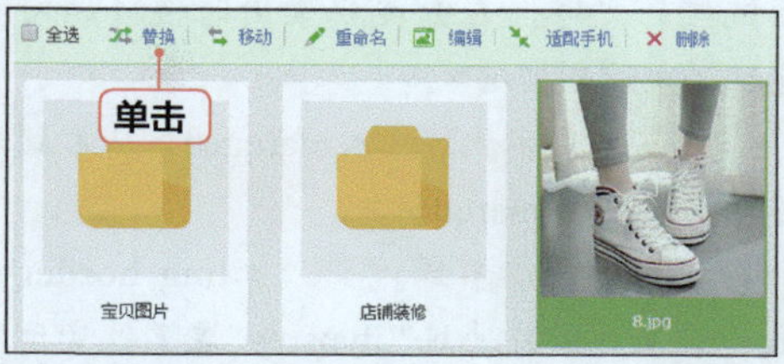

02 打开“替换图片”对话框，在其中单击 选择文件 按钮。

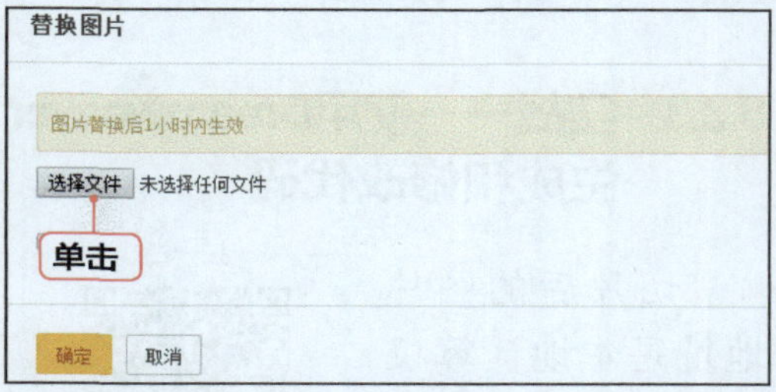

03 打开“打开”对话框，在其中选择需要替换的图片，单击 打开(O) 按钮。

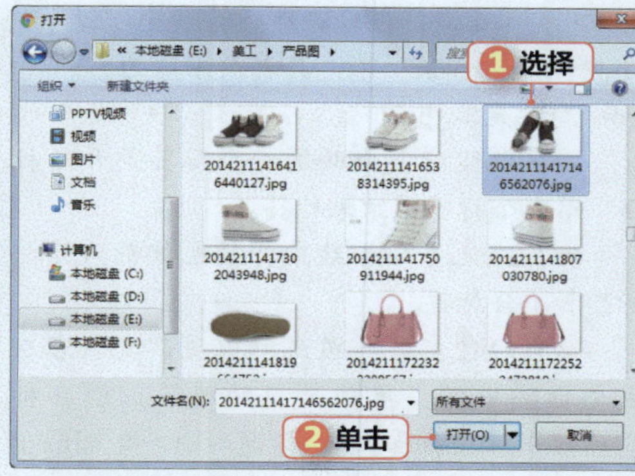

04 返回“替换图片”对话框，单击 确定 按钮即可完成替换，查看替换后的效果。

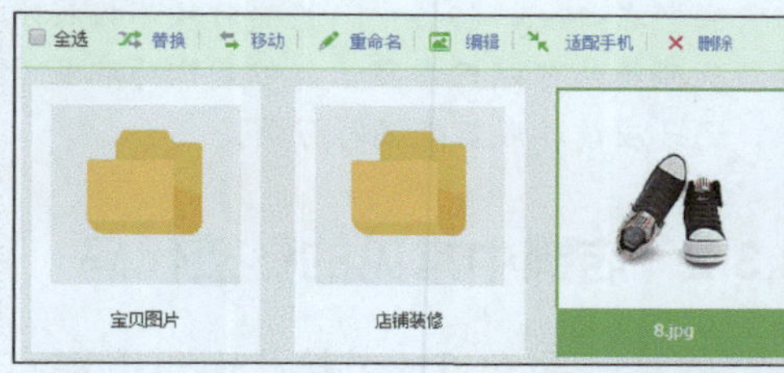

8.3 使用Dreamweaver生成代码

Dreamweaver是店铺装修实现页面链接以及动态效果必备的软件。Dreamweaver不但能对切片后的效果生成代码，还能在其基础上对不规则图片添加热点与链接。

8.3.1 HTML 标签介绍

超文本标记语言标记标签通常被称为HTML标签。HTML标签是HTML语言中最基本的单位，也是HTML最重要的组成部分。HTML标签的大小写不影响使用效果，如“主体”<body>跟<BODY>表示的意思是一样的，推荐使用小写，如下图所示。

```
<!DOCTYPE HTML>
<html>
<head>
<meta http-equiv="Content-Type" content="text/html; charset=utf-8">
<title>制作我的第一个网页</title>
</head>
<body>
<h1>hello world</h1>
</body>
</html>
```

HTML标签的特点如下。

- HTML标签尖括号用于包围关键词，比如 <html>。
- HTML标签通常是成对出现的，比如

<div> 和 </div>。部分特殊标签除外，如<p/>
 <img/> <hr/>等，其表示方法为：<img src="淘宝美工.jpg"/>。

- HTML标签中的第一个标签是开始标签，第二个标签是结束标签。
- HTML开始和结束标签也被称为开放标签和闭合标签。
- HTML标签一般成对出现，其内容在两个标签中间，单独呈现的标签，则在标签属性中赋值。如<h1>标题</h1>和 <input type="text" value="按钮" />。
- 网页的内容需在<html>标签中，标题、字符格式、语言、兼容性、关键字、描述等信息显示在<head>标签中，而网页展示的内容需嵌套在<body>标签中。某些时候不按标准书写代码虽然可以正常显示，但是作为职业素养，还是应该养成正规编写习惯。

8.3.2 店铺中常见的链接代码

熟悉一些常见的链接代码可以提高代码的编辑效率。

- **店铺音乐代码** <bgsound src="音乐网址" loop="-1"></bgsound>。
- **图片代码** <img border="0" src="这里放图片地址" />或<img src="这里放图片地址"/>。
- **悬浮挂饰代码** <img src="这里放图片地址" style="left:20px; position: relative; top:0px" />。其中：left、top的值可根据需要自行确定。
- **字体大小代码** <font size="2">这里放要处理的文字</font>，可用3、4、5等设置大小。
- **字体颜色代码** <font color="red">这里放要处理的文字</font>，color的值可以换成blue，yellow等。
- **文字链接代码** <a href="网页地址">链接的文字，在分类栏里用时链接的网页地址必须缩短</a>。
- **移动文字代码** <marquee>从右到左移动的文字</marquee>。
- **图片附加音乐代码** <img border=0 src="这里放图片地址" dynsrc="这里放音乐地址">。
- **浮动图片代码** <img alt="1" height="150" src="这里放图片地址"/>。

8.3.3 实战——使用Dreamweaver生成和修改代码

扫一扫

使用Dreamweaver生成和修改代码

切片后的图片地址是本地计算机地址，需要修改为图片空间中的地址才能在装修时正常显示。本实战将使用Dreamweaver修改网页中图片的代码，方便后期的链接操作。具体的操作过程如下。

01 进入“卖家中心”页面，单击“图片空间”超链接。

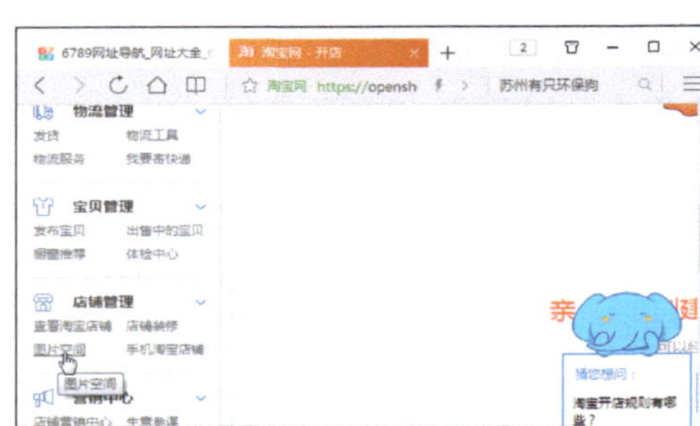

02 在打开的页面上方单击“上传图片”按钮，在打开的对话框中单击“点击上传”按钮。

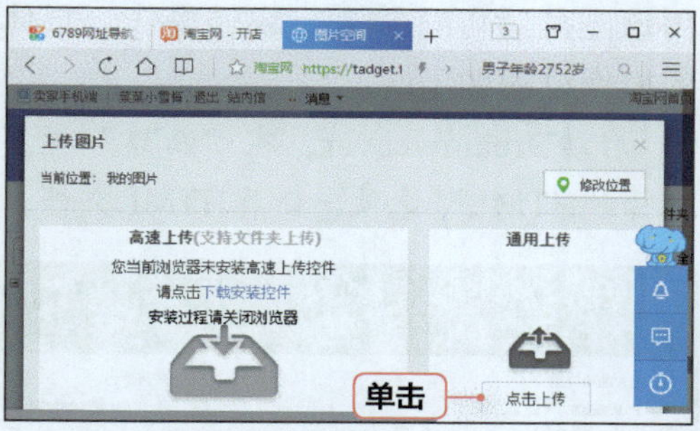

03 打开“打开”对话框，选择切片后的素材文件（配套资源:\素材文件\第8章\新品发布\images），按“Ctrl+A”组合键全选图片，单击打开(O)按钮。

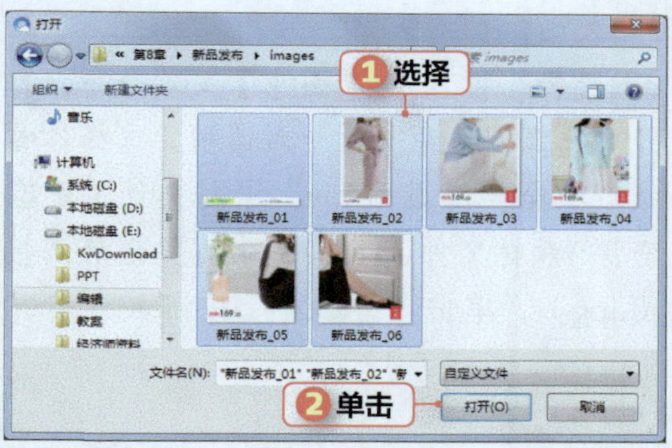

04 选择“新品发布.html”素材文件（配套资源:\素材文件\第8章\新品发布\新品发布.html），单击鼠标右键，在弹出的快捷菜单中选择【打开方式】/【Adobe Dreamweaver CS6】菜单命令，即可在Adobe Dreamweaver CS6中打开素材“新品发布”。

05 选择一张图片，在“属性”面板中的“源文件”文本框中可看到图片的地址，该地址是计算机中的文件地址，而不是网络地址。为了能使其他人也看到该图片，需要将该图片的地址转换为网络地址。

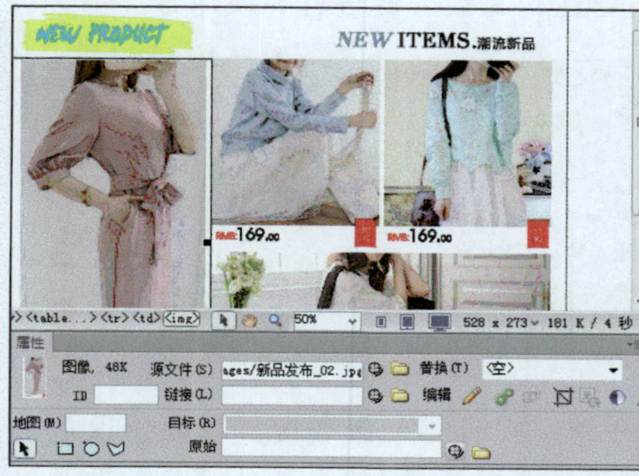

06 返回“图片空间”页面，选择对应的图片，单击按钮，复制网页中的链接。

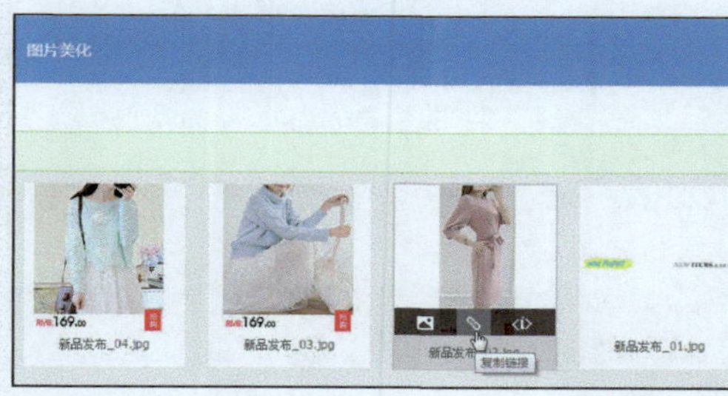

07 返回Dreamweaver工作区，删除源文件中的文字，按“Ctrl+V”组合键粘贴复制的链接。

08 使用相同的方法，将其他图片的图

片链接全部替换为网络链接，对于较小的图片，如果无法选中的话，可单击上方的 拆分 按钮，打开“拆分”视图，在左侧的代码中找到未替换的图片，按“Ctrl+V”组合键进行替换即可。

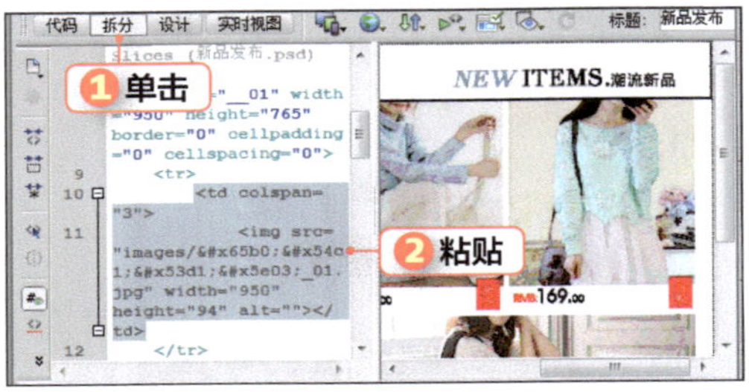

09 按“Ctrl+S”组合键，保存修改后的网页（配套资源:\效果文件\第8章\新品发布.html），此时在网页中查看源代码可发现宝贝链接已经发生了变化。

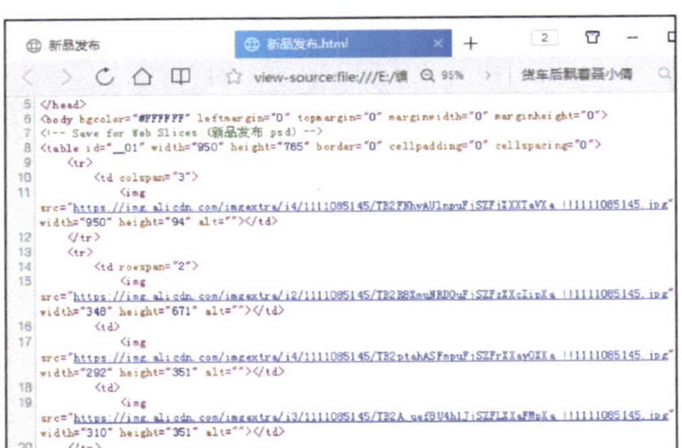

8.3.4 实战——在Dreamweaver中添加热点与链接

完成设计后，并上传到图片空间，设计效果往往会需要单击某个按钮使其跳转到其他位置的情况，此时需要对这些图片创建热点和链接，让其应用该图片后可直接进行跳转操作。具体的操作过程如下。

扫一扫

在Dreamweaver中添加热点与链接

01 启动Dreamweaver，在“新建”栏下选择“HTML”选项，新建HTML文档。

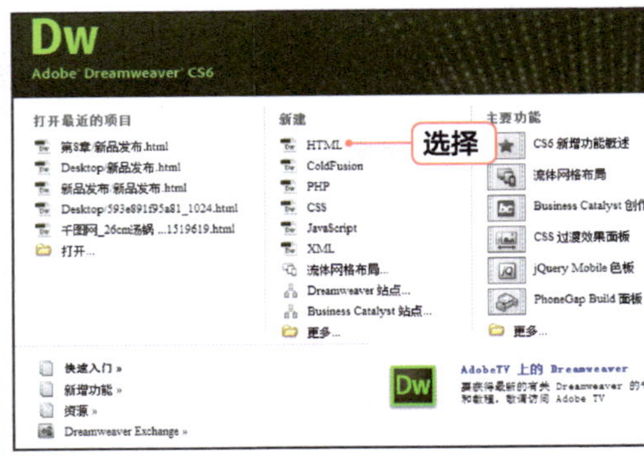

02 选择【插入】/【图像】菜单命令，打开“选择图像源文件”对话框，选择“首张灯具全屏海报图.jpg”素材文件（配套资源:\素材文件\第8章\首张灯具全屏海报图.jpg），单击 确定 按钮。

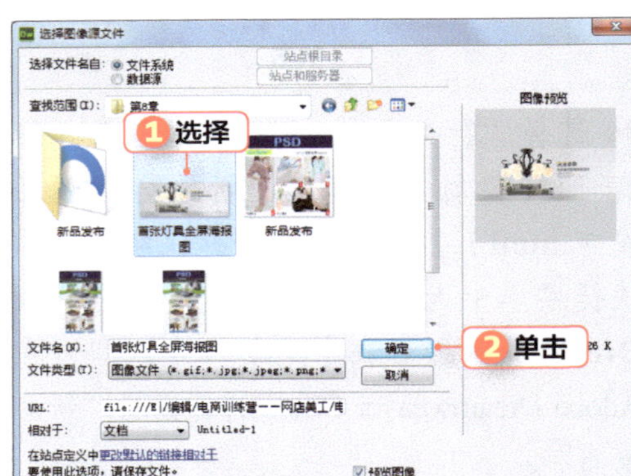

03 将“首张灯具全屏海报图.jpg”上传到图片空间中并单击按钮，复制网页中的链接。返回Dreamweaver CS6，在“属性”面板中修改图片地址，然后单击按钮，选中矩形热点工具。

04 在“点击购买”区域上按住鼠标左键不放并绘制矩形热点框。

05 在“属性”面板中的“链接”文本框中输入链接的地址，即可为矩形单独创建热点。再单击○按钮，创建椭圆热点。

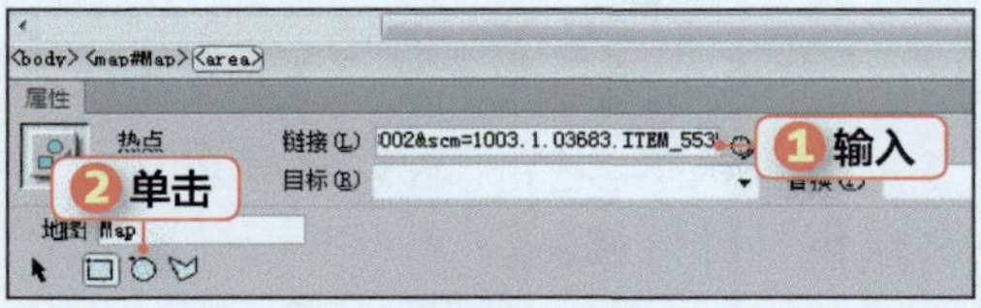

06 在图像中绘制圆形的热点区域，并在“属性”面板中单击↖按钮，调整热点的位置，然后在“属性”面板的“链接”栏中输入链接的地址。

高手支招

除了在图片空间复制链接外，还可在需要复制的链接图标上，如“收藏店铺”图标，单击鼠标右键，在弹出的快捷菜单中选择“复制链接地址”命令，获取收藏店铺的链接地址。

07 选择【文件】/【另存为】菜单命令，打开“另存为”对话框，选择文件的保存位置，在保存类型右侧的下拉列表中选择“HTML Documents”选项，在文件名右侧的文本框中输入“首张灯具海报.html”，单击 保存(S) 按钮，保存修改后的网页（配套资源:\效果文件\第8章\首张灯具海报.html）。

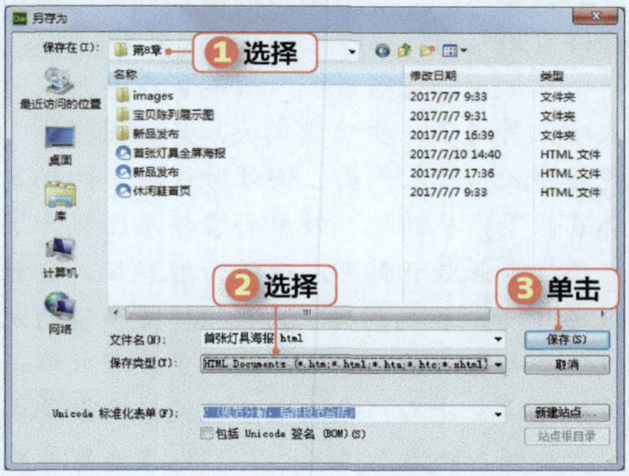

08 此时打开网页后，将鼠标光标移动到添加热点的区域，将出现链接样式。

8.4 完成店铺装修

当对图片进行切片并上传到图片空间后，即可进行店铺的装修操作。装修的大致注程是选择适合的店铺版本，再进行系统模板装修和源代码装修。

8.4.1 选择合适的店铺版本

进入淘宝店铺装修页面，即可查看自己店铺的版本。常见的版本包括淘宝旺铺基础版、淘宝旺铺专业版、淘宝旺铺智能版。

- **淘宝旺铺基础版** 基础版是永久免费的，其功能与早期的扶植版旺铺类似，只有两栏结构没有通栏布局。
- **淘宝旺铺专业版** 专业版是淘宝最新的旺铺版本，一钻以下的店铺可以免费使用专业版旺铺，一钻以上的店铺将付费，旺铺价格为50元/月。
- **淘宝旺铺智能版** 智能版在专业版的基础上新增了一些功能模块，如切图模块、视频导入、千人千面、倒计时模块、1920宽屏装修等，从转化、效率和营销层面提升了店铺。专业版旺铺可以升级为智能版，智能版在PC专业版的基础上，提供了更丰富的无线装修功能与营销方法，提升了装修效率与数据化运营能力。在淘宝店铺装修页面单击“智能版抢先看”选项卡，可以查看智能版所提供的新功能。

高手支招

专业版和基础版的区别是一个收费，一个免费，其功能上也存在着区别。旺铺专业版拥有通栏布局、背景设置、可包含50个自定义页面等，而旺铺基础版则没有。基础版和专业版在一钻以下可以随意切换。

8.4.2 应用系统模板

淘宝网店系统配置了不同的模板，不同模板的作用和使用方法都不相同，因此选择系统模板是布局的前提。

扫一扫

应用系统模板

01 登录淘宝网，进入“卖家中心”页面，单击左侧栏中的“店铺装修”超链接，进入店铺装修后台，单击顶部的“模板管理”超链接。

02 在打开的页面中显示了3个可用的模板，单击模板上的“点击查看图片详情及操作”超链接。

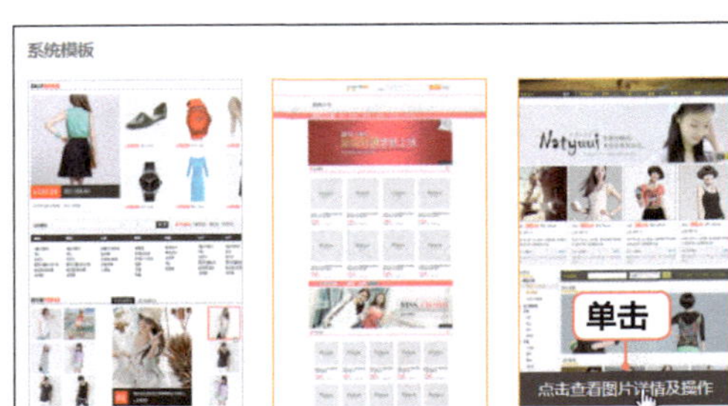

03 打开“模板详情”对话框，查看模板信息，单击 应用 按钮。

04 打开“应用模板”对话框，单击直接应用按钮。

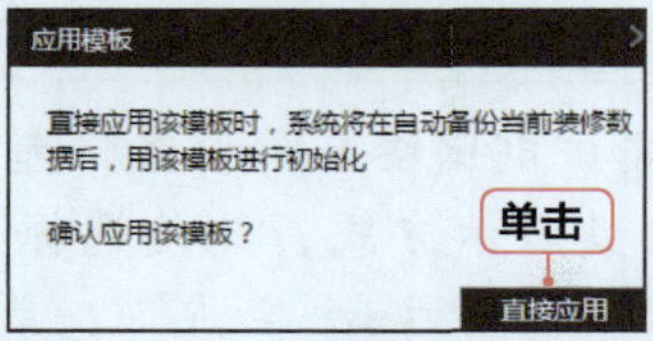

05 操作成功后，店铺模板即发生改变，进入“店铺装修”页面，可以看到店铺的布局。

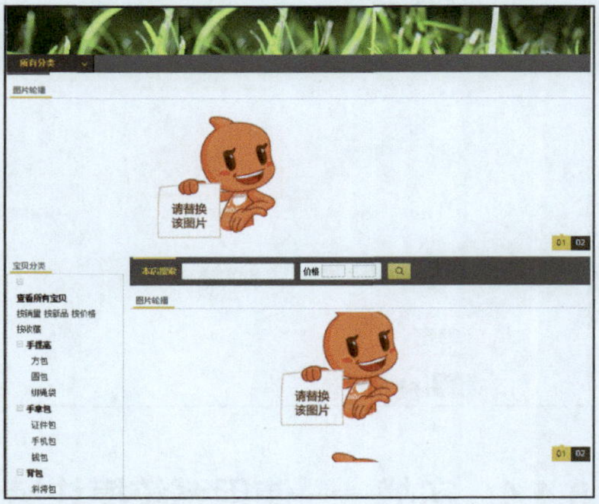

8.4.3 搭建框架

店铺版本确定后，需要先搭建装修框架，再根据框架进行装修。下面将创建首页框架。淘宝首页应包括店招、导航、海报、产品分类、客服旺旺、产品展示、店铺页尾、店铺背景等。确定店铺的模块与风格后，即可开始首页框架的搭建。具体的操作方法如下。

扫一扫

搭建框架

01 在“店铺装修”页面单击顶端的“布局管理”超链接，进入“布局管理”页面，选择“图片轮播”模块，单击模块右侧的图标删除该栏目，使用相同的方法删除其他无用的模块。

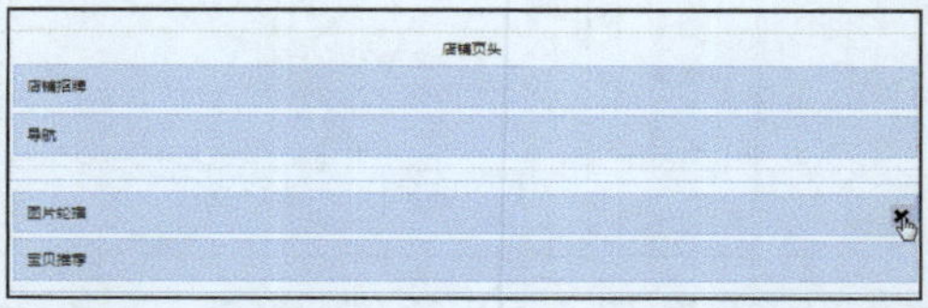

02 选择“自定义区”模块，拖动模块到宝贝排行榜的上方，改变模块显示位置。

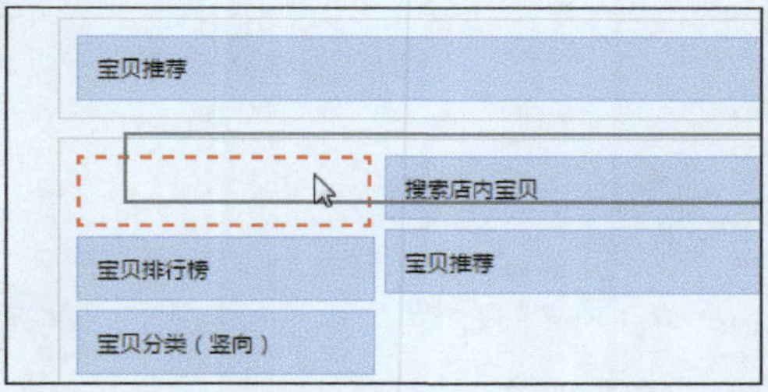

03 单击“添加布局单元”超链接，打开“布局管理”对话框，根据需要选择需添加的单元，此处单击选择“950”选项。

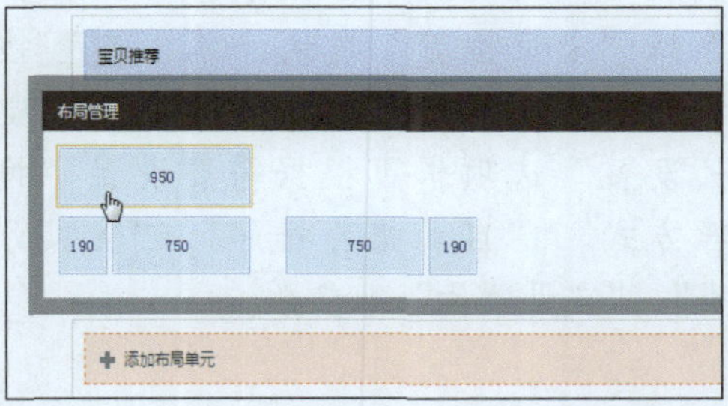

04 在左侧的“模块”列表中选择需要

添加的模块，按住鼠标左键不放并拖入到新建的布局单元中，释放鼠标左键后，即可在该单元中添加该模块，下图为添加“自定义区”模块。

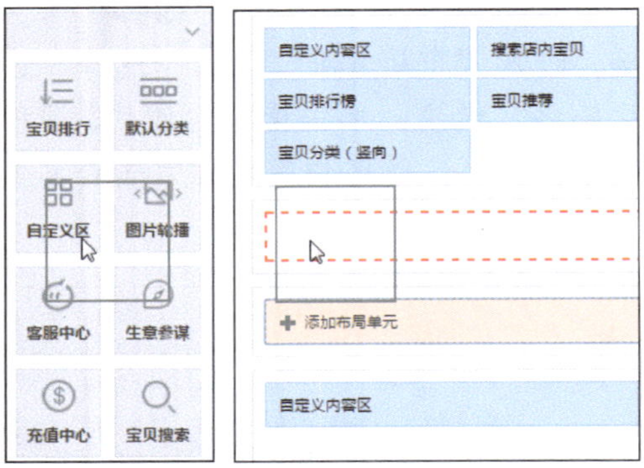

05 使用相同的方法编辑页面中的模块，完成后首页布局效果如下图所示。

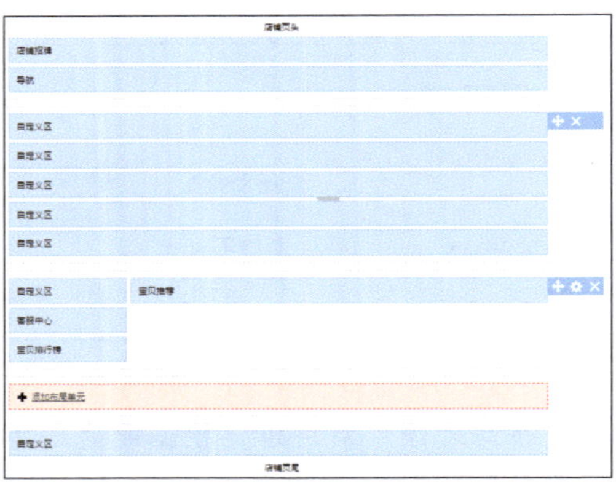

06 当需要使用淘宝提供的宝贝推荐模块时，需进入“店铺装修”页面，选择“宝贝推荐”模块，单击编辑按钮，打开“宝贝推荐”对话框，在“宝贝设置”选项卡可根据需要设置“推荐方式”“自动推荐排序”“宝贝分类”“宝贝数量”等参数。

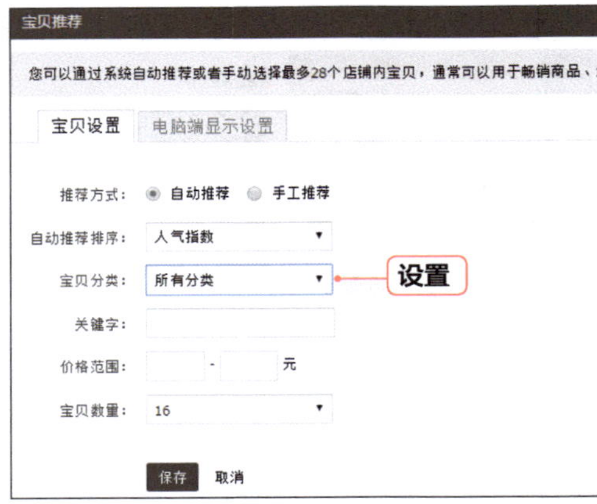

07 单击“电脑端显示设置”选项卡，设置宝贝展示方式，此处选择展示方式为“一行展示3个宝贝”，单击保存按钮。

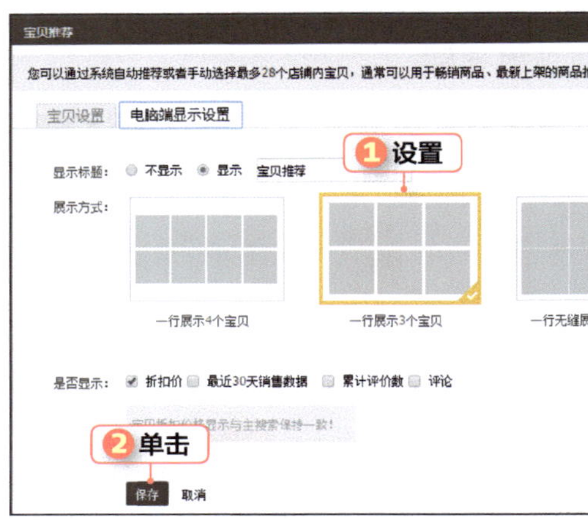

8.4.4 实战——使用系统模块装修店招

系统模块即为淘宝店铺的基础模块，无须使用代码，直接在该模块中进行编辑即可。本实战将使用系统模块装修常规店招，其具体的操作过程如下。

扫一扫

使用系统模块装修店招

01 登录淘宝账号，进入“卖家中心”页面，在左侧列表中单击“店铺管理”栏中的“店铺装修”超链接，进入店铺装修页面。在其中可查看到店铺默认的基础版页面效果，在店招右侧单击 编辑 按钮。

02 打开“店铺招牌”对话框，撤销选中“是否显示店铺名称”复选框，单击“背景图”栏中的 选择文件 按钮，选择店招图片。

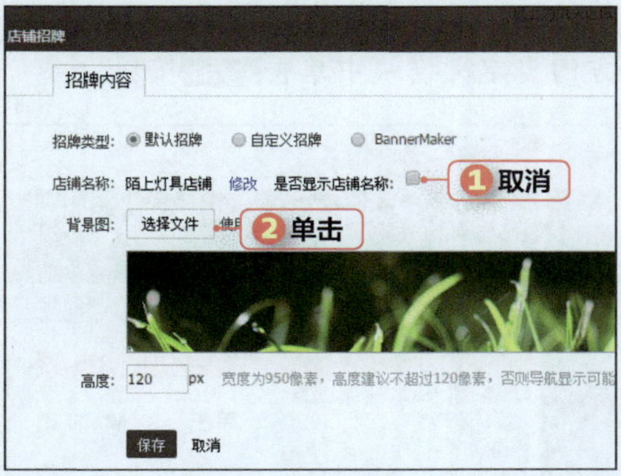

03 在打开的对话框中可选择店招图片。如果已经上传至图片空间，可直接在淘盘中进行选择。也可以单击“上传新图片”选项卡，在打开的页面中单击“添加图片”超链接。

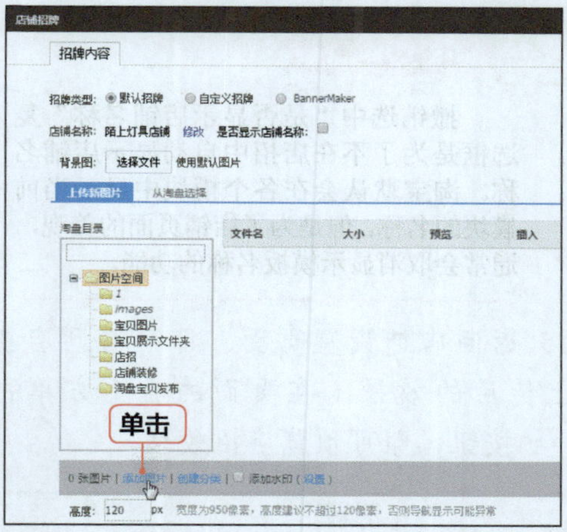

04 打开“打开”对话框，在其中选择店招图片，这里选择“常规店招.jpg”选项，单击 打开(O) 按钮。

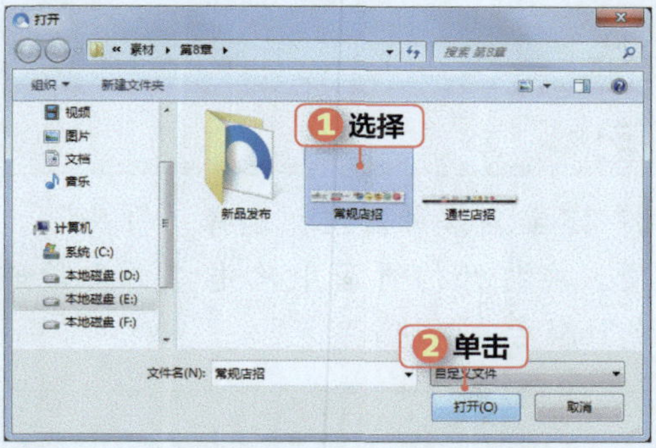

05 返回“店铺招牌”对话框，可以查看插入的店招图片，单击 保存 按钮。

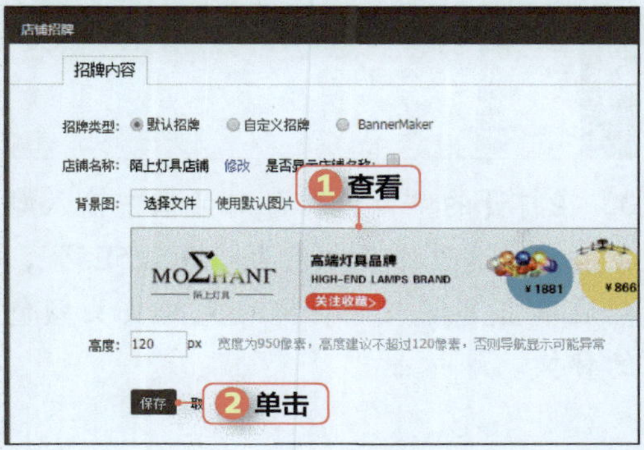

提个醒

撤销选中“是否显示店铺名称”复选框是为了不在店招中自动显示店铺名称。淘宝默认会在各个模块中显示当前模块的名称，但是为了店铺页面的美观，通常会取消显示模板名称的功能。

06 返回店铺设置页面，即可看到店招上传后的效果。在页面的右上方单击 预览 按钮，即可预览店招效果。

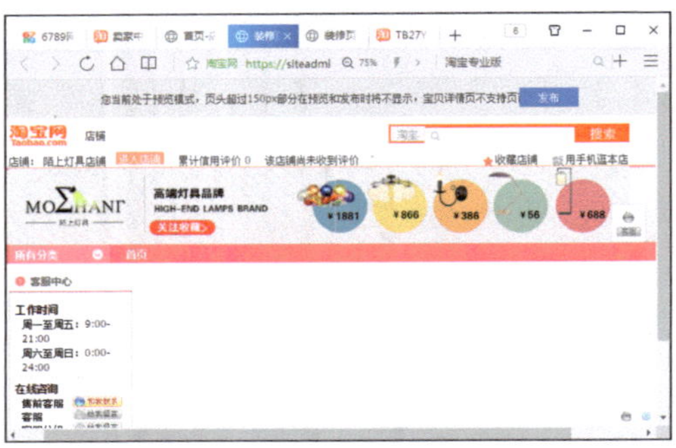

07 淘宝装修页面左侧选择“页头”选项，在打开的页面中单击“页头背景色”栏后的色块。

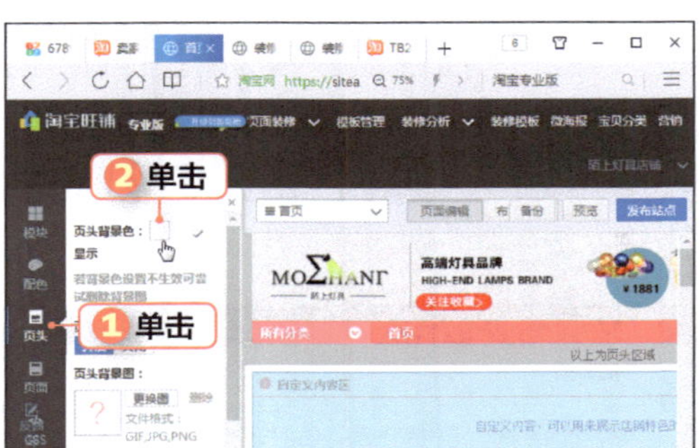

08 在打开的“调色器”对话框中输入颜色数值，这里设置颜色为“#E5E5E5”，然后单击 确 定 按钮，即可完成页头颜色的替换。

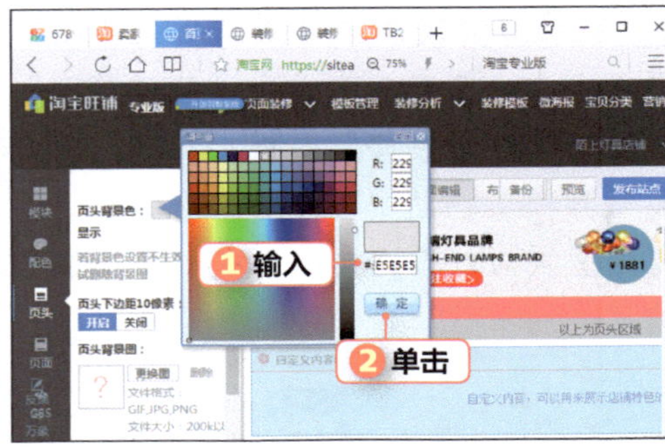

8.4.5 实战——使用源代码装修常规海报

使用源代码制作常规海报是店铺装修过程中常用的方法。本实战对添加热点的全屏海报进行装修，使其显示在装修界面，其具体操作如下。

扫一扫

使用源代码装修全屏海报

01 进入“店铺装修”页面，在店招下方的自定义模块中单击 编辑 按钮。

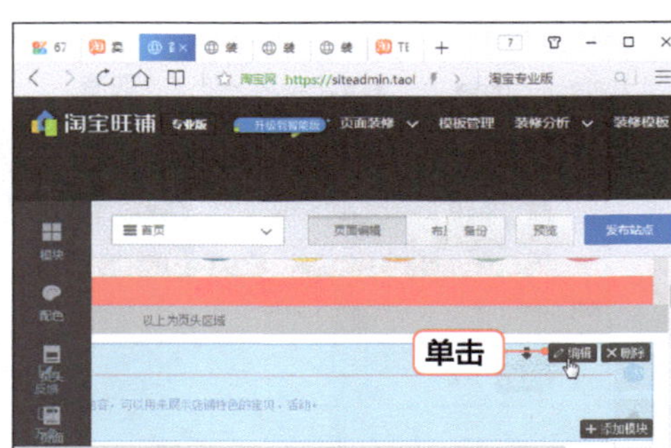

02 打开“自定义内容区”对话框，在“显示标题”栏中单击选中“不显示”单选项，单击选中“编辑源代码”复选框，进入源代码编辑状态。

03 使用Dreamweaver打开“首张灯具海报.html”素材文件（配套资源:\素材文件\第8章\首张灯具海报.html），单击上方的 拆分 按钮，打开“拆分”视图，在左侧的代码中按“Ctrl+A”组合键全选代码，再按“Ctrl+C”组合键复制代码。

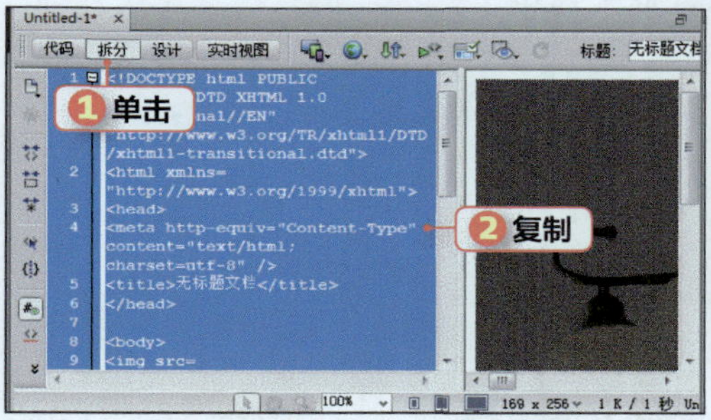

04 返回装修页面，在代码编辑区中按“Ctrl+V”组合键粘贴代码内容。

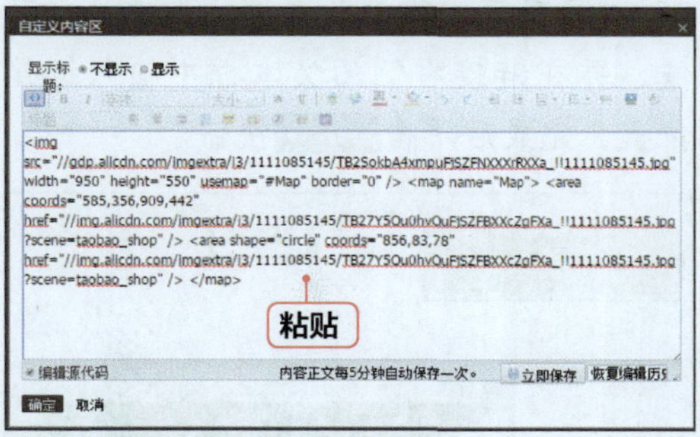

05 撤销选中“编辑源代码”复选框，即可查看代码显示的结果，单击 确定 按钮。

06 返回“店铺装修”页面，单击 预览 按钮，即可查看添加海报后的效果。

8.4.6 实战——使用外部代码装修全屏海报

使用Dreamweaver常常只能为基础的海报添加热点，并进行装修。若需要在首页中制作全屏海报或是全屏轮播效果，还需要通过外部代码进行制作。本实战将使用码工助手提取代码，进行全屏海报的制作。具体的制作过程如下。

扫一扫

使用外部代码装修全屏海报

01 将“第二张灯具全屏海报.gif”素材文件（配套资源:\素材文件\第8章\第二张灯具全屏海报.gif）上传到图片空间中。

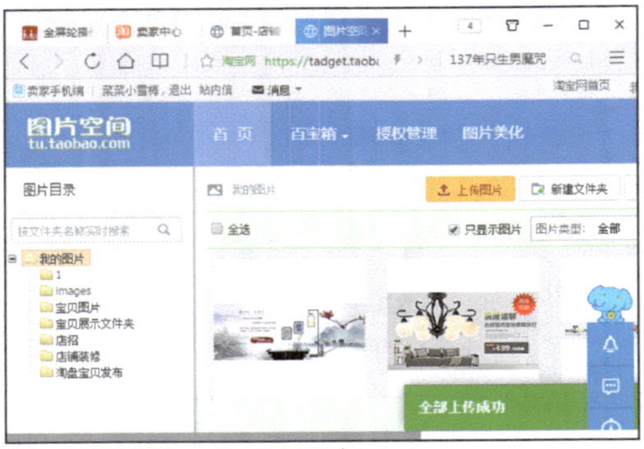

02 打开“图片空间”页面，选择需要生成代码的图片，这里选择“第二张灯具全屏海报”图片，单击其下方的按钮，复制图片的链接地址。

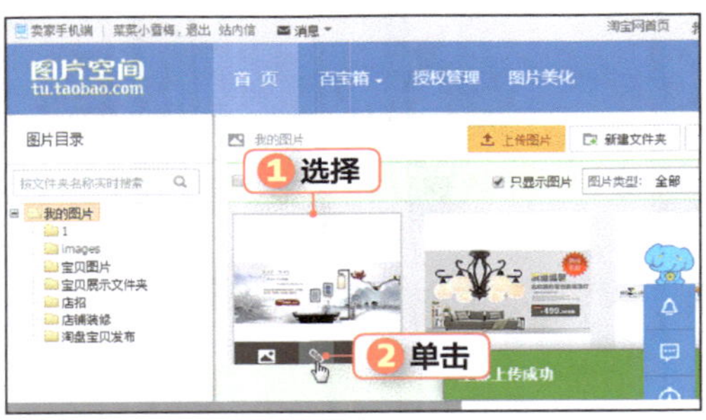

03 进入“店铺装修”页面，在普通海报下方的自定义模块中单击编辑按钮，打开“自定义内容区”对话框，在“显示标题”栏中单击选中“不显示”单选项，单击按钮，进入源代码编辑状态。

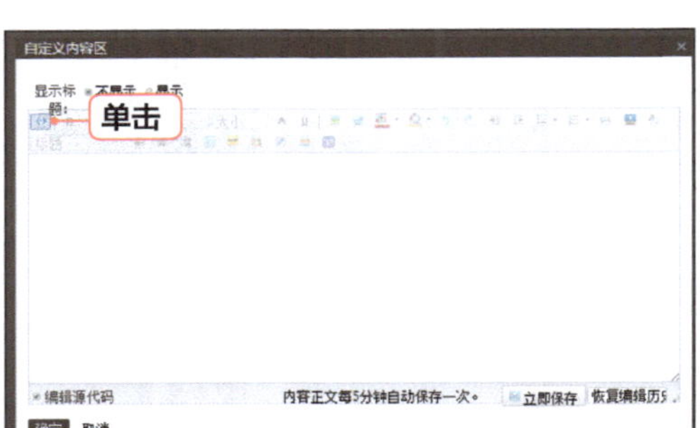

04 在浏览器中搜索并进入码工助手页面，打开码工助手的全屏海报页面。

05 在“图片地址”栏中粘贴图片地址，完成后单击载入图片按钮，图片将显示到上方展示区中。

06 在展示区中拖动热点框，框选热点区域，并在链接右侧的文本框中输入链接位置，完成后单击获取代码按钮。

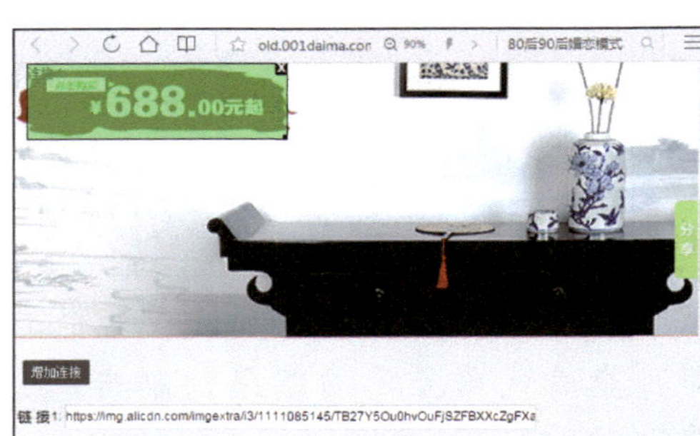

07 稍等片刻，在下方将生成编辑的代码，单击 复制内容 按钮，复制生成的代码。

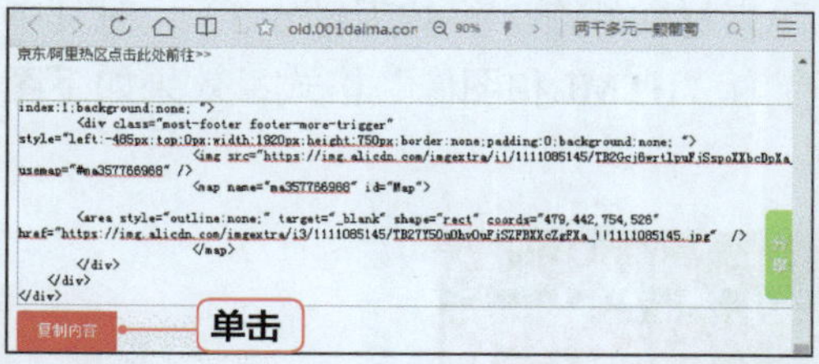

08 返回“店铺装修”页面，在打开的“自定义内容区”对话框的文本框中粘贴复制的代码，查看代码显示的结果，单击 确定 按钮。

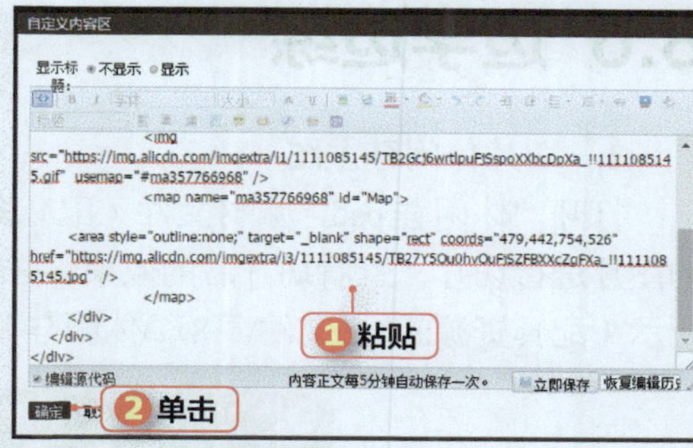

09 返回“店铺装修”页面，单击 预览 按钮，即可查看海报轮播效果。

高手支招

码工助手是一款免费的代码编辑器，使用它不但能制作全屏海报还可添加不同类型的热点，并将其转换为代码。

8.5 疑难破解

1. 装修过程中有哪些误区？该怎么进行解决？

店铺装修过程中，所有模块都不是固定的，需要根据店铺和商品的需要进行添加，并且内容不宜过多，过多会造成页面加载速度慢。若要使展现的效果更加大气，可多采用全屏海报，但要对进入区域添加热点链接。

2. 上传图片提示“你不能使用他人图片空间中的图片”该怎么办？

若是在发布宝贝时出现该提示，可能是因为以下3种情况：①若是分销平台用户，从供应商处下载的商品图片没有进行编辑，直接进行发布即会出现该提示，此时可将这些图片下载到本地计算机中，上传到图片空间后再重新发布；②若是本地计算机中的图片上传时仍然出现该提示，需要查看图片空间是否到期，若是到期则需要先续费再发布；③若以上两种情况都不是，则可能是因为服务器的问题，可使用IE浏览器重新进行发布。

8.6 边学边练

1. 切片休闲鞋主图

打开“休闲鞋.psd”素材文件（配套资源:\素材文件\第8章\休闲鞋.psd），对其中的图片进行切片，查看切片后的效果，并保存为“HTML和图像”格式，效果如下图所示（配套资源:\效果文件\第8章\休闲鞋）。

2. 上传休闲鞋首页

在图片空间中新建文件夹，并将文件命名为“休闲鞋首页”，完成后将图片上传到该文件夹，查看上传图片的图片信息，并对图片进行排序，完成后装修首页。

第 9 章

手机淘宝店铺页面设计

本章导读

随着移动网络的发展，越来越多的人喜欢用手机上网购物，手机购物已成为当前的购物趋势。由于受手机屏幕大小的限制，直接将店铺PC端的装修模式搬到手机店铺来会出现许多问题，如显示效果不好、体验不佳等，这将影响店铺的销售额，因此，手机无线店铺的优化是淘宝商家刻不容缓的工作。本章详细介绍手机店铺的装修方法。

知识技能

※ 了解手机端店铺的装修要点

※ 掌握手机淘宝店铺首页的装修方法

※ 掌握使用“淘宝神笔”模板制作详情页的方法

※ 掌握自定义个性化页面装修的方法

视频讲解

（视频讲解：47 分钟）

9.1 手机淘宝店铺要怎么装修

手机淘宝店铺装修的原理与电脑端淘宝店铺的装修原理相同，都需要通过富有视觉冲击力的设计来吸引顾客的注意力，延长顾客在店铺中停留的时间。但手机端的装修，由于手机屏幕大小等原因又区别与电脑端的装修。本章将详细介绍手机淘宝店铺装修的要点及装修方法。

9.1.1 手机淘宝店铺装修的潮流趋势

随着无线互联网的发展，使用移动设备逛网店成为一种新的潮流趋势，因为其具有灵活、方便的特点，顾客可随时随地进行购物。为此，淘宝App、天猫App、WAP端口等针对访问无线店铺的端口应运而生。根据互联网数据中心显示，人们通过移动设备访问网页的数量不断上升，特别是在节假日期间，店铺中很大一部分的流量都来自于手机端，因此无线店铺的装修也十分重要。

9.1.2 手机端店铺的装修要点

手机端店铺虽然很方便、快捷，但是空间有限，且受到系统、储存设备等软硬件的限制，装修起来并不是那么容易。如何才能装修出一个具有吸引力的无线网店呢？我们在实际装修设计过程中，应把握好以下5点。

- **目标明确，内容简洁** 手机端淘宝店铺的空间有限，若页面中放置的内容太多，将显得繁琐、杂乱，进而影响消费者的浏览体验。这就要求内容要精简，并且突出重点。
- **图片不要太大** 为保证消费者能顺利、快速浏览页面，应在确保图片清晰的前提下用一些压缩工具将图片进行压缩。
- **页面色调简洁而统一** 手机淘宝店铺员页面设计中，色彩是很重要的一个设计元素。合理、舒适的色彩搭配可以为店铺加分。由于手机屏幕有限，为避免浏览者视觉疲劳，在颜色选择上也要色调统一，尽量使用纯色或者浅色的图片来做背景，少使用类别不同的颜色，以免让人眼花缭乱。杜绝使用对比强烈、让人产生厌恶感的颜色。
- **颜色不宜太暗淡** 尽量调高图片的亮度和纯度，增加宝贝图片的通透性，确保浏览者可以在各种条件下（省电模式、光线过强等）都能清晰地查看页面和宝贝。
- **部分模块重点展示** 店铺的宝贝分类、促销活动和优惠信息等顾客重点关注的信息要重点展示。

9.1.3 手机端店铺设计的必要性

无线网络的发展，极大地刺激了与手机端匹配的购物平台的产生，如手机淘宝、微信、蘑菇街以及各类购物App。好的手机端店铺设计不但能使消费者感到眼前一亮，还能加深消费者对店铺的影响，从而促进商品的销售。因此，手机端店铺应该如电脑端店铺一样，不但要从商品上吸引消费者，还要从整体设计上吸引消费者。

9.1.4 手机端店铺与电脑端店铺大比拼

在店铺装修过程中，很多卖家会把电脑端的详情页、主图等直接运用到手机端中，因此会出现图片尺寸不合和展现效果不佳的问题。手机端店铺与电脑端店铺还是有很大区别的，具体表现在以下几个方面。

● **图片尺寸不同** 手机端显示的图片宽度为640像素，而电脑端显示的图片宽度一般为950像素。若照搬电脑端店铺的图片到手机端店铺中，容易导致图片显示不全、页面排版混乱、浏览体验不佳等问题。

● **布局不同** 手机端更注重浏览体验，省略了边角的活动模块，以及详细的广告文案。可以将电脑端的三栏图片精简到两栏，并将海报中的文案、价格等信息通过字号加大、颜色调整等方式突显出来，使其更适合手机端的阅读。

手机端浏览效果

电脑端浏览效果

● **详情不同** 电脑端详情页会通过较多的文字来说明商品的卖点、店铺促销和优惠等信息，但手机端详情页要用简单的文字，较多的图片信息来进行阐述。

● **商品分类不同** 手机端商品分类结构明确，模块划分清晰，体现少而精的特点，并且这些特点常使用图片或是较大的文字进行体现。而电脑端的商品分类信息更详细。手机端的字体明显较粗、识别性更强。

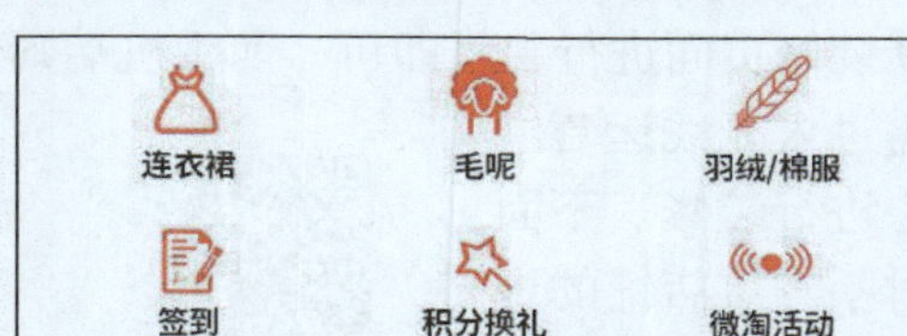

手机端商品分类

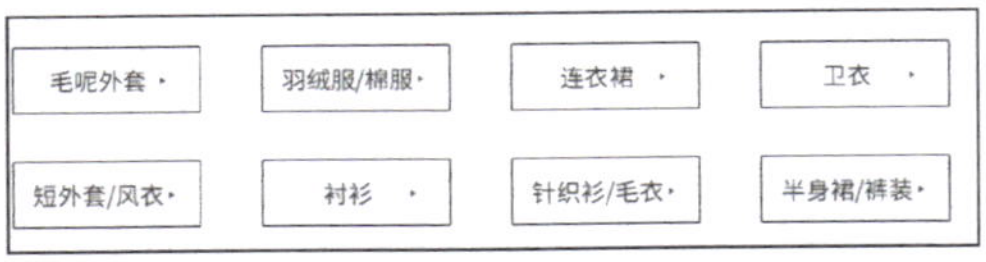

电脑端商品分类

● **颜色不同** 电脑端详情页会使用深色系体现店铺的风格和品质；而手机端详情页由于预览面积小，视觉受限，因此店铺颜色要鲜亮，才能使消费者有愉悦感。

9.1.5 实战——手机淘宝店铺装修入口及后台操作

手机端与电脑端的淘宝店铺入口和操作方法有所不同，电脑端只需进入店铺装修页面进行装修即可，而手机端则需进入无线运营中心进行装修。下面对手淘宝店铺的进入方法和后台操作进行介绍，其具体的操作过程如下。

扫一扫

手机端装修入口及后台操作

01 登录淘宝账号，进入卖家中心，在左侧的列表中单击“手机淘宝店铺”超链接。

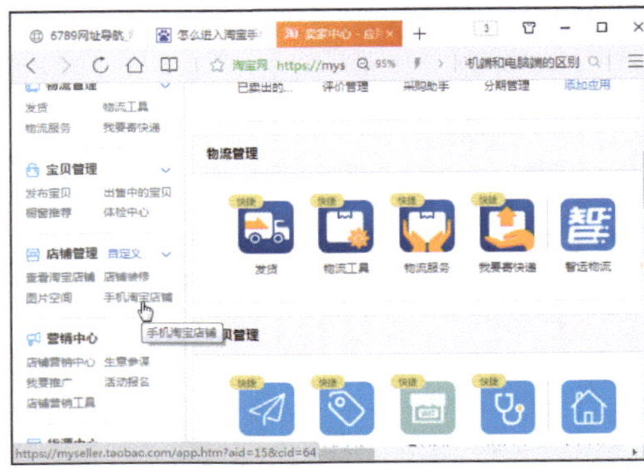

02 在打开页面的右侧单击“立即装修”超链接。

03 在打开界面的右侧，罗列了手机店铺各个模块的进入点，这里单击“店铺首页”超链接。

04 进入店铺首页装修页面，可看到淘宝提供的各类模块，在右侧则显示手机店铺的装修页面。

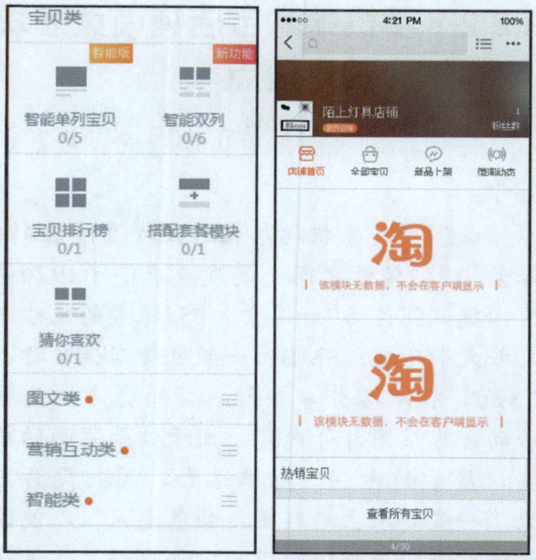

提个醒

拖动相应的模块到装修页面即可添加对应的模块，其操作与电脑端模块的操作方法相同。

9.2 手机淘宝店铺首页装修

电脑端的淘宝店铺首页一般展示的是品牌形象、店铺活动等信息，访问首页的方式也多为宝贝详情页直接跳转到店铺首页，直接访问店铺首页的情况并不多。手机端访问店铺的方式则比较灵活，如扫描店铺的二维码、店铺微淘、搜索店铺、详情页跳转等，因此手机端的首页与电脑端的首页具有不同的客户访问特征，手机端店铺首页的引导作用比电脑端的更大。因此，在设计手机淘宝店铺首页时，要格外注意店铺风格的定位、宝贝的选择与模块的构成。

9.2.1 手机淘宝店铺首页有哪些模块

从整体内容上看，手机淘宝店铺首页必须承载八大内容，包括店招、会员分享、宝贝、分类、活动、形象、优惠券和微淘，每个模块都有其固定的作用。右图为一个典型的手机淘宝店铺首页布局图，从图中可以看出，手机端模块与电脑端模块的分布大不相同，其内容也有所区别。

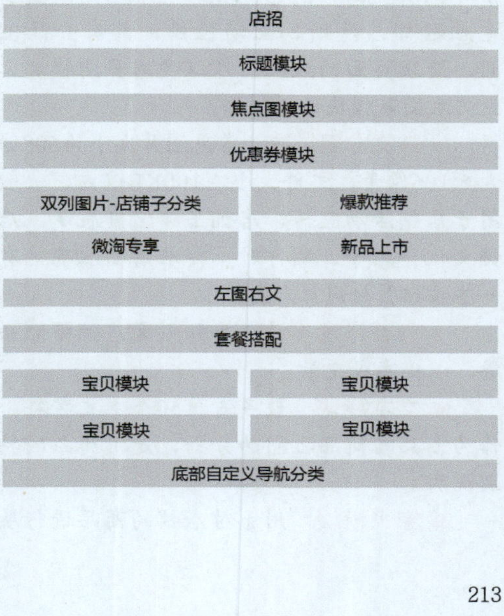

9.2.2 手机端淘宝店铺首页模块的装修要点

手机端淘宝店铺首页模块的装修要点如下。

● 店招　手机端店招的尺寸宽度在480像素~1242像素之间，高度要求小于1920像素，建议制作为750像素×254像素的尺寸，文件大小不超过3MB。一般包含店铺名称、Logo、收藏与分享按钮、营销亮点、店铺活动、背景图片等内容，由于位于页面的顶端，显示的比例比电脑端大，因此更为抢眼，一般要求主题鲜明、颜色亮丽，以便能在吸引消费者眼球的同时宣传店铺。在设计店招时，可从行业地位、店铺特性、活动主题等角度出发。

● 店铺标题模块　主要用于区分商品类别，展示店铺的优势，品牌的理念等，最多支持12个中文字符。

● 焦点图模块　常见图片大小为608像素×304像素，文件大小在100KB以内，一般用于店铺活动宣传、店铺产品宣传、店铺形象宣传等。在制作轮播焦点图时，轮播图最多可以添加4张。

● 优惠券模块　常见图片大小为248像素×146像素，文件大小在50KB以内，要求重点醒目、清晰、互动性强，具有分隔空间、活跃页面的效果。可以使用多图模块、左文右图等模块进行制作。

● 左文右图模块　常见图片大小为608像素×106像素，文件大小在100KB以内，一般用于店铺活动宣传、店铺王牌宝贝展示、店铺文化介绍等。制作时，要求清晰准确，有一些按钮引导用户点击。

● 套餐搭配模块　告知顾客店铺搭配套餐，以提高成交量。

● 文本模块　最多支持50个中文字符，作为商品与商品之间的分割，是对商品的特别说明。

● 宝贝模块　用于对店铺的商品进行展示，在注意布局的同时应尽量将主营的宝贝全部覆盖，展示时，应将王牌宝贝、热销宝贝进行重点突出展示，可通过色相对比吸引用户眼球，或添加相应元素引导消费者。

● 底部自定义导航模块　引导分类宝贝，有效促进客户分流。

● 微淘　微淘是阿里巴巴集团的重要产品之一，在移动互联时代，微淘是移动消费的重要入口。卖家在微淘上可以更好地经营，跟顾客保持更好的沟通。

9.2.3 手机淘宝店铺首页的装修注意事项

由于大多数的流量及订单都来自于手机端，因此卖家要重视手机端的运营，尤其是店铺首页的优化。在设计店铺首页时，通常要注意以下4方面。

● 注重感官的习惯性与舒适性　从买家的购物习惯出发，图片上的清晰度和大小都要适应手机的尺寸，以大图为主、分类清晰明确；搭配舒适的店铺颜色；商品的细节清晰、美观，给人零距离、舒适的体验。

● 合理控制页面的长度　由于手机狭长，用户在浏览时一般从上至下，要求信息不必太多，一般6屏以内为最佳。

● 页面整体内容的把握　店铺的主营宝贝与定位理念突出，要充分考虑互动性、趣味性、专业性与基调定位，能够精准定位顾客，并快速吸引眼球。

● 与电脑端的视觉统一　手机端的内容与电脑端的内容相互呼应，具有相通的视觉符号，可提高店铺品牌的关联性。

9.2.4 实战——制作手机淘宝店铺店招

店招位于手机淘宝店铺首页的顶端。本实战将制作一个出售毛巾的手机端店招。在制作时，由于左侧需要添加店标和店名，因此不宜放置文案。为了突出毛巾主题，将添加对应的毛巾展示效果图。具体的制作方法如下。

扫一扫
制作手机端店招

01 在Photoshop中新建大小为750像素×254像素，分辨率为72像素/英寸，名为“手机端店招”的文件。打开“店招图片.jpg”素材文件（配套资源:\素材文件\第9章\店招图片.jpg），将其拖动到新建的文件中，调整位置和大小。

02 选择“椭圆工具”，在工具属性栏中设置填充颜色为“#202b26”，按“Shift”键绘制圆，按“Ctrl+J”键复制圆，排列成如下图所示的效果。

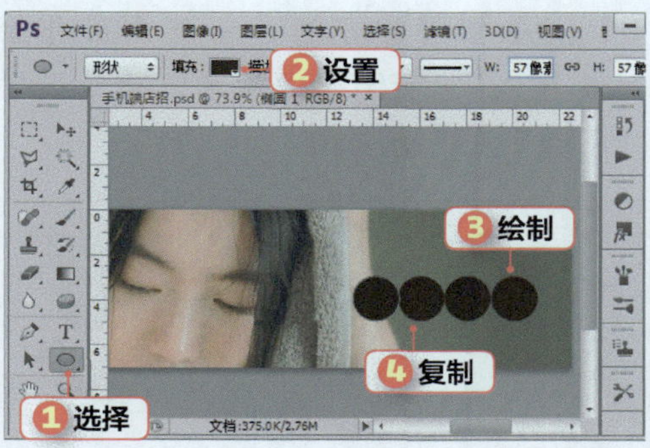

03 选择“横排文字工具”，设置字体、字号、颜色分别为“方正剪纸简体”“54.37点”“#ffffff”，在圆上输入文本。

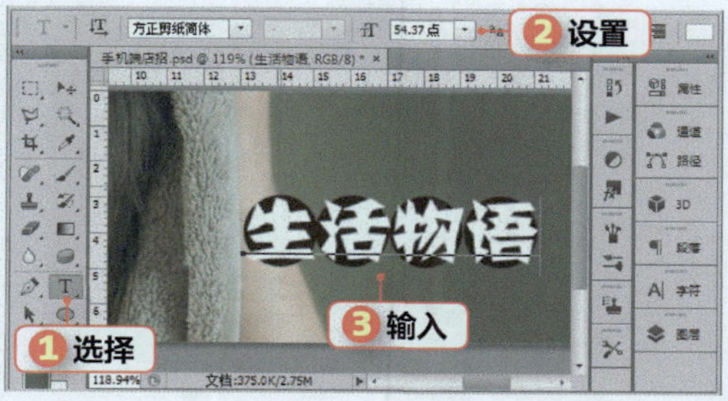

04 选择【图层】/【图层样式】/【投影】菜单命令，打开“图层样式”对话框，设置“距离”“扩展”“大小”分别为“5像素”“10%”“5像素”，单击 确定 按钮。

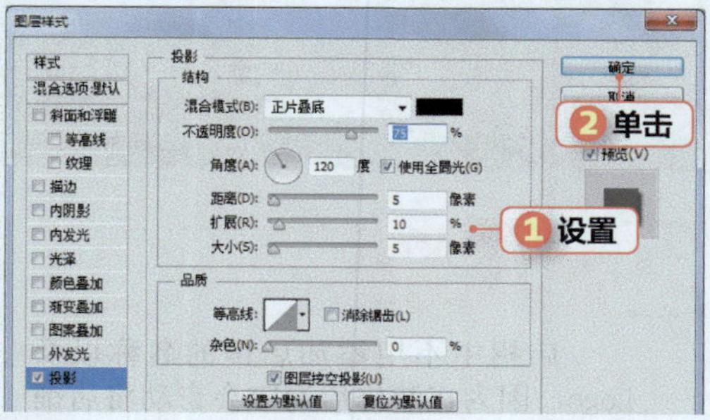

05 继续输入其他文本，设置中文字体为“微软雅黑”，英文字体为“Georgia”，字体颜色为“#ffffff”，字号为“18点”，调整位置。

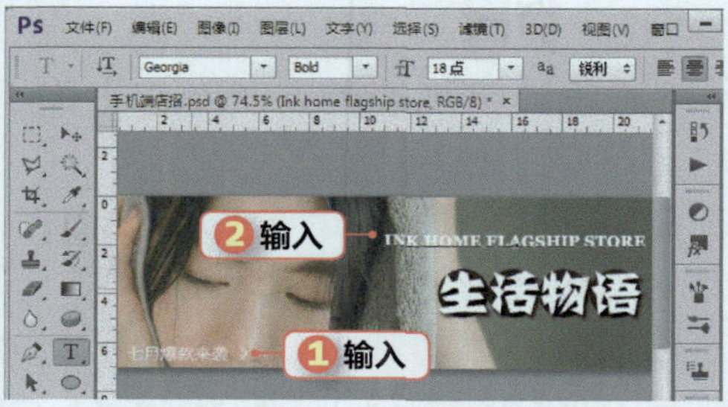

06 打开“图章.psd”素材文件（配套资源:\素材文件\第9章\图章.psd），将

其拖动到“生活物语”左下角，调整大小，烘托整个店标氛围。

07 在图像下方绘制通栏矩形，填充为“#202b26”，保存文件查看完成后的效果（配套资源:\效果文件\第9章\手机端店招.psd）。

> **提个醒**
>
> 店招中不用添加店铺的名称以及Logo，因为在装修后淘宝会自动将店铺名称、店标、关注、粉丝数添加到店招的左侧区域，并对其进行显示。

9.2.5 实战——制作手机端焦点图

在设计手机端焦点图时，由于手机屏幕尺寸较小，因此，在构图方式和文本设计方面都要求简洁。本实战采用左右式结构为毛巾店铺制作焦点图。制作时，需要突出毛巾的实用性和系列技术，其具体的制作方法如下。

扫一扫

制作手机端焦点图

01 在Photoshop中新建大小为608像素×304像素，分辨率为72像素/英寸，名为“手机端首焦”的文件。打开“手机端首焦图.jpg”素材文件（配套资源:\素材文件\第9章\手机端首焦图.jpg），将其拖动到新建的文件中，调整素材大小与位置。

02 新建图层，在工具箱中选择“矩形选框工具”，在左侧区域绘制矩形，设置前景色为“#202b26”，按“Alt+Delete”组合键填充前景色，并设置“不透明度”为“30%”。

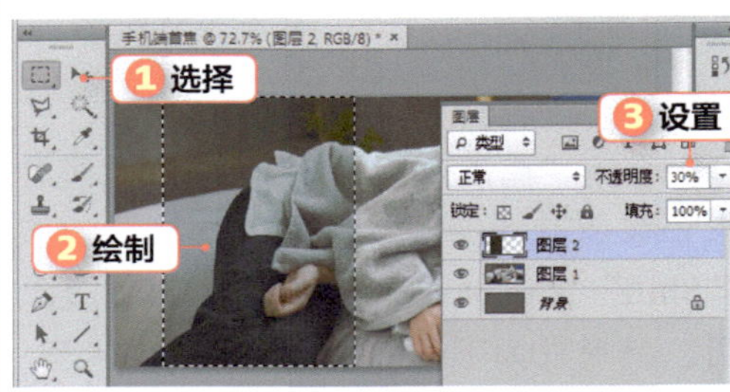

03 使用相同的方法，新建图层并绘制颜色为“#ffffff”的矩形，最后设置“不透明度”为“80%”。

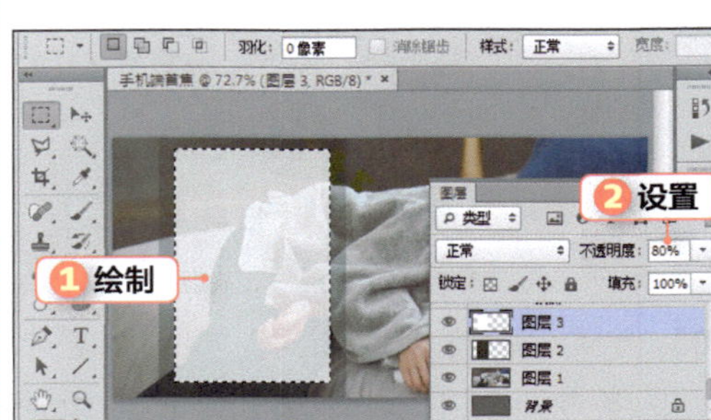

04 选择“横排文字工具” T，设置字体、字号、颜色分别为“方正粗活意简体”“38点”“#494a49”，在矩形内上方输入文本。

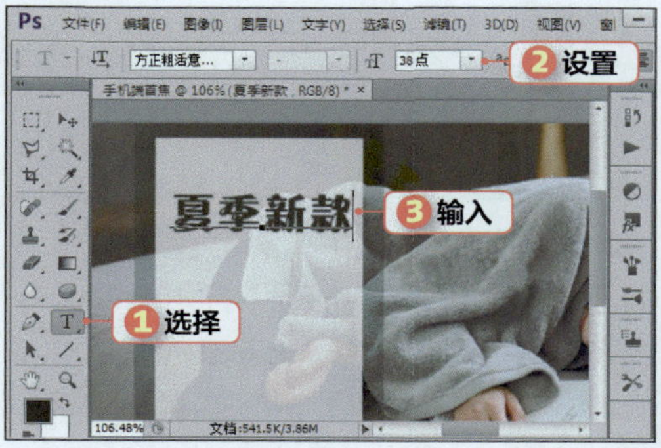

05 双击文字所在图层，打开“图层样式”对话框，单击选中“描边”复选框，设置“大小”为“1像素”，设置颜色为“#d5cece”。

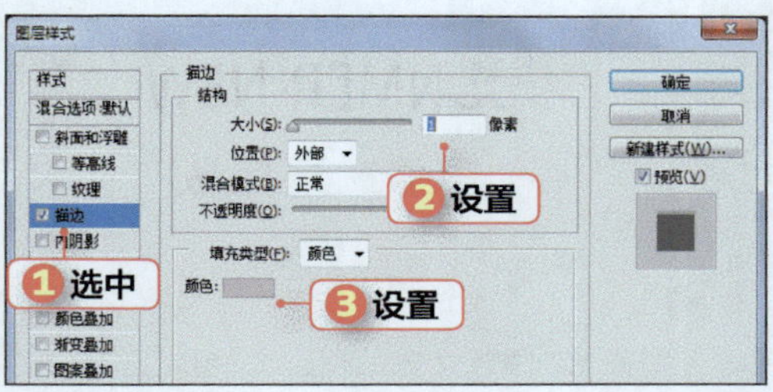

06 单击选中“投影”复选框，设置投影颜色、“不透明度”“角度”“距离”“扩展”“大小”分别为“#948f8f”“60%”“-100度”“3像素”“10%”“2像素”，单击 确定 按钮。

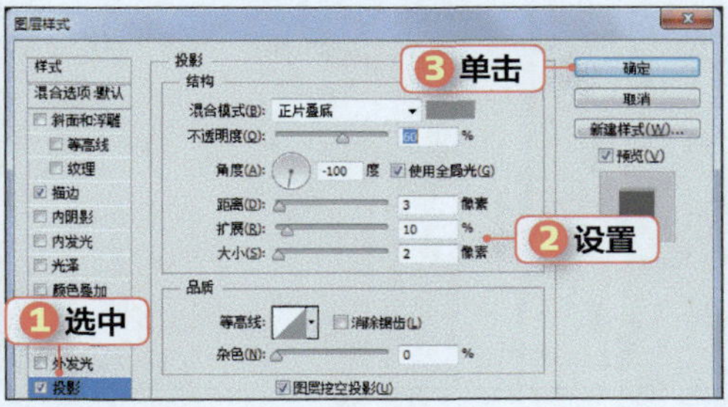

07 选择“横排文字工具” T，设置字体为“微软雅黑”，字体颜色为“#2c352c”，字号为“16点”，输入文本。选择“直线工具” ／，在文字的左侧绘制一条直线，并设置粗细为“3像素”。

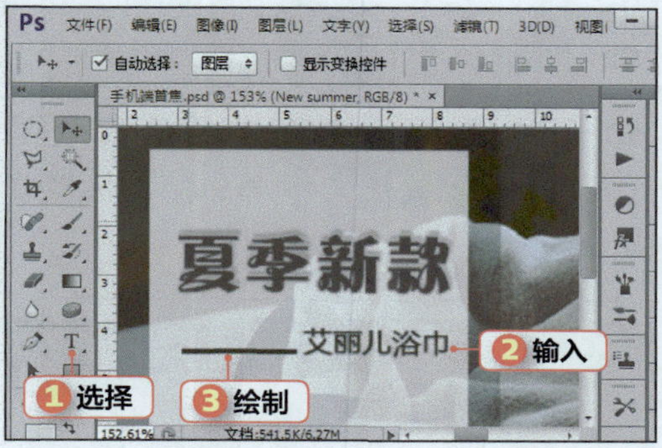

08 再次在下方输入文字，设置中文字体为“微软雅黑”，字体颜色为“#2c352c”和“#ffffff”，再设置英文字体为“ArsisDReg”，调整字体大小和位置。

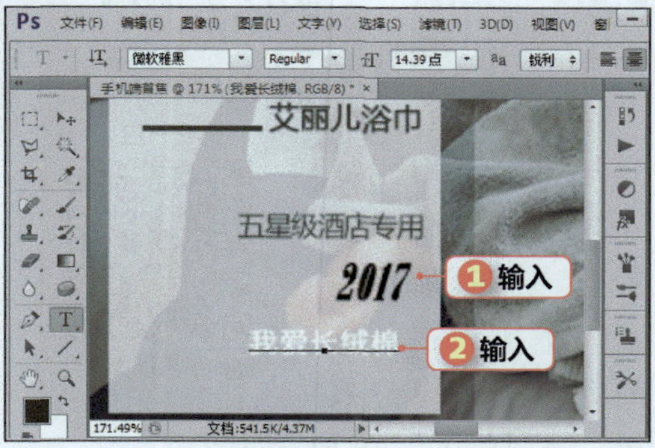

09 选择“矩形工具” □，在白色文字上绘制95像素×22像素的矩形，并设置矩形颜色为“#ff0000”，完成后在矩形框的右侧输入下图所示文字，并设置字体为“方正粗活意简体”，调整大小和位置，并设置“不透明度”为“30%”。

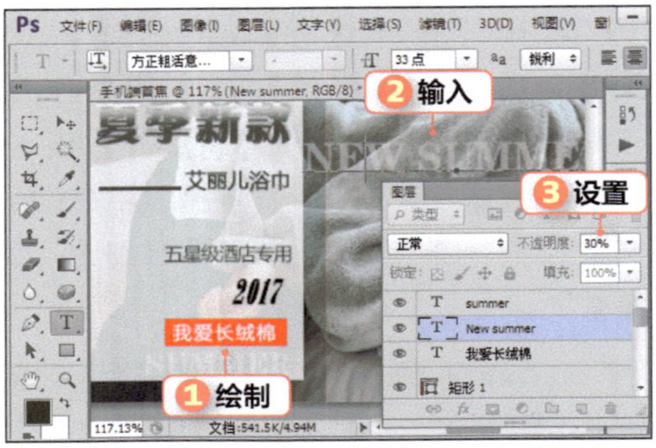

10 保存文件，查看完成后的效果（配套资源:\效果文件\第9章\手机端首焦.psd）。

9.2.6 实战——制作手机端优惠券

手机端的优惠券与电脑端相比，在排列与大小的设置上更加清晰明了。本实战将制作简约风的优惠券效果，其具体的制作方法如下。

扫一扫

制作手机端优惠券

01 在Photoshop中新建大小为608像素×680像素，分辨率为72像素/英寸，名为“手机端优惠券”的文件。选择“直线工具”，在页面的顶部绘制长度为“150像素”的直线，并设置粗细为“4像素”。

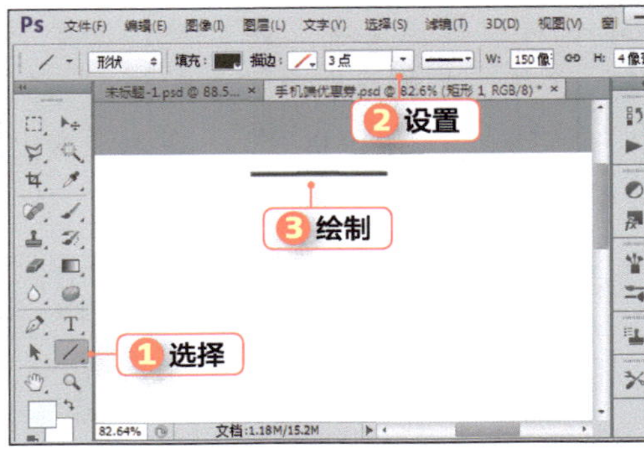

02 选择“横排文字工具”T，在直线的下方输入文字，并设置字体为“Adobe黑体 Std”，调整字体大小和位置，完成后再次使用“直线工具”在文字的中间绘制直线，并设置直线的粗细为“1像素”。

03 选择“矩形工具”，在文字下方绘制608像素×540像素的矩形，并设置矩形颜色为“#f4f9fc”。

04 选择“矩形工具”▭，在工具属性栏中设置填充颜色为“#bdbcbc”，描边颜色为“#ffffff”，描边粗细为“3点”，在矩形的左上方绘制296像素×160像素的矩形。

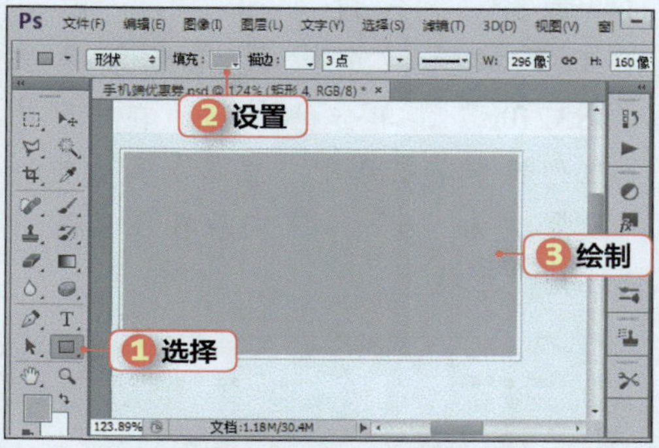

05 使用相同的方法绘制其他矩形，并查看完成后的效果。

06 打开“图片1.jpg”素材文件（配套资源:\素材文件\第9章\图片1.jpg），将图像拖动到矩形内，在“图层”面板中单击鼠标右键在弹出的快捷菜单中选择“创建剪贴蒙版”命令。

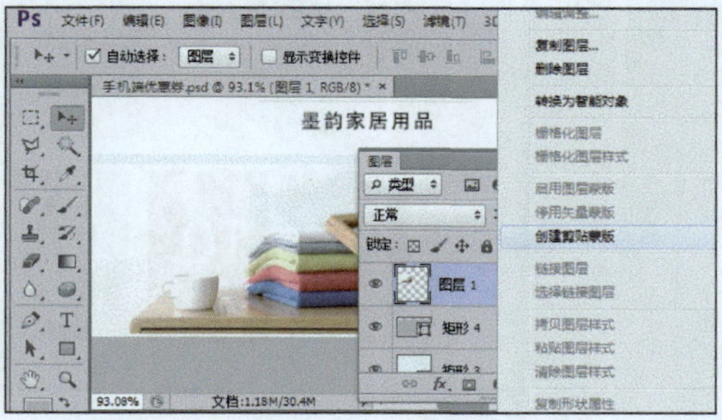

07 使用相同的方法，打开“图片2.jpg~图片4.jpg”素材文件（配套资源:\素材文件\第9章\图片2.jpg~图片4.jpg），将其载入到矩形中查看载入后的效果。

08 使用“横排文字工具”T在图片中输入下图所示文字，并设置字体为“方正兰亭大黑_GBK”，调整字体大小和位置。

09 使用相同的方法，在其他图片上输入文字，查看输入后的效果。

10 选择“矩形工具”▭，在图片的下方绘制3个大小为296像素×160像素的矩

形，并设置矩形颜色分别为“#5d695d”和“#832f13”。

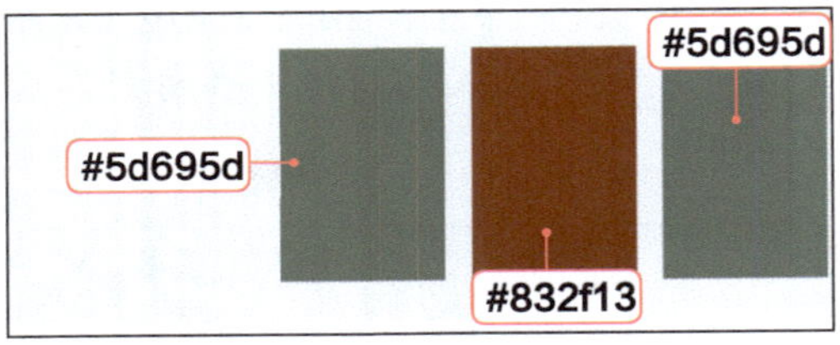

11 使用“横排文字工具” T 在左侧矩形中输入下图所示文字，并设置中文字体为“Adobe 黑体 Std”，其他字体为“Myriad Pro”，调整字体大小和位置。

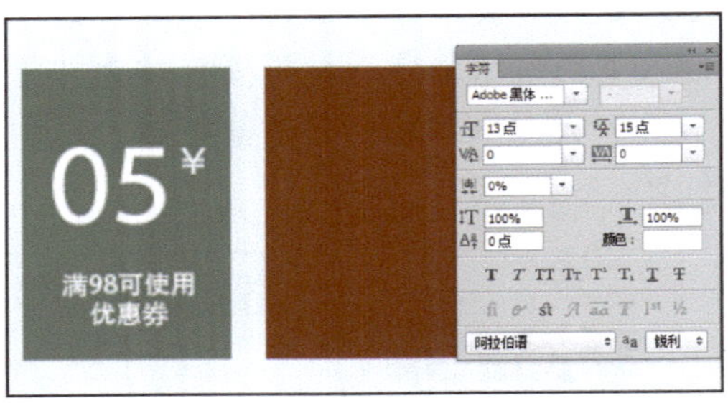

12 复制输入的优惠信息到对应的矩形中，调整文字的位置并对矩形中的优惠信息进行修改。

13 使用“横排文字工具” T 在优惠券信息的左侧输入下图所示文字，并设置字体为“方正兰亭大黑_GBK”，字体颜色为“#6e6e70”，调整字体大小和位置。

14 选择“多边形工具”，在工具属性栏中设置填充颜色为“#832f0e”，单击 按钮，在打开的下拉列表中单击选中“星形”复选框，并设置边为“5”，完成后在图像中绘制五角星形状。

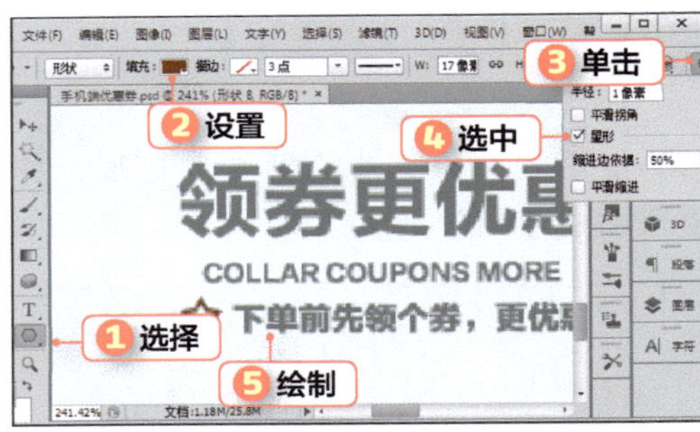

15 保存文件，查看完成后的效果（配套资源:\效果文件\第9章\手机端优惠券.psd）。

9.2.7 实战——设计手机端商品分类导航

下面通过简单的线条和图形制作商品分类导航。在制作时，需要对颜色进行把握，使其与店招、焦点图等的颜色相协调，其具体操作如下。

扫一扫
设计手机端商品分类导航

01 在Photoshop中新建大小为608像素×152像素，分辨率为72像素/英寸，名为“手机端分类导航”的文件。将前景色设置为“#7c827c”，按“Alt+Delete”组合键填充前景色。选择“矩形工具”，在矩形中绘制170像素×127像素的矩形，并设置矩形颜色为“#ffffff”。

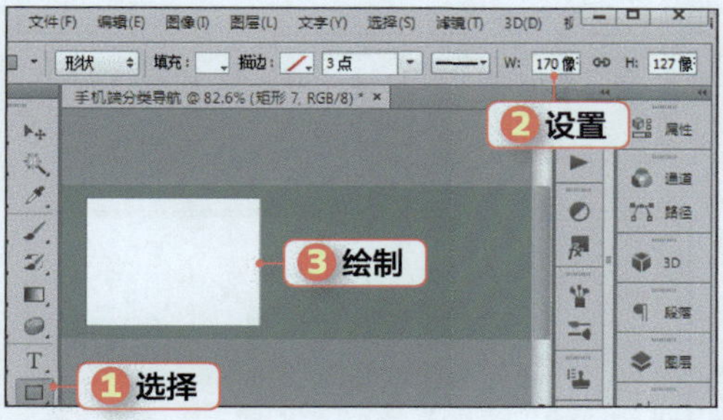

02 设置前景色为“#000000”，选择“钢笔工具”，在矩形的右下角绘制投影路径，按“Ctrl+Enter”组合键将其转换为选区，并按“Alt+Delete”组合键填充选区。

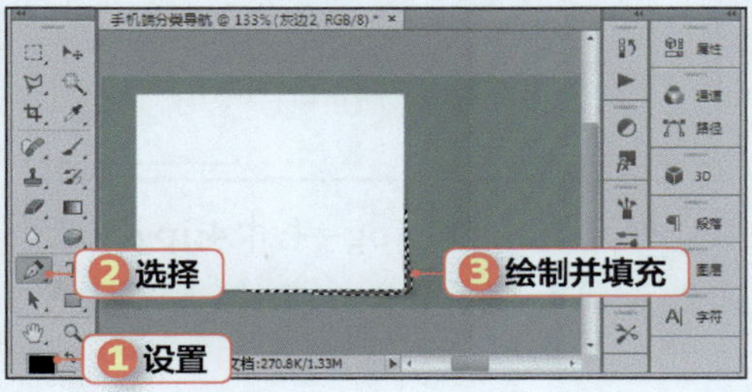

03 选择绘制的矩形和投影，按住“Alt”键不放向右拖动复制矩形和投影，完成后的效果如下图所示。

04 在左侧白色矩形中输入“浴袍浴衣”文字，设置字体为“方正兰亭大黑_GBK”，设置字体颜色为“#6e6e70”，字号为“33点”。

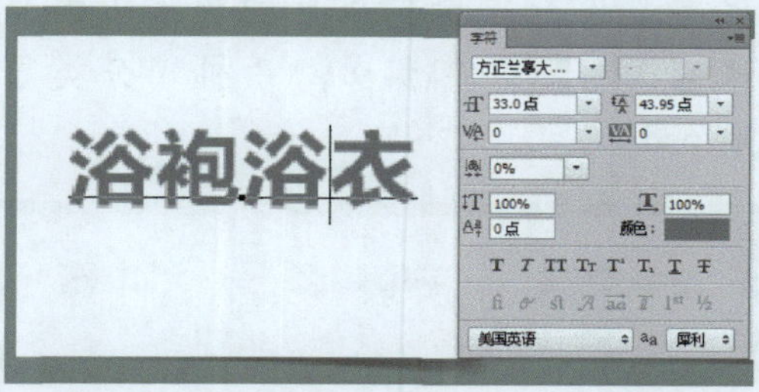

05 双击文字所在图层，打开“图层样式”对话框，单击选中“投影”复选框，设置“不透明度”“角度”“距离”“扩展”“大小”分别为“15%”“120度”“3像素”“0%”“0像素”，单击 确定 按钮。

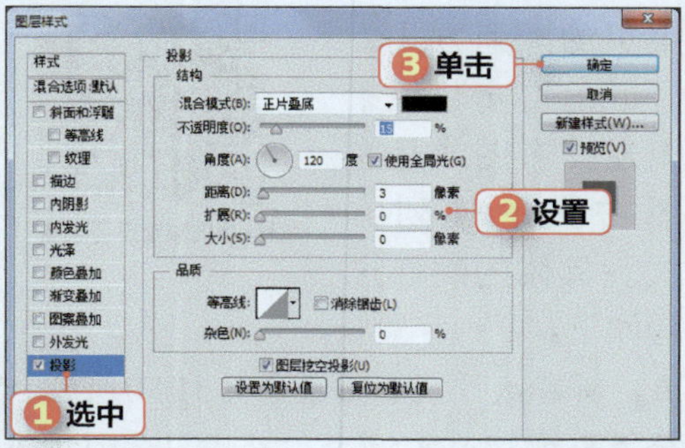

06 分别使用“矩形工具”和“直线工具”在文字下方绘制矩形和直线，并设置颜色为“#cbcfcb”。

07 选择文字、直线和矩形，按住“Alt”键不放向右拖动复制文字和形状，再对复制后的文字进行修改，保存文件，查看完成后的效果（配套资源:\效果文件\第9章\手机端分类导航.psd）。

9.2.8 实战——设计手机端宝贝列表图

本实战将制作“精品上新”与“低价特卖”栏的宝贝列表图，其中“精品上新”采用双列宝贝的排列方式，“低价特卖”栏采用左文右图或是左图右文的排列方式。具体的制作过程如下。

01 新建大小为640像素×1950像素，分辨率为72像素/英寸，名为“宝贝列表图”的文件，打开前面制作的“手机端优惠券.psd”图像文件，将标题样式拖动到新建的图像中，并修改其中的文字。

02 选择“矩形工具”，在标题文本下方绘制矩形，并设置矩形颜色为“#e5e5e5”，再次选择“矩形工具”，设置描边颜色为“6d766d”，描边粗细为“3点”，在标题下方绘制288像素×288像素的矩形。

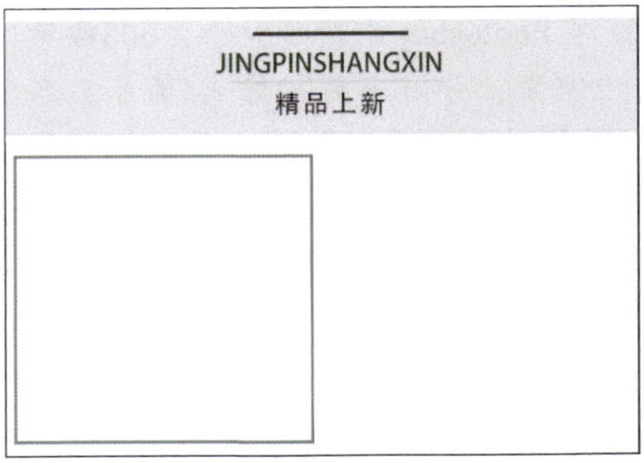

03 使用相同的方法，绘制其他矩形，并对矩形进行排列。

04 打开“毛巾1.jpg~毛巾4.jpg”素材文件（配套资源:\素材文件\第9章\毛巾

1.jpg~毛巾4.jpg），将图片分别拖动到矩形内，创建剪贴蒙版，查看完成后的效果。

05 选择“椭圆工具”，在工具属性栏中设置填充颜色为“#9a020a”，按住“Shift”键不放，在矩形的左上角绘制圆，再使用“横排文字工具”T，在椭圆中输入“好用不贵”，设置字体为“楷体”，调整字体大小和位置。使用相同的方法，分别在其他矩形的左侧复制椭圆和文字。

06 继续选择“横排文字工具”T，在矩形下方输入下图所示文字，设置字体为“方正特雅宋_GBK”和“华文细黑”，调整字体大小和位置，选择原价文本，在“字符”面板中单击按钮为原价添加删除线。

07 设置前景色为“#7d0000”，选择“钢笔工具”，在原价文本上方绘制形状，按“Ctrl+Enter”组合键将其转换为选区，并按“Alt+Delete”组合键填充选区，完成后在选区内输入文字，并设置字体为“方正特雅宋_GBK”，调整字体大小和位置。

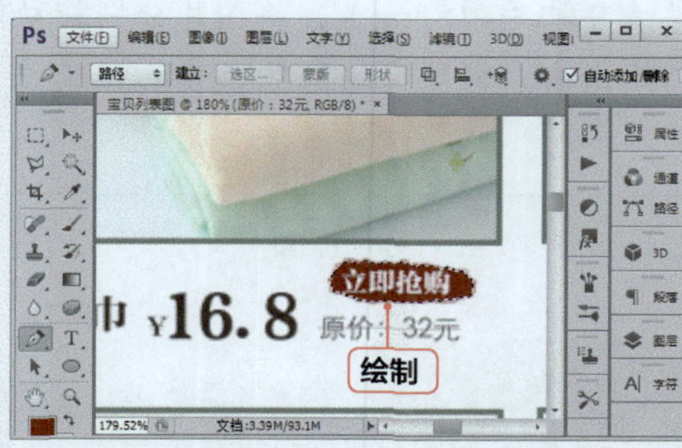

08 选择价格文本和形状，将其复制到其他矩形下方，并修改其中的文字。

09 将标题样式复制到矩形的下方，并修改其中的文字，制作另一个标题样式。

10 选择“矩形工具”，在标题文本下方绘制608像素×285像素的矩形，并设置矩形颜色为“#a2cad6”。打开“毛巾5.jpg”素材文件（配套资源:\素材文件\第9章\毛巾5.jpg），将图片分别拖动到矩形内，创建剪贴蒙版，查看完成后的效果。

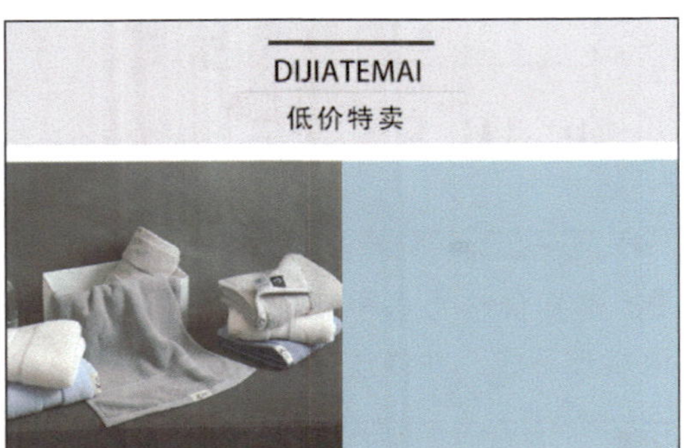

11 选择“横排文字工具”T，在蓝色矩形区域输入下图所示文字，设置左侧字体为“方正兰亭大黑_GBK”，右侧字体为“Adobe 黑体 Std”，调整字体大小和位置。

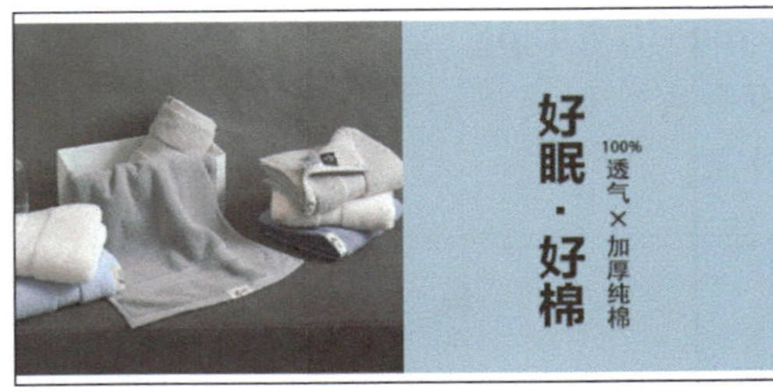

12 选择“矩形工具”，在文字右侧绘制32像素×124像素的矩形，并设置矩形颜色为“#e60012”，在矩形框内输入下图所示文字。再次选择“矩形工具”，在工具属性栏中撤销选中填充效果，并设置描边颜色为“#e60012”，粗细为“1点”，在矩形的外侧绘制40像素×131像素的矩形框。

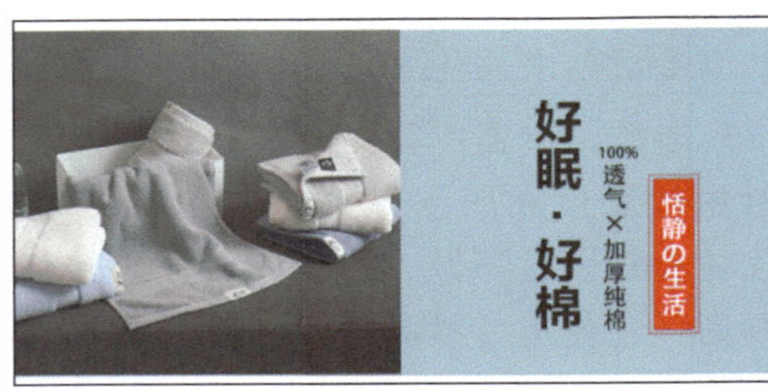

13 选择“矩形工具”，在标题文本下方绘制608像素×285像素的矩形，并设置矩形颜色为“#f6fbf6”。打开“毛巾6.jpg”素材文件（配套资源:\素材文件\第9章\毛巾6.jpg），将图片拖动到矩形内，创建剪贴蒙版，查看完成后的效果。

14 在“图层”面板中单击按钮，创建剪贴蒙版，设置前景色为“#000000”。

选择“画笔工具”，在图片与背景的相交处进行涂抹，使其效果更加融合。

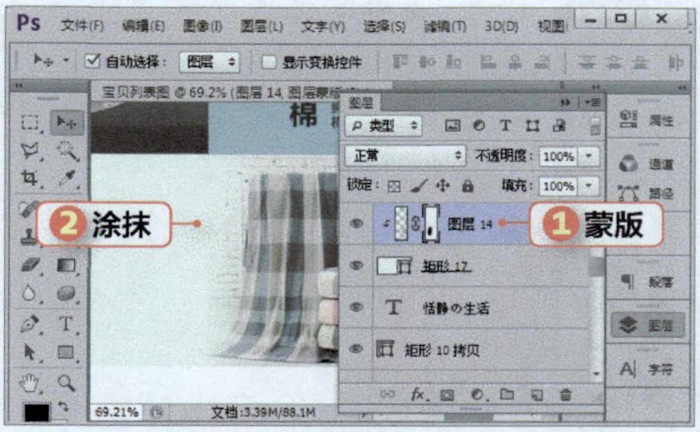

15 选择“横排文字工具”，在图片左侧输入下图所示文字，并在工具属性栏中设置字体为“Adobe 黑体 Std”，字体颜色为“#2a2b2a”，调整字体大小和位置。

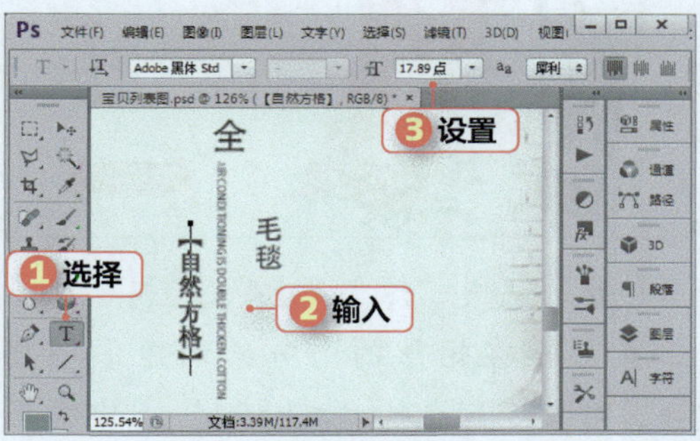

16 在“全”和“毛毯”的中间区域输入“棉”，并设置字体为“方正清刻本悦宋简体”，字号为“57点”，颜色为“#798174”。

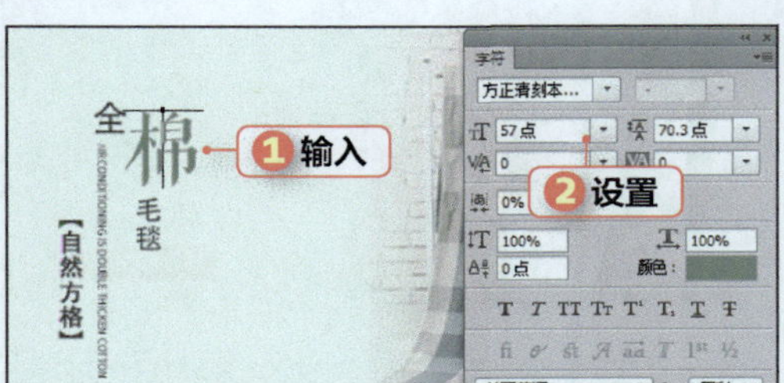

17 选择“椭圆工具”，在工具属性栏中设置描边颜色为“#798174”，描边粗细为“1点”，按住“Shift”键不放，在“棉”字上绘制圆，在“图层”面板中单击按钮，创建剪贴蒙版，选择“画笔工具”，在“棉”字与圆的相交处进行涂抹，使其呈半圆显示。

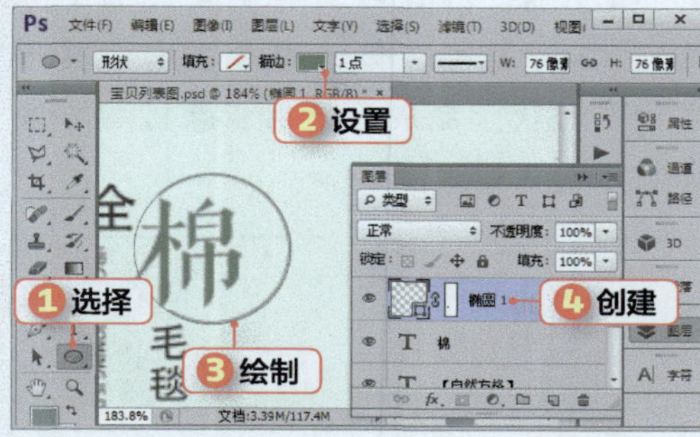

18 选择“多边形工具”，在工具属性栏中设置填充颜色为“#8d968d”，设置边数“3”，在文字和图片的相交区域绘制三角形，完成后在“图层”面板中设置“不透明度”为“33%”。

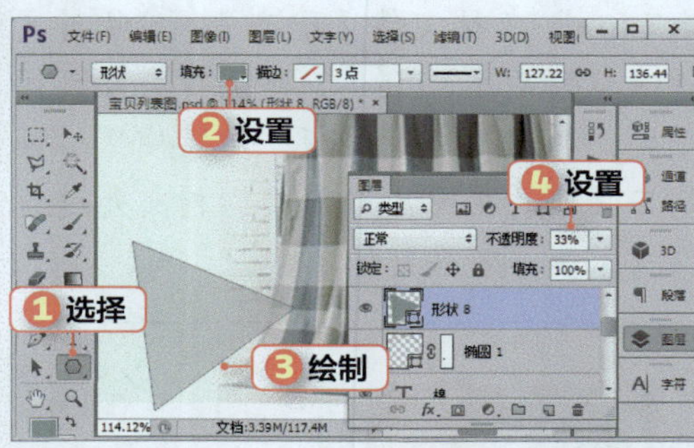

19 复制三角形，再将“不透明度”修改为“100%”，再在其上输入下图所示文字，并设置字体为“微软雅黑”，调整字体大小和位置。

20 选择“直线工具”，在中文与英文的交界处绘制一条颜色为“#2a2b2a”的直线，并在直线的下方输入“<”符号，修改符号方向使其形成箭头形状。完成后使用步骤12的方法绘制形状并输入文字。

21 选择“矩形工具”，在标题文本下方绘制608像素×285像素的矩形，并设置矩形颜色为“#f2ebe4”。打开“毛巾7.jpg”素材文件（配套资源:\素材文件\第9章\毛巾7.jpg），将图片拖动到矩形内，并创建剪贴蒙版。然后使用“画笔工具”在图片与背景的相交处进行涂抹，使其效果更加融合。

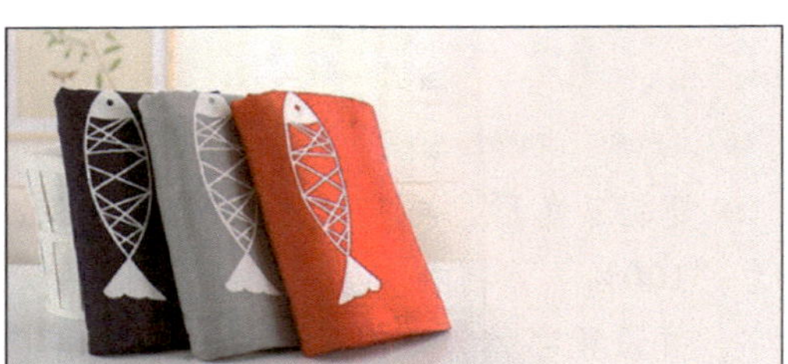

22 选择“横排文字工具”，在图片右侧输入下图所示文字，并在工具属性栏中设置字体为“Adobe 黑体 Std”和“方正清刻本悦宋简体”，字体颜色为“#2a2b2a”，调整字体大小和位置。

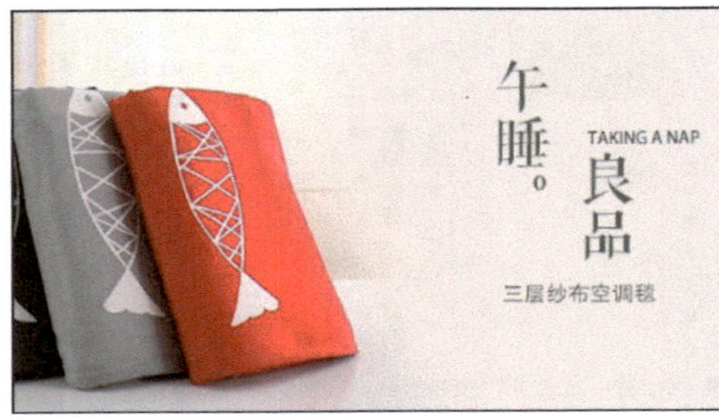

23 完成后使用步骤20的方法绘制箭头和红色矩形文字，并查看完成后的效果。

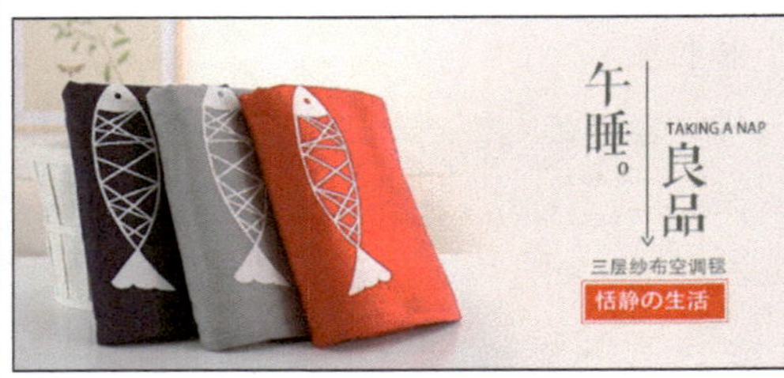

24 分别使用“矩形工具”和“直线工具”在矩形的下方绘制矩形和直线，并设置颜色为“#cbcfcb”。完成后使用“横排文字工具”输入下图所示文字，并设置字体为“方正兰亭大黑_GBK”，然后调整字体大小。

25 保存文件，宝贝列表图的制作完成

（配套资源:\效果文件\第9章\宝贝列表图.psd）。

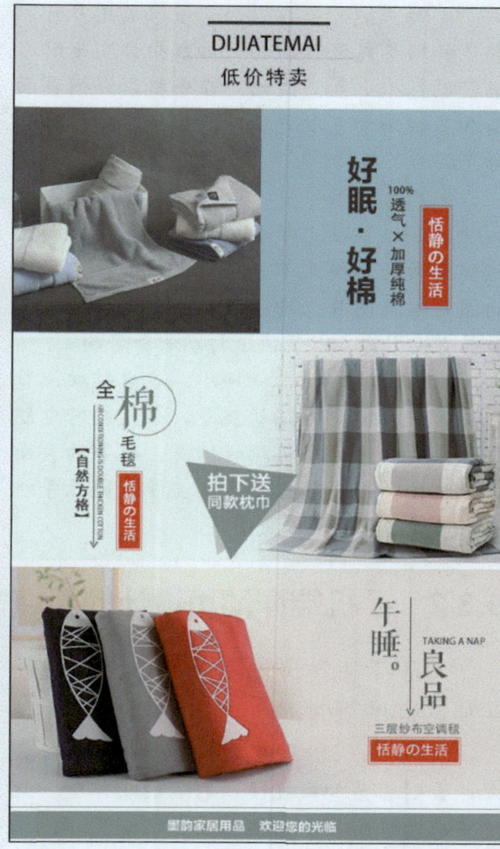

9.3 使用“淘宝神笔”模板制作详情页

“淘宝神笔”是手机淘宝详情页装修最常用的方法之一，下面将先介绍手机端详情页的特征、手机端详情页设计的要点，再讲解使用“淘宝神笔”模板制作详情页的方法。

9.3.1 手机端详情页的特征

由于越来越多的人选择手机购物，因此手机端详情页的装修也势在必行。与电脑端的详情页相比，手机端的详情页具有以下5个特征。

- **尺寸更小** 手机端的尺寸往往比较小，宽度一般为640~750像素，一屏高度不超过960像素，为了能在一屏内展示想看的内容和信息，就需要考虑页面的长度。
- **卖点应该更加精练** 手机端详情页可以参照电脑端详情页，但是手机端的更加注重在最短的时间内，把买家的购买欲望放大到最大，因此手机端详情页的卖点应该更加精练。

● **场景更加丰富** 由于手机端用户可以在多种场景内进行购物，如乘坐公交车时、睡前躺在床上等。因此，在手机端详情页面添加多种场景可以更加贴近生活，增加客户对产品的了解。

● **页面切换不便** 电脑端详情页可以很方便地通过链接文字或按钮切换页面，而无线端页面的切换就不是很方便，因此无线端的图片以及图片上的引导文字一定要清晰并且具有吸引力，以便快速打动消费者购买。

● **页面文件的容量更小** 在电脑端浏览网页，平均需要9MB的流量，若直接将电脑端详情页转化为手机端详情页，将导致页面加载缓慢，耗费顾客更多的流量，因此手机端详情页的页面文件更小。

9.3.2 手机端详情页设计的要点

基于手机端详情页的特征，在设计手机端详情页时需注意以下3点。

● **图片设计要点** 图片的体积不能太大，否则容易加载缓慢，影响购物体验，此时应在保证图片清晰度的同时压缩图片。细节图不能太小，尽量保证清晰度，让顾客能够看见细节详情，产生购买欲。

● **文字设计要点** 图片文字、宝贝信息和宝贝描述文字都不能太小，否则容易造成诉求不清楚。

● **宝贝重点设计** 宝贝重点需要突出，这就要合理控制页面展示的信息量，省略一些无关紧要的内容，提高购物体验。

9.3.3 实战——使用“淘宝神笔”制作女包详情页

为了提高详情页的制作速度，手机淘宝店铺的详情页可以直接通过“淘宝神笔”中的模板生成。本实战通过“淘宝神笔”生成女包详情页的模板，其具体的操作如下。

扫一扫

使用“淘宝神笔”制作女包详情页

01 在“发布宝贝”页面的“手机端描述”栏中单击选中“使用神笔模板编辑”单选项，单击立即编辑按钮。

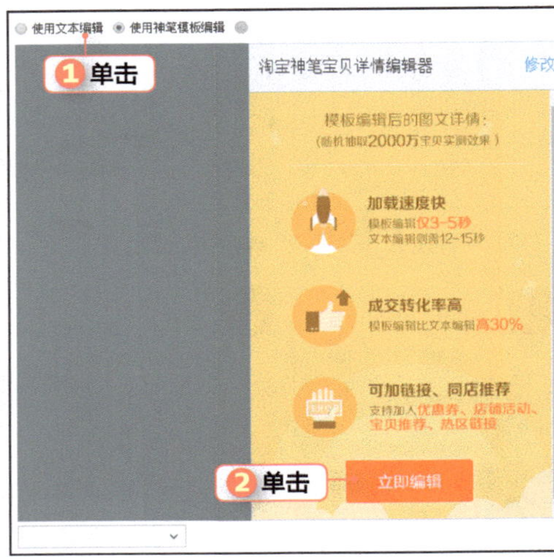

02 将鼠标光标放在打开页面的“导入详情”选项上，在打开的下拉列表中单击“导入模板”超链接，在打开的页面中单击“购买新模板”超链接。

03 在打开的页面中选择模板的行业与风格，这里选择“鞋类箱包”行业中的“全部”风格模板，浏览模板，可以看到有些模板可以直接使用，有些则需要花钱购买，选择一个合适的模板。

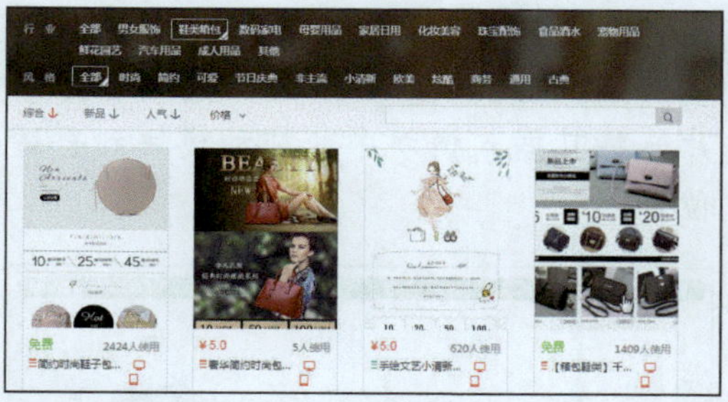

04 进入模板的详情页，可看见立即购买或立即使用两个按钮，此处单击 立即使用 按钮。

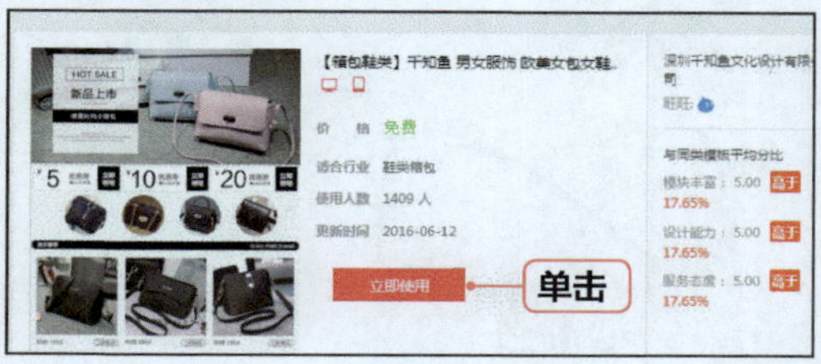

05 查看应用模板后的效果，页面右侧列出了模板中需要使用的模块，单击选择相应的模块，在右侧查看模块的尺寸信息。

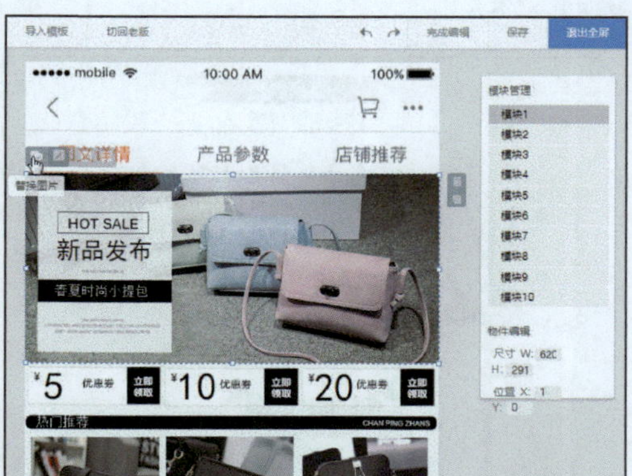

06 打开Photoshop，新建与模块对应尺寸的文件，此处为620像素×291像素，制作焦点图，由于模板中提供了文字样式，此处将留出文本框的位置，不添加文本。制作完成后保存为JPG文件格式。

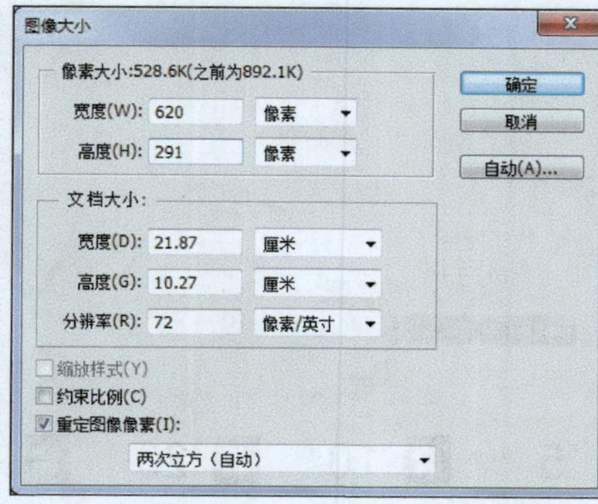

07 返回模板编辑页面，选择焦点图模块，左上角将出现工具栏，单击“替换图片”按钮，打开“选择图片”对话框，单击“上传新图片”选项卡，单击 点击上传 按钮。

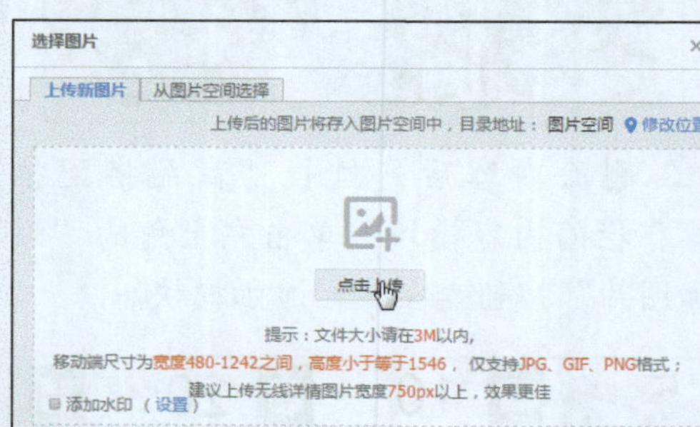

08 将制作的手机端详情页焦点图片上传并添加到该模块中，单击文本框插入鼠标光标插入点，修改文本内容。通过文本工具栏可设置文本的字体、大小与颜色。

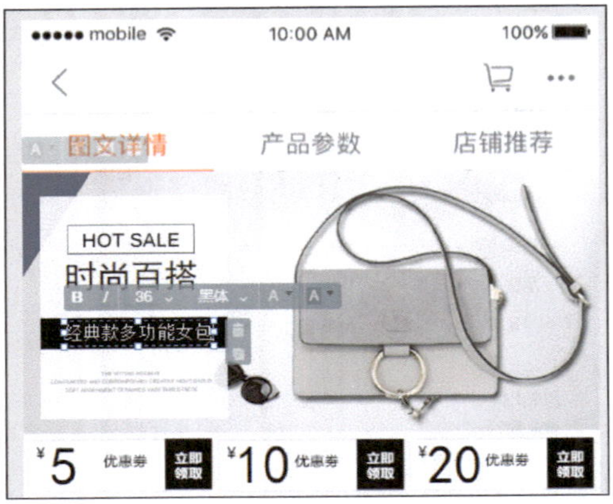

09 使用相同的方法制作并修改其他模块中的内容。此处将“热门推荐”修改为“商品搭配推荐”，选择热门推荐模块中的内容，单击模块右上角的“删除”按钮进行删除。

10 删除内容后，拉长“商品搭配推荐”栏的内容模块，单击左上角的“添加图片”按钮在该栏添加模块。

11 打开“选择图片”对话框，选择制作的宽度为620像素的商品搭配推荐图片，将其插入模块中，拖动模块到合适位置。

12 使用相同的方法制作其他模块中的内容，完成手机端详情页的装修。下图为使用模板编辑商品参数与颜色分类模块的效果。

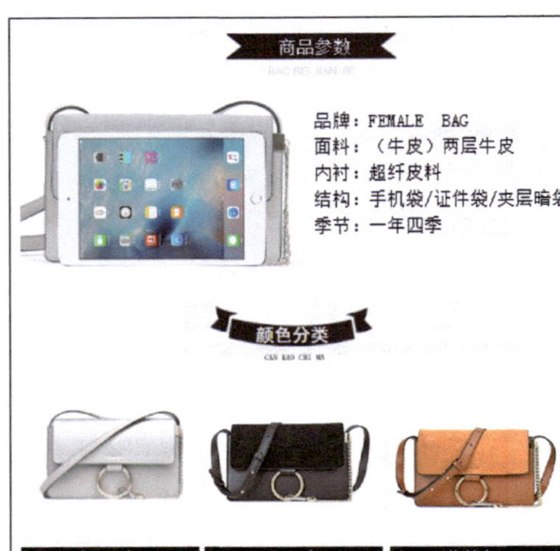

9.4 自定义个性化页面装修

设计好的店铺页面，需要装修到店铺中才能被客户浏览，而默认店铺的页面只有首页与详情页，若制作了会员活动、品牌文化等页面，就需要用户先在店铺中添加自定义的页面，然后进行页面的装修。为了方便跳转到新建的页面中，可自定义无线端屏幕底部的菜单，将新建的页面添加到自定义菜单中。

9.4.1 自定义页面装修要点

尽管淘宝为卖家提供了一些自定义区放置的模块，但是很多卖家都不太愿意使用这些模块，因为容易造成页面千篇一律。此时，对于追求个性、积极拓展销路的卖家，可以通过自定义页面进行创意设计，在推荐店铺和商品的同时，展示店铺的特色。需要注意的是，要想将自定义页面的功能发挥到极致，自定义页面中就需要展示一些顾客最为关心的内容。

9.4.2 实战——制作自定义菜单

手机淘宝店铺的菜单在界面的最下方，其目的在于方便客户快速跳转到对应页面。本实战对手机端淘宝店铺的菜单进行自定义设置，其具体的制作过程如下。

扫一扫

制作自定义菜单

01 登录淘宝账号，进入卖家中心，然后进入无线运营中心，在“无线运营中心”页面中单击“自定义菜单”超链接，在打开的页面中单击“创建模板”按钮。

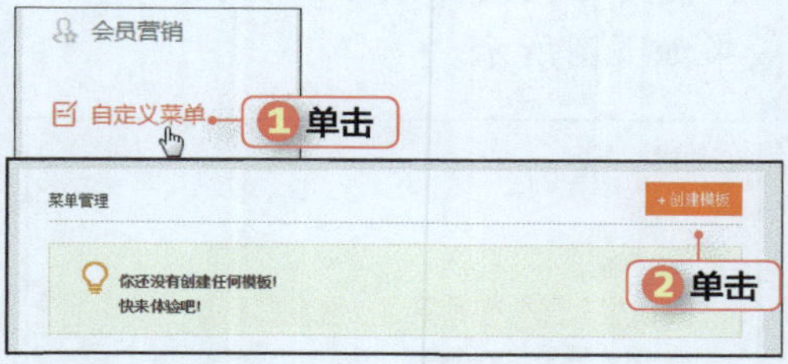

02 在打开的页面中输入模板名称，单击“下一步”按钮。

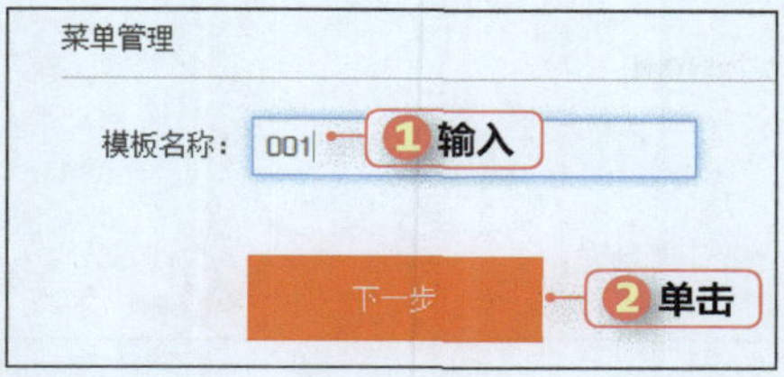

03 在打开的页面中单击选中需要添加分类项目前的复选框，根据店铺需要修改分类的名称。同时，右侧将显示分类后的效果。

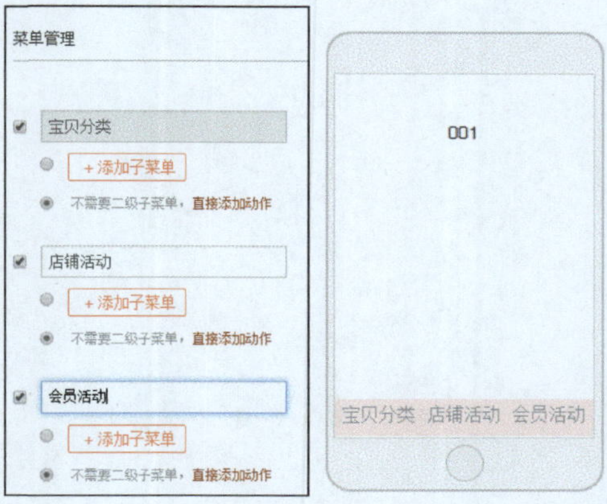

04 在“宝贝分类”栏中单击 +添加子菜单 按钮，在打开的对话框中输入子菜单名称并选择分类，单击 确定 按钮。

05 使用相同的方法添加其他子菜单，效果如下图所示。

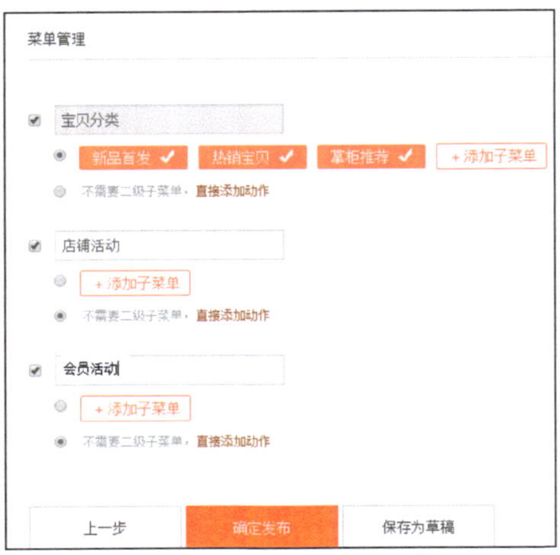

06 在右侧的手机界面中将显示添加子菜单的效果。使用相同的方法继续添加其他分类与子菜单，设置完成后单击 确定发布 按钮发布自定义菜单。

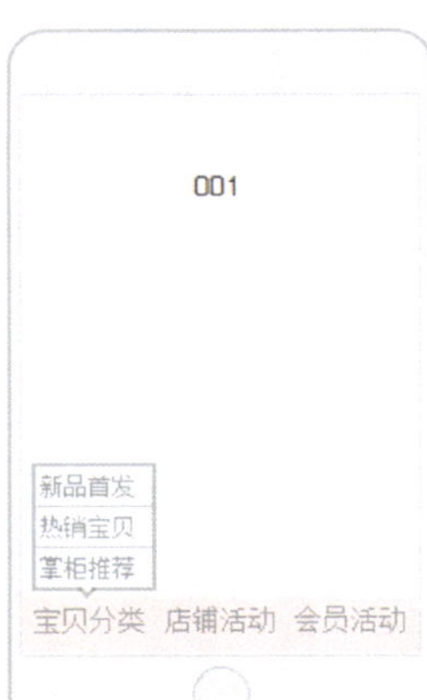

9.4.3 实战——制作自定义活动页面

除了首页、详情页页面外，卖家可根据店铺需要添加其他页面，如会员活动页面、品牌介绍页面等。该页面可以是宝贝分类中单独的页面，也可以是首页中的一个板块。本实战将制作手机海报活动页面。该页面是自定义菜单中的一个单独页面，制作时要求整体用色鲜艳，宝贝排列整齐，活动主题鲜明，其具体的制作过程如下。

扫一扫

制作自定义活动页面

01 登录淘宝账号，进入卖家中心，然后进入无线运营中心，在“无线运营中心”页面中单击“自定义页面”超链接，在右侧界面中单击“新建页面”按钮。

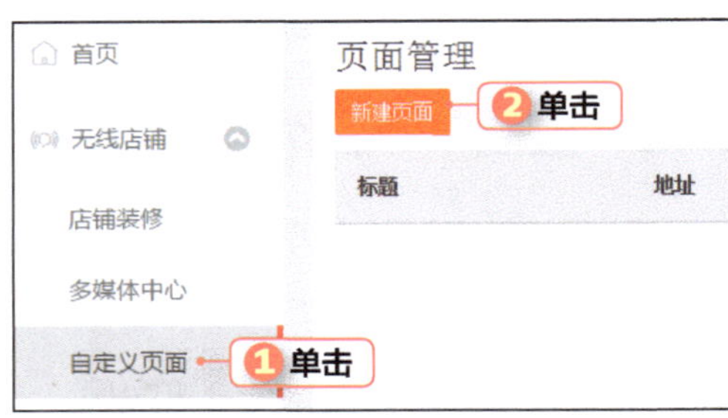

02 在打开的对话框中输入新建页面的名称，单击 确定 按钮。

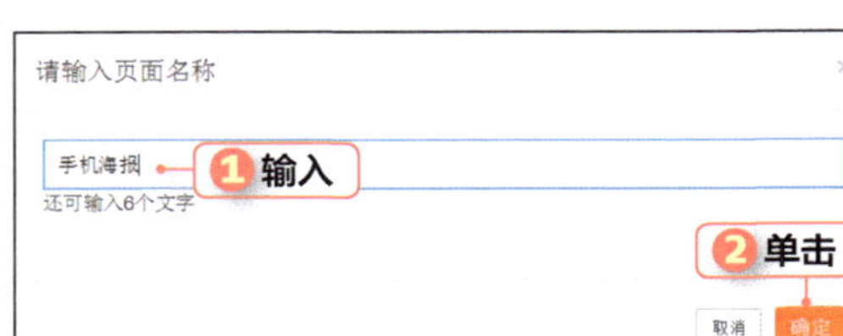

03 打开“页面管理”页面，单击“编辑”超链接。

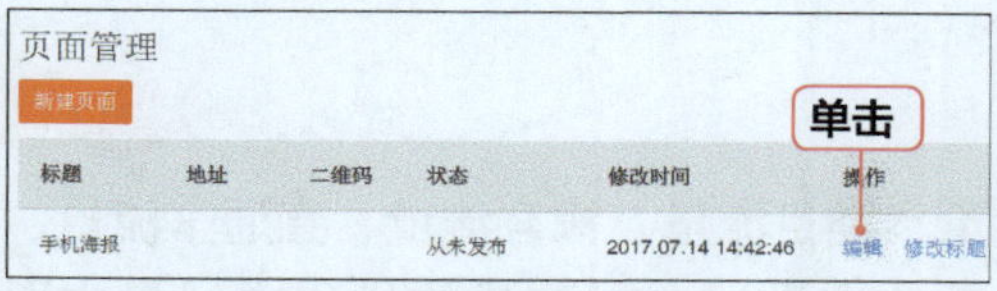

04 打开装修后台，添加并编辑模块。此处拖动“自定义模块”到15行，单击确定位置，双击完成编辑。此时在右侧的“模块编辑”窗格中将显示模块的大小信息。删除多余的模块。

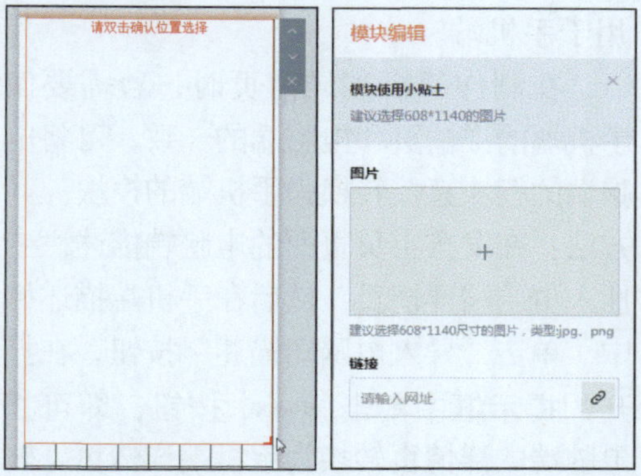

05 打开Photoshop，根据自定义模块的尺寸要求新建608像素×1140像素的会员活动日页面。手机海报页面的制作方法与首页的制作方法相似，制作完成后的效果如下图所示。然后将文件保存为JPG格式（配套资源:\效果文件\第9章\手机海报.psd、手机海报.jpg）。

06 将制作完成后的海报上传到图片空间中，在图片栏中单击＋按钮，打开“图片小工具”页面，单击制作完成的海报，进入上传页面，单击［上传］按钮上传海报。上传完成后返回装修页面，在“链接”下方的文本框中输入链接地址，或是单击🔗按钮，在打开的列表中选择对应的宝贝，单击［确定］按钮。

07 至此海报页面的装修完成，单击［发布］按钮即可发布海报。

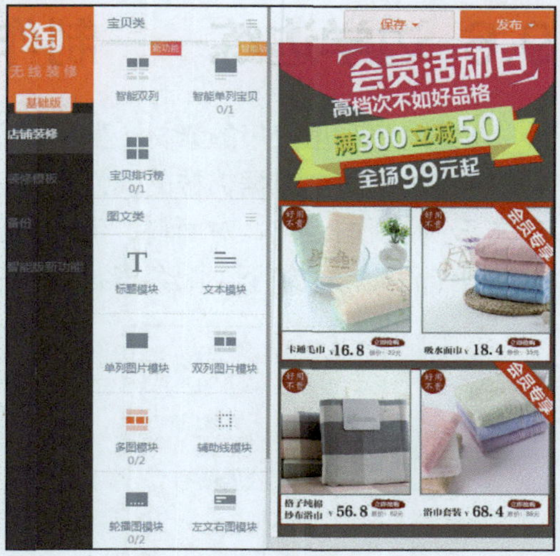

9.5 疑难破解

1. 手机端活动页的主要类型有哪些?

目前，手机端活动页大致有以下3类。

- **单品推广活动页** 该页面主要用于打造热销单品。由于是强调单品，因此制作该类型的页面时要突出该商品的卖点，信息传达一致，突出商品的唯一性。
- **活动推广活动页** 该页面适用于追求整体活动感觉的专题活动页设计，如中秋活动页、国庆活动页等。此外，该页面还适用于促销页面设计，如清仓甩卖活动页、低折扣活动页等。
- **产品搭配推荐活动页** 该页面可以将商品按客户的需要进行组合搭配，提高店铺的转化率与客单价。需要注意的是，该页面中的搭配必须以客户的需求为中心，并不是为了搭配而搭配。使用商品搭配推荐活动页时，可以适当考虑优惠券与满减的使用，以进一步促成订单的达成。

2. 如何提升手机端淘宝店铺的流量?

手机端的流量主要分为自然搜索流量、类目流量、淘客流量、直通车流量、活动流量。在对流量的优化中，最主要的是优化宝贝的搜索转化率、手机成交量、搜索点击率，并且可通过个性化的推荐去做优化，也可以通过旺宝神器去提升流量。

3. 如何快速将电脑端模板转化应用于手机端?

在制作手机端详情页时，若需要使手机端的详情页和电脑端的一致，可将电脑端的模块直接转换为手机端的模块。其方法：在发布宝贝页面的电脑端描述栏中插入电脑端详情页，然后在手机端描述栏中，单击"导入电脑端描述"按钮，在打开的提示框中单击 确认生成 按钮，即可将电脑端的详情页转换为手机端详情页。转换完成后需要查看手机端详情页的文字是否变形，因为两者尺寸不同，有可能会引起展现的效果扭曲。

9.6 边学边练——制作棉袜手机端详情页

本练习将利用搜集的素材（配套资源:\素材文件\第9章\棉袜手机端\）制作手机端棉袜的详情页。根据棉袜的属性特点，采用白色和深绿色作为店铺的主色调，符合袜子小清新的定位，对面料、生产工艺、细节等亮点进行详细描述，促进客户消费，制作后的效果如下（配套资源:\效果文件\第9章\棉袜手机端.psd）。

第10章 综合实例——设计旅行箱店铺页面

本章导读

旅行箱店铺属于箱包类店铺的一种。浏览该店铺的买家，太多需求目标明确，即需要该商品，因此相对于其他店铺的详情页，该店铺详情页的针对性、直观性更强。在设计时，主要以灰色为主色调，并且采用通栏展示与常规展示相结合的形式，使画面更加和谐，再加上不同的场景效果图片，令整个详情页具有浓郁的英伦风。本章就来对旅行箱店铺的首页和详情页进行设计。

知识技能

※ 掌握设计旅行箱店铺首页的方法

※ 掌握设计旅行箱店铺详情页的方法

视频讲解

（视频讲解：67 分钟）

10.1 设计旅行箱店铺的首页

旅行箱店铺装修的思路是，通过繁华的街道场景，体现旅行箱的用途，并通过各个板块的设计让店铺的商品分类清晰。在本书的前面章节中，已经对首页的各个板块的制作方法进行了介绍，下面仅对旅行箱店铺首页的设计思路和制作方法进行阐述。

10.1.1 旅行箱店铺首页的设计思路

针对店铺的浏览模式，可从以下几个方面进行旅行箱店铺首页的设计。

● **店招**　店招作为旅行箱店铺的第一步，它的美观度直接影响着顾客继续看下去的动力。本例中店招采用柔软的纹路作为底纹，并通过店铺名称、收藏夹的文本美化和促销信息，体现店铺的高端大气，最后在其上添加导航条，让店招变得完整。

● **海报**　海报是产品和信息的大图展示区。本例主要通过三角形和街景的组合做背景，再加上产品图的展示和描述性的文字，让顾客对产品有基本的了解。

● **优惠券**　本例中优惠券位于海报的下方，主要用于展现店铺的优惠信息，其版面较简单，采用简单的线条和矩形框，使前后板块统一。

● **分类导航条**　本例中的分类导航条主要以灰色为主，通过灰色街景的拼凑，让画面更具有代入感，再在中间加入4个矩形，用于填写分类信息，这样不但分类信息展现完整，而且前后效果变得统一。

● **产品展示区**　本例中产品展示区主要用于展示分类导航条中的内容，该区域主要通过4个板块进行展示，分别为热卖宝贝、促销专区、新品上新、品牌故事，每个板块都是先海报后内容，其海报内容各不相同。其中热卖宝贝主要采用埃菲尔铁塔图片加上文字配上旅行箱来展现效果，展现其美观度，在下方展示热卖宝贝和对应的价格，让买家一目了然；促销专区主要以美女和旅行箱搭配展现产品的效果，在下方展示促销产品和对应的价格，让买家一目了然；新品上新和品牌故事与前面的促销专区制作方法相同，这里不再赘述。

● **页尾**　页尾作为首页的结尾部分，主要用于体现浏览的便捷，并起到呈上启下的效果，本例主要对旅行包的摆放区域进行了展示，并对款式进行了罗列，便于继续查看。

10.1.2 旅行箱店铺首页有哪些模块

从整体内容上看，本例旅行箱店铺首页必须承载七大内容，包括店招、导航条、海报、优惠券、分类导航条、产品展示区、页尾，每个板块都有其固定的作用，如下图所示。

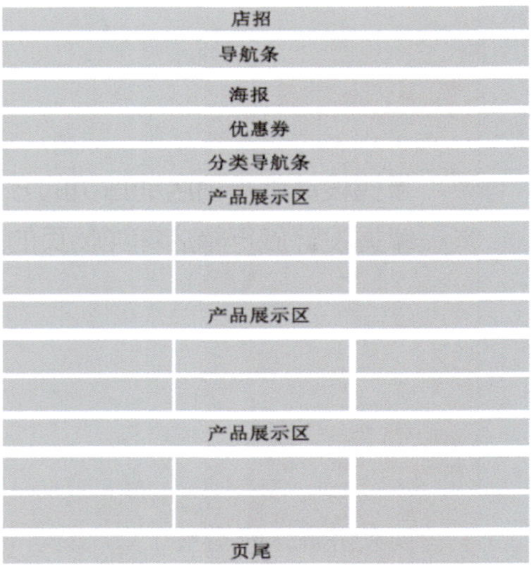

10.1.3 旅行箱店铺首页的设计

本例将按照“店招—导航条—海报—优惠券—分类导航条—产品展示区—尾页的顺序进行首页设计，具体的设计过程如下。

1. 制作旅行箱店铺店招

下面将先填充底纹，再制作收藏图片并对店铺名称进行编写，最后制作分类导航条。具体的制作方法如下。

扫一扫

制作旅行箱店铺店招

01 在Photoshop中新建大小为1920像素×150像素，分辨率为72像素/英寸，名为“旅行箱店铺首页”的文件，打开“斜纹.psd”素材文件（配套资源:\素材文件\第10章\斜纹.psd），将其拖动到文件中，使其全部填满，并设置“不透明度”为“40%”。在两侧分别拖动两条距离两边485像素的辅助线，中间预留950像素。

02 选择“横排文字工具”T，在参考线左侧输入下图所示文本，并设置字体为“方正品尚黑简体”，调整字体大小和位置。

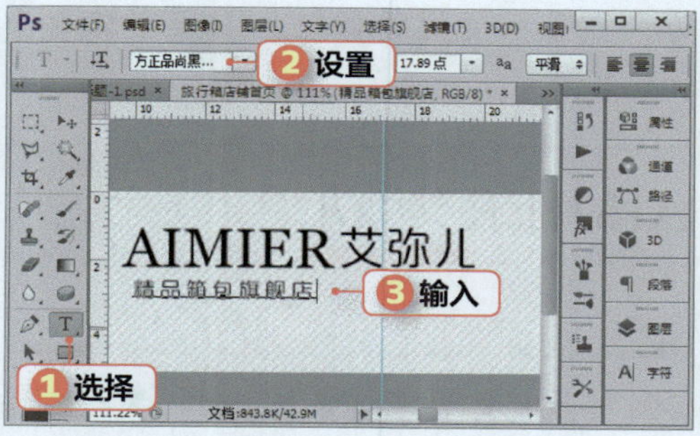

03 选择“矩形工具”□，在文字的右侧绘制125像素×15像素，颜色为“#ff0000”的矩形。

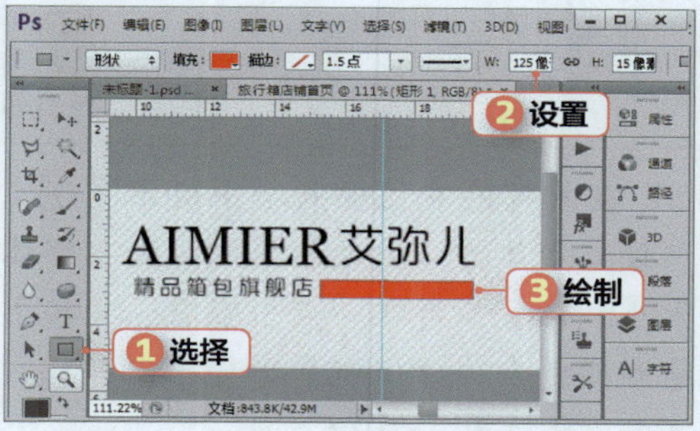

04 选择“矩形工具”□，在工具属性栏中设置描边颜色为“#928e8e”，粗细为“1.5点”，在文字的右侧绘制矩形框，使用相同的方法在矩形框内绘制矩形。

05 再次选择“横排文字工具”T，在矩形中输入“收藏”文本，并设置字体

为“方正品尚黑简体”，调整字体大小和位置。

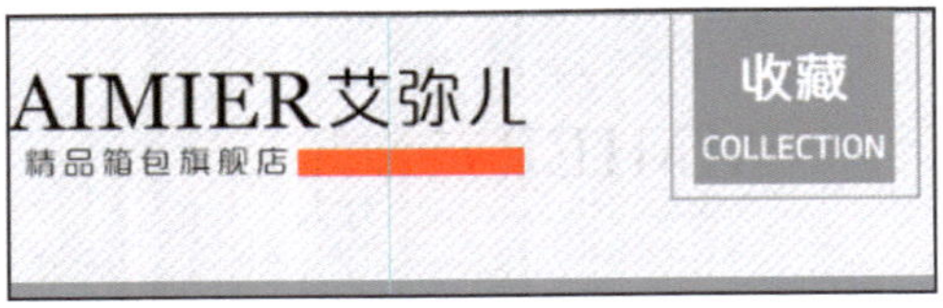

06 打开“首页箱包素材.psd”素材文件（配套资源:\素材文件\第10章\首页箱包素材.psd），将其中的箱包拖曳线收藏右侧区域，调整位置和大小。

07 在箱包的右侧输入下图所示文字，并设置字体为“微软雅黑”，调整字体大小和位置，再在“点击查看”文字上绘制颜色为“#ff0000”的矩形，并将文字颜色修改为“#ffffff”。

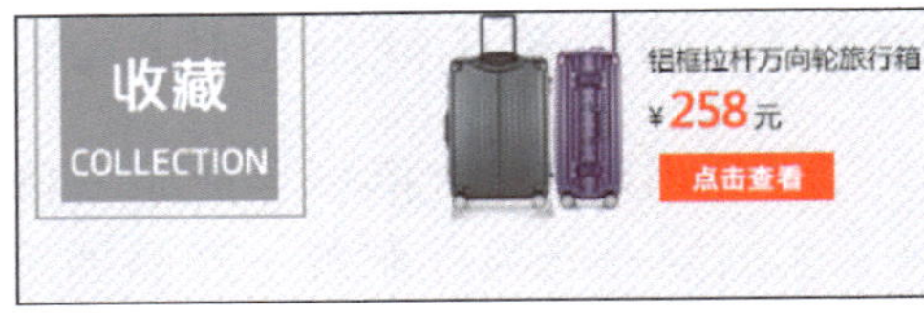

08 使用相同的方法，在其他箱包的右侧输入文字。

09 新建图层，选择“矩形选框工具”，在图像的下方绘制矩形选框，并填充颜色为“#000000”，完成后在里面输入“首页有惊喜 所有宝贝 新款推荐 铝框拉杆箱 拉链拉杆箱”文本，并设置字体为“方正品尚黑简体”，调整大小和位置，查看完成后的效果。

2. 制作旅行箱店铺海报

店铺海报是首页中的亮点。该海报通过三角形和街景的融合，以及不同颜色的箱包图片和卖点文字，使画面更具现代感和时尚感。具体的制作过程如下。

扫一扫
制作旅行箱店铺海报

01 选择【图像】/【画布大小】菜单命令，打开“画布大小”对话框。在“新建大小”栏中设置“高度”为“840像素”，并设置“定位”为向下定位，单击 确定 按钮。

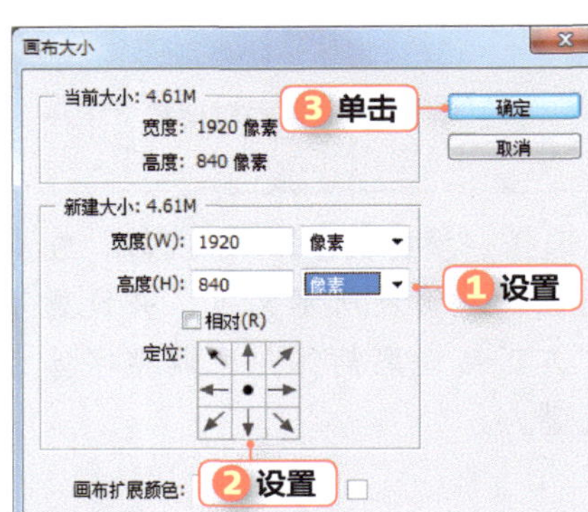

02 使用“矩形工具”，在店标的下方绘制颜色为“#ffffff”的矩形，打开“海报背景.jpg”素材文件（配套资源:\素材文件\第10章\海报背景.jpg），将其拖动到矩形上方，调整其大小，并将其置入到矩形中，为其创建剪贴蒙版。

03 新建图层，设置前景色为“#4a4848”，选择“钢笔工具”，在左下角绘制形状，按“Ctrl+Enter”组合键将其转换为选区，并按“Alt+Delete”组合键填充选区。

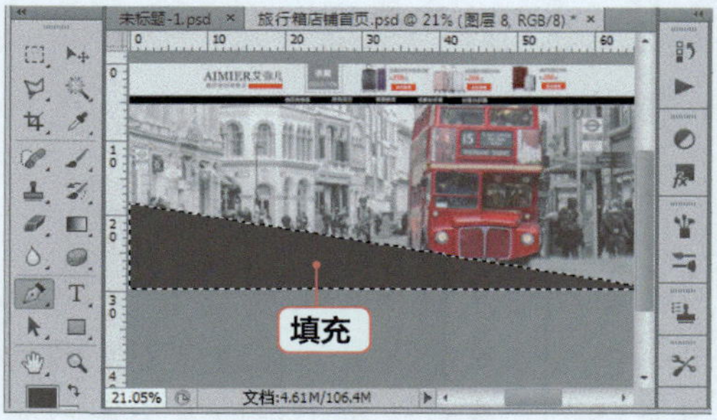

04 再次新建图层，使用相同的方法再次绘制形状并填充选区，完成后设置图层“不透明度”为“80%”。

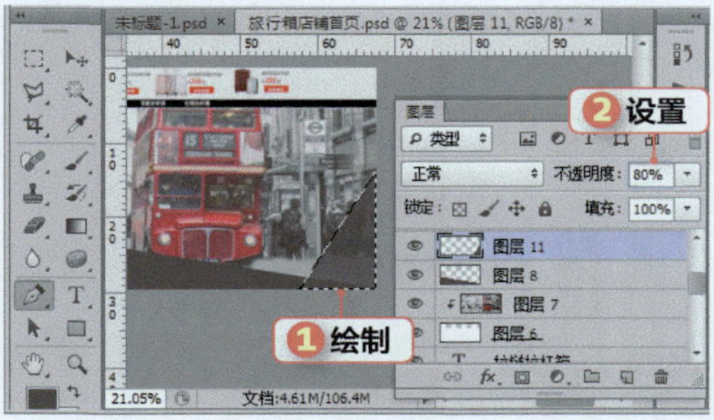

05 打开“海报旅行箱.psd”素材文件（配套资源:\素材文件\第10章\海报旅行箱.psd），将其拖动到图像中，调整图像位置和大小，调整后的效果如下图所示。

06 选择“椭圆工具”，在大的旅行箱下方绘制椭圆，并在绘制的椭圆图层上方单击鼠标右键，在弹出的快捷菜单中选择“栅格化图层”命令，栅格化图层。

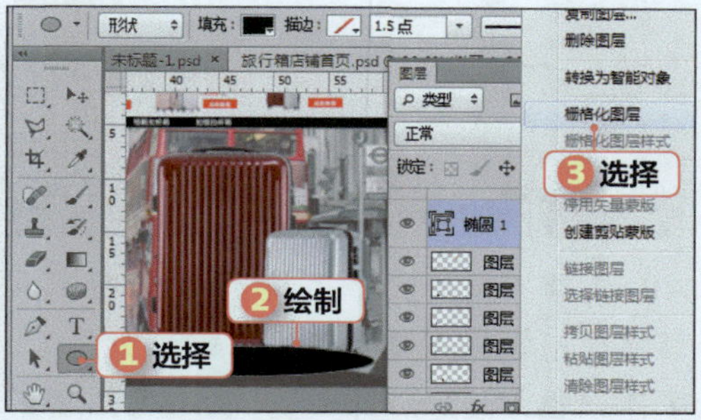

07 选择【滤镜】/【模糊】/【高斯模糊】菜单命令，打开“高斯模糊”对话框，设置“半径”为“25像素”，单击 确定 按钮。

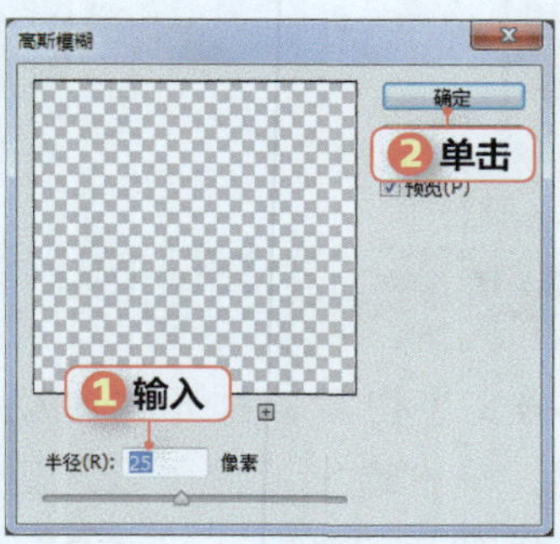

08 完成后将阴影图层拖动到旅行箱的下方，使用相同的方法，对其他小旅行箱添加阴影，查看完成后的效果。

09 选择“矩形工具”，在工具属性栏中设置描边颜色为“#ffffff”，粗细为“5点”，在旅行箱的左侧绘制矩形框，使用相同的方法在矩形框内绘制矩形。

10 选择“横排文字工具”T，在工具属性栏中设置字体为“News705 BT”，字体颜色为“#e8e8e8”，在白色矩形中输入下图所示文字，并调整字体大小。

11 双击文字图层，打开“图层样式”对话框，单击选中“内阴影”复选框，设置“距离”“阻塞”“大小”分别为“3像素”“0%”“5像素”。

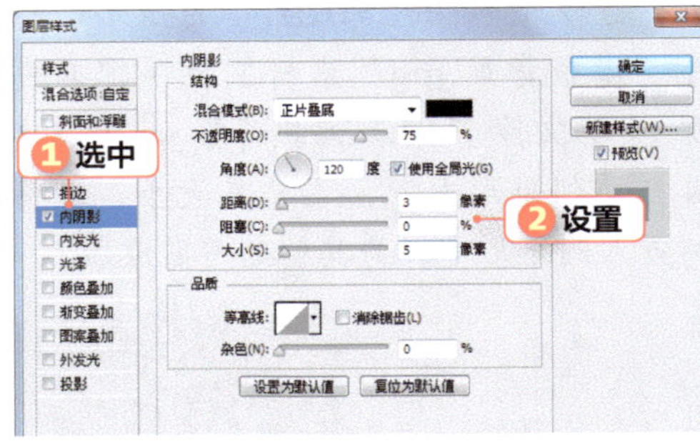

12 单击选中“颜色叠加”复选框，设置颜色、“不透明度”分别为“#c9c8c8”“100%”，单击确定按钮。

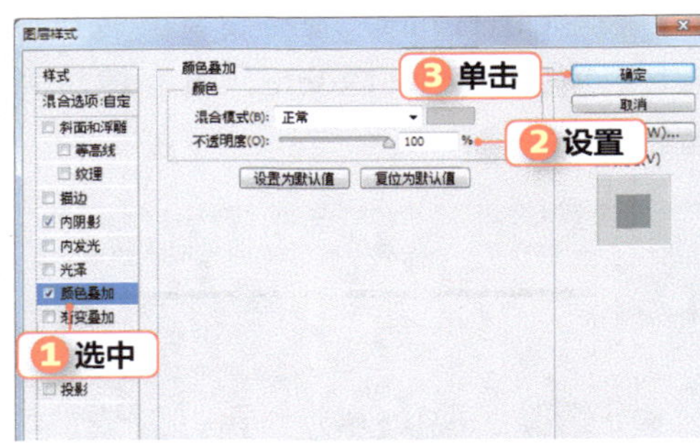

13 再次选择“横排文字工具”T，在工具属性栏中设置字体为“方正品尚黑简体”，在白色矩形中输入下图所示文字，调整字体颜色和大小，完成后使用“直线工具”在文字的右侧绘制直线。

14 选择“矩形工具”，设置填充

颜色为“#4a4848”，在白色矩形框的下方绘制矩形，并在其上输入“立即查看》”文字。

15 打开“图层样式”对话框，单击选中“投影”复选框，保持默认参数不变，单击 确定 按钮，为文字添加投影效果。

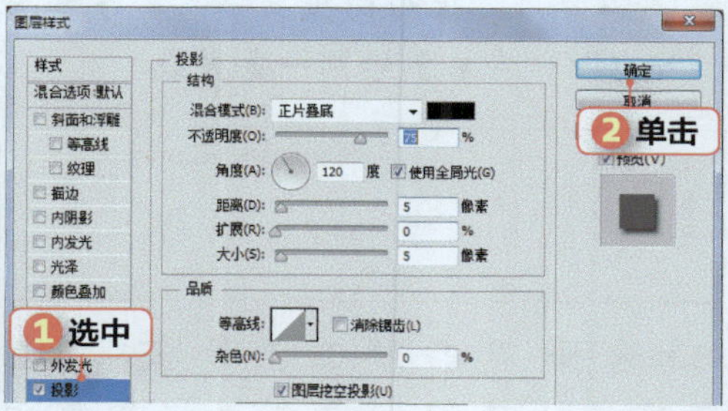

16 返回图像编辑区，查看完成后的海报效果。

3. 制作旅行箱店铺优惠券

为了吸引买家购买商品，卖家往往会设计不同的优惠券刺激买家购买欲望。本例将制作旅行箱4种不同面额的优惠券，其具体的制作过程如下。

扫一扫

制作旅行箱店铺优惠券

01 选择【图像】/【画布大小】菜单命令，打开“画布大小”对话框。在“新建大小”栏中设置“高度”为“1080像素”，并设置定位为向下定位，单击 确定 按钮。

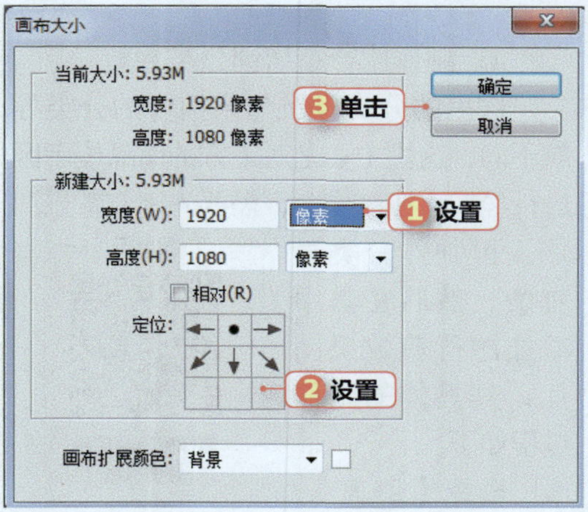

02 显示参考线，在海报的下方，沿着

参考线绘制一条粗细为“1像素”的直线，在右侧输入下图所示文字，并设置字体为“方正品尚黑简体”，字号为“24点”，在右侧绘制一条直线。

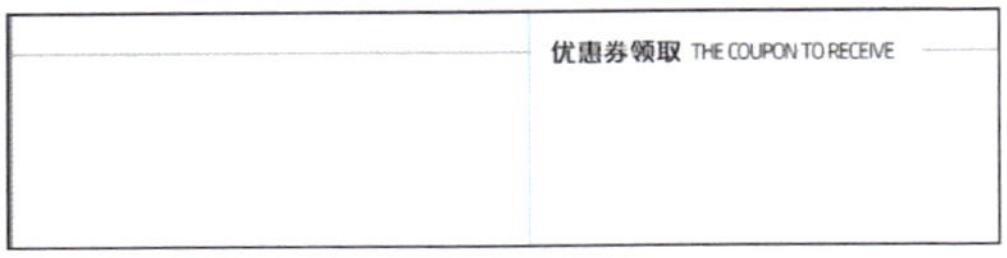

03 选择“矩形工具” ，在文字的下方绘制两个描边颜色为“#4a4848”，粗细为“1点”的矩形。

04 选择“横排文字工具” T，在矩形框中输入下图所示文字，在工具属性栏中设置字体为“方正品尚黑简体”，调整字体大小和位置。

05 选择优惠券的所有图层，按住“Alt”键不放，向右拖曳复制优惠券。

06 使用“横排文字工具” T 对优惠券的文字进行修改，完成后保存图像并查看修改后的效果。

4. 制作旅行箱店铺分类导航

这里的分类导航与店招中的分类导航不同，这里主要是对下方的商品展示区进行导航。在制作时，需要先制作背景图片，再制作分类导航条，然后在其中添加旅行箱效果图片，其具体的制作过程如下。

扫一扫

制作旅行箱店铺分类导航

01 选择【图像】/【画布大小】菜单命令，打开“画布大小”对话框。在“新建大小”栏中设置“高度”为“1630像素”，并设置定位为向下定位，单击 确定 按钮。

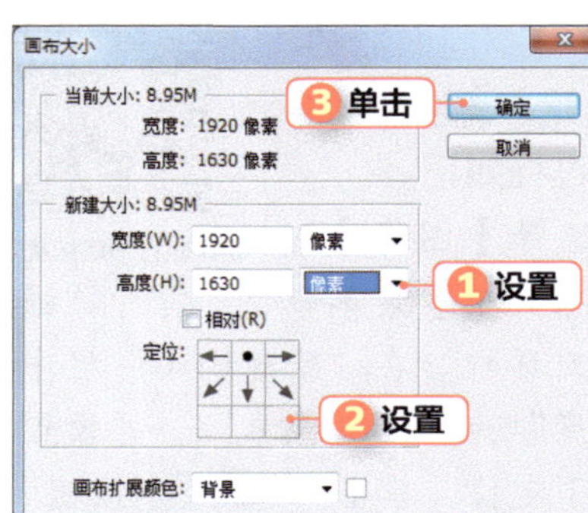

02 使用“矩形工具”[矩形工具图标]在店标的下方绘制颜色为“#494848”的矩形，打开“分类导航背景.jpg”素材文件（配套资源:\素材文件\第10章\分类导航背景.jpg），将其拖动到背景中，使其全部填满，调整其位置，再将其置入到矩形中，为其创建剪贴蒙版。

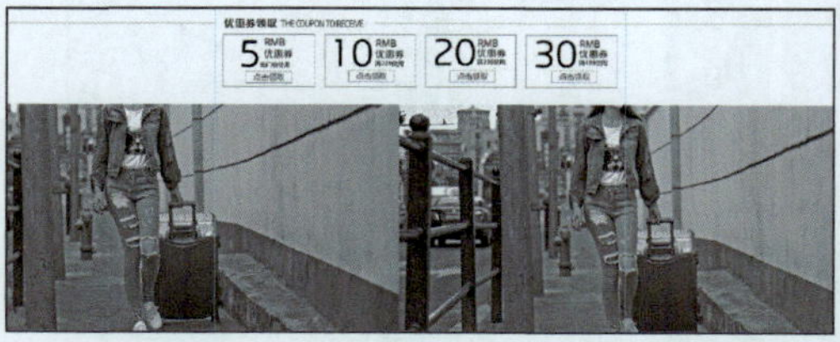

03 再次使用“矩形工具”[矩形工具图标]绘制颜色为“#ffffff”，大小为“234像素×355像素”的矩形，完成后按住“Alt”键不放复制3个矩形，使其分布在中间区域。

04 打开“分类导航图片1.jpg~分类导航图片4.jpg”素材文件（配套资源:\素材文件\第10章\分类导航图片1.jpg~分类导航图片4.jpg），将其置入到矩形中，并为其创建剪贴蒙版。

05 再次选择“矩形工具”[矩形工具图标]，在矩形中绘制颜色为“#ffffff”，大小为“234×60像素”的矩形，并设置“不透明度”为“80%”。

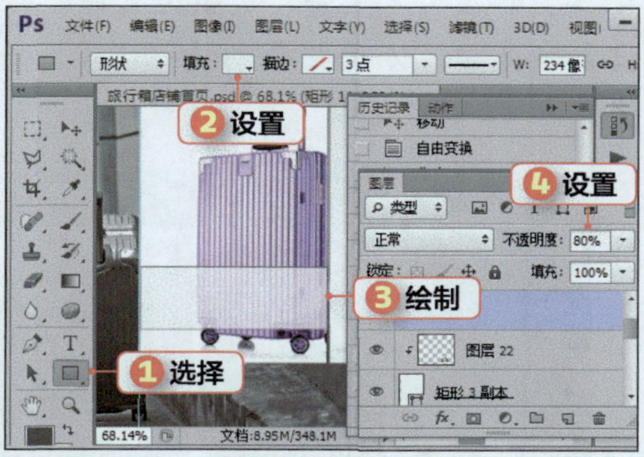

06 选择“横排文字工具”[T]，在白色矩形中输入下图所示文字，并设置中文字体为“方正兰亭刊黑_GBK”，英文字体为“微软雅黑”，调整字体大小和位置。

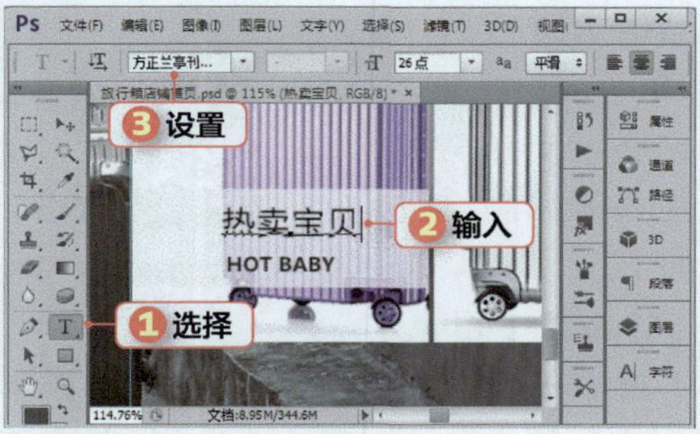

07 选择绘制的矩形和文字，按住“Alt”键不放复制到其他分类矩形中，修改其中的文字，并查看修改文字后的效果。

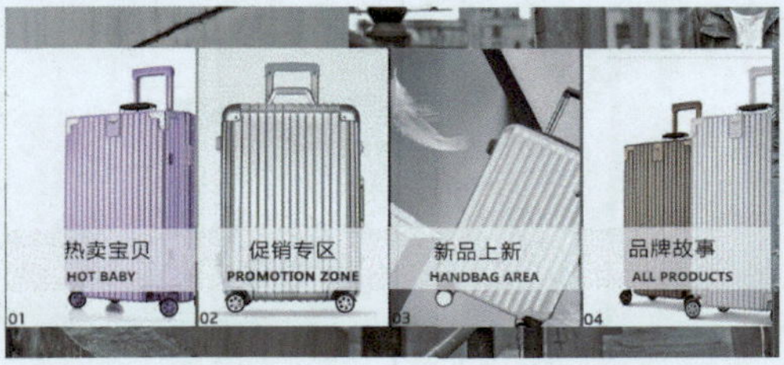

08 再次使用“矩形工具”▭在分类矩形的上方绘制颜色为“#ff0202”，大小为“240像素×35像素”的矩形，完成后在其上输入文字“买即送精美礼品”，设置字体为“方正兰亭刊黑_GBK”，字号为“24点”。

09 完成后保存图像并查看完成后的效果。

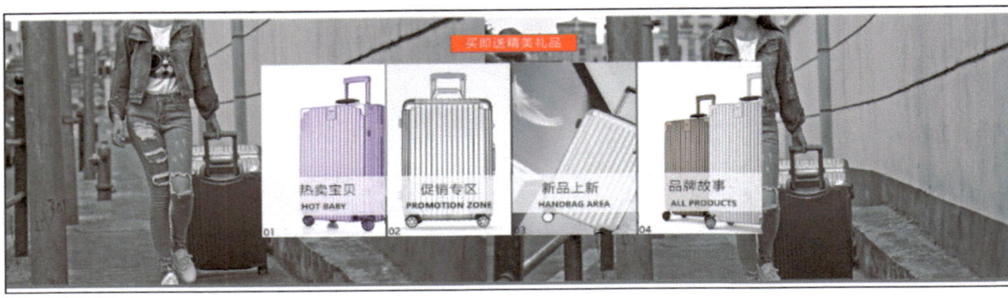

5. **制作旅行箱店铺商品展示区**

商品展示区主要用于展示不同类型的商品信息。本例中的商品展示区主要分为4个部分，前面3个部分主要是对商品信息进行展示，第4个部分主要是卖点展示卖点文案，其具体的制作过程如下。

扫一扫

制作旅行箱店铺产品展示区

01 选择【图像】/【画布大小】菜单命令，打开“画布大小”对话框。在“新建大小”栏中设置“高度”为“8000像素”，并设置定位为向下定位，单击 确定 按钮。

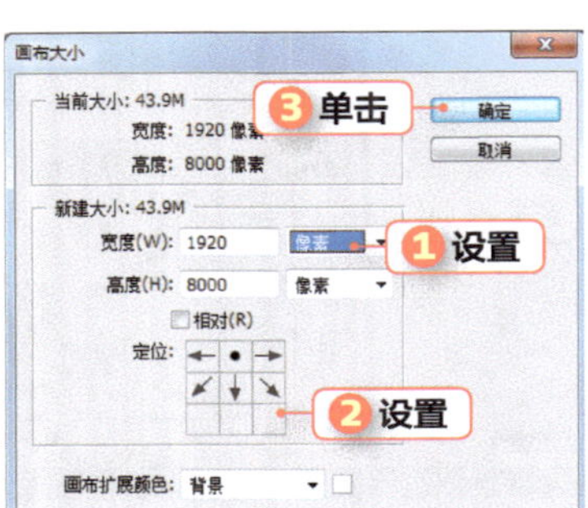

02 使用“矩形工具”▭在店标的下方绘制颜色为“#494848”的矩形。打开“埃菲尔铁塔背景.jpg”素材文件（配套资源:\素材文件\第10章\埃菲尔铁塔背景.jpg），将其拖曳到背景中，使其全部填满，调整其位置，再将其置入到矩形中，为其创建剪贴蒙版。

03 打开“产品展示区图1.psd”素材文件（配套资源:\素材文件\第10章\产品展示区图1.psd），将其拖曳到图像中，调整各个素材的位置。

04 选择“横排文字工具”T，在小行李箱的上方输入下图所示文字，并设置中文字体为“方正兰亭中粗黑_GBK”，英文字体为“Britannic Bold”，调整字体大小和位置。

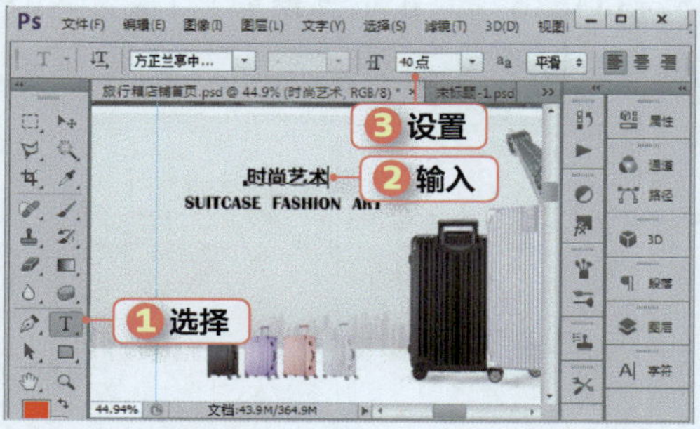

05 选择“矩形工具”，在英文的下方绘制414像素×30像素的矩形框，新建图层，设置前景色为“#ff0000”，选择“矩形选框工具”，在矩形的上方绘制矩形选框，按“Alt+Delete”组合键填充前景色，再在矩形中输入下图所示文字，设置字体为“方正兰亭刊黑_GBK”，调整字体大小。

06 选择“横排文字工具”T，在矩形的下方输入下图所示文字，并设置字体为“方正兰亭中粗黑_GBK”，调整字体大小，再选择“矩形工具”，在下方绘制290像素×43像素的矩形。

07 在矩形中输入文字，设置字体为“方正兰亭中黑_GBK”，字号为“20点”，保存图像查看完成后的效果。

08 选择“矩形工具”，在工具属性栏中设置填充颜色为“#535353”，在海报的下方绘制950像素×50像素的矩形，在矩形中输入下图所示文字，并设置字体为“方正兰亭中黑_GBK”，字号为“10点”。

09 选择“直线工具”，在文字的两头绘制粗细为“5像素”的直线。

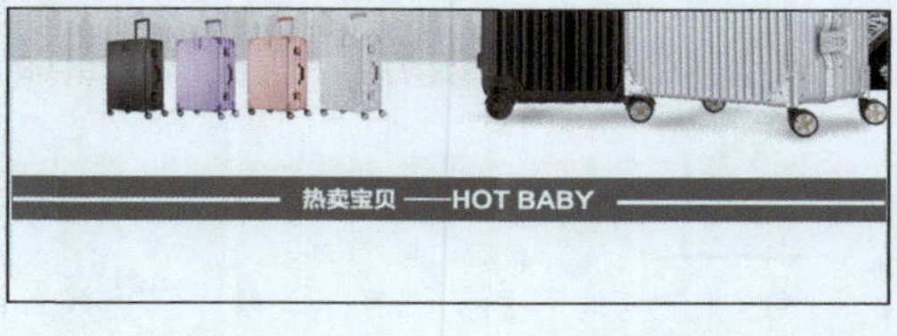

10 选择“矩形工具”，在工具属性栏中设置填充颜色为“#edeef3”，描边颜色为“#bfbfbf”，在标题栏的下方绘制315像素×400像素的矩形，完成后复制5个相同大小的矩形，并进行对齐操作，其效果如下图所示。

11 打开“展示区图片1.png~展示区图片6.png”素材文件（配套资源:\素材文件\第10章\展示区图片1.png~展示区图片6.png），将其拖曳到矩形的上方，调整其位置，再将其置入到矩形中，为其创建剪贴蒙版。

12 选择“横排文字工具”，在图片的下方输入下图所示文字，并设置字体为“方正兰亭中粗黑_GBK”，字号为“22.1 点”，颜色为“#ff0000”。选择“矩形工具”，设置填充颜色为“#3d3d3d”，在下方绘制171像素×38像素的矩形。

13 再次选择“横排文字工具”，在矩形中输入文字“点击抢购”，并设置字体为“方正兰亭超细黑简体”，字号为“24.7点”，颜色为“#ffffff”。新建图层，选择“钢笔工具”，在文字右侧绘制三角形，按“Ctrl+Enter”组合键创建选区，再按“Alt+Delete”组合键填充选区。

14 选择购买文本和矩形，按住

“Alt”键不放，向右拖动复制购买文本。使用“横排文字工具”T对购买的文字进行修改，热卖宝贝专区制作完成。

15 使用“矩形工具”在店标的下方绘制颜色为“#494848”，大小为“1920像素×680像素”的矩形。打开“箱包美女.jpg”素材文件（配套资源:\素材文件\第10章\箱包美女.jpg），将其拖曳到背景中，使其全部填满，调整其位置，再将其置入矩形中，为其创建剪贴蒙版。

16 打开“产品展示区图2.psd”素材文件（配套资源:\素材文件\第10章\产品展示区图2.psd），将其拖曳到图像中，调整各个素材的位置。

17 选择“横排文字工具”T，在箱包的上方输入“钻石纹路的诱惑”，设置字体为“微软雅黑”，颜色为“010000”。选择“诱惑”文本，将其颜色修改为“#d7679d”，再调整字体大小。

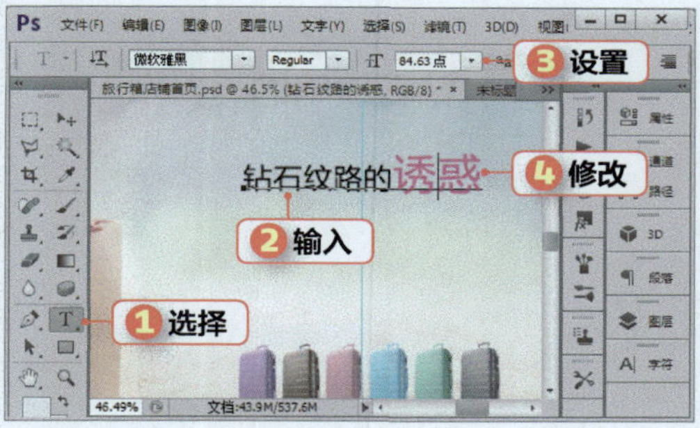

18 双击“图层”面板中的该文字图层，打开“图层样式”对话框，单击选中“投影”复选框，设置“不透明度”“距离”“大小”分别为“20%”“3像素”“3像素”，单击 确定 按钮。

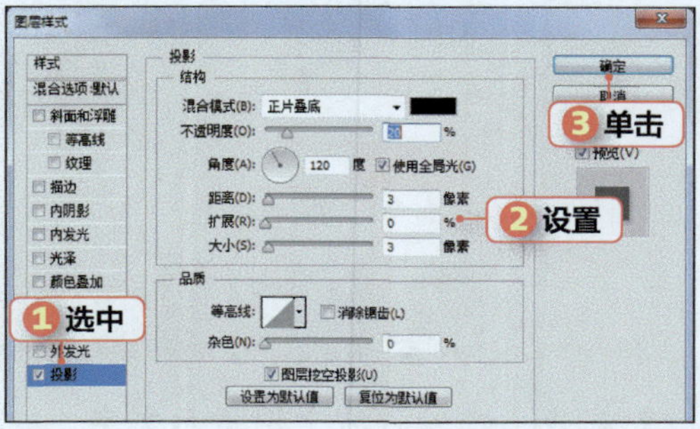

19 再次选择“横排文字工具”T，输入“+”，并将其移动到“诱惑”上方。

20 在文字的下方继续输入下图所示文字，并设置中文字体为“方正品尚黑简体”，英文字体为“Vani”，调整字体大小和位置。

21 使用“矩形工具”▢在文字的下方绘制2个矩形，并设置左侧矩形的填充颜色为“#ff0202”，取消右侧矩形的填充颜色，并设置描边粗细为“1点”。

22 在矩形中输入右上图所示文字，并设置字体为“微软雅黑”，调整字体大小和位置，查看完成后的海报效果。

23 复制“热卖宝贝”标题栏，将其拖曳到海报的下方，修改标题文本内容，并对两侧直线进行调整。

24 复制“热卖宝贝”标题栏下方的宝贝列表，将其拖动到“促销专区”标题栏下方，删除矩形中的旅行箱图像，并对其下方的价格文本进行修改，完成后的效果如下图所示。

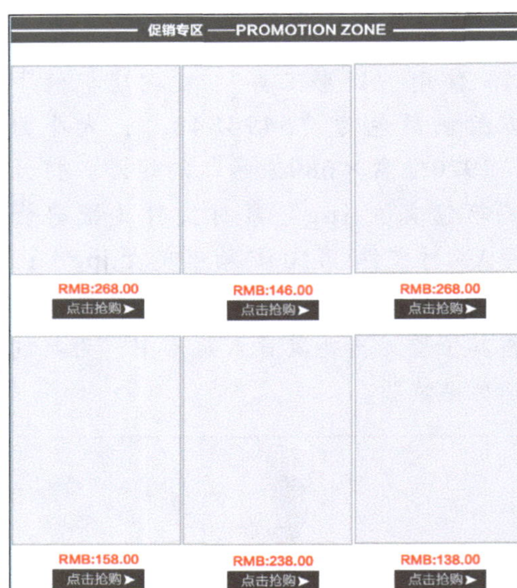

25 打开“展示区图片7.png~展示区图片12.png”素材文件（配套资源:\素材文件\第10章\展示区图片7.png~展示区图片12.png），将其拖曳到矩形内，调整其

位置，再将其置入矩形中，为其创建剪贴蒙版，完成促销专区的制作。

26 选择“矩形工具”，在店标的下方绘制颜色为“#000000”，大小为“1920像素×550像素”的矩形。打开“街灯.jpg”素材文件（配套资源:\素材文件\第10章\街灯.jpg），将其拖曳到背景中，使其全部填满，调整其位置，再将其置入到矩形中，为其创建剪贴蒙版，并设置“不透明度”为“50%”。

27 打开“产品展示区图3.psd”素材文件（配套资源:\素材文件\第10章\产品展示区图3.psd），将其拖动到图像中，调整各个素材的位置。

28 选择最大的银色旅行箱图像，按“Ctrl+T”组合键，进入图像自由变换状态，将鼠标指针移动到右上角的调整点上，当鼠标指针呈箭头形状↰时，向右拖曳调整旅行箱的倾斜度。

29 新建图层，选择“椭圆选框工具”，在倾斜后的旅行箱下方绘制椭圆选区，并设置其填充颜色为“#000000”。

30 选择【滤镜】/【模糊】/【高斯模糊】菜单命令，打开“高斯模糊”对话框，设置“半径”为“5.0像素”，单击 确定 按钮。

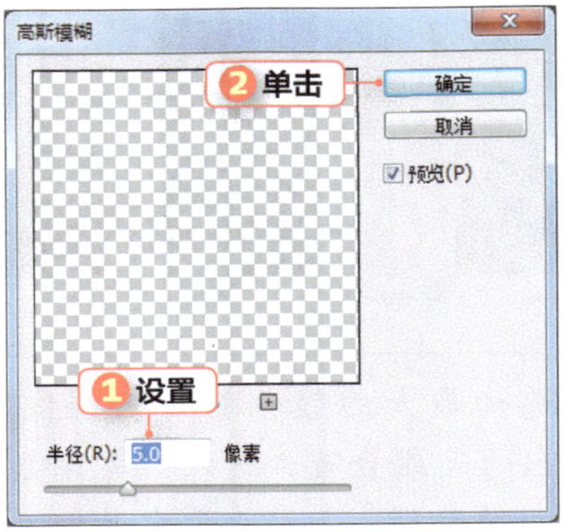

31 选择【滤镜】/【模糊】/【动感模糊】菜单命令，打开“动感模糊”对话框，设置“距离”为“50像素”，单击 确定 按钮，使椭圆形成投影效果。

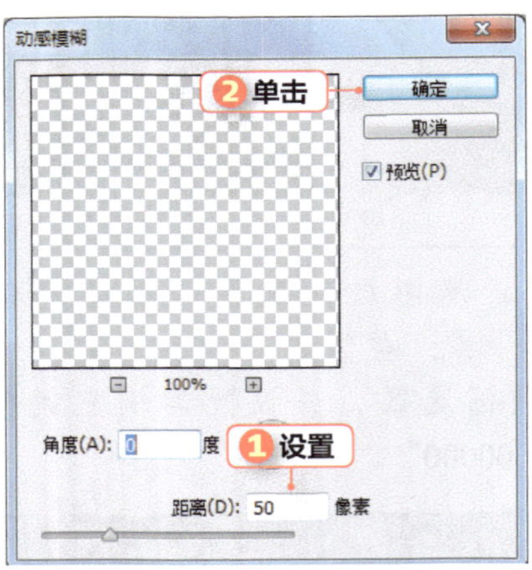

32 将投影的不透明度设置为“40%”，再使用相同的方法在其他旅行箱下方制作投影，其效果如下图所示。

33 在倾斜的旅行箱右侧输入下图所示文字，并设置字体为“方正兰亭刊黑_GBK”，在“Aimier / 艾弥儿”文字上绘制矩形，并设置填充颜色为“#bd1723”。

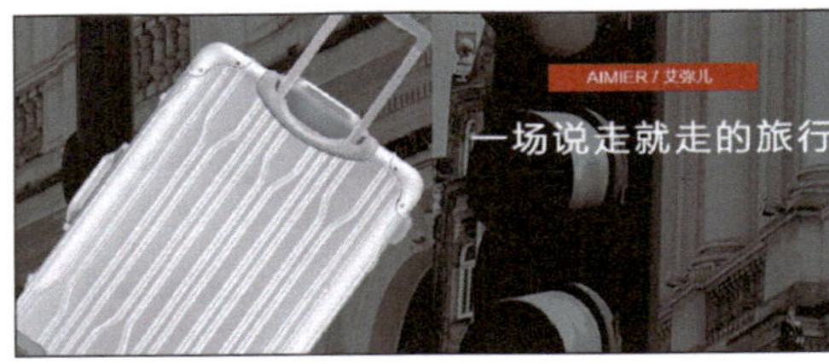

34 在文字的下方继续输入“新品上新”文字，设置中文字体为“方正兰亭特黑简体”，字号为“75点”，颜色为“#ccc6c6”。

35 在文字的下方继续输入下图所示英文，并设置字体为“Calisto MT”，字号为“10点”，调整字体位置。

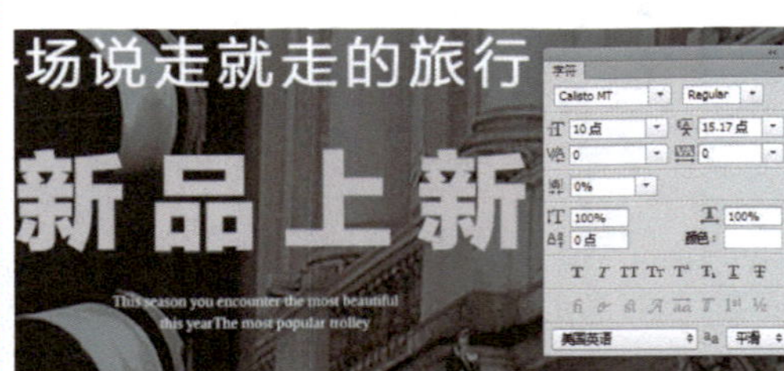

36 在小旅行箱的下方输入“5色可选：”文字，设置字体为“方正兰亭刊黑_GBK”，字号为“14点”，完成后在右侧绘制5个小的矩形，并设置颜色分别

为“#bd4a4c”“#d061ac”“#a7aeba”“#131218”“#624e75”，海报的制作完成。

37 复制“促销专区”标题栏和标题栏下方的宝贝列表，将其拖动到新品上新海报的下方，修改标题栏中的文本，并删除矩形中的旅行箱图像，对其下方的价格文本进行修改，完成后的效果如下图所示。

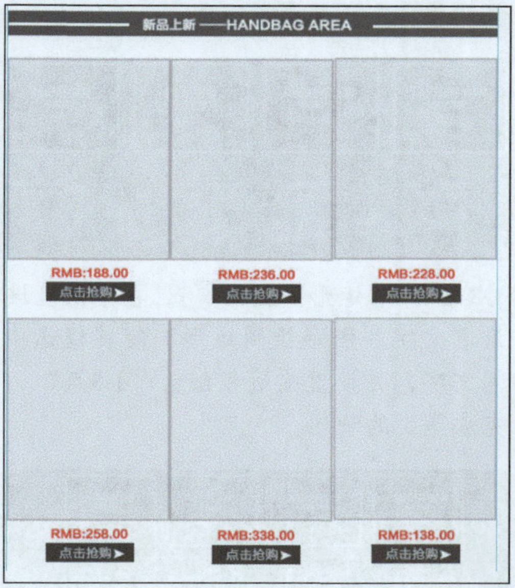

38 打开“展示区图片13.png~展示区图片18.png”素材图像（配套资源:\素材文件\第10章\展示区图片13.png~展示区图片18.png），将其拖曳到矩形内，调整其位置，再将其置入矩形中，为其创建剪贴蒙版，完成新品上新专区的制作。

39 使用“矩形工具”在宝贝列表下绘制1920像素×720像素的矩形，打开“夜景.jpg”“产品展示区图4.psd”素材文件（配套资源:\素材文件\第10章\夜景.jpg、产品展示区图4.psd），将其拖曳到背景中，并将夜景置入矩形中，为其创建剪贴蒙版，并设置夜景不透明度为“90%”。

40 选择“矩形工具”，设置粗细为“5像素”，在旅行箱的右侧绘制矩形框，使用相同的方法在矩形框内绘制矩形。选择“横排文字工具”

T，在白色矩形中输入下图所示文字，在工具属性栏中设置字体为“方正兰亭刊黑_GBK”和“微软雅黑”，并调整字体大小。

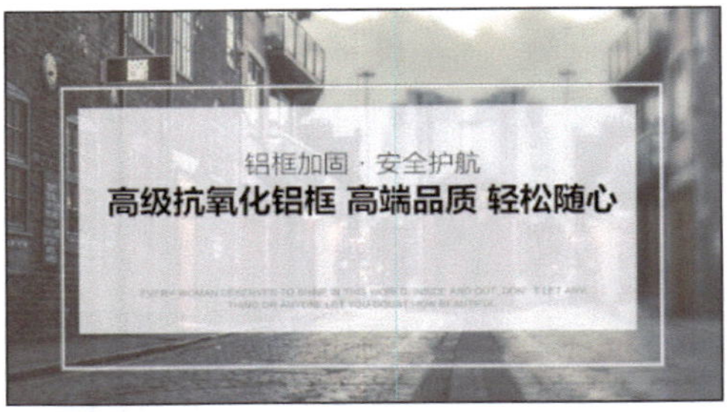

41 使用“矩形工具”□，在文字的下方绘制2个矩形，并设置左侧矩形的填充颜色为“#ff0202”，取消右侧矩形的填充颜色，并设置描边粗细为“1点”，在矩形中输入下图所示文字，并设置字体为“微软雅黑”，调整字体大小和位置，再在文字的上方绘制矩形框，使文字显示到矩形框上方。

6. 制作旅行箱店铺页尾

扫一扫

制作旅行箱店铺页尾

页尾位于首页的最底端，主要有承上启下的作用。本例中制作的页尾主要由4个板块构成，每个板块都与其上方内容相互呼应，并在其下方添加发货保障，使买家更加放心购买，其具体的制作过程如下。

01 打开“画布大小”对话框。将“高度”更改为“8340像素”，完成后在下方绘制颜色为“#1f1f1f”，大小为“1920像素×340像素”的矩形，打开“页尾素材.psd”素材文件（配套资源:\素材文件\第10章\页尾素材.psd），将其中的内容拖动到图像中，调整图像位置。

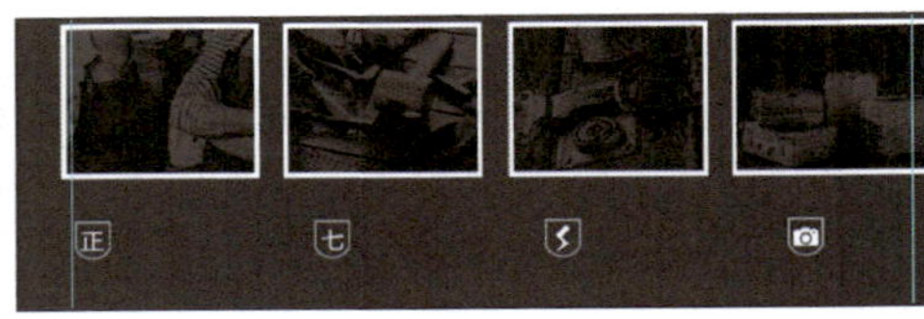

02 选择“横排文字工具”T，在图像中输入下图所示文字，并设置字体为“微软雅黑”，调整字体大小和位置，选择“Aimier / 艾弥儿”文本，将字体修改为“方正品尚黑简体”。

03 选择“矩形工具”□，在中间区域沿着文字和图形绘制矩形，使其框选中间文字，并设置描边粗细为“1.5点”，完成尾页的制作。

04 保存图像查看完成后的首页效果（配套资源:\效果文件\第10章\旅行箱店铺首页.psd）。

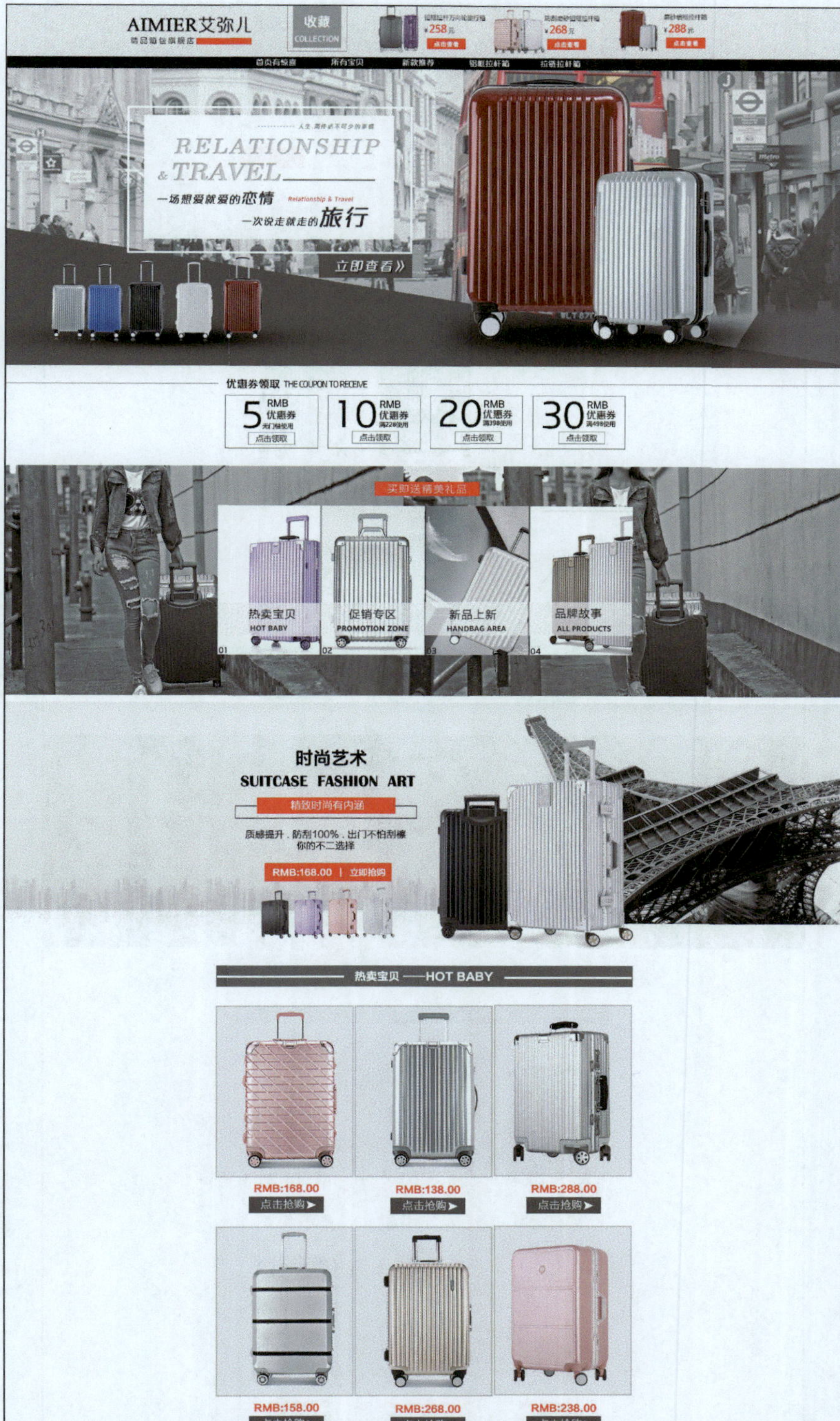
AIMIER艾弥儿
收藏
COLLECTION
首页有惊喜
所有宝贝
新款推荐
铝框拉杆箱
拉链拉杆箱
RELATIONSHIP
& TRAVEL
一场想爱就爱的恋情
一次说走就走的旅行
立即查看》
优惠券领取 THE COUPON TO RECEIVE
5 RMB 优惠券
10 RMB 优惠券
20 RMB 优惠券
30 RMB 优惠券
点击领取
买即送精美礼品
热卖宝贝 HOT BABY
促销专区 PROMOTION ZONE
新品上新 HANDBAG AREA
品牌故事 ALL PRODUCTS
时尚艺术
SUITCASE FASHION ART
精致时尚有内涵
质感提升，防刮100%，出门不怕刮擦
你的不二选择
RMB:168.00 | 立即抢购
热卖宝贝 —HOT BABY
RMB:168.00
RMB:138.00
RMB:288.00
RMB:158.00
RMB:268.00
RMB:238.00
点击抢购

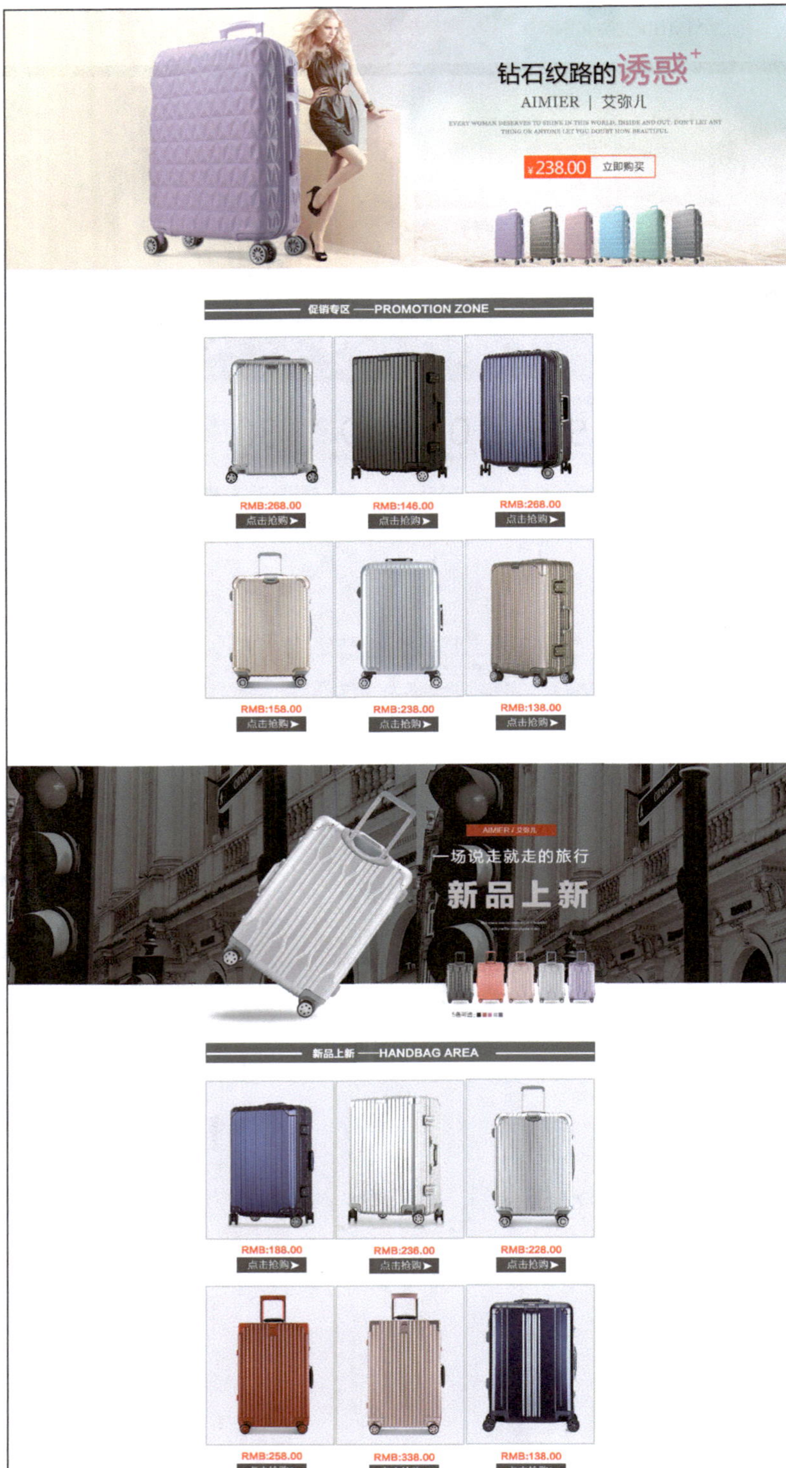
钻石纹路的诱惑
AIMIER | 艾弥儿
¥238.00
立即购买
促销专区 ——PROMOTION ZONE
RMB:268.00
点击抢购
RMB:146.00
点击抢购
RMB:268.00
点击抢购
RMB:158.00
点击抢购
RMB:238.00
点击抢购
RMB:138.00
点击抢购
一场说走就走的旅行
新品上新
新品上新 ——HANDBAG AREA
RMB:188.00
点击抢购
RMB:236.00
点击抢购
RMB:228.00
点击抢购
RMB:258.00
点击抢购
RMB:338.00
点击抢购
RMB:138.00
点击抢购

10.2 设计旅行箱店铺的详情页

本例将在首页的基础上，为一款旅行箱设计详情页。在设计时，不但要向顾客展示商品的规格、颜色、细节、材质等具体信息，还要向顾客展示该旅行箱的优势。

10.2.1 旅行箱店铺详情页的设计思路

针对店铺的浏览模式，可从以下6个方面进行旅行箱店铺详情页的设计。

● **焦点图**　详情页的焦点图一般位于宝贝基础信息的下方，由产品、主题与卖点3部分组成，目的在于吸引消费者购买该产品，本例中的焦点图主要通过不规则的矩形、人物和旅行箱组成，并添加文字使焦点图变得更加时尚。

● **设计理念**　本例中的设计理念主要从4个方面进行制作，分别是设计师、把手、配件、技术，并在下方展示不同颜色的旅行箱效果。

● **产品参数**　本例中产品参数主要为18寸、20寸、22寸、24寸（1寸≈3.33厘米）。

● **产品展示**　本例中的产品展示主要通过不同形状和颜色的旅行箱展示，让3种颜色的旅行箱在详情页中得到体现，方便买家查看不同颜色的旅行箱效果。

● **产品细节**　主要对旅行箱的细节进行展示，主要分为内部和外部两部分。内部主要是隔层、固定带；外部主要包括结构、密码锁。

● **售后说明**　本例的售后说明位于详情页的最底部，主要从3个方面进行展示，分别是快递、发货和收货。制作时，通过组合排列的矩形，让售后内容清晰地显示在详情页中。

10.2.2　旅行箱店铺详情页有哪些模块

从整体内容上看，该旅行箱店铺详情页必须承载六大内容，包括焦点图、设计理念、产品参数、产品展示、产品细节、售后说明，每个板块都有其固定的作用。下图为本例中首页的布局模块样式。

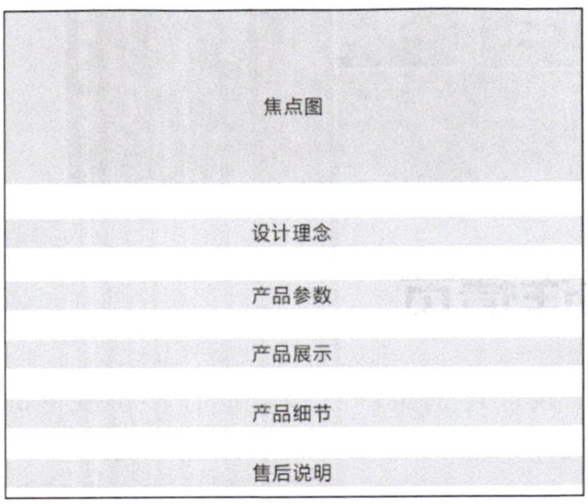

10.2.3　旅行箱店铺详情页的操作步骤

本例将在首页的基础上设计详情页。设计顺序为焦点图、设计理念、产品参数、产品展示、产品细节和售后说明。

1. 制作旅行箱店铺详情页焦点图

下面将制作详情页焦点图，在制作时，先制作不规则的形状，再添加素材文件，其具体的制作过程如下。

扫一扫

制作旅行箱店铺详情页焦点图

01 新建大小为750像素×420像素，分辨率为72像素/英寸，名为“旅行箱店铺详情页”的文件，选择“钢笔工具”，在其中分别绘制下图所示形状，并分别填充颜色。

02 打开“焦点图背景.jpg”素材文件（配套资源:\素材文件\第10章\焦点图背景.jpg），将其置入最大的不规则形状中，调整其大小和位置，并设置“不透明度”为“80%”。

03 在图像中输入下图所示文字，并设置中文字体为“汉仪粗黑简”，英文字体为“Charlemagne std”，调整字体大小和位置。

04 双击“TRAVEL IS TO SAVE”所在图层，打开“图层样式”对话框，单击

选中“投影”复选框，保持默认设置，并单击 确定 按钮。

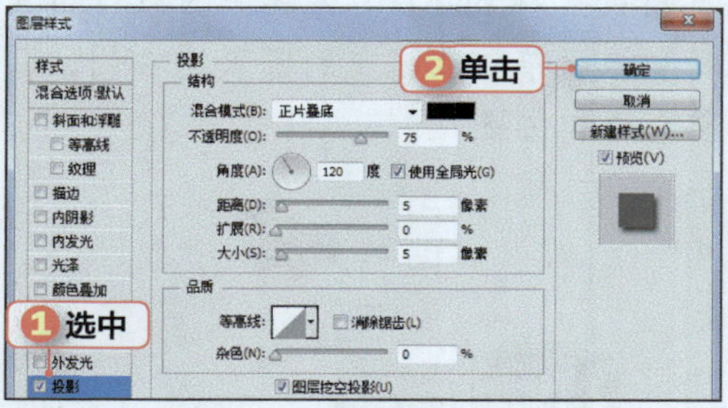

05 选择创建投影后的图层，单击鼠标右键，在弹出的快捷菜单中选择“拷贝图层样式”命令拷贝图层样式。选择其他文字图层，单击鼠标右键，在弹出的快捷菜单中选择“粘贴图层样式”命令，对样式进行粘贴操作。

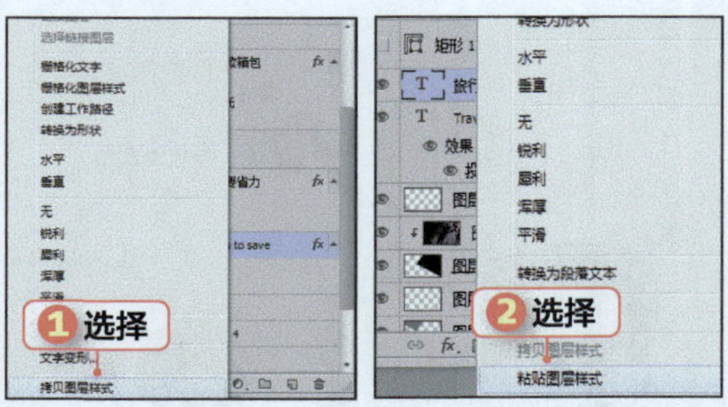

06 双击“镇店爆款箱包”图层，打开“图层样式”对话框，单击选中“内发光”复选框，设置“不透明度”“阻塞”“大小”分别为“85%”“0%”“27像素”，单击 确定 按钮。

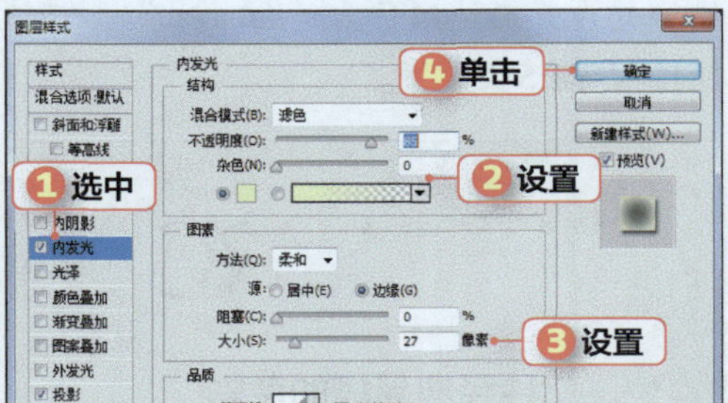

07 在“旅行就要省力”左侧绘制矩形，打开“详情页箱包素材.psd”素材文件（配套资源:\素材文件\第10章\详情页箱包素材.psd），将其中的旅行箱拖曳到焦点图左侧，调整大小和位置。

08 在旅行箱的右侧输入“3色可选：”文字，设置字体为“方正兰亭刊黑_GBK”，字号为“15点”，完成后在右侧绘制3个小矩形，并设置颜色分别为“#c9c9c9”“#bd4a4c”“#000000”，海报的制作完成。

2. 制作旅行箱店铺详情页设计理念图

扫一扫

制作旅行箱店铺详情页设计理念图

设计理念主要用于展示卖点效果，在制作时先展示旅行箱的细节，再展示产品的颜色效果，其具体的制作过程如下。

01 打开“画布大小”对话框。将“高度”更改为“1520像素”。选择“矩形工具”，在焦点图的下方绘制颜色为“#c9c9c9”，大小为“75像素×76像素”的矩形，在中间区域输入“设计理念”文字，并设置字体为“汉仪中圆简”，调整字体大小。完成后使用“直线工具”在文字两侧绘制直线，并设置粗细为“5像素”。

02 选择“矩形工具”，在焦点图的下方绘制颜色为“#ececec”，大小为“750像素×540像素”的矩形。选择“椭圆工具”，设置填充颜色为“#dedede”，按住“Shift”键不放在矩形中绘制圆，完成后使用相同的方法，在圆的里面再次绘制颜色为“#ffffff”的圆。

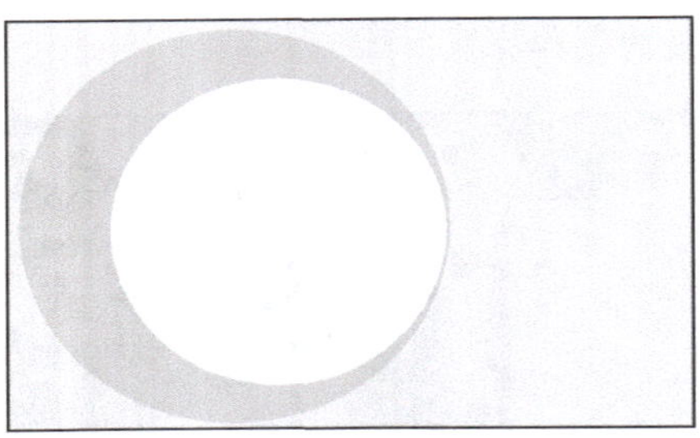

03 新建图层，选择“钢笔工具”，绘制椭圆选区，并设置填充颜色为“#c0c0c0”，完成后单击按钮创建图层蒙版，并使用“画笔工具”对两边区域进行涂抹，完成圆弧的制作。

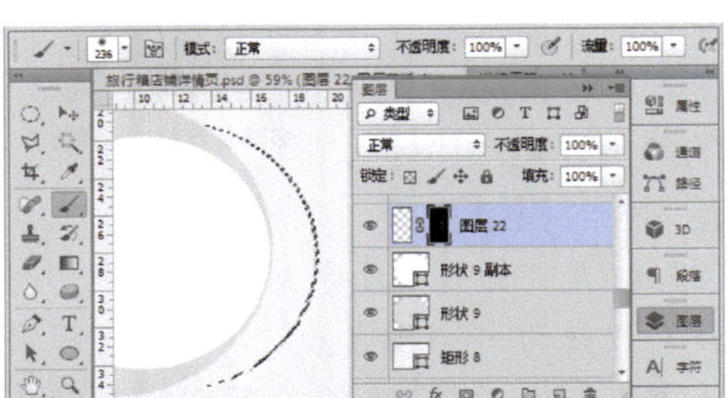

04 打开“详情页箱包素材.psd”素材文件（配套资源:\素材文件\第10章\详情页箱包素材.psd），将其中的旅行箱素材和旅行箱细节拖曳到圆弧的右侧，调整大小和位置。

05 在圆的右侧输入文本，并设置字体为“微软雅黑”，调整字体大小和位置。

06 在圆的下方输入下图所示文字，并设置字体为“方正兰亭中黑_GBK”。选择“直线工具”，在下方绘制一条直线，并设置描边颜色为“#aba9ac”，描边粗细为“1.5像素”。

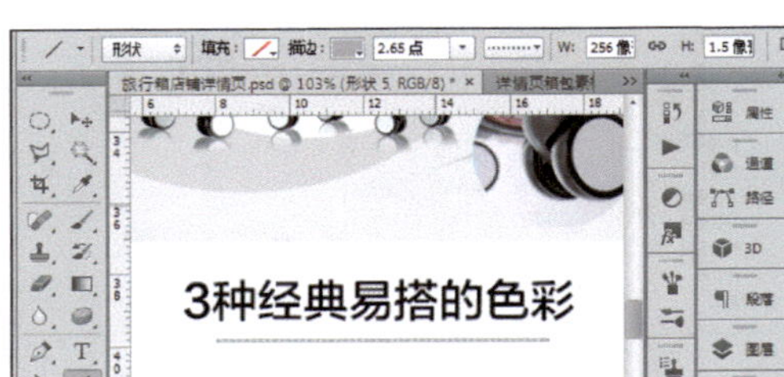

07 选择“椭圆工具”，设置填充颜色为“#c9c9c9”，按住“Shift”键不放在虚线的下方绘制圆，完成后使用相同的方法，在圆的右侧绘制2个圆并分别填充“#84010d”“#000000”颜色。

08 选择“圆角矩形工具”，设置描边颜色为“#d7d7d7”，描边粗细为“1点”，绘制210像素×280像素的圆角矩形。再选择“椭圆工具”，在圆角矩形的上方角绘制圆，并在其中输入“银色”文字，使用相同的方法，绘制另外两个圆角矩形和圆，并设置颜色分别为“#84010d”“#000000”，在其中输入下图所示文字。

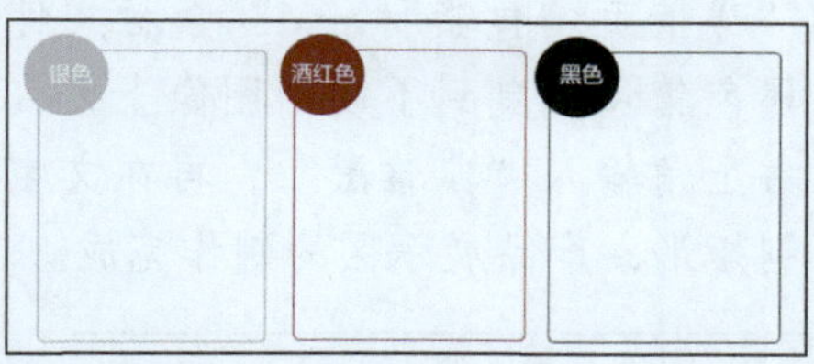

09 打开“详情页箱包素材.psd”素材文件（配套资源:\素材文件\第10章\详情页箱包素材.psd），将不同颜色的箱包拖动到矩形中，设计理念的制作完成。

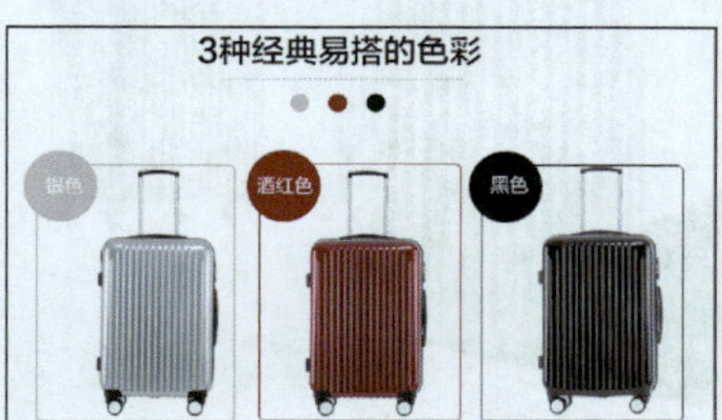

3. 制作旅行箱店铺详情页相关参数图

相关参数图位于设计理念的下方，主要用于展示商品的信息。在制作时，先制作商品的信息，再添加尺寸规格信息，其具体的制作过程如下。

扫一扫

制作旅行箱店铺详情页相关参数图

01 打开“画布大小”对话框，将“高度”更改为“2300像素”，再将“设计理念”标题栏复制到色彩的下方，将其中的文字修改为“产品参数”。选择“横排文字工具”，在工具属性栏中设置字体为“微软雅黑”，字号为“27点”，在左侧输入下图所示文字。

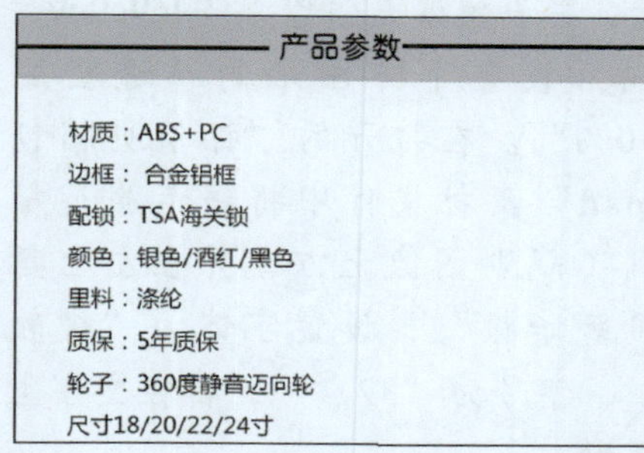

02 打开“产品参数.psd”素材文件（配套资源:\素材文件\第10章\产品参数.psd），将参数拖动到“产品参数”中查看完成后的效果。

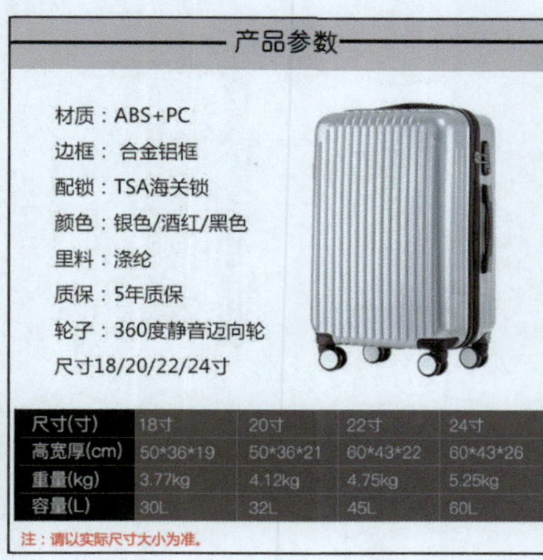

尺寸(寸)	18寸	20寸	22寸	24寸
高宽厚(cm)	50*36*19	50*36*21	60*43*22	60*43*26
重量(kg)	3.77kg	4.12kg	4.75kg	5.25kg
容量(L)	30L	32L	45L	60L

注：请以实际尺寸大小为准。

4. 制作旅行箱店铺详情页产品展示图

产品展示图用于展示不同颜色产品的效果。下面将绘制不同形状的线条，再添加旅行箱素材，并对旅行箱颜色进行说明，其具体制作过程如下。

扫一扫

制作旅行箱店铺详情页产品展示图

01 打开“画布大小”对话框，将“高度”更改为“4500像素”。复制标题栏并将文字修改为“产品展示”，选择“钢笔工具”，在下方绘制下图所示形状，并设置填充颜色为“#c9c9c9”，完成后设置下方图形的不透明度为“50%”。在打开的“详情页箱包素材.psd”素材文件中将银色旅行箱拖动到不规则图像上方，并在左上角输入“奢华银”，设置字体为“微软雅黑”，字号为“32点”，再在文字上绘制矩形。

02 使用相同的方法，绘制下图所示形状，并设置填充颜色为“#9d343d”，完成后设置右侧图形的“不透明度”为“50%”。在打开的“详情页箱包素材.psd”素材文件中将红色箱包拖动到不规则图像上方，并在左上角输入“尊贵红”，再在文字上绘制矩形。

03 再次绘制下图所示形状，并设置填充为颜色“#000000”，完成后设置右下角图形的不透明度为“50%”。在打开的“详情页箱包素材.psd”素材文件中将黑色箱包拖曳到不规则图像上方，并在右上角输入“典雅黑”，再在文字上绘制矩形，产品展示区的制作完成。

5. 制作旅行箱店铺详情页细节展示图

细节展示图主要用于展示旅行箱的内部和外部，在展示时先绘制矩形，再在其中添加对应的细节图片，其具体的制作过程如下。

扫一扫

制作旅行箱店铺详情页细节展示图

01 打开“画布大小”对话框，将“高度”更改为“5400像素”，复制标题栏并将文字修改为“细节展示”，在下方绘制颜色为“#ebebeb”，大小为“750像素×840像素”的矩形，再在矩形内绘制颜色为“#e3dfdf”，大小为“220像素×295像素”的矩形，复制5个矩形，并将其分别放置到其他区域。

02 打开“细节展示.psd”素材文件（配套资源:\素材文件\第10章\细节展示.psd），将细节图片拖到矩形中，分别对矩形创建剪贴蒙版，再在矩形上方绘制两条直线。完成后选择“自定形状工具”，单击“形状”栏右侧的按钮，在打开的下拉列表中选择“向上”选项，在直线上方绘制形状，使用相同的方法在其他区域绘制形状。

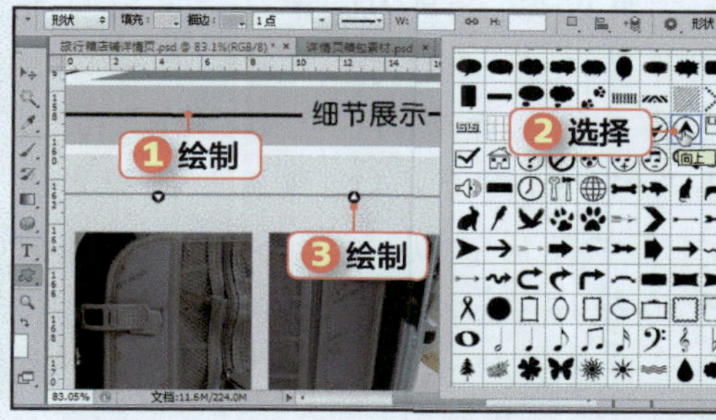

03 在形状的下方输入下图所示文字，并设置字体为“微软雅黑”，字号为“13.29点”，细节图的制作完成。

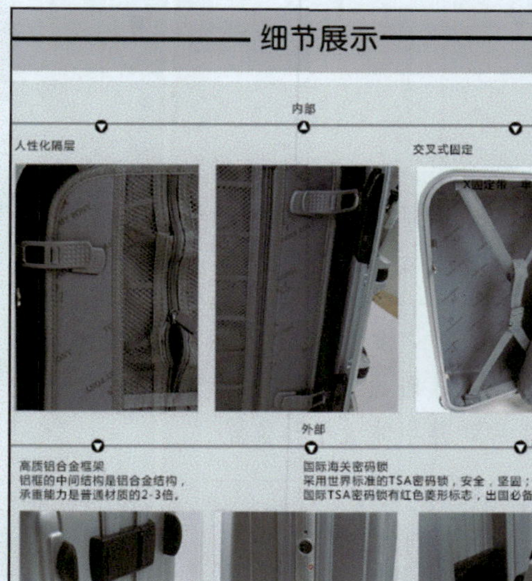

6. 制作旅行箱店铺详情页售后说明图

售后说明图位于详情页的底部。本例中的售后说明主要由3个部分组成，最上部分用于展示商品售后保障信息，中间部分用于展示快递、发货、收货等说明信息，最下部分用于展示提示信息，其具体的制作过程如下。

扫一扫

制作旅行箱店铺详情页售后说明图

01 打开“画布大小”对话框，将“高度”更改为“5970像素”，复制标题栏并将文字修改为“售后说明”，在下方绘制颜色为“#ebebeb”，大小为“750像素×485像素”的矩形，打开“售后说明素材.psd”素材文件（配套资源:\素材文件\第10章\售后说明素材.psd），将其中的图标拖动到对应的位置。

02 选择“横排文字工具” T，设置字体为“微软雅黑”，输入下图所示文本，完成后调整字体大小和位置。

03 选择“直线工具”，设置直线颜色为“#8c8c8c”，粗细为“1像素”，绘制下图所示直线，用于分隔文字。

04 保存图像查看完成后的详情页效果（配套资源:\效果文件\第10章\旅行箱店铺详情页.psd）。

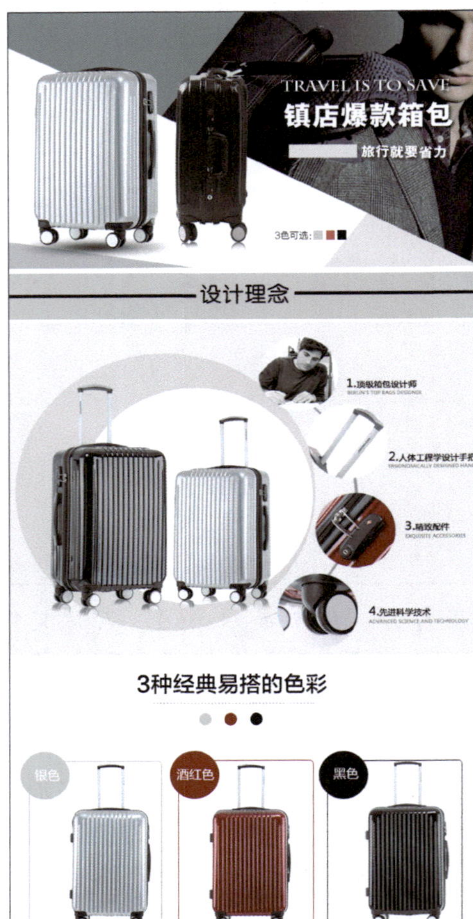

产品参数
材质：ABS+PC
边框： 合金铝框
配锁：TSA海关锁
颜色：银色/酒红/黑色
里料：涤纶
质保：5年质保
轮子：360度静音迈向轮
尺寸18/20/22/24寸
尺寸(寸) | 18寸 | 20寸 | 22寸 | 24寸
高宽厚(cm) | 50*36*19 | 50*36*21 | 60*43*22 | 60*43*26
重量(kg) | 3.77kg | 4.12kg | 4.75kg | 5.25kg
容量(L) | 30L | 32L | 45L | 60L
注：请以实际尺寸大小为准。
产品展示
奢华银
尊贵红

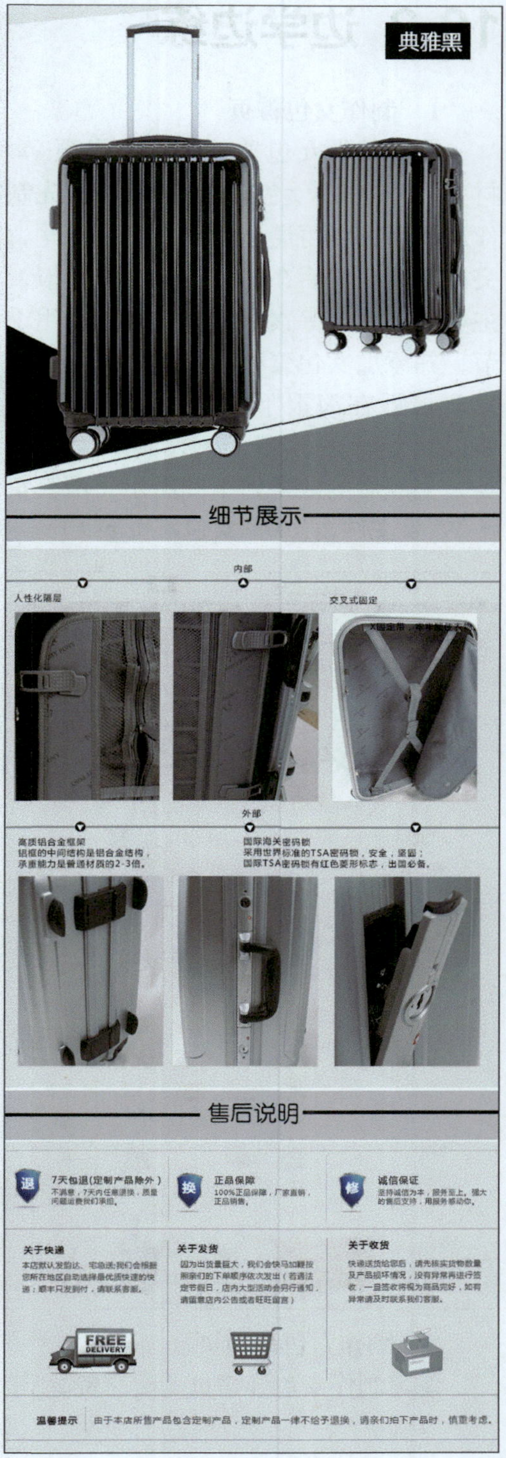
典雅黑
细节展示
内部
人性化隔层
交叉式固定
外部
高质铝合金框架
铝框的中间结构是铝合金结构，
承重能力是普通材质的2-3倍。
国际海关密码锁
采用世界标准的TSA密码锁，安全，坚固；
国际TSA密码锁有红色菱形标志，出国必备。
售后说明
退
7天包退(定制产品除外)
不满意，7天内任意退换，质量问题运费我们承担。
换
正品保障
100%正品保障，厂家直销，正品销售。
修
诚信保证
坚持诚信为本，服务至上。强大的售后支持，用服务感动你。
关于快递
本店默认发韵达、宅急送;我们会根据您所在地区自动选择最优质快速的快递；顺丰只发到付，请联系客服。
关于发货
因为出货量巨大，我们会快马加鞭按照亲们的下单顺序依次发出（若遇法定节假日，店内大型活动会另行通知，请留意店内公告或者旺旺留言）
关于收货
快递送货给您后，请先核实货物数量及产品损坏情况，没有异常再进行签收，一旦签收将视为商品完好，如有异常请及时联系我们客服。
FREE
DELIVERY
温馨提示
由于本店所售产品包含定制产品，定制产品一律不给予退换，请亲们拍下产品时，慎重考虑。

10.3 边学边练

1. 制作女包首页

练习制作女包首页（配套资源:\素材文件\第10章\女包首页.psd）。首先制作通栏店招，可通过简单的文字描写，突出主题。然后在店标下方制作海报，主要使用白雪等素材，体现包的使用季节，并添加女包素材以及促销文案等信息。最后在海报下方制作爆款推荐、新品上新板块，用于展示爆款女包品类。完成后的效果如下图所示（配套资源:\效果文件\第10章\女包首页.psd）。

2. 制作女包详情页

练习制作女包详情页（配套资源:\素材文件\第10章\女包详情页.psd）。首先制作焦点图。该焦点图的风格要与首页相符。然后通过背景素材、商品图片及文案展现商品的设计灵感、细节及尺寸大小，完成后的效果如下图所示（配套资源:\效果文件\第10章\女包详情页.psd）。